国家出版基金项目
NATIONAL PUBLICATION FOUNDATION

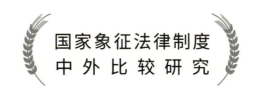

国家象征法律制度
中外比较研究

国家象征法律制度比较研究

董立新　著

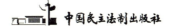

中国民主法制出版社

图书在版编目(CIP)数据

国家象征法律制度比较研究/董立新著. —北京:
中国民主法制出版社,2023.11
(国家象征法律制度中外比较研究)
ISBN 978 – 7 – 5162 – 3077 – 0

Ⅰ.①国… Ⅱ.①董… Ⅲ.①国家表征—法律—对比
研究—世界 Ⅳ.①D911.3

中国国家版本馆 CIP 数据核字(2023)第 018672 号

图书出品人:刘海涛
策 划 编 辑:贾萌萌
责 任 编 辑:贾萌萌 袁 月 董 理
装 帧 设 计:宗 沅 林青野

书名/国家象征法律制度比较研究
作者/董立新 著

出版·发行/中国民主法制出版社
地址/北京市丰台区右安门外玉林里 7 号(100069)
电话/(010)63055259(总编室) 63058068 63057714(营销中心)
传真/(010)63055259
http://www.npcpub.com
E-mail:mzfz@npcpub.com
经销/新华书店
开本/16 开 710 毫米×1000 毫米
印张/21.5 字数/420 千字
版本/2024 年 1 月第 1 版 2024 年 1 月第 1 次印刷
印刷/河北松源印刷有限公司

书号/ISBN 978 – 7 – 5162 – 3077 – 0
定价/75.00 元

本书获国家出版基金支持

董立新

现任职于全国人大常委会法制工作委员会国家法室，主要从事国家机构、国家象征、涉外等相关领域立法、研究工作。参与2017年国歌法制定、2020年国旗法和国徽法修改，参与相关国家象征立法研究制定工作。参与撰写《中华人民共和国国旗法、国歌法、国徽法导读与释义》等。

中国特色宪法爱国主义与国家象征法

我们需要什么样的宪法爱国主义？

近年来，宪法爱国主义备受关注。宪法爱国主义的概念、内涵众说纷纭。各国对于宪法爱国主义的认识各有不同，"欧洲的宪法爱国主义，不同于美国的宪法爱国主义，必须从对同一个普遍主义法律原则的不同的、受民族史影响的理解中共同生长出来"[①]。在德国，宪法爱国主义是回应德国如何在战后遭遇的困境中建构立宪民主国家，以对抗民族主义可能具有的野蛮性的理论。在美国，宪法爱国主义需要回应多种族、多元化下国家认同的困境。对整个欧洲而言，宪法爱国主义是要构建后民族的或者说多民族的立宪民主国家，以超越民族国家的封闭性。随着我国越来越强调依宪治国、依宪执政，"宪法爱国主义"在我国本土的内涵是什么，也越来越需要时代来回应。

随着时代的发展及对爱国主义理解和运用的加深，有一些观点提出，要从以国家为核心的爱国主义过渡到以宪法为核心的爱国主义。我理解，我国宪法爱国主义本身具有独特的价值内涵，不仅包括自由、平等、正义等宪法本身所具有的价值观念，还具有传统爱国主义所蕴含的内涵。当前，我国正迈向开启全面建设社会主义现代化国家新征程，构建我国的宪法爱国主义，要将爱国主义与时代主题相结合，与宪法的基本价值理念相融合，这将有利于在更广泛的范围内促进权利、自由、程序等宪法共识的达成。

[①] ［德］哈贝马斯：《在事实与规范之间：关于法律和民主法治国的商谈理论》（修订译本），童世骏译，生活·读书·新知三联书店 2011 年版，第 670 页。

国家象征是宪法爱国主义最生动的载体

习近平总书记指出,"爱国主义是具体的、现实的"。国家象征是宪法爱国主义最具体、最现实的载体。国家象征中法治化程度最高、使用最为广泛的当数国旗、国歌、国徽。国旗既是一个实物的形象,又带有鲜明的抽象象征意义;国徽侧重以国徽实物本身来表达丰富的内涵;国歌更多的是靠无形的音乐旋律和歌词的演奏、传唱来实现其内涵的表达。国旗、国歌、国徽三者各有侧重,都是国家最显著的象征,也是构建宪法爱国主义最生动的载体。

我国宪法第四章专门明确了"国旗、国歌、国徽、首都",国旗法、国歌法、国徽法也是直接落实宪法规定的重要法律,是国家象征法律制度的核心。近年来,在习近平法治思想的指导下,我国先后制定国歌法,修正国旗法、国徽法,落实了近年来宪法宣誓制度、国家公祭制度等宪法确立的重要国家制度的具体内容。例如,举行宪法宣誓仪式,应当在宣誓场所悬挂国旗或者国徽;举行国家公祭仪式下半旗志哀等。国家象征具有天然的爱国主义属性,将其与宪法深度融合,对于塑造中国特色的宪法爱国主义具有积极意义。

探索国家象征法律制度的基础之作

国旗、国歌、国徽是最为广泛运用的国家象征和标志,依法引导和组织公民热爱、尊重、有效保护和正确使用国旗、国歌和国徽,是激发人民群众爱国热情、推动人民群众投身祖国建设事业的重要途径。为进一步促进国家象征法律制度的宣传,加强对国旗、国歌、国徽具体制度内容的理解,作者尝试从不同侧重点,分别对国家象征法理论研究、中国国家象征法律制度、国家象征法律制度比较研究三个不同的主题展开探讨,对国家象征法律制度的基本实践问题、理论问题进行初步的梳理、分析和总结,最终形成了国家象征法律制度研究的三册作品。三册作品的侧重点不同,每册作品的主要内容也有区别:第一册着重介绍梳理我国国家象征法律制度的制度、实践状况;第二册着重归纳总结国家象征法的理论与实践问题,构建国家象征法体系;第三册从比较法的角度,梳理各国国家象征法律制度的异同。三册书都能够较为全面、系统地归纳总结国家象征法律制度的基本脉络、主体内容等,为宪法学关于国家象征法律制度研究奠定了一定基础。整体而言,国家象征法律制度系列研究具有以下特色。

一是突出问题导向。作者全程参与国歌法制定和国旗法、国徽法修正过程,对于立法过程中遇到的实际问题进行了全面梳理,收集分析了实践部门关心的,但理论界、实务界很少研究的国家象征实际问题以及部分国家宪法案例,

P REFACE 前言

　　我国宪法第四章明确规定了中华人民共和国国旗、国歌、国徽、首都。其中针对国旗、国歌、国徽，我国已经制定了相关专门法律。为了加强各国法律之间的比较，加深对我国国家象征法律与国外国家象征法律差异的了解，本书分为三编专门分析对比各国国家象征法律制度。

　　本书绪论部分主要阐述了国家象征法律制度比较的方法、对象选择及实践意义。第一编至第三编具体针对每项国家象征，分别从国家象征的构成、使用情形、使用规则、监督管理、法律责任等方面进行比较。在进行比较之时，本书重点归纳总结了各国法律规定的不同类型。同时，为了更加具有针对性，在归纳总结时更加侧重于与我国国家象征法律制度不同的内容以及尚未规定的内容。附编就国玺、国色、国花、国兽法律制度作了比较。在国际上，这四类国家象征在很多国家法律中都有明确规定，并建立了使用、保护的法律制度。为了避免在正文中反复引用同一出处，同时方便读者需要时查找，附录就作者收集到的各国国家象征法律目录及网址一一列明。

　　国家象征法律制度比较主要从四个维度展开：宪法、立法、执法、司法。首先，以各国宪法文本为依托，对国家象征法的宪法依据进行类型化梳理。其次，介绍每一项法律制度在国际上常见的立法例，分析每一种立法例的不同类型。再次，根据掌握的资料，重点介绍部分国家该项制度的实践情况。最后，分析介绍一些国家该项制度的典型案例，加深对该项法律制度的理解和运用。由于掌握的资料有限，在制度比较时侧重于对各国法律制度所规定的类型进行重点概括归纳。

　　熟知国外国家象征法律制度的基本情况，有利于在国家象征立法修法过程中能够有所借鉴，也有利于在执法过程出现法律空白时有所参考，还可为开展扎实的国家象征研究提供丰厚的基础材料。但是，由于时间、水平有限，书中难免有不足之处，恳请各位专家批评指正。

目录 CONTENTS

第二编　国歌法律制度比较 ▶

第三编　国徽法律制度比较 ▶

4. 国家象征法 70 部

亚洲(14 部):日本、东帝汶、菲律宾、哈萨克斯坦、吉尔吉斯斯坦、马来西亚、印度、蒙古、以色列、印度尼西亚、格鲁吉亚、巴基斯坦、新加坡、以色列。欧洲(20 部):阿尔巴尼亚、安道尔、奥地利、白俄罗斯、冰岛、波兰、捷克、克罗地亚、列支敦士登、罗马尼亚、摩纳哥、瑞士、塞尔维亚、斯洛伐克、斯洛文尼亚、希腊、匈牙利、圣马力诺、北马其顿、黑山。美洲(18 部):巴哈马、巴拉圭、巴拿马、巴西、玻利维亚、多米尼加、哥伦比亚、古巴、墨西哥、尼加拉瓜、危地马拉、委内瑞拉、阿根廷、巴巴多斯、萨尔多瓦、圣基茨和尼维斯、特立尼达和多巴哥、哥斯达黎加。大洋洲(7 部):新西兰、瑙鲁、萨摩亚、瓦努阿图、基里巴斯、格林纳达、巴布亚新几内亚。非洲(11 部):埃及、安哥拉、博茨瓦纳、肯尼亚、马拉维、纳米比亚、尼日利亚、塞舌尔、加纳、毛里求斯、坦桑尼亚。

在上述国家象征法中,法律名称为国家象征的有 18 部(包括:安道尔、奥地利、白俄罗斯、捷克、哈萨克斯坦、吉尔吉斯斯坦、蒙古、印度、东帝汶、玻利维亚、古巴、尼加拉瓜、纳米比亚、塞舌尔、博茨瓦纳、格鲁吉亚、毛里求斯、萨尔多瓦),其余的法律一般命名为"国旗国徽法""国旗国歌国徽法""国旗国歌国徽和其他国家标志法"。"国家象征"一词在拉丁语系有相似的表达,英语一般为"National Symbols"(少数国家使用"National Emblems"),西班牙语一般为"símbolos nacionales",也有少数不同,如玻利维亚(Simbolos del Estado)、尼加拉瓜(Símbolos Patrios)。

除上述国家之外,还有一些国家是通过国家元首、政府首脑发布的法令规范国家象征的,如德国、法国、越南、孟加拉国、巴布亚新几内亚等国家。

基于互联网技术、翻译技术的发达,可以从各国政府官方网站、司法机构网站获得充分的立法、执法、司法案例资料,开展国家象征的不同层次分析。在比较过程中,有利之处在于很多国家的国家象征法律已经翻译成英文,而且在一些网站上可以查询到。例如,CommonLII Databases 数据库网站就刊载了世界很多国家英文版的国家象征法律。特别是一些洲际的法律数据库,为寻找各国象征法律提供了便利,如欧盟法律数据库①、大洋洲法律数据库②、非洲法律数据库③。大洋洲国家的国家象征法已经全部翻译成英文,欧洲、非洲很多国家的国家象征法律也已经翻译成英文。此外,通过商务部的境外法规数据库④,也很容易找到世界各国法律数据库。

各国政府制定的国家象征使用指南、手册等,也作为广义上的法律,可以进

---

① 参见网址:https://eur-lex. europa. eu/homepage. html.

② 参见网址:http://www. paclii. org/.

③ 参见网址:https://africanlii. org/.

④ 参见网址:http://policy. mofcom. gov. cn/page/list/nations. html.

了使用国家象征存在的问题。

三、比较的知识基础

在进行比较法研究时,需要充分的研究资料。根据收集到的资料,目前已经有一些国家的论文、报告对于国际上国家象征法的情况进行了初步比较。但是总体而言,局限于少数国家,主要是集中在欧洲,本书则从更加广阔的视野,以世界的眼光进行比较。

（一）以现有宪法文本为依据

本书在分析比较时,基于韩大元、孙谦主编的《世界各国宪法》,开展世界范围内宪法文本就国家象征规定的分析研究;分析比较我国宪法关于国家象征规定的基本要素、特征。

（二）以世界范围内的法律文本为基础

为进一步做好研究,笔者全面梳理了联合国会员国 193 个国家的国家象征法律,目前已经收集到由议会通过、国家元首签署的国家象征法律有 159 部。

1. 国旗法 45 部

亚洲（16 部）:中国、阿联酋、朝鲜、韩国、吉尔吉斯斯坦、塔吉克斯坦、卡塔尔、科威特、缅甸、沙特、泰国、土耳其、亚美尼亚、约旦、巴林、不丹。欧洲（8部）:俄罗斯、芬兰、爱沙尼亚、拉脱维亚、立陶宛、摩尔多瓦、瑞典、意大利。美洲（4 部）:美国、加拿大、智利、秘鲁。大洋洲（8 部）:澳大利亚、库克群岛、马绍尔群岛、密克罗尼西亚联邦、纽埃、图瓦卢、瓦努阿图、斐济。非洲（9 部）:津巴布韦、苏丹、乌干达、赞比亚、卢旺达、突尼斯、莱索托、贝宁、埃塞俄比亚。

2. 国徽法 22 部

亚洲（6 部）:中国、朝鲜、塔吉克斯坦、乌兹别克斯坦、亚美尼亚、巴林。欧洲（10 部）:俄罗斯、西班牙、爱沙尼亚、保加利亚、拉脱维亚、瑞典、列支敦士登、马耳他、摩尔多瓦、摩纳哥。美洲（1 部）:圭亚那。大洋洲（3 部）:图瓦卢、斐济、汤加。非洲（2 部）:吉布提、津巴布韦。

3. 国歌法 22 部

亚洲（6 部）:中国、马来西亚、缅甸、塔吉克斯坦、亚美尼亚、也门。欧洲（7部）:俄罗斯、拉脱维亚、立陶宛、摩尔多瓦、西班牙、乌克兰、阿塞拜疆。大洋洲（1 部）:汤加。非洲（6 部）:津巴布韦、赞比亚、卢旺达、埃塞俄比亚、刚果（布）、莫桑比克。美洲（2 部）:美国、加拿大。

第一节　国家象征法律制度比较的基础

国家象征法律制度是宪法制度中的重要组成部分,也成为比较宪法学的主要研究对象。从国际上看,仅有少部分学者开展了国家象征法律制度的比较研究。一些学者针对少数几个国家部分国家象征法律制度的内容进行比较,部分学者主要是从宪法规定的国家象征方面开展研究,目前还缺乏真正意义上从法律制度方面的比较研究。本书以现有收集到的世界范围内的国家象征法律为基础,深入开展制度的分析研究。

一、比较的方法路径

在比较宪法中,比较的方法路径有着不同类型,考察在许多方面具有相似性的国家("最小差异"研究),可能有助于发现造成它们对于同一问题采取了不同处理方式的原因;而考察具有很多差异的国家("最大差异"研究),则可能有助于发现某些被这些国家以非常相似的方式处理的问题,因而也可能揭示宪法的某些接近普适的"要求"。① 本书对于国家象征法律制度的比较,是将两种路径相结合,并侧重于"最大差异"研究,概括出对同一问题的不同法律规定模式,同时进一步分析典型国家的特殊之处。

进行宪法比较研究时,会存在不同的分析倾向:一是以自身优越性为内在心理逻辑,即预先认定他国宪法及其实践存在不足,进而分析原因,解释理由,阐释不足及背后的政治、文化、历史背景逻辑。二是以学习心态开展研究,对于他国,特别是美国等西方国家宪法及其实践,阐释其合理性,然后总结认为需要借鉴、吸收的观点。在进行比较研究时,认为"在自己国家的宪法体系内,对于大致相似的问题的处理,也有多种可能的方式。此类比较研究往往带有明确的

---

① ［美］马克·图什内特:《比较宪法:高阶导论》,郑海平译,中国政法大学出版社 2017 年版,第 8—9 页。

规范色彩——通过参考其他国家的宪法,而对本国宪法的变革提出建议"①。在当代,比较研究不仅要着眼于借鉴的角度,而且要侧重于更深层的理解式研究。"研究定位方面,须适度改变以往的借鉴式研究,着重理解式研究,更新有关域外宪法的知识体系。"②本书的比较研究,力求以更加客观的心态,比较中西方国家象征法律制度的总体性特征,概括国家象征法律制度整体性内容,从实践出发,从中国问题出发,参考国外国家象征法律制度相似问题的处理方法,提出在实践中还需要进一步完善的意见和建议。

二、比较的维度

法律实践包括立法、执法、司法、守法活动,本书总体上从法律文本、执法状况(政府执法情况)、司法案例三个角度开展比较。考虑到广义上的法律文本包括宪法和一般意义上的法律法规,本书再将法律文本区分为宪法文本、法律文本两类进行比较。

一是宪法维度。多数国家宪法对国家象征作了规定。本书以韩大元、孙谦主编的《世界各国宪法》为基础,辅助参考各国最新宪法文本,对国家象征法的宪法依据进行类型化梳理。

二是立法维度。国家象征法律制度的基础是法律文本。本书以收集到的各国法律文本为基础,全面梳理各国法律制度的具体内容,特别是针对国家象征的使用情形、使用规则等进行比较,概括出法律制度的不同类型,即各国立法的表现形态。同时,在比较时着重分析与我国有差异、国外立法例较多的情况。

三是执法维度。国家象征的法律实践不仅体现在立法中,国家象征作为一种政治象征,也广泛运用于政治社会生活。根据收集到的一些国家关于国家象征法律制度实施的情况报告,新闻报道中的行政实践、行政处罚、行政管理等情况的案例,分析梳理部分国家在国家象征法律制度方面的实施情况。

四是司法维度。司法实践是国家象征法律制度实施的重要体现。一般而言,司法实践涉及审理公民就违反国旗、国歌、国徽使用程序而提起行政责任的案件(主要是涉及违反国家象征使用程序,混淆国家象征使用用途等),以及侮辱国旗、国歌、国徽的刑事案件。司法实践在解释使用国旗、国歌、国徽问题上有其自身的特殊性。因此,各国宪法法院、最高法院多次明确国家象征的使用问题。本书主要以美国、德国、印度等国家的司法案例为主,大多采用宪法法院(宪法委员会)、最高法院的案例,从司法实践材料中给出的解释立场出发,分析

---

① 〔美〕马克·图什内特:《比较宪法:高阶导论》,郑海平译,中国政法大学出版社 2017 年版,第11 页。

② 刘晗:《中国比较宪法学的重新定位与方法论重构》,载《中国法学》2022 年第 2 期,第 64 页。

很多内容可以说弥补了国家象征法律制度的空白,对实践具有很强的指导价值。

　　二是突出制度梳理。三册书首次从不同角度针对国家象征主要制度作了很多有价值的探索,如国旗优先原则及其例外情形,国旗竖挂、倒挂规则等,涉及纹章学、旗帜学、符号学等诸多领域,有助于深入了解掌握国家象征制度的主要制度精髓。

　　三是突出理论探索。作者尝试分析梳理了国家象征法作为宪法部门法的基础理论,对国家象征的概念、功能、宪法地位,以及国家象征保护与保障公民言论自由、艺术自由、宗教自由等基本权利关系进行了开拓性的研究。

　　本书以实践为基础,将制度梳理与案例研究相结合,为国家象征法律制度研究提供基础性资料,也为实务部门解决实际问题提供思路,有很强的可操作性、针对性,对于实务操作、法学研究都有一定的积极意义。

焦洪昌

中国政法大学法学院教授　博士生导师

行比较研究。这些指南、手册是宪法、法律中国家象征具体规定的落实,对于国家象征作用的发挥、研究起着不可替代的作用。

（三）以现有法学界的学者研究为基础

近年来,很多国家宪法、比较学学者从特定角度对国家象征法律制度的某一方面、领域开展深入研究,如德国宪法学者 Peter Häberle 从宪法学角度,以宪法文化为背景对世界范围内国旗、国徽、国歌进行比较。借助类型学、色彩心理学、符号学等方面对国旗、国徽、国歌作为公民身份、国际认可的象征作了深入分析研究。[①] Peter Häberle 的研究主要是基于宪法文本的文化比较分析,对于国家象征法律的具体法律制度还没有深入涉及。欧洲部分研究者对国家象征法律制度的研究主要集中于国家象征的刑事责任和商业化使用。例如,瑞士比较法研究所学者针对 12 个国家关于国家象征商业使用进行了系统比较[②],这项比较分析较为单一。

近年来,也有学者对国歌、国旗法律制度进行了较为基础的比较分析研究,认为:“国歌和国旗作为国家象征的问题,从比较的角度来看,导致观察到的情况、确定的问题和提出的解决方案有巨大差异。”该学者的研究主要是较为简单地集中在不同国家国家象征主要的法律制度,如国家象征的确立、国家象征的刑事法律责任等。“尽管这项研究有可能确定了一些主要的分析思路,但它并没有显示出任何整体的解释方案,也没有揭示适用制度的任何一致性。国家象征涉及的是国家的主权,每个国家都有权决定自己在这一领域的原则。它们唯一的共同点似乎是希望自己与众不同,并使自己在其公民面前以及在国际舞台上与其他国家的关系中都能看到和听到。”[③] 如果研究的范围较窄,没有将国家象征法律制度作为一个部门法来分析,则很容易得出上述结论。实际上,如果将国家象征相关的法律法规、规范性文件结合起来,从生产、使用、收回、监管等全过程制度统筹起来进行研究,将会发现国家象征法律制度研究的巨大潜力,特别是国家象征法律制度主体结构的共通性、相似性。

在比较研究的过程中,笔者发现,各国对于国家象征法律制度的研究较为分散、总体数量较少,对于国家象征法律相关理论的论述资料难以收集充分。因此,本书主要侧重于对具体制度的类型分析,即每项制度的各国立法表现形

---

① Peter Häberle, *Nationalflaggen*：*Bürgerdemokratische Identitätselemente und Internationale Erken-nungssymbole*,Duncker & Humblot,1st Edition,2008.

② Institut Suisse de Droit Comparé ,*Avis De Droit Protection Des Signes Nationaux*,Lausanne,2007.

③ Frederique Rueda-Despouey,《 L'hymne et le drapeau : des symboles de l'Etat en droit comparé》,in Frédérique de La Morena,Les symboles de la République-Actualité de l' article 2 de la Constitution de 1958 ,Presses Université Toulouse 1,2014,pp. 81-99.

式、每种类型的典型立法方式等。本书力求能够全面地分析比较各国国家象征法律制度方面的主要类型,但是,由于水平能力有限,深层次地从文化、政治制度方面比较的较少。因此,对于纯研究理论的问题,如国家象征与基本权利义务关系的比较分析,仅涉及部分内容。

四、比较的重要意义

从笔者收集到的资料来看,个别学术研究主要集中于对一些国家象征法律制度的宪法依据比较、侮辱国家象征的刑事法律责任制度的比较,但对世界范围内国家象征法律制度的系统化分析仍然存在空白。本书从更加开阔的视野对国家象征法律制度进行比较研究,主要目的是推动我国国家象征法律制度的实践和研究更加深化、丰富。

一是探索中国国家象征法律制度的特殊性。在我国已经建立起较为完备的国家象征法律制度体系的大背景下,开展比较研究的目的已经不仅仅是借鉴国外经验,逐步完善我国相关法律,而是在比较中能够分析我国国家象征法律制度的特殊性、时代性以及可能进一步改善的空间。

二是为世界国家象征法律制度提供很好的借鉴。国家象征的使用规则在世界范围内呈现趋同化,特别是国家象征的使用情形、使用规则等在全世界几乎是通行的,这也为各国相互借鉴提供了很好的依据。近年来,开展的国家象征法律制度比较研究"通过一种'广泛'的比较方法来阐明,不会专注于一个或两个国家,而是会寻求了解赋予这些象征的法律保护的趋势。各国法律制度对这些问题的理解方式确实具有显著的政治性,对这些'主权附属物'(accessoires de la souveraineté)具有指导意义"①。近年来,我国对国家象征法律进行了制定和修改,建立了信息化时代的国家象征使用规则,对于世界范围内国家象征法律制度的完善具有借鉴意义。

三是为系统化开展国家象征理论研究提供支撑。系统深入的理论研究需要充实的国外法律制度资料支撑。国家象征法的比较研究,着眼世界范围内各国国家象征法律制度类型化的分析介绍,有利于在此基础上,开展更加深入的理论研究。"比较法学研究了苏联解体后形成的现代国家国家象征的宪法基础,不仅可以让我们追溯其宪政发展的一般规律,还可以追溯相关宪政改革的

---

① Frederique Rueda-Despouey,《L'hymne et le drapeau : des symboles de l'Etat en droit comparé》, in Frédérique de La Morena, Les symboles de la République-Actualité de l'article 2 de la Constitution de 1958 , Presses Université Toulouse 1,2014,pp. 81-99.

具体特点。"①

从比较法上看,我国国家象征法律制度诞生之初借鉴参考的是西方国家的国家象征法律制度;在新中国成立之后,借鉴同为社会主义国家的苏联等国家的国家象征法律制度;在改革开放以后,特别是在制定国旗法、国徽法的过程中,不仅借鉴苏联等社会主义国家,也借鉴了美国、德国、新西兰等资本主义国家的国家象征法律制度②;21世纪,我国制定国歌法、修改国旗法和国徽法,在基于我国几十年国家象征法律实践的基础上,也广泛参考世界范围内较为成熟的法律制度。由此可见,我国国家象征法律制度的诞生、发展、完善离不开参考借鉴世界范围内优秀的国家象征法律制度成果。

国家象征的诞生是世界各国在相互交往、相互识别、相互比较中产生的,各国基于区分彼此的需要,在比较中探寻自身特殊性因素,从而推动了国家象征法律制度的形成和发展。

第二节　国家象征法律制度比较的轮廓

一、国家象征法律的类型与分类

根据不同的分类方法,可以将国家象征法分为不同的类型。从规范的主要内容来看,可以分为以下两种类型:一是国家象征确立法,如《乌克兰国旗法》;二是国家象征使用管理法,如《朝鲜国旗法》《俄罗斯国旗法》。从规范的国家象征对象的范围、规范的等级来看,有以下三种类型:一是专门立法模式,制定单一国家象征法,如《俄罗斯国旗法》《俄罗斯国歌法》《俄罗斯国徽法》;二是统一立法模式,制定综合性国家象征法,如《哈萨克斯坦国家象征法》《墨西哥国家象征法》;三是法规规范模式,由于特殊的历史文化传统、立法体制等因素,关于国家象征(如国旗的图案、色彩、象征意义和使用方法)没有制定法律,而是由政府或政府部门制定相关法规。

---

① Федосеева Наталья Александровна. Змиевский Дмитрий Валерьевич. Конституционные основы государственной символики стран Содружества независимых государств. Пробелы в российском законодательстве. Юридический журнал. 2015. N1. C. 16.

② 1990年国旗法起草人员编写的书籍里收录了国旗法制定过程中翻译的新西兰、苏联、联邦德国、丹麦、瑞典、美国、巴西、墨西哥、埃及有关国旗的法律规定,以及与国旗有关的国际条约。参见本书编写组:《国旗·法律·爱国——国旗知识纵横谈》,中共中央党校出版社1990年版,第108—138页。

（一）专门立法模式

一些国家针对不同的国家象征分别专门进行立法。苏联于 1955 年、1956 年先后制定了《苏联国旗法》《苏联国徽法》。俄罗斯在 21 世纪初制定了国旗法、国歌法、国徽法。我国也在 20 世纪 90 年代初分别制定了国旗法、国徽法，并于 2017 年制定了国歌法。分别专门制定法律，有利于每部法律集中规范国旗、国歌、国徽不同的制度内容，更加聚焦三者实际中的问题，更加具有针对性，更有利于保护国家象征。有的国家专门立法，形成了关于国家象征规范使用的制度体系。例如，美国除国会制定专门的国旗法外，还制定了多个涉及国旗的法规，如国旗自由升挂规则、现任及卸任官员逝世时下半旗规则、国旗尺寸和比例以及星星位置规则等。在加拿大，议会制定了国旗法、国旗制作标准法，政府制定了下半旗规则等。

（二）统一立法模式

基于国旗、国歌、国徽等都是象征国家的本质，一些国家，如新西兰、巴西、墨西哥、哈萨克斯坦等，将国旗、国歌、国徽一并规定，法律名称一般称为国家象征法，或者称为国旗、国歌和国徽法等。国家象征法通常会在法律的第一部分规定共同的原则、规则及其要求（或者明确该法中共同的概念内涵），然后第二部分规定不同的国家象征具体规则，第三部分规定罚则，第四部分附件规定国旗、国徽的具体图案设计或者国歌词谱。采用这种方式可以合并类似的规定，可以节约立法资源，系统解决国家象征面对的共同问题。

根据笔者统计，目前已经收集到的由议会通过、国家元首签署的国家象征法律有 159 部，其中 70 个国家专门制定了综合性的国家象征法。可见，从世界角度看，国家象征法在各国已经成为法律体系中的重要组成部分，且形成了相对完善的法律规范体系。

（三）法规规范模式

部分国家如英国、法国、德国、日本等，由于国家象征拥有特定的历史传统，或者对于国家象征存在一些争议，制定专门的国家象征法律遇到一定的阻碍，如顾虑可能损害公民的自由权，因此至今仍没有专门的国家象征法律。例如，法国在 21 世纪初将侮辱国旗、国歌入刑时，遭到了很多民众的反对，认为可能会侵害公民权益。至今法国也没有专门的国家象征法律。在英国，没有统一的国旗法，议会针对北爱尔兰制定了国旗规则（北爱尔兰地区），政府制定了商船国旗规则、升挂国旗简明指南等文件。在德国，没有专门的国旗法，议会针对船舶悬挂旗帜制定了内陆船舶旗帜和海洋船舶旗帜法，政府制定了国旗法令、联邦建筑物升挂国旗规则。

二、国家象征法律制度的比较特征

从各国国家象征法律制度比较的情况来看,总体上呈现以下特征。

一是地域性。从全球视野来看,同一地域国家象征制度有一些相似之处,如销毁废旧国旗成为一种礼仪,主要是出现在南美一些国家;如规定升国旗时对于在场人员范围的要求,主要是出现在一些大洋洲岛国。

二是政治相似性。具有相似政治制度、政治文化的国家存在相似的国家象征法律制度。受到原殖民国家的影响,在英联邦国家、原欧洲国家殖民地的国家象征法律制度有一定的相似性,这些国家独立后,吸收借鉴了原殖民地国家的部分国家象征法律制度。例如,澳大利亚、加拿大、新西兰等英联邦国家,英国国王出现时,国王旗帜优先于当地国旗,成为一种惯例。

社会主义国家象征法律制度存在很多相似之处。如在当前社会主义国家,中国、朝鲜、越南、老挝,明显的特色是国旗中存在五角星,并且红色成为国旗的重要组成部分。此外,这些国家在处理执政党旗帜上也存在特殊之处,一般保持党旗优先于国旗的政治惯例。

三是文化相似性。国家象征在任何国家的意识形态领域都占有优先地位。国家象征是权力外化的主要元素之一,是主导社会的政治思想、文化传统和历史价值的集中体现。通常,法定国家象征由国旗、国歌和国徽组成,它们构成一个互补的系统,是一种视觉和语义的统一体。例如,宗教在国家象征中具有重要地位,很多伊斯兰教国家的国旗中,星月标志占据重要地位,如土耳其、马来西亚。在一些伊斯兰国家,不实行下半旗制度,主要是因为国旗上书写"真主至上",既然"至上",那就不能随意下半旗。这在其他国家的文化中并不存在。

四是制度的差异性。整体上看,各国国家象征法律制度大同小异,主要差别在使用的礼仪、方式等方面,如一些国家将焚烧国旗视为表达言论的行为,而另一些国家则将其视为侮辱国旗的行为。这种差异首先表现在制度上的不同。在美国,焚烧国旗被最高法院认定为象征性行为,纳入言论自由的范围受到宪法制度保护。但在法国、德国,侮辱国旗、国歌都被纳入刑法制度规定之中,在一定条件下被视为犯罪。

在美国,关于国家象征(主要是国旗)的争议是以最为激烈、最为对抗的方式出现的。在印度,关于国家象征(国旗、国歌、国徽三者)的争议也较为频繁,但主要原因不在于印度对于国家象征的规制比较深入,而在于印度宪法规定的特殊性:(1)《印度宪法》将尊重国旗和国歌作为一项基本义务;(2)《印度宪法》明确规定,印度最高法院有权向中央行政机构发布指示、指令、令状等。对于中央政府采取特定措施提出明确建议,虽然印度最高法院的指令是非强制性的,但具有很强的权威性,中央政府通常不得不采取必要的措施落实印度最高法院的指令。由于在法院起诉比较便捷,法院发布的指令也较多,故印度关于国家象征的规定更加关注于使用、管理各个方面的细节。

从比较法上看,我国国家象征法律制度已经较为健全,国家象征的具体构成、使用规则、使用情形、法律责任等内容均十分完备,各项法律制度基本满足实践需要。与其他国家相比,在法规、规范性文件层面还有需要进一步完善的地方,如一些仪式的具体规则(包括升国旗仪式、下半旗仪式)等需要法规、指南予以完善。

三、国家象征专门法的对象范围

由于国家象征具有独特的象征意义,因此,各国对国家象征的对象都非常慎重,一般具有以下三个特征:一是经过法定程序才能确立;二是往往与本国的政治历史文化紧密联系在一起;三是符合基本美学要求。总体上,国家象征的对象既要遵守一定的规定,又要符合美学上的特定要求。

从国际上看,各国法律规定的国家象征最多的当然是国旗、国歌、国徽。主要集中在三个区域:一是拉丁美洲国家,如墨西哥、巴西、委内瑞拉等国家;二是部分东欧国家,如白俄罗斯;三是中亚国家,如哈萨克斯坦、吉尔吉斯斯坦等国家。例如,《墨西哥国徽、国旗和国歌法》第一条规定,国徽、国旗和国歌是墨西哥合众国的国家象征。法律中规定比较多的国家象征还包括国家印章、国色、国花、国鸟等。例如,《格林纳达国家象征和国歌法》第二条规定,国家象征(National Emblems)包括国徽、国旗、国花、国鸟、国色(当国家颜色一并使用时)。《巴西国家象征法》总则第一章第一条规定,国家象征包括国旗、国歌、国徽、国家印章。

四、国家象征法性质、地位的比较

国家象征是国家主权的外在表现形式,国家主权指的是一个国家独立自主地处理国内外事务,管理自己国家的最高权力。国家可以通过最高权力机关,对内决定国家象征在本国国内的最高法律地位。各国对国家象征的性质和地位有不同的表述,主要类型如下。

一是明确象征是国家的象征。例如,《委内瑞拉国旗、国歌和国徽法》第一条规定,委内瑞拉的国旗、国歌和国徽是国家的象征,必须受到所有委内瑞拉人的崇敬和其他国家公民的尊重。《墨西哥国徽、国旗和国歌法》第一条规定,国徽、国旗和国歌是墨西哥合众国的国家象征。《埃及国旗、国歌法》第一条规定,阿拉伯埃及共和国国旗、国歌是国家的象征,必须按照本法的规定受到尊重。

二是明确象征是国家、政府和人民的象征。例如,《新西兰旗帜、标志和名称法》第五条规定,新西兰国旗是新西兰王国、政府和人民的象征。

三是明确象征的理论意义。例如,《安哥拉尊重和使用国旗、国徽和国歌法》第三条规定,国家象征代表着安哥拉共和国的独立、统一和完整,必须得到所有公民、公共和私人机构的尊重。《蒙古国家象征法》第二条规定,蒙古国独立和主权的象征是国徽、国纛、国旗、国玺和国歌。国徽、国纛、国旗和国歌代表了蒙古人民的历史传统、愿望、团结、正义和精神。

四是明确象征的实际意义。例如,《斯洛文尼亚国徽、国旗和国歌法》第二条规定,斯洛文尼亚共和国国徽、国旗和国歌表明属于斯洛文尼亚共和国。国徽、国旗和国歌只能以宪法和本法规定的形式和内容以及本法规定的方式使用。

第三节 国家象征综合性法律的比较情况

目前,根据收集到的资料,共有国家象征综合性法律70部,其中名称为"国家象征法"的有18部。在联合国会员国193个国家中,国家象征综合法律的数量约占到2/5以上,比单一的国旗法、国歌法、国徽法每类法律的数量都多。

一、国家象征综合性法律的基本结构

国家象征综合性法律基本上都是坚持总分的原则,从结构内容上区分,主要分为以下类型。

一是不分章节规定。这一种类型不区分章节,条文简要,规定国家象征的类型、定义、禁止行为、法律责任。例如,《巴哈马国旗、总统旗、总理旗和国徽法》《巴拉圭国家象征法》《格林纳达国徽和国歌法》。采用这种方式的,往往是原英国殖民地或者受英美法系的重要影响。采取这种方式规定的,法律条文一般较少,比如纳米比亚11条、尼日利亚10条、乌干达5条、塞舌尔11条、赞比亚8条。

二是区分总则、分则和法律责任。在这种模式中,分则部分区分每一种国家象征类型规定使用情形。例如,《墨西哥国家象征法》主体结构包括:立法目的、国家象征的组成、国徽使用、国旗使用、国歌使用、机构责任、禁止情形和法律责任。《玻利维亚国家象征法》主体结构包括:总则、国家象征的组成和用途(国旗、国歌、国徽等分别规定)、法律责任。《安哥拉尊重和使用国旗、国徽和国歌法》主体结构包括:总则、国家象征的使用(国旗、国徽、国歌分别规定)、最后条款。

三是区分总则、分则和共性法律制度。在这种模式中,分则部分规定每一种国家象征的构成。例如,《巴拿马国家象征法》主体结构包括:基本规定,国旗、国歌、国徽组成,可以使用国家象征的情形,必须使用国家象征的情形,禁止使用国家象征的情形和法律责任。《巴西国家象征法》主体结构包括:总则,国旗、国歌、国徽,国家和家庭责任,国家象征教育和其他用途。

二、国家象征综合性法律制度的主体架构

(一)国家象征综合性法律制度的技术性规定层面

一些国家的国家象征法首先在总则或者一般性规定中明确立法的必要组成部分,主要包括以下内容。

一是立法目的和指导原则。立法目的是制定法律的起点和目标,对于制定和实施该法律具有统领性作用。例如,《玻利维亚国家象征法》第二条规定了该法的制定目标。(1)将与国家象征的特点和使用有关的规定系统化,以便更好地传播和社会化;(2)提高国家象征在玻利维亚人民意识中的价值,培养他们对自己身份的自豪感;(3)明确国家象征的特征、使用规则和指南;(4)确定负责国家象征礼仪的国家、省、市和地方机构。

明确法律的指导原则有助于促进法律制度的具体落实,有助于保障法律制度实施的灵活性和全面性。例如,《玻利维亚国家象征法》第三条规定了该法的指导原则。(1)认同:加强国家象征是多民族共同体国家最高代表的认同。(2)主权:国家的最高权力,不受其他国家的控制,存在于人民之中,并由其代表机构行使。(3)尊重:国家象征物应得到尊敬和赞美,因为它们代表了玻利维亚的民族性。(4)礼貌:明确对国家象征的礼貌和文明的最低行为标准;每个人,不管是本国人还是外国人,都有义务遵守有关国家象征使用的规定。(5)融合:加强形成共同身份的过程,使得不同种族、语言、宗教、政治、社会和其他群体感到自己是同一个社区的一部分,克服差异。(6)文化间性:推动基于承认、接受和与他人互惠的文化互动、交流和沟通。(7)非殖民化:民众发展与自己的原则、价值观、精神、知识、用途和习俗有关的身份,建立自己主权的过程。

《菲律宾国旗和纹章法典》第二条规定了立法的政策声明:对国旗、国歌和

其他体现国家理想和传统、表达主权和民族团结原则的国家象征,在任何时候都应给予尊敬和尊重。国家纹章应当力求体现民族美德,并在人民的思想和心灵中灌输对其祖国的正当自豪感。对国旗和国歌的适当尊重和喜爱,以及促进正确使用国家箴言、其他纹章。

二是立法的实施范围。立法的实施范围主要是明确国家象征法律的适用范围。法律的适用范围,是指法律的时间效力、对人的效力和空间效力。有的法律规定了空间实施范围。例如,《安哥拉尊重和使用国旗、国徽和国歌法》第二条规定,本法适用于全国领土、安哥拉共和国外交和领事使团以及驻外代表处。《古巴国家象征法》第四条规定,本法适用于古巴境内、古巴船舶和飞机以及享有特权和豁免权的古巴驻外使团。

有的法律规定了对人的效力,包括白俄罗斯、古巴、委内瑞拉、安哥拉、吉尔吉斯等国家。例如,《古巴国家象征法》第三条规定,所有古巴人都有义务尊重和爱护国家象征。同样,在本国领土上的外国人也应该尊重它们。《委内瑞拉国旗、国歌和国徽法》第一条规定,委内瑞拉国旗、国歌和国徽是祖国的象征,必须受到所有委内瑞拉公民的崇敬和外国人的尊重。《安哥拉尊重和使用国旗、国徽和国歌法》第三条规定,国家象征代表着安哥拉共和国的独立、统一和完整,必须得到所有公民、公共和私人机构的尊重。《吉尔吉斯国家象征法》第二条规定,吉尔吉斯公民和境内的个人有义务尊重国家象征。亵渎国旗、国徽和国歌的人根据法律承担责任。对国家象征表示崇敬是每一位公民的爱国义务。上述规定,既可以作为法律实施的人员范围,也可以视为对国家象征的义务性要求。

三是明确了国家象征的法律规范范围。例如,《蒙古国家象征法》第三条规定,国家象征法律由宪法、本法及其他依本法制定的规范组成。《哈萨克斯坦国家象征法》第二条规定,哈萨克斯坦国家象征的制造和使用程序由宪法、本法和其他规范性法律文件确定。

四是明确了附则的法律地位。国家象征法律往往在附则中明确国家象征的具体构成,这些也是法律的重要组成部分。例如,《斯洛文尼亚国徽、国旗和国歌法》第四条规定,本法附件中的国徽、国旗及其设计的几何、艺术和色彩规则,以及国歌歌词和曲谱,是本法不可分割的一部分。《阿尔巴尼亚国旗、国歌和国徽法》第三条第三款规定,附件一明确国旗的图形、颜色标准,该附件是法律不可或缺的部分。该法对于国歌、国徽也是同样的规定。

（二）国家象征综合性法律总则中的实体性规定

一是国家象征的共同使用规则。有的国家象征法律在总则中明确所有国家象征使用都需要遵循的规则。(1)禁止不适当方式使用。例如,《斯洛文尼亚国徽、国旗和国歌法》第七条规定,如果国徽、国旗已经损坏或不适合使用,则不得使用。国徽、国旗不得以违反公共秩序的方式或以使斯洛文尼亚共和国名誉受损的方式使用。(2)禁止用于特定商业用途。例如,《斯洛文尼亚国徽、国旗和国歌法》第八条规定,国徽、国旗或其组成部分及国歌的文字和音符,不得作为商标、设计或实用新型,或用于商品、服务的标记。前款不适用于斯洛文尼亚共和国各部委或政府持有的集体商标。

二是国家象征的教育宣传。国家象征的教育宣传也是所有国家象征都需要处理的问题。例如,《安哥拉尊重和使用国旗、国徽和国歌法》第五条规定了国家象征的教学:在所有公立学校,特别是小学教育中,必须在第一阶段课程开始时以及上午和下午的课程中教授国旗、国徽的设计和含义,以及演唱国歌和解释国歌歌词含义。第六条规定,为了进入公共服务部门或获得安哥拉国籍,必须证明对国家象征的了解。《东帝汶国家象征法》第二十九条规定,在公立或私立教育机构和任何级别的教育中,对国旗标准和意义的教学,以及对国歌歌词的演唱和解释应当是强制性的。第三十条规定,如果不了解国歌的全部歌词,任何人都不得被录用为公务员或进入公共服务岗位。第三十一条规定广播和录制国歌:教育、文化、青年和体育部应确定所有国歌乐谱的最终官方版本,将器乐和声乐表演以及朗诵的歌词录制在数字磁盘上。第三十二条规定国歌的乐谱:教育、文化、青年和体育部也有责任在全国创作者中组织比赛,将国歌的管弦乐谱缩减为可由小型管弦乐队演奏的乐谱,这些管弦乐应遵守第十九条国歌奏唱的基本规则。《古巴国家象征法》专章规定了古巴教育机构在国家象征方面的教育责任。

三是国家象征的知识产权。有的国家象征由个人创作而后由国家确立,这时需要确认国家象征知识产权的归属范围。如果国家象征通过公开征集、集体创作等国家行为确定,往往在法律中直接明确国家象征知识产权的归属。例如,《格林纳达国徽和国歌法》第三条规定,为避免质疑,特此声明,国歌的歌词和音乐以及国徽设计的版权归国家所有。国王拥有永久的版权。《巴拿马国徽、国旗和国歌法》第二条规定,巴拿马国家是本法规定的国家象征的知识产权所有者,其权利由政府保护。

四是国家象征的法律责任。为了确保国家象征法律制度的权威性、可执行性,应当明确违反法律规定的具体规则承担一定的法律责任。大多数国家的国家象征法专章统一规定所有国家象征的法律责任,如哈萨克斯坦、玻利维亚、多米尼加、哥伦比亚。

第一编

国旗法律制度比较

第一章 比较概述

第一节　国旗法律制度的历史演变和主要内容

11 世纪以来,国旗逐渐登上世界历史舞台,在国家政治、社会、文化生活中开始发挥重要作用:在战场上激励、团结士兵为国而战,在社会中作为国家权力的象征。在欧洲中世纪,国旗逐渐成为国家的主要象征。

一、国旗法的起源与发展

(一)国旗法的开端

国家象征的重要类型之一是国旗,而国旗在近现代国旗起源中发挥着重要作用。1603 年,苏格兰国王詹姆士一世兼任英格兰国王,使英格兰与苏格兰两国合一。随后,1606 年,英国国王发布《创建联盟旗帜的命令》:"国王特此决定。鉴于我们的南不列颠和北不列颠的臣民在海上航行时,对其旗帜标识产生了一些分歧。为了避免以后的一切争执,我们根据枢密院的建议,下令:从今以后,我们大英帝国的所有臣民,以及我们的所有成员,都应在船舶的主桅杆上挂上纹章官制定的红色十字旗(通常称为圣乔治十字旗)和白十字勋章旗(通常称为圣安德鲁十字勋章旗)融合在一起的旗帜,并由我们送至我们的海军上将,向我们的臣民公布。我们南不列颠的臣民船舶的前桅杆,应按习惯升挂红色的十字旗帜,而我们北不列颠的臣民在船舶的前桅杆上也要按照习惯升挂白十字勋章旗帜。"[1] 现在英国的国旗由 1801 年通过议会命令正式创设,是在上述命令确立的国旗基础上进一步修改形成的。

尽管有些国旗可以追溯到更早,但在军事或海军背景之外广泛使用国旗始于 18 世纪末民族国家观念的兴起,是资产阶级革命时代的产物。法国和美国

---

[1]　Arthur Charles Fox-Davies, *The Art of Heraldry: An Encyclopaedia of Armory*, Bloomsbury Books, 1986, p. 399.

等国家的革命要求人们开始将自己视为公民,而不是国王的臣民,因此需要代表集体公民的旗帜,而不仅仅是代表统治者权力的旗帜。根据现有资料,较早制定近现代意义国旗法的国家是美国、法国。

在美国,1777 年 6 月 14 日,第二届大陆会议通过《1777 年国旗法》(The Flag Act of 1777),以回应一个美洲原住民部落在 6 月 3 日提出的"美国国旗"的请愿。① 法案内容十分简洁:"兹决议,美国国旗为十三条横条,红白交替;其中联盟部分为十三颗蓝底白色的星星,代表一个新的星座。"② 1794 年 1 月 13 日由乔治·华盛顿总统签署《1794 年国旗法》,以适应佛蒙特州和肯塔基州加入联邦的情况。该法改变了国旗的设计,它规定了 15 条条纹和 15 颗星。这是美国唯一一面没有 13 条条纹的正式国旗。法律内容为:"关于修改美国国旗的法案。美利坚合众国参议院和众议院在国会集会时颁布,自一七九五年五月一日起,美国国旗为十五条红白相间的条纹。联盟部分为十五颗星,联盟部分的背景是蓝色,星星为白色。"由于在 1794 年至 1818 年期间,在接纳新的州加入联邦的同时,没有制定新的国旗法,因此非正式的美国国旗有 16 颗、17 颗、18 颗或 19 颗星。1818 年 4 月 4 日,美国颁布《1818 年国旗法》,规定了现代的规则,即有 13 条水平条纹,并使星星的数量与目前的州数相匹配。它还规定,随后在 7 月 4 日独立日对星星的数量进行修改。该法律内容为:美利坚合众国参议院和众议院在国会集会时颁布,自 1819 年 7 月 4 日起,美国国旗为 13 条横条纹,红白交替;联盟为 20 颗星,蓝底白字。并进一步规定,在每一个新州加入联邦时,国旗的联合部分应增加 1 颗星;这种增加应在该州加入后的下一个 7 月 4 日生效。③

在法国,1790 年秋天,制宪议会决定,所有法国军舰和商船都将悬挂带有 3 个垂直区域的旗帜:旗杆附近为红色,旗杆中间为白色,之后为蓝色。1794 年 2 月 15 日,法国大革命期间建立的法国历史上第一个资产阶级共和国——法兰西第一共和国在国民大会上颁布法令,明确"国旗"(Le pavillon national)由垂直排列成带状的三种国家色彩组成,旗杆附近为蓝色,中间为白色,之后为红色。④

---

① Boleslaw Mastai & Marie-Louise d'Otrange,*The Stars and the Stripes: The American Flag as Art and as History from the Birth of the Republic to the Present*,Alfred A. Knopf,1973,p. 43.

② Whitman H. Ridgway,*A Century of Lawmaking for a New Nation: U. S. Congressional Documents and Debates*,1774-1875,Journals of the Continental Congress,Vol. 8,p. 464.

③ Whitman H. Ridgway,*A Century of Lawmaking for a New Nation: U. S. Congressional Documents and Debates*,1774-1875,Journals of the Continental Congress,Vol. 8,p. 415.

④ "Collection complète des lois,décrets,ordonnances,réglemens,et avis du Conseil-d'État:publiée sur les éditions officielles du Louvre;de l'Imprimerie nationale,par Baudouin;et du Bulletin des lois,de 1788 à 1824 inclusivement,par ordre chronologique...: suivie d'une table alphabétique et raisonnée des matières / par J. B. Duvergier,avocat à la cour royale de Paris" [archive],sur Gallica,20 janvier 1794(consulté le 6 août 2022).

可见,在法国正式确立国旗的法令诞生于 1794 年。在此之前,没有国旗,只有皇家纹章,用于王室的建筑物、出版物、印章、硬币等。法国三色旗确立为国旗后,虽然在历史复辟等少数情况下,国旗发生过改变,但是 200 多年来,法国主要将三色旗作为国旗,并且在 1946 年和 1958 年的宪法(第二条)将三色旗正式确定为共和国的国家象征。但目前,法国除了刑法关于侮辱国旗承担刑事责任的规定外,没有专门关于国旗使用规则的法律。

在西班牙,西班牙国王颁布《1785 年皇家法令》,为了避免西班牙海军和其他西班牙船只使用的国旗在远距离或风平浪静的情况下被误认为是其他国家的国旗而造成的不便和损失,确立了旗面自上而下由红、黄、红三个平行长方形组成新的国旗。① 该旗帜成为现代西班牙国旗的基础。

(二) 国旗法的扩展

在 18 世纪及以后,全球民族主义的兴起意味着普通民众开始认同民族国家及其象征(包括旗帜)。新国家、新政权建立之初,就需要通过法律、法令确立本国的国旗,这象征着一个新的开端。从早期国旗法的规定内容看,18 世纪末,国旗相关法律主要是规定国旗的组成,包括图案形状、颜色。早期国旗法的主要功能是正式确立国旗,而且国旗被用来构建一个统一的国家理想。国旗的广泛使用使国旗成功地与民族国家产生情感联系,从而日益运用于政治社会生活之中。

18 世纪末国旗开始在近现代国家确立之时,较少涉及国旗的使用、管理事项。实践中,早期确立的国旗主要是用于船舶、军队。进入 19 世纪以后,国旗的使用、管理制度得到法治化。在 19 世纪,随着拉丁美洲独立国家日益增多,独立的国家掀起了南美国家象征法制定的新浪潮。美洲大陆的许多新国家都在努力寻找合适的国家象征,通过法律的形式确立独立国家的国家象征,反映了在动荡的政治形势中努力建立新的主权身份。

在德国,1867 年 10 月 25 日,德意志帝国前身北德意志邦联颁布《商船悬挂联邦旗法令》,明确规定,联邦国旗今后将作为国旗由联邦各州的商船专门悬挂,商船不允许在联邦旗上悬挂特殊的徽章。1892 年 11 月 8 日,德意志帝国颁布《帝国旗帜使用法令》,该法令共五条。第一条规定,1867 年 10 月 25 日《商船悬挂联邦旗法令》为德国商船制定的联邦旗帜构成德国国旗。第二条规定,帝国海军和直接为帝国服务的德国军队机构,应按照皇帝的详细规定悬挂德国军旗。第三条规定,不需要悬挂德国军旗的帝国当局,应使用帝国公务旗。外

① Real Decreto de 28 de mayo de 1785, la moncloa(le 30 juin 2022), https://www.lamoncloa.gob.es/espana/simbolosdelestado/paginas/legislacion/BanderaRD28mayo1785.aspx.

交部门、海军部门、邮政部门用的帝国公务旗为帝国国旗图案中心位置增加本部门的徽章。其他行政部门用的帝国公务旗为帝国国旗图案中心位置加上帝国皇冠。第四条规定,只有帝国当局才有权悬挂帝国的公务旗。第五条规定了生效日期。

（三）国旗法的普及

随着人们对于国家象征尊崇化意识的日益提高,对法治保障手段的需求也越来越强烈。早期法律对于国旗的尺寸、比例、用途等没有作具体的规定。在20世纪初期,关于国旗使用、监督管理的规定日益成熟,各国开始先后制定国旗具体使用、监督管理的法律规定。第一次世界大战后,一些国家放弃原有带有王室痕迹的国旗,确立新的国旗,包括冰岛、捷克、立陶宛等国家。

1917 年 11 月 7 日（俄历 10 月 25 日）,十月社会主义革命爆发,世界上第一个社会主义国家政权——俄罗斯苏维埃联邦社会主义共和国建立。1918 年 4月 8 日,全俄中央执行委员会颁布第 62 号法令《关于俄罗斯共和国的国旗》,内容仅一条,明确"俄罗斯共和国国旗规定为书有'俄罗斯社会主义联邦苏维埃共和国'字样的红旗"①。

1916 年,时任美国总统伍德罗·威尔逊发布公告,为了纪念 1777 年 6 月 14日根据第二届大陆会议的决议通过美国国旗,正式将 6 月 14 日定为国旗日。1949 年 8 月 3 日,国旗日由国会正式以法律的形式确定。在 1923 年 6 月 14 日国旗日之前,联邦政府和各州都没有管理美国国旗展示的官方指南。这一天,在美国退伍军人协会的主持下,超过 68 个组织的代表通过了"国旗法典",编纂与美利坚合众国国旗展示和使用有关的现行规则和习俗。1942 年 6 月 22 日,美国总统签署美国国会将"国旗法典"正式明确为法律的议案。从此,美国关于国旗使用的具体规则成为法律规定内容。

20 世纪中叶以后,各国纷纷制定国旗相关法律,普遍较为详细地规定了国旗的使用情形、使用规则、法律责任等内容。国旗法律制度已经成为各国法律制度的重要组成部分。例如,1955 年苏联通过国旗法,明确规定国旗应当升挂的地点和时间,明确国旗使用的规则等。1971 年阿联酋制定国旗法,1973 年沙特阿拉伯制定国旗法,1981 年西班牙制定国旗和其他旗帜使用法,1982 年瑞典制定国旗法,1987 年葡萄牙制定国旗使用规则。

---

① ［苏联］谢·谢·斯图坚尼金主编:《苏维埃宪法史（文件汇编）》（1917—1957）（第一分册）,中国人民大学出版社编译室译,中国人民大学出版社 1958 年版,第 131 页。

二、世界各国国旗法整体情况

国旗是国家的标志性旗帜和国家象征。很多国家制定了专门的国旗法律法规,对国旗的样式、使用、管理等作出规范,对国旗予以特殊保护。据统计,除专门明确国旗构成的法律、法令外,共有 70 部国家象征法、其中有 45 部国旗专门法律,对国旗使用、管理制度作了规定。

从一些国家的立法情况看,制定专门国旗法或者有关法规的情况比较普遍,但是规范的内容差别较大。有些国家制定了内容详细、规范全面的国旗法,一般在 12 条左右,规定了国旗使用、管理的各个方面,如美国、俄罗斯、印度、韩国、澳大利亚等。也有一些国家制定了简略的国旗法,一般 2 条至 3 条,主要规定国旗的样式或授权政府制定具体规则,如日本、新加坡等。也有一些国家没有制定国旗法,由行政部门制定法规或规范性文件,如德国、英国等。

有的国家形成了关于国旗规范使用的制度体系。例如,美国除国会制定专门的国旗法外,政府还制定了多个涉及国旗的法规,如国旗自由升挂规则、现任及卸任官员逝世时下半旗规则、国旗尺寸和比例以及星星位置规则等。在加拿大,议会制定了国旗法、国旗制作标准法,政府制定了下半旗规则等。在英国,没有统一的国旗法,议会针对北爱尔兰制定了国旗令(北爱尔兰地区),政府制定了商船国旗规则、升挂国旗简明指南等文件。在德国,没有专门的国旗法,议会针对船舶悬挂旗帜制定了内陆船舶旗帜和海洋船舶旗帜法,政府制定了德国国旗规定、联邦建筑物升挂国旗规定。

从法律内容看,大部分国旗法律法规都规定了国旗是本国国家的象征,规定国旗的样式、制作。除此之外,很多国家的国旗法重点规范了国旗在使用、管理过程中的具体事项,如国旗升挂的时间及地点、下半旗制度、国旗覆盖灵柩制度、使用国旗的注意事项及禁止行为、侮辱国旗行为类型及其法律责任等。

三、国旗法明确的国旗性质与地位

没有象征的国家是无法被识别的。"作为一个国家主权,主权行动需要借助于这个国家的可见特征,必要时还需要借助于可视的特征。"[①] 这就要求主权国家确立自己的象征,使其自身得以对外呈现。对此,很多国家专门对国家象

---

① Bussjäger, Art. 1 LV, in: Liechtenstein-Institut (Hrsg.): Kommentar zur liechtensteinischen Verfassung. Online-Kommentar, Bendern 2016, verfassung. li(Stand:31. August 2015).

征的性质作了规定,明确国旗是主权国家的象征。《西班牙国旗和其他旗帜使用法》第一条规定,西班牙国旗象征着国家,是国家主权、独立、统一和完整的标志,代表宪法中表达的优越价值观。《摩尔多瓦国旗法》第一条规定,国旗是摩尔多瓦共和国主权和独立的重要官方象征。《加拿大国旗法》的序言部分明确该法的目的和依据。该法的目的是确保鼓励所有加拿大人展示加拿大国旗。加拿大国旗是国家统一的象征;加拿大国旗代表了加拿大所依据的自由、民主、勇气和正义原则;加拿大国旗代表加拿大所有公民;加拿大国旗代表着对伟大国家的自豪和对那些为之牺牲的人们的尊崇;鼓励展示国旗符合国家和公共利益。《葡萄牙国旗使用规则》第一条规定,国旗作为祖国的象征,代表国家的主权和葡萄牙的独立、统一和完整,必须受到所有公民的尊重,否则将受到刑法规定的处罚。《朝鲜国旗法》第二条规定了国旗的象征和保护原则。朝鲜国旗是国家尊严和主权、人民幸福和美好前景的象征。国家应确保所有机构、企业、组织和公民尊重和保护国旗。

在我国,国旗法第四条第一款规定,中华人民共和国国旗是中华人民共和国的象征和标志。从比较法上看,大多数国家在国家象征法律中都明确国旗是国家的象征,而我国国旗法还明确规定了国旗是标志。笔者认为,这是两个层面的规定:一是精神层面,"象征"意味着国旗代表国家的精神内涵,主要是通过国旗图案的图形和颜色来表现;二是物质层面,"标志"意味着强调国旗也是一种具体识别物,使得我国国旗不同于他国国旗,在国际交往中用以区分。

第二节　国旗法律制度的宪法依据比较

基于《世界各国宪法》的统计,目前,有 130 个国家的宪法明确规定了国旗,约占 193 个联合国会员国总数的 67% 。① 目前,上述国家的宪法通常在其第一章中包含对国家象征,尤其是国旗的规定。例如,1947 年的《意大利宪法》(第十二条)、1958 年的《法国宪法》(第二条)、1949 年的《德国宪法》(第二十二条)、1831 年的《比利时宪法》(第一百二十五条)等,而中国等国家,国家象征条款未在宪法第一章中予以规定。

一、宪法规定的基本模式

关于国旗规定的基本模式,除了没有规定国旗的尺度比例之外,其他均有

---

① 本节中各国宪法的规定均引自《世界各国宪法》编辑委员会编译:《世界各国宪法》(亚洲卷、欧洲卷、美洲大洋洲卷、非洲卷),中国检察出版社 2012 年版。

单独规定,同时,还有一些进行了组合规定。

一是规定国旗的基本图案样式,并明确具体样式由法律规定。例如,《爱沙尼亚宪法》第七条规定,爱沙尼亚国旗的颜色是蓝色、黑色和白色。国旗和国徽的样式,由法律予以规定。

二是规定国旗的基本图案样式,并明确使用规则由法律规定。例如,《匈牙利宪法》第一条规定,"……(2)匈牙利国旗由3道分别代表力量、忠诚和希望的红、白、绿色等宽横条从上到下构成。……(4)国徽国旗可以在其他历史场合下使用。使用国徽国旗和国家勋章的具体规则,由基本法律规定"。

三是规定国旗的基本图案样式,并明确图案样式和使用规则由法律规定。例如,《乌克兰宪法》第二十条规定,乌克兰的国旗由两个宽度相等的蓝色和黄色的横条组成。乌克兰国家象征的描述,以及乌克兰国家象征的使用程序,均由法律予以规定。

四是规定国旗的基本图案样式,其明确在附件中具体规定。例如,《圭亚那宪法》第四条规定,"金色箭头旗"是国家的国旗。在其附件二中具体阐述。

二、宪法关于国旗规定的要素

宪法文本中对国家象征的描述包括以下细节。

(一)国旗的图案

一是明确描述国旗的基本图案样式。例如,《法国宪法》第二条规定,共和国国旗为蓝—白—红三色旗。《爱尔兰宪法》第七条规定,国旗是绿色、白色和橙色三色旗。《约旦宪法》第四条规定,约旦国旗形状和规格如下:长度为宽度的两倍,横向划分为相等的平行的三部分,上端为黑色,中间为白色,下端为绿色,旗杆这端为红色三角形,三角形底边为国旗的宽,三角形顶端位置相当于长度的一半,三角形内是白色七角星,容纳于直径为国旗长度 1/14 的圆内,其中心位于三角形的角平分线的交叉处,通过其角的轴线与三角形底边相平行。

二是明确国旗的基本图案样式由法律规定。例如,《挪威宪法》第一百一十一条"国家象征"条款规定,挪威国旗的形式和颜色应当由法律确定。

三是明确规定国旗的尺度比例。例如,《斯洛文尼亚宪法》第六条规定,国旗旗帜长宽比为 2∶1。蒙古、老挝、阿塞拜疆、朝鲜等国家的宪法规定了国旗的长宽比例。

四是明确国旗的图案样式由附件规定。例如,《斯里兰卡宪法》第六条规定,斯里兰卡共和国的国旗为附表二中所描绘的狮子旗。《不丹宪法》第一条第五款规定,不丹的国旗和国徽在本宪法的附件一中规定。

五是明确国旗的图案。例如,《缅甸宪法》第四百三十七条规定:"国旗应为下图所示。"

六是明确以国旗图案主要构成要素简称的旗帜。例如,《土耳其宪法》第三条规定,国旗是法律规定的红底白色新月星旗。《斯里兰卡宪法》第六条规定,斯里兰卡共和国的国旗为附表二中所描绘的狮子旗。《印度尼西亚宪法》第三十五条规定,印度尼西亚国旗为红白圣旗。

(二)国旗的象征意义

一是明确规定国旗是国家的象征。例如,《葡萄牙宪法》第十一条第一款规定,国旗是葡萄牙共和国主权和国家独立、统一团结的象征,为 1910 年 10 月 5 日革命后创立的共和国所采用的旗帜。《智利宪法》第二条规定,共和国国旗、国徽、国歌是国家的象征。

二是明确规定国旗的象征意义。例如,《匈牙利宪法》第一条规定,匈牙利国旗由 3 道分别代表力量、忠诚和希望的红、白、绿色等宽横条从上到下构成。《东帝汶宪法》第十五条规定:"国旗颜色的含义:黄色象征殖民主义的痕迹;黑色象征需要克服的蒙昧主义;红色象征民族解放斗争;白色象征和平。"《莫桑比克宪法》第二百九十七条规定:(1)国旗有五种颜色:红色、绿色、黑色、黄色和白色。(2)国旗颜色代表如下意义:a. 红色——数百年来对殖民主义的抵抗、武装民族解放斗争和对主权的捍卫;b. 绿色——大地的丰饶;c. 黑色——非洲大陆;d. 黄色——国家的矿藏;e. 白色——莫桑比克人民斗争的正义性及所要建立的和平事业。(3)从上至下,依次为绿色、黑色和金色的平行宽条,并由白色细条隔开。左侧是一个红色三角形,三角形中心是一颗五角星,上方则是交叉的锄头和步枪,与一本书叠加。(4)五角星代表莫桑比克人民的国际主义精神。(5)书、锄头和步枪分别象征教育、生产和国防。

从上述宪法关于国家象征的规定可以看出,宪法对于象征意义的规定虽然不是绝大多数国家的选择,但是对于规定这些象征意义的国家而言,都是赋予了本国最具有代表性的特征要素以美好愿望、诉求的寓意。"宪法扮演着多种角色:它们把国家的理想目标写入条文,从而提供一种象征功能,它们规定了政府的结构形式,并试图为政府统治的权利进行辩护……宪法的功能必须是象征性的,而不能拘泥于字面。"[①]在宪法中将国旗的象征意义予以规范,同时也强化了宪法本身所应有的象征意义。

---

① [美]迈克尔·罗斯金等:《政治科学》,林震等译,华夏出版社 2001 年版,第 53 页。

（三）国旗的规则

一些国家的宪法强调必须通过具有特殊效力的法律规定国旗,如阿塞拜疆、哈萨克斯坦、俄罗斯、乌克兰。这里具有特殊效力的法律一般是指宪法性法律,是宪法内容的具体化。宪法性法律不同于一般法律,主要是法律规范的内容、通过的程序要求更严。国旗等国家象征涉及国家的建构,属于国家的重大事项,从理论上分析也是属于宪法规定的内容。所以在很多国家,关于国旗等国家象征的具体规范由宪法性法律规定。

一是规定国旗使用的基本规则由法律规定。一些国家宪法规定国旗的使用程序由宪法性法律规定。例如,《俄罗斯宪法》第七十条第一款规定,俄罗斯联邦的国旗、国徽和国歌,对它们的描述以及它们的正式使用程序,均由联邦宪法性法律予以规定。《乌克兰宪法》第二十条规定,乌克兰的国家象征是乌克兰国旗、乌克兰国徽和乌克兰国歌。乌克兰国家象征的描述,以及乌克兰国家象征的使用程序,均由法律予以规定。上述法律,由乌克兰最高拉达以其全体代表的 2/3 多数予以通过。

二是明确规定国旗的主要使用规则。例如,《塞浦路斯宪法》第四条规定:(1)共和国应有自己的国旗,其图案和颜色应中立,由共和国总统和副总统共同选择。(2)共和国机关与由共和国法律所创设或规定的公营法人或者公用事业机构应升挂共和国国旗,在节假日有权同时升挂共和国国旗与希腊族旗和土耳其族旗。(3)部族机关和组织有权在节假日同时升挂共和国国旗与希腊族旗或土耳其族旗。(4)共和国的任何公民、其成员为共和国公民的非公共机构、法人或非法人团体,有权在其房屋上升挂共和国国旗、希腊族旗或土耳其族旗,其权利不受限制。

（四）国旗确立的主体和程序

一是明确国旗的确定主体。例如,《伯利兹宪法》第一百二十二条规定,伯利兹的国家象征应由国民议会规定。

二是明确国旗的确定主体和程序。例如,《乌克兰宪法》第二十条规定,涉及国旗的描述和使用程序的法律,由乌克兰最高拉达以其全体代表的 2/3 多数予以通过。《马其顿宪法》第五条规定,马其顿共和国的国徽、国旗和国歌由全体议会代表总数的 2/3 多数票立法通过。

一些独联体国家的宪法也规定了尊重本国国家象征的义务。例如,《阿塞拜疆宪法》第八十四条等。

在个别国家,由于宪法没有对国家象征作出规定,在实践中涉及国家象征立法时出现了争议。如 1999 年日本制定国旗国歌法时,由于日本宪法没有对国旗国歌作出规定,对于日本社会习惯上形成的"日章旗""君之代"是不是国家象征产生了争议。一方观点认为,"日章旗""君之代"不是宪法规定的国旗和国歌。基于"日章旗"最初并非源于天皇制度,而是被解释为与天皇精神相结合,用于排他主义和军国主义。"君之代"歌词本身就美化了天皇的统治,而且在加强天皇制度的权力过程中不可或缺。与天皇、军国主义密切结合的国旗、赞美天皇的歌曲,失去了作为象征对象的民族本身的支持,没有实现团结人民的功能,完全不适合以人民主权为原则的日本宪法时代。另一方观点认为,"日章旗""君之代"是天皇制度的象征,也是国家的象征。与美国和瑞士等国家的民主主权不同,日本的国家主权承认天皇是国家和民族团结的象征,根据日本宪法,天皇是基于人民的共识,人民对国家有主权。"日章旗""君之代"代表天皇,也就是象征国家。[①] 日本对于国旗国歌象征意义的争论,一方面体现了缺失宪法规定,导致国旗国歌象征内涵的争议,也导致日本难以正视历史问题;另一方面也说明了宪法中明确规定国旗国歌的重要实践意义,对于促进国家象征立法有着重要的实践指导作用。

三、我国宪法关于国旗的规定

我国 1954 年宪法第一百零四条规定,中华人民共和国国旗是五星红旗。此后我国历部宪法均沿用了上述规定(表述中的个别文字略有不同)。对于为什么当时的宪法规定较为简洁,没有涉及国旗的象征意义、使用规则等内容,1954 年制宪时所借鉴的国外宪法资料情况提供了可能的答案。在当时汇编成册的关于 12 个国家宪法的介绍中,11 个国家宪法对于国旗、国徽、国歌、首都的规定是描述的基本图案样式,包括苏联、匈牙利、罗马尼亚、保加利亚、阿尔巴尼亚、蒙古、越南、朝鲜、德国、法国、捷克。当时仅仅《波兰宪法》规定模式有所不同,《波兰宪法》第八十九条规定,波兰人民共和国的国旗是白红两色。详细图样以法律规定之。正如韩大元教授所言:"1954 年宪法,在制宪模式、制宪程序、内容以及规范表述等方面均受到外国宪法的影响,体现了一定的开放性。"[②] 正是基于借鉴的大部分国家宪法关于国旗、国徽的规定方式简洁,我国也没有突破。由此可以看出,在 20 世纪中叶,各国宪法对于国家象征的表述主要还是集中在对于图案的描述,对于象征意义、使用规则、确立程序等还没有得到广泛的普及。

---

① 大西斎「わが国の国旗・国歌の歴史的意義とその法的位置づけ」国際公共政策研究 14 巻 1 号(2009 年)84 頁参照。

② 韩大元:《外国宪法对 1954 年宪法制定过程的影响》,载《比较法学》2014 年第 4 期,第 51 页。

第二章　国旗的构成

第一节　国旗图案的图形

图案一般主要有以下几个构成要素：图形、颜色和比例，在实际使用过程中还包括尺寸等。就国旗而言，国旗图案的构成是指国旗图案物本身的构成要素，包括图形、颜色和比例。国旗图案的图形是国旗的主要元素。从实践中看，国旗图案的图形一目了然、干净整洁，有一种熟悉的、感官上的吸引力，会取得很好的视觉效果。各国的国旗图案图形设计通常是经过实践检验，审慎考虑了历史、文化和环境因素，成为一种富有想象力、令人愉悦的设计，在法定之后才能够获得广泛接受。

一、国旗的形状

国际惯例上，国旗的形式通常是长方形。在一些国家，明确国旗在不同条件下可以采用不同的形状展示使用，主要包括条幅形、三角形。

1. 长方形国旗（英文 Flag、德文 Flagge）

正常情况下，各国国旗均以长方形的方式展示，如《列支敦士登公国纹章、颜色、印章和徽章法》附件载明了长方形国旗的样式（见下图）。

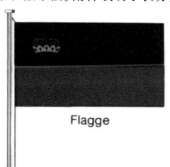
Flagge

Fahne

在德语中,有"Flagge"(穿绳旗)和"Fahne"(穿杆旗)两个概念。前者来源于陆地上的战斗旗,后者来源于航运中的船旗。目前,德国主要使用 Nationalflagge 表示国旗。在列支敦士登,两种旗帜主要是悬挂固定的方式不一样,Flagge 旗帜是用一根绳子松散地连接在杆子上;Fahne 旗帜是牢固地固定在一个杆子上。

2. 条幅形国旗(英文 Banner、德文 Banner)

Banner 原指悬在横杆上的军旗。条幅形国旗是竖挂形式展示的国旗。例如,《列支敦士登公国纹章、颜色、印章和徽章法》附件载明了条幅形式的国旗。具体图案如下:

3. 三角形国旗(英文 Pennant、德文 Wimpel)

三角形国旗是三角形式展示的国旗。三角旗是一种纪念性的旗帜,往往用于纪念仪式。三角旗的出现最早可追溯到 11 世纪,在中世纪的骑士团骑士胜利时会制作三角形的优胜旗挂在枪上,以庆祝胜利。在许多国家的舰船上也会出现三角旗的身影。在现代社会,一些国家为了满足公民在日常生活中可以较为便利地使用国旗表达爱国主义情感、表达对于国家的归属感,形成了国旗的替代物——三角形国旗。例如在瑞典,使用三角形国旗的权利属于瑞典的任何公民。

一些国家对三角形国旗作了规定。《爱沙尼亚国旗法》第十五条第三款规定,每个人都有权使用爱沙尼亚国旗颜色组合中的三角旗。三角旗不会取代爱沙尼亚国旗。《列支敦士登公国纹章、颜色、印章和徽章法》附件中也载明了三角形国旗。具体图案如下:

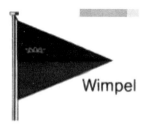

Wimpel

二、国旗图案图形的表述

国旗图案内的图形各国情况各有不同。对于国旗图案易描述的,通常在国旗法律正文中简要描述。例如,《西班牙国旗和其他旗帜使用法》第二条第一款规定,根据《西班牙宪法》第四条的规定,西班牙国旗由红、黄、红三条横条纹组成,黄色的宽度是红色的两倍。

在简要描述国旗后,通常还需要在法律附件中具体载明国旗的图案。如《爱沙尼亚国旗法》第一条第一款规定,爱沙尼亚国旗为蓝色、黑色和白色。第二条规定:(1)爱沙尼亚国旗由三个等宽的水平横条纹组成。上面是蓝色,中间是黑色,下面是白色。旗帜的宽度与长度之比为7∶11。(2)本法附有爱沙尼亚国旗图像。《巴拿马国家象征法》第五条规定了国旗的图案图形,并明确规定,在《国家象征手册》中正式认可的特殊情况下,国旗的表现形式可以是上述规定以外的,如为海军设计的国旗或根据巴拿马共和国签署的国际协定设计的国旗,并应按相应比例制作。

三、国旗图案图形的含义

任何国家的国旗都是该国国家身份的标志。国旗是对国家热爱的象征。每面旗帜的背后都有一个丰富而深刻的寓意。有些国家将国旗图案的意义用法律的形式规定。例如,《朝鲜国旗法》第三条规定,朝鲜国旗中浸透着为祖国光复、为人民自由和幸福献身的爱国斗士和英雄战士们的鲜血,蕴含着为国家繁荣富强发展而斗争的国民的革命气象。每一个国民都应该清楚国旗中的崇高含义,为祖国和人民献身。《巴拿马国家象征法》第六条规定,国旗的颜色和元素有以下含义:蓝色代表保守党,红色代表自由党,白色代表在新的国家建立新家园的和平阵营。蓝星象征着规范公民生活的纯洁和诚实。红星象征着加强美德规则执行的权威和法律。

四、国旗的比例

现代国旗的形状通常为矩形,但长度与宽度的比例不同。除了瑞士、尼泊尔和梵蒂冈的旗帜因其形状独特外,大多数旗帜的长宽比例是3:2。例如,在俄罗斯,旗帜的大小不受限制,可以是任何大小,具体取决于使用的内容和方式。同时,要严格遵守旗帜的长宽比为3:2。《拉脱维亚国旗法》第二条规定:(1)国旗是带有白色横条纹的胭脂红。(2)国旗红白红条纹比例为2:1:2。(3)国旗的长宽比为2:1。国旗的红白红条纹比例以及国旗的长宽比例,无论国旗的尺寸如何,均应符合本法附件1中规定的样本。《爱沙尼亚国旗法》第二条规定,国旗的长度与宽度之比为11:7。

一些国家对船舶升挂国旗的比例作了特别规定。在英国,为免生疑问和方便起见,经过授权,批准了两个版本的国旗。对于在陆地上悬挂的旗帜,国旗长宽比例是5:3。对于海上悬挂的旗帜,国旗长宽比例为2:1。① 在斯洛文尼亚,按照《斯洛文尼亚国徽、国旗和国歌法》的规定,国旗长宽比例为2:1。按照船舶升挂国旗的规定,船舶长度小于24米的,升挂的国旗长宽比例为2:1,船舶长度大于24米的,升挂的国旗长宽比例是3:2。

五、国旗的正面、反面

许多国家的旗帜都是按几何形状设计的。从正面和背面看,国旗的图案是一样的。大多数国家从观看者的角度看,当国旗升起时,悬挂在旗杆左侧的一侧被认为是正面。但根据阿拉伯文字的阅读方向是从右至左,许多阿拉伯国家将旗杆放在国旗的右侧。

一些国家的国旗正反面不同,如巴拉圭国旗的正面和背面的中央有两个不同的纹章。少数国家只在正面国旗中有图案,如苏联的国旗只在正面有锤子和镰刀,背面为红色;阿拉伯撒哈拉民主共和国(西撒哈拉)的国旗在背面没有使用新月和星星。

---

① College of Arms, *Union Flag: Approved Designs*, College of Arms (Oct. 2, 2021), https://www.college-of-arms.gov.uk/resources/union-flag-approved-designs.

第二节 国旗图案的颜色

一、国旗图案颜色的意义

任何一面国旗都有其自身的意义,其图案的颜色对这个国家的人民来说意义重大。在色彩学中,颜色是人的大脑对物体的一种主观感觉,是由亮度和色度共同表示的。色度是不包括亮度在内的颜色的性质,反映的是颜色的色调和饱和度。人的视觉系统对色彩的感知是错综复杂的,为了可以量化地描述色彩,国际照明协会根据实验,将人的视觉系统对可见光内不同频率的辐射,所能引发的感觉用红、绿、蓝三原色的配色函数来加以记录,通过配色函数对色彩加以描述运用。

在纹章学、旗帜学中,每一种颜色的象征含义各有不同。总体上,红色是英雄主义、革命、生命、勇气、毅力和法治的象征,蓝色是荣耀、忠诚、荣誉和真诚的象征,绿色是希望、农业或自然保护的象征,黑色是谦虚、坚定、和平的象征,黄色是伟大、丰收、至高无上和财富的象征,白色是公正、纯洁、纯真、智慧和宁静的象征,紫色是主权、权力、伟大、胜利的象征。在各国实际立法中,根据本国不同的政治历史文化传统赋予了国旗颜色更加符合本国国情的解释。

很多国家的法律明确了国旗颜色的具体象征意义。例如,《亚美尼亚国旗法》第二条规定,亚美尼亚共和国国旗是亚美尼亚共和国的国家象征之一。亚美尼亚共和国国旗为三色,从上到下分别为红色、蓝色和橙色的水平等分条纹。红色象征着亚美尼亚高原,以及亚美尼亚人民为长寿、基督教、亚美尼亚的独立和自由而不断奋斗。蓝色象征着亚美尼亚人民在蓝天下和平生活的意愿。橙色象征着亚美尼亚人民的创造才能和勤奋。《玻利维亚国家象征法》第六条规定了国旗颜色的寓意:(1)红色:上方的红色条纹代表了英雄们为共和国的诞生和多民族玻利维亚国的巩固所流的血。(2)黄色:中央的黄色条纹代表玻利维亚人民的矿产和地下财富。(3)绿色:下方的绿色条纹代表大自然的丰富性和希望,是社会的主要价值。

还有一些国家国旗颜色的寓意没有通过法律规定,而是经过较长时间的历史沉淀形成的。例如,美国国旗三种颜色的寓意,没有通过法律规定,而是获得公民广泛认可后在美国官方政府网站刊载:红色代表英勇无畏,白色代表纯洁和天真,蓝色代表警惕、坚毅和正义。

二、国旗国家颜色的法定标准

国旗可以由任何种类的织物、纸以及其他柔性材料制成,颜色印染在不同材质(如纸、面料、塑胶等)上体现不同色彩质感。为了在官方组织使用中达到应有的统一性,需要通过运用专业的颜色技术规范进行精确的定义。标准色卡是色彩实现在一定范围内统一标准的工具,用于色彩的选择、比对和沟通。

从各国情况来看,国旗颜色较为固定,国旗的颜色一般包括红、黄、蓝、绿、橙、白、黑,其他颜色则很少见到。对于颜色的识别,国际上通行使用色卡进行界定。目前,国际标准色卡有以下几种:(1)美国彩通颜色体系(pantone)。该颜色体系供平面设计、服装家居、涂料、印刷等行业使用,是目前国际上广泛应用的色卡。(2)国际照明委员会 CIE 标准颜色体系。该颜色系统是国际照明委员会(CIE)制定的一种国际通用的颜色测量系统。1931 年国际照明委员会发布 CIE 1931 国际体系,是最先采用数学方式来定义的色彩体系。1976 年国际照明委员会公布 CIELAB 颜色体系,该体系理论上包括了人眼可见的所有色彩的色彩模式。(3)德国 RAL 颜色体系。RAL 是德国的一种色卡品牌,在国际上也通用。(4)瑞典 NCS 颜色体系。NCS 的研究始于 1611 年,现已经成为瑞典、挪威、西班牙等国的国家检验标准,是欧洲使用最广泛的色彩系统。大多数国家使用国际公认的彩通颜色体系。

在爱沙尼亚,国旗旗面由三个平行相等的横长方形相连组成,自上而下分别为蓝、黑、白三色。《爱沙尼亚国旗法》附件明确国旗颜色中蓝色的标准。按照 pantone 匹配系统的规定,蓝色色调为 285 C。

在西班牙,国旗由红、黄、红三条横条纹组成,黄色是红条纹宽度的两倍。1981 年 2 月,西班牙发布关于国旗颜色的皇家法令,在技术上,法令对于颜色的界定,采用 CIELAB 国际体系、CIE 1931 国际体系两种不同体系。

在韩国,《韩国国旗实施条例》附件二中明确了国旗颜色的色号,采用了CIE 颜色系统和蒙赛尔(munsell)颜色系统中颜色对应的色号。如果无法在印刷品等上以上述标准色卡的颜色显示旗帜的旗面,则旗面底色和太极的上部是印刷品等的底色,太极和四卦的下部应以黑色显示。在供外国人阅读的印刷品上展示国旗时,除有特殊原因外,应当按照上述标准配色方案展示。

有的国家根据国旗的颜色确定本国的国家颜色(national colours),即认为能代表特定国家的颜色。例如,《巴西国家象征法》第二十八条规定,绿色和黄色被认为是国色。第二十九条规定,国家的颜色可以不受任何限制地使用,包括与蓝色和白色有关的颜色。《巴拉圭国旗、国徽和国玺的使用和设计法令》第九条规定,爱国色(patriotic colours)是指任何旨在唤起国旗的红、白、蓝颜色的组合。爱国色和国旗的使用是自由的,只要其目的合法,不违背巴拉圭国家传递的象征价值。在商业广告中使用国旗,应特别尊重这些条件。第十条规定,爱国色以及国旗不能作为知识产权注册。

第三节　国旗的尺寸与旗杆

与国旗图案的比例是国旗内部宽与长的比例关系不同,国旗的尺寸涉及国旗与外部实物的对比关系,是国旗实物呈现的大小。

一、国旗的尺寸

(一)国旗尺寸的一般要求

国旗的尺寸是国旗使用时首先需要确定的,在很多国家其由法律之下的法规或者规范性文件规定,也有少部分国家在法律中予以明确。有的国家规定了国旗尺寸的确定标准。例如,《巴拉圭国旗、国徽和国玺的使用和设计法令》第四条规定,国旗的尺寸应根据旗帜的使用类型来确定,并根据旗帜的支撑物和展示空间来调整,始终保持比例、视觉和对比的和谐。《朝鲜国旗法》第六条规定,国旗大小按用途分为 8 个规格。规格依照本法附录。如果根据需要将国旗的纵横比设置为 1:2,也可以根据需要将规格设置为与附录 2 不同。《爱沙尼亚国旗法》第九条规定,挂在墙上的旗杆或建筑物屋顶的旗杆上悬挂的旗帜的最小尺寸应为 105 厘米×165 厘米。在旗杆上悬挂国旗时,旗杆的长度必须约为国旗的 6 倍。《斯洛文尼亚商船旗帜和徽章展示规则》第二条规定,旗帜大小可以如下:2.5 米×3.75 米;1.40 米×2.10 米;0.80 米×1.20 米;0.50 米×0.75 米。旗帜的大小必须与旗杆的大小相匹配。《韩国国旗法实施条例》第七条明确了 11 种国旗规格,如果需要,可以在保持长宽比例不变的情况下改变尺寸。附件明确具体规格,并且明确推荐建筑物、家用、车辆可以采用的相应规格。

(二)国旗尺寸的具体使用分类

场地、环境不同,升挂国旗的高度也不同,但是相似场景下,升挂国旗的尺寸大致相似。有的国家对不同场景升挂不同型号的国旗作了规定。《希腊国旗、军旗和总统徽章法》第二条规定,每种情况下使用的国旗尺寸定义如下:(1)城堡和塔楼使用 1 号国旗;(2)住宅、公寓楼、小商铺、写字楼等小型区域使用 5 号国旗;(3)大使馆和领事机构的国旗尺寸由外交部长决定,军事单位和服役机构以及军舰由国防部长决定,其他国家机构、市政和社区建筑、公用事业和私营企业的总部、协会、组织和场所使用国旗的尺寸由内政部长确定。如果是公务车,由政府总统府部长决定,在车辆右前方36厘米高的短金属板上升起8号尺寸国旗。根据同一决定,上述车辆的旗帜的周围可以配有2厘米长的金色丝边。

(三)美国国旗尺寸的规定及非常规尺寸的要求

在美国,国旗颜色的尺寸由总统令《美国国旗》规定。总统令前言部分认为,鉴于经修订的1949年联邦财产和行政服务法授权总统制定管理行政机构采购和使用财产的政策和指令;鉴于政府的利益要求对与国旗有关的各种事项作出有序和合理的规定,并规定行政机构采购和使用国旗的适当条例。因此,根据作为美国总统和美国武装部队总司令的权力,以及经修订的1949年联邦财产和行政服务法,特制定政府执行系统的行政部门、独立机关,包括政府全资拥有的公司所使用国旗的尺寸。总统令对于行政机构悬挂国旗的尺寸作了规定,共列明了11个尺寸,最大长38英尺、宽20英尺,最小长2.5英尺、宽1.32英尺,具体见下表。

国旗规格（英尺）

类型	宽	长
（1）	20.00	38.00
（2）	10.00	19.00
（3）	8.95	17.00
（4）	7.00	11.00
（5）	5.00	9.50
（6）	4.33	5.50
（7）	3.50	6.65
（8）	3.00	4.00
（9）	3.00	5.70
（10）	2.37	4.50
（11）	1.32	2.50

该命令规定,除非根据本命令另有授权,为行政机构使用而制造或购买的旗帜必须符合上述尺寸。关于其他尺寸,该命令规定,国防部长在为国防部采购时,总务署长在为国防部以外的行政机构采购时,如果国防部长或行政长官(视情况而定)认为有充分的理由,可对本命令规定的一个或多个尺寸或比例尺寸进行必要的细微调整,或批准本命令第三条或第二十一条规定以外的比例或

尺寸。对于其他尺寸的要求,该命令规定,要求国防部内部以及国防部与行政部门互相协调。在可行的情况下,(1)国防部长根据本命令第24(a)节的规定采取行动。因为它们涉及国防部的各个组织部分,应予以协调。(2)国防部长和行政长官应相互协调他们在该节下的行动。

关于国旗的使用,该命令规定,除国防部长就国防部、总务署署长就国防部以外的行政机构可能批准的有限例外情况外,行政机构现在拥有的或以后根据本命令日期之前授予的合同获得的所有国旗,包括总务署拥有的或获得的分配给其他机构的标志,应使用到不能使用为止。

二、国旗的装饰

在一些国家,为了体现国旗的庄严,在重要仪式场合,可以给予国旗装饰。例如,《摩尔多瓦国旗法》第二条规定,悬挂或携带的礼仪性国旗可以有额外的外部附属装饰(流苏、领带、丝带、流苏尖等),这是由国家纹章委员会批准的特别条例所规定的,但不得影响国旗的尺寸、比例和尊严。《韩国国旗法实施法令》第九条规定,有下列情况之一的,可以在国旗的旗面用金丝贴边:(1)用于代表国家的人士乘坐的汽车;(2)用于礼仪用途时;(3)用于室内升挂时;(4)用于各种国际会议的桌面。金丝贴在旗面四周,但与旗杆接触的部分不贴金丝。

三、国旗的旗杆

国旗旗杆是专门用作升降国旗所使用的旗杆。有的国家专门在法律中规定旗杆的材质、设置的地点、旗杆各组成部分的颜色、尺寸等。

(一)关于旗杆的材质

个别国家在法律中明确旗杆的材质。例如,《朝鲜国旗法》第十条规定了旗杆的材质及颜色。旗杆由木头或金属管制成,颜色为淡蓝色或白色。第十一条规定了旗杆的长度。旗杆的长度符合国旗用途的规格。规格依照本法附件3。第十三条规定了旗杆旗冠。旗杆旗冠呈锋利型。必要时可以改变旗杆旗冠的形态。第十四条规定了旗杆旗冠的颜色。旗杆旗冠的颜色是银白色或金黄色。在特殊情况下,可以使用不同颜色。第十五条规定了国旗旗杆旗冠的直径。旗杆旗冠的直径为国旗纵向的1/10。

(二)关于旗杆的设置位置

旗杆设置在不同位置,具有不同的设置要求。例如,《朝鲜国旗法》第十二条规定了旗杆的设置。旗杆根据公共建筑、住宅、广场、运动场的规模设置如下：
（1）旗杆可以设置在公共建筑屋顶的中心。（2）旗杆竖立在公共建筑、住宅、广场、运动场等相对的正门、正面左边看得清楚的地方，根据情况可以竖立在不同的位置。（3）可以把旗杆竖在街道和村庄需要的地方。（4）如果竖立2个以上的国旗杆，需要根据周围的环境竖立，旗杆底座之间的距离应当大于旗帜的长度。

《摩尔多瓦国旗法》第二十一条规定了在不同情形下，旗杆的不同要求：（1）在建筑物屋顶或外墙上悬挂带旗杆的旗帜时，应在屋顶或外墙上安装专门的支架，以便将旗杆尾固定在上面。（2）在屋顶上，旗杆通常应垂直固定。（3）在外墙上，旗杆应固定在支架上，与外墙形成不超过45度的角度，旗杆的下部离地面至少2.5米。（4）在窗户或阳台上，也可将旗杆置于水平位置，使旗帜垂直飘扬。（5）如果在同一建筑物内有一个以上的公共机关或机构，国旗只应悬挂在一个地方——建筑物主入口的上方或左侧。（6）在办公室和其他公务室，带旗杆的国旗应垂直固定安装在地板上的特殊支架上，在主墙的前面，在左侧，这样坐在办公桌前面对来访者的办公室主人或面对观众的演讲者，国旗就在他的右边或者后面。（7）在街道上用旗杆悬挂旗帜时，在有特殊支撑的柱子上，应遵守在建筑物外墙放置旗帜的规则。

有的地方对用于升挂国旗的旗杆高度作了规定，其中可能的原因在于如果旗杆高度过低，升上国旗后，可能达不到飘扬的效果，进而会损害国旗的尊严。此外，即使在下半旗的情况下，也应当维护国旗的尊严。如果遇到下半旗的情况，降至下半旗的位置时，旗杆过低，也不利于彰显国旗的尊严。

（三）关于旗杆的安装

在美国，政府标准规定了政府建筑物旗杆设置的要求。《美国公共建筑服务设施标准》（P-100）确立了美国政府总务署的公共建筑设计标准和性能标准。该标准是建筑标准，不是指南、教科书、手册、培训手册，也不是设计或建筑专业人员所期望的技术能力的替代品。该标准要求新建联邦建筑必须提供一个地面安装的旗杆，最好位于入口处的左侧（从面向建筑物的角度看）。如果地面安装的旗杆不可行，允许使用屋顶安装的旗杆。或者，如果屋顶安装不合适，可以使用支杆。在一个共同场地上的建筑群只需要一个旗杆。旗帜必须被照亮，并且用季节性可调的时间钟、光电管或楼宇自动化系统控制灯光。

《摩尔多瓦国旗法》第二十条规定，在旗杆上升起旗帜的具体规则如下：（1）旗杆可以是永久性的室外旗杆（安装在建筑物上或与建筑物相邻的土地上）、可移动的室外旗杆和室内旗杆。（2）室外升降机应配备能使旗帜升起和下降的装置，可以迅速改变并可以降半旗，通常由一根绳子、两个滑轮、紧固和固定环等组成。（3）在某些情况下，旗杆可以配备悬挂两面或更多旗帜的装置。

国旗总是单独安装在单独的旗杆上。（4）国旗迅速升起，缓慢而隆重地降下。国旗升起时要尽可能靠近桅杆的顶端。绳子应该绷得紧紧的。（5）如果旗杆固定在平台或舞台上、靠近平台或舞台，它必须在发言人的右侧，面向观众。

《韩国国旗升挂、管理和宣扬条例》第三条规定，（1）在国家、地方自治体、公共团体的大楼、机场、酒店、大型建筑物、体育馆、住宅区等设置的固定式旗杆的旗杆高度如下：①在地面设置旗杆：离地7米以上。但是3层以下的建筑物为5米以上。②在屋顶或者遮阳台之上设置旗杆：距离屋顶或者遮阳台3米及以上。③在建筑物上悬挂国旗：高度至少为悬挂国旗垂直宽度的3倍，以便升起旗帜。（2）在建筑物内部或周围安装升旗台，建筑物与升旗台之间必须保持足够的距离，并且升旗台的宽度至少要大于旗帜的水平长度。升起国旗时，使旗帜不接触建筑物。（3）几根旗杆安装在一起时，旗杆之间的距离至少要宽于所升旗帜的水平长度，以免相互接触。

《爱沙尼亚国旗法》第八条规定，国旗连同旗杆应当安装在建筑物的墙壁、屋顶上或升挂于落地的旗杆上。

（四）国旗尺寸与国旗旗杆长度的要求

国旗旗杆的使用规定主要是确保国旗有尊严地升挂，而在升挂时需要确保国旗旗杆的长度与国旗的尺寸能够协调，符合普通大众的审美标准。例如，《亚美尼亚国旗法》第七条规定，亚美尼亚共和国的旗帜应当完整、干净、没有污点，旗帜的底部应该从地面升起不低于2.5米。旗帜的长度与旗杆的比例应不低于1∶1.7。如果国旗是垂直悬挂的，则应按逆时针方向转动90度，以便在面对国旗时，红、蓝、橙的颜色顺序不会从左到右被打破。

在美国，政府标准规定了政府建筑物旗杆设置的要求。《美国公共建筑服务设施标准》（P-100）确立了美国政府总务署的公共建筑升挂国旗的旗杆高度和国旗尺寸的要求，具体对应要求如下表。

美国国旗旗杆的对应

旗杆高度	国旗尺寸（宽—长）
20英尺	3.5英尺　6 2/3英尺
30英尺	5英尺　9.5英尺
40英尺	5英尺　9.5英尺
50英尺	8 2/3英尺　17英尺
60英尺	8 2/3英尺　17英尺

在摩尔多瓦，《摩尔多瓦国旗法》第二十条规定，国旗的尺寸应与旗杆的长度成比例，具体如下。

摩尔多瓦国旗旗杆的对应

国旗的尺寸	旗杆长度
0.825 米 × 1.65 米	5 米—6 米
1 米 × 2 米	5.5 米—7 米
1.5 米 × 3 米	9.5 米—12 米
2 米 × 4 米	13.5 米—15 米

四、国旗使用的类型与悬挂的类型

为了方便使用,一些国家规定了国旗用于不同场景的称谓。在韩国,《韩国国旗升挂、管理和宣扬条例》第二条规定,在正常升挂于室外的国旗之外,将国旗的使用类型分为以下几种:(1)街道国旗,是指悬挂于街道的国旗。(2)车辆国旗,是指车辆悬挂的国旗。(3)旗杆型国旗,是指在室内、移动式旗杆上悬挂的国旗。(4)悬挂型国旗,是指在室内墙壁上悬挂的国旗。(5)桌面型国旗,是指在室内、桌面上升起的国旗。

在不同的情形下,国旗使用的方式不同,主要分为升挂、悬挂两种类型。个别国家规定了国旗升挂、悬挂的优先顺序。例如,《德国政府关于联邦官方建筑升挂国旗的法令》第五条中规定,国旗应当以垂直旗杆悬挂。如果无法做到这一点,可以使用水平或倾斜的旗杆。

五、比较法中的国旗旗杆尺寸要求

2001 年 1 月,原国家质量技术监督局发布推荐性国家标准《国旗升挂装置基本要求》(GB/T 18302-2001)。该标准规定了国旗升挂装置的技术要求、标志、标签和包装。该标准适用于以金属、金属塑料复合材料、玻璃纤维增强塑料和竹木类天然材料等制作的国旗升挂装置。其他旗帜的升挂装置也可参照执行。

国家标准《国旗升挂装置基本要求》根据使用升挂位置的不同,将国旗分为不同类型:(1)广场旗,为在广场或建筑物前升挂的旗帜。(2)建筑物外墙墙面旗,为升挂在建筑物外墙墙面上某一部位,并与建筑物墙面有一定夹角的旗帜。(3)建筑物顶旗,为升挂在建筑物顶部的旗帜。(4)门楣旗,为竖立在建筑物正门门楣的旗帜。(5)行进旗,为在行进队列中所持举的旗帜。(6)室内立式旗,为办公室、会议室、厅堂地面上竖立悬挂的旗帜。(7)桌旗,为置放于桌面上的旗帜,包括单杆单旗、单杆双翼旗(又称签定旗)。

国家标准《国旗升挂装置基本要求》对升挂装置的材质作了要求。例如,关于升挂装置的材质:制作升挂装置(除广场旗旗座外)可采用金属、金属塑料复合材料、玻璃纤维增强塑料、竹木类天然材料等。广场旗旗杆材质的物理性能应考虑设计强度、安全系数、弯曲应力、耐腐蚀、耐气候等项。应能保证在旗杆设置地的地理位置和环境气候条件下不倒、不弯、不折。

国家标准《国旗升挂装置基本要求》也对升挂装置的颜色作了要求。本标准中所规定的颜色以俗称命名。升挂装置中,室外用旗杆应为银白色、白色,或木本色,室内用旗杆应选用银白色、金黄色、木本色、灰色系列。广场旗旗座颜色必须与升挂装置其他部位颜色相和谐。对于升挂装置的外观,各种材质旗杆必须经过表面处理,外观达到平直、光洁、无污损。广场旗旗杆所配置的绳和滑轮在强度、颜色上应与升挂旗杆相适宜,用轴承滑轮时的技术要求参照88J94《室外工程建筑构造通用图集》。此外,物理性能、外观要求达到或超过上述规定要求的其他材质,也可用于制作国旗升挂装置。

以广场旗旗杆为例,广场旗旗杆高度在单层建筑物前为5米—7米,多层建筑物前为7米—15米为宜。广场旗旗杆高度、旗杆直径、旗冠直径、旗杆间距和所升挂的国旗旗面尺寸配置见下表。

广场旗旗杆高度、旗杆直径、旗冠直径、旗杆间距和旗面尺寸配置　(毫米)

序号	旗杆高度 H	旗杆直径	旗冠直径	旗杆间距	旗面尺寸
1	5000≤H≤7000	108 接 89	160—195	>1500	1440×960
2	7000≤H≤9000	114 接 101	180—220	>2000	1920×1280
3	9000≤H≤12000	133 接 114 接 101	180—220	>2500	2400×1600
3	12000≤H≤15000	159 接 133 接 114	200—250	>3000	2880×1920

国家标准《国旗升挂装置基本要求》还对建筑物外墙墙面旗、建筑物顶旗、行进旗、立式旗、桌旗的旗杆高度、旗杆直径、旗冠直径、旗杆间距和所升挂的国旗旗面尺寸配置等作了要求。

第四节　特殊旗帜

在旗帜学中,旗帜的类型主要有以下几种:一是信号旗,用于体育赛事、休闲旅游船、民兵船、海滩上的救援人员。二是团体代表旗帜,由国家、国际、市政、教会组织等使用。三是个人代表旗帜,通常用于代表公共行政职位,可以是国家元首,也可以是地方行政首长。在各国实践过程中,除了通用于国家机构、组织和个人的国旗之外,在一些国家国旗相关法律中还规定了政府专用国旗、历史国旗、元首旗等,这些旗帜与国旗的使用密切相关。

一、政府专用国旗

在一些国家,除了公民使用的国旗之外,政府在国旗基础上增加图案或者修改形状,专门用于标志国家机构及其他公共机构,称为国家机构专用国旗、政府专用国旗或者政府旗。本书为了统一使用,统称上述旗帜为政府专用国旗。在欧洲40多个国家中,有20多个国家在关于国旗的法律法规中规定了政府专用国旗,如德国、西班牙、瑞典、挪威、芬兰、奥地利、立陶宛、波兰、冰岛、爱沙尼亚、摩尔多瓦、圣马力诺等国家。

(一)政府专用国旗的样式

政府专用国旗是以国旗为基础设计的,多数国家将其认定为国旗的一种形式,专用于标识政府机构。有些国家还在法律中明确将国旗区分为政府专用旗(state flag)和民用旗(civil flag)。这些国家将政府专用国旗等同于国旗使用,政府专用国旗的使用场合通常由国旗法律法规明确,或者专门机构批准。

一些国家就政府专用国旗制定了专门的规则。例如,《德国国旗条例》附件2专门明确了联邦政府旗的样式、竖挂时的样式,以及在政府公务车辆上使用时,不同政府官员悬挂政府专用国旗的规格。《西班牙国旗、国徽及特殊标志》中专章规定了政府专用国旗的制作方法、材质、使用场合、尺寸。《爱沙尼亚国防国旗和海军国旗条例》专门规定了国防国旗和海军国旗的制作方法,并附有样式图案。

通常,政府专用国旗有两种样式:一是长方形,在国旗中心或者左上角添加国徽图案,如德国、芬兰、奥地利、立陶宛等,如下图1德国国旗、图2德国政府专用国旗。二是燕尾形,即国旗右侧部分分叉,国旗图案中间不添加特殊图案,其分为两种样式:(1)两裂燕尾式,如图4丹麦政府专用国旗;(2)两裂加舌燕尾式,如图5挪威政府专用国旗、图6瑞典政府专用国旗。此外,德国政府专用国旗为长方形;当海军使用时,悬挂两裂燕尾式国旗,如图3。

图1　德国国旗　　　图2　德国政府专用国旗　　　图3　德国海军旗

图 4　丹麦政府专用国旗　　　图 5　挪威政府专用国旗　　　图 6　瑞典政府专用国旗

（二）政府专用国旗的使用范围

1. 政府部门及相关机构使用

《德国国旗条例》第二条中规定，除联邦总统有单独旗帜外，所有联邦政府及其机构，包括驻外使领馆，升挂联邦政府旗；如果符合技术条件，也升挂欧盟旗。根据公法要求产生的公司、基金会也升挂联邦政府旗，符合技术条件的情况下，也升挂欧盟旗。《奥地利国家象征法》第六条规定，悬挂联邦政府旗帜的范围包括：（1）联邦总统、国民议会主席、联邦议会主席、审计法院院长、副总统、联邦政府成员、国务秘书和监察专员。（2）联邦政府机构、各州机构、联邦军队机构，以及大学、研究所。以国有有限公司形式成立的国家垄断行政机构除外。地方自治组织没有联邦政府职能，不能升挂联邦政府旗，只能升挂国旗。奥地利还将联邦政府旗用于覆盖逝世联邦政府官员的遗体或者灵柩上。《冰岛国旗和国徽法》第二条第一款规定，政府、议会和其他公共机构及驻外代表机构使用带有国徽图案的国旗。

芬兰、丹麦等国家法律也明确了政府机构升挂政府专用国旗。芬兰还明确国立高校、国有的船只和舰队使用政府专用国旗。《丹麦国旗升挂规则》规定，在丹麦政府规定的应当升挂国旗的节日，政府建筑物应当升挂政府专用国旗。《哥伦比亚国旗、国徽和国歌法》第八条规定，带有国徽的国旗只能由共和国总统和国家武装部队根据相关规定使用。武装力量使用的情况下称为军旗。

2. 特定政府机构及相关设施设备使用

使用政府专用国旗的国家通常明确只有政府或者公共机构才可以使用政府专用国旗，在一些国家，明确特定政府部门或者公共机构、设施设备可以使用政府专用国旗。例如，《波兰国徽、国旗、国家颜色和国歌法》第六条第二款规定，波兰国旗包括带有国徽图案的国旗。第八条第一款规定，带有国徽的国旗在以下场合升挂：（1）驻外代表机构的建筑物或者官方场所，以及这些驻外机构负责人的住所。（2）民用机场和简易机场。（3）出国飞行的飞机。（4）港口管理机构的办公场所。《爱沙尼亚国旗法》第十八条规定：（1）国防、边防、海关和邮政部门有权使用带有特殊徽章的爱沙尼亚国旗。（2）带有特殊徽章的爱沙尼亚国旗的描述应根据共和国政府的规定确定。

（三）政府专用国旗的升挂规则

政府专用国旗通常与国旗一并规定，其升挂规则与国旗相同。通常情况下，升挂政府专用国旗就不需要再升挂国旗。

一些国家专门规定联邦政府旗升挂的规则。例如，《德国国旗条例》第一条第三款中规定，联邦政府旗竖挂时，国徽与纵向条纹平行。国徽保持正面朝上的方向。第二条规定，联邦政府机构的建筑物和船只既可以升挂国旗，也可以升挂联邦政府旗。实践中，联邦政府建筑物前，联邦政府旗与欧盟旗并列升挂，不再升挂国旗。

在韩国，2016年《关于政府旗的公告》明确，可以在政府建筑物、政府会议室等悬挂政府旗帜。政府旗帜悬挂在国旗旁边，而不是与外国国旗一起悬挂。国家行政机关将"大韩民国"改为"相关机构名称"，置于政府旗帜图案下，作为本国国旗使用。但是，行政内政部长考虑到具体职能的履行和内外认可度，认为有必要时，则不在此列。以政府旗图案为机关旗的国家行政机关，以机关旗为机关标志。

（四）政府专用国旗的监管和法律责任

一些国家专门明确了政府专用国旗的监管部门。例如，《德国国旗条例》第四条、第五条规定，对于联邦政府相关机构悬挂政府旗的相关问题，由联邦政府主管部门与内政部协商处理。联邦外交部负责德国驻外代表机构官方车辆使用联邦政府旗的管理。《波兰国徽、国旗、国家颜色和国歌法》第八条第二款规定：（1）主管外交事务的部长规定涉外场合使用带有国徽图案的国旗使用办法。根据东道国的惯例和习俗，明确必须升挂的场合及其具体位置。（2）交通和海洋经济部长规定民用机场、简易机场，以及出国飞行的飞机上使用带有国徽图案的国旗使用办法。（3）主管海事的部长规定特定领域带有国徽图案的国旗使用办法。（4）国防部长规定波兰武装部队在境外举行正式典礼，以及在境内涉外活动时使用带有国徽图案的国旗使用办法。

在使用政府专用国旗的国家，通常在法律中明确，未经授权或者许可，不得使用政府专用国旗。一些国家通常将违反规定使用国旗和政府专用国旗的罚则一并规定，如奥地利对于违法使用联邦政府旗的处罚与国旗一致，未经授权使用联邦政府旗帜可处以最高3600欧元的罚款。

二、历史国旗

一些国家给予该国历史上的国旗一定的法律地位，明确在特定时间或者特定场合升挂历史国旗。

在阿根廷,明确了特定的历史国旗。2015 年阿根廷通过法律确立了"自由公民国旗"(Bandera Nacional de la Libertad Civil)。该法专门承认自由公民国旗是一个历史性的爱国象征。自由公民国旗由曼努埃尔·贝尔格拉诺将军设计,在 1813 年 5 月 25 日交付胡胡伊省(Cabildo de Jujuy)议会,作为对该省人民在争取解放的斗争中所付出牺牲的奖励。自由公民国旗可以在任何情况下使用,但必须始终与国旗一起展示。国旗优先于自由公民旗帜,后者又优先于各省和布宜诺斯艾利斯自治市的旗帜。自由公民国旗的图形、比例和颜色(La imagen,las proporciones y los colores de la Bandera Nacional)应当符合该法的条件和技术规格。自由公民国旗的图案应当仅出现在旗帜正面,其标准模型保存在国家总档案馆。①

在古巴,1869 年 4 月,古巴共和国制宪会议决定将由纳西索·洛佩斯设计的国旗作为国家象征。此后,该国旗受到古巴历届政府的特殊对待,在每届议会会议上都享有很高的地位。古巴国民议会今天仍然保留着这一事实,将国旗与洛佩斯国旗在会议大厅同时悬挂。《古巴国家象征法》专节规定了该旗帜升挂的场合(古巴国民议会等),在古巴解放纪念日及相关革命斗争纪念日可以和国旗同时升挂。

在立陶宛,2004 年 7 月 8 日修订《立陶宛国旗和其他旗帜法》,专门增加规定,历史国旗是立陶宛国家的历史象征。该规定将有古老历史的红底骑士国旗包括在内,并将其称为"立陶宛历史国旗",以免与现行的立陶宛国家旗混淆。该法规定了重大国家事件的地点和期间,可以悬挂历史国旗。

一是升挂情形。《立陶宛国旗和其他旗帜法》第十条规定,立陶宛的历史国旗应悬挂在下列建筑物附近、上方和上面:(1)立陶宛共和国议会;(2)共和国总统官邸;(3)立陶宛共和国政府和各部委;(4)立陶宛共和国宪法法院;(5)立陶宛共和国法院;(6)立陶宛共和国总检察长办公室和地区检察官办公室;(7)立陶宛银行;(8)立陶宛共和国中央选举委员会;(9)市议会举行会议的地方;(10)位于维尔纽斯的立陶宛大公宫;(11)特拉凯岛城堡;(12)考纳斯的维陶塔斯大战博物馆广场。立陶宛的历史国旗也应按照国防部长规定的程序在独立军事单位的所在地升起和使用。

二是升挂时间。立陶宛的历史国旗应在以下地点 24 小时悬挂:(1)特拉凯(立陶宛大公国中世纪首都);(2)老特拉凯城堡遗址。

三是升挂位置。立陶宛的历史国旗可以悬挂在与立陶宛国家地位和立陶

---

① Ley 27134/2015 SIMBOLOS PATRIOS RECONOCIMIENTO. http://servicios. infoleg. gob. ar/infolegInternet/anexos/245000-249999/247735/norma. htm.

宛国家防御有关的其他城堡和物体的附近、上方或上面。在国家节日,立陶宛的历史国旗应悬挂在除《立陶宛国旗和其他旗帜法》第十条第一款规定的建筑物外的国家和市政机构的建筑物附近、上方或上面。根据外交部长的决定,立陶宛的历史国旗应悬挂在立陶宛共和国的外交使团、领事机构和这些使团和机构的分部附近、上方或上面,以及根据国际法规定、外交礼仪要求和东道国的传统,悬挂在位于外国的特别使团的建筑物附近、上方或上面。

四是升挂日期。立陶宛的历史国旗也应当在以下日期悬挂在该法第十条规定以外的国家和市政机构的建筑物附近、上方或上面。(1)1 月 13 日(自由捍卫者日);(2)3 月 29 日(立陶宛加入北约之日);(3)5 月 1 日(立陶宛加入欧盟之日);(4)7 月 15 日(格吕内瓦尔德战役日);(5)11 月 23 日(立陶宛武装部队日)。

三、元首旗

一些国家以国旗为基础设计元首专用旗,如俄罗斯、德国、捷克等,也有一些国家没有以国旗为基础设计,而是另行设计独特的元首旗,如美国、爱沙尼亚等。元首旗在不同政体国家有不同称谓:在总统制国家,称为总统旗;在君主制国家,称为君主旗、国王旗等。通常,大多数总统制国家专门规定使用总统旗来代表国家总统。

关于元首旗的性质,可以认为元首旗是继国旗之后的第二面旗帜,但也有例外(在立陶宛,如果总统旗和国旗、历史国旗一起使用,总统旗则处于第三的位置)。一些国家专门明确元首旗的性质。在俄罗斯,1994 年 2 月 15 日颁布了关于俄罗斯联邦总统旗的第 319 号总统令,明确规定,俄罗斯总统旗是俄罗斯总统权力的主要象征。总统旗是在国旗基础上增加国徽的图案。《纳米比亚国家象征法》第六条规定,"总统旗必须留给总统专用,不得下半旗"。

关于元首旗的升挂情形。元首旗通常升挂于元首办公地、居住地。巴西总统法令规定,总统旗悬挂情形包括:在政府所在地和共和国总统居住地升挂总统旗;当总统在联邦地区时;在联邦、州和市级机构、自治机构和基金会所在地,只要共和国总统出席就可以升挂总统旗。

关于元首旗的升挂时间。元首旗具有非常强烈的个人属性,专属于元首,其升挂的时间主要取决于元首是否在场。例如,特立尼达和多巴哥政府手册专门规定了总统旗悬挂的时间:(1)总统旗是个人旗帜,只要总统在官邸,应该昼夜升挂。(2)只有当总统晚上要离开他的官邸时,总统旗才应该降下。在总统离开的晚上,总统旗在其离开后立即被国旗取代,在早上 6 点到下午 6 点之间更换为国旗。在总统返回时,他的旗帜被升起,国旗(如果飘扬)降下。(3)国旗代替总统旗悬挂时,国旗应该在每天早上 6 点升起,下午 6 点降下。国旗应与总统旗帜使用同一根旗杆悬挂。(4)在具有国家意义的特殊日子,国旗应与总统旗一起升挂,国旗在总统旗的左边,在不同的旗杆上处于相同的高度。当总统旗与国旗同时升挂时,应在早上 6 点升起,下午 6 点降下。(5)总统旗是个人旗帜,除非总统遇难,否则不得降半旗。当某些场合需要下半旗时,应当使用国旗下半旗。

第三章 国旗的使用情形

第一节 应当升挂国旗的地点

国旗升挂的场所、地点按主体一般包括：国家机构（政府、军队）、教育机构、社会组织或公民。在很多国家，都会明确规定在国家机构以及教育机构等应当升挂国旗的具体场所、地点，并对社会组织、公民升挂国旗作出鼓励。

一、应当升挂国旗地点的类型

根据不同的升挂时间、情形，可以将国旗升挂、悬挂的类型作进一步区分。

一是区分为永久升挂、临时升挂。进行这种区分的理由如下："(1)永久升起(安装)的国旗表示行使联邦国家权力职能的建筑物(办公室)，或根据联邦立法被赋予行使俄罗斯联邦主体国家权力职能的机构正在行使其权力。(2)临时悬挂(展示、竖立)表示在临时悬挂国旗的地方(建筑、领土)正在举行特别重要的活动、官方仪式、重大庆典。"[①]

《摩尔多瓦国旗法》第四条规定，国旗应永久飘扬在公共机关和机构的建筑物上和办公室内，在负责人的办公室，在摩尔多瓦共和国武装部队长期部署的地方等。《摩尔多瓦国旗法》第五条第一款规定，在下列情况下，应当临时悬挂国旗：(1)公共假期——在当地公共管理部门设立的公共场所。(2)地方、国家和国际性质的官方庆典和仪式场所。(3)国家元首和外国政府首脑以及代表主要国际政府间机构的高级政治人物对摩尔多瓦共和国的正式访问——按其旅行路线进行。(4)根据军事条例，举行军事仪式。(5)摩尔多瓦共和国总统、政府成员、军队成员、法官、公务员和其他具有特殊地位的国家雇员的宣誓仪式。(6)体育比赛——在体育场、建筑物、综合体和其他体育设施中。(7)竞选活动和选举期间——在国内和国外的地区选举委员会、投票站和选举办公室的场

---

① "ПРАВИЛА ИСПОЛЬЗОВАНИЯ ГОСУДАРСТВЕННОГО ФЛАГА РФ" Геральдический совет при Президенте РФ. 14. 07. 2004. https：//sovet. geraldika. ru/article/8162.

所。(8)以既定方式宣布的哀悼日,以及葬礼的庄严仪式——下半旗。

二是区分为全天悬挂和永久悬挂。在很多国家还区分了全天悬挂和永久悬挂。俄罗斯国旗对国旗升挂的场所规定得比较具体,主要包括以下几类:(1)全天悬挂的场所,包括总统府、联邦委员会、国家杜马、联邦政府、宪法法院、最高法院、最高仲裁法院、联邦检察长办公室、联邦中央银行、联邦审计院、联邦人权全权代表官邸、联邦中央选举委员会。此外,联邦行政机关、总统驻联邦区全权代表官邸、联邦主体国家权力机关和地方自治机关所在建筑,永久(单独或与相关旗帜共同)悬挂国旗。(2)永久悬挂的办公室地点:联邦委员会、国家杜马及联邦政府会议厅,法庭,联邦主体立法(代表)机关、市政机关及地方自治代表机关会议厅。联邦各国家机关首长及联邦主体国家权力机关负责人、市政机关负责人、外交领事机构及驻国际组织代表处等其他正式驻外代表机构负责人办公室。

三是区分为广泛悬挂旗帜和有限悬挂旗帜。在荷兰,关于国旗的悬挂,有"广泛升挂旗帜"(uitgebreid vlaggen)和"有限升挂旗帜"(beperkt vlaggen)的区别。[①] 按照女王节的惯例,在"广泛升挂旗帜"下,所有的政府建筑物都会挂出旗帜。在以下节日,实行"广泛升挂国旗":女王节、全国逝者纪念日(从下午6点到日落下半旗,夏令时大约晚上9点10分日落)、民族解放日、退伍军人节、"二战"正式结束日、国家议会开幕日(仅在海牙)。在"有限升挂旗帜"的情况下,除了不直接属于各部门的机构的主要建筑物,如议会大厦、国务委员会、审计法院、女王办公室和荷兰最高法院升挂国旗之外,各部委的主要建筑物也要升挂国旗。"有限升挂旗帜"实行的具体节日包括:女王生日、奥兰治王子生日、马克西玛公主生日、凯瑟琳娜·阿玛莉亚公主生日、国王日。

二、国家机构建筑物升挂国旗

(一)国家机构建筑物升挂、悬挂国旗的具体情形

国旗最常见的是升挂于国家机构建筑物的广场或者屋顶上。各国国旗法律法规普遍规定国家机构应当升挂国旗,包括国家元首、立法机关、行政机关、司法机关、军事机关、教育机构等机构的建筑物。

多数国家国旗法明确了特定国家机构、特定人员的办公室、会议室升挂、悬挂国旗。例如,1983年《德国联邦政府关于联邦办公建筑物挂旗的法令》规定

---

① 《荷兰国家建筑物升挂国旗规则》,参见荷兰政府网站,https://zoek.officielebekendmakingen.nl/stcrt-2009-9606.html。

了挂旗的适用范围:(1)所有联邦机构和办事机关以及在联邦机构监督下的各种公法团体、机构和基金会的办公建筑物。本法不涉及关于联邦总统旗的特别规定。(2)联邦国防军的所有办公建筑物和军事设施以及联邦边防军的设施,不论其职责如何一律挂旗。《立陶宛国旗和其他旗帜法》第六条规定,立陶宛国旗应在以下地点全天 24 小时展示:议会会议厅、政府会议厅、宪法法院会议厅、最高法院和其他法院的会议厅、议会主席和议会副主席办公室、总统官邸办公室以及共和国总统官邸指定用于官方仪式或活动的其他场所、总理办公室和部长办公室、宪法法院院长办公室、最高法院院长和其他法院院长办公室、总检察长办公室、首席检察官办公室、中央选举委员会主席办公室、军队军事单位指挥官办公室,以及驻外国的外交使团、领事馆、特别使团团长办公室。此外,当国家或市政机构组织的官方活动或议会主席、共和国总统、总理出席的其他官方活动举行时,立陶宛国旗可以在活动场地上展示。

在俄罗斯,虽然《俄罗斯国旗法》允许在使用国旗时有一定的自由裁量权,但官方使用者——联邦行政机关和俄罗斯联邦各主体机关——真正尊重国旗的表现是严格遵守法律,避免不必要的重复。在联邦行政机关和联邦主体权力机关的活动中,不应长期在法律没有规定的地方悬挂国旗,如在这些机关的副首长办公室、车辆上,俄罗斯联邦主体机关在非国家单位(如行政区域的部门)的建筑物上等。①

(二)特殊建筑物上升挂国旗的特殊处理规则

一些国家对于国家机构建筑物升挂国旗时出现的特殊情况进行了规范。例如,《拉脱维亚国旗法》第五条规定,拉脱维亚国旗应永久放置在以下位置:(1)里加城堡的圣灵塔和里加城堡的拉脱维亚总统官邸。(2)在尤尔马拉的拉脱维亚总统夏季官邸上。(3)议会主楼的上方和议会主楼上。(4)内阁大楼上。(5)各部委大楼上。(6)法院大楼上。(7)总检察院和监察员办公室的建筑物上。(8)国家武装部队联合总部的建筑物上。(9)拉脱维亚银行的总部大楼和分支机构大楼上。(10)地方政府的建筑物上。(11)边境口岸。(12)国家主要汽车道路穿越内部边界的地方。(13)外交和领事使团的建筑物上,如果在技术上可行,并且不违反东道国的法律和外交礼仪传统。(14)教育机构的建筑物上。通常情况下,如果本条第一款中提到的建筑物正在进行大修,或者这些建筑物的外墙正在进行维修,则本条第一款中提到的相关机构负责人应作出迁移拉脱维亚国旗的决定,但本节第四款提到的情况除外。拉脱维亚的国旗也可

---

① ПРАВИЛА ИСПОЛЬЗОВАНИЯ ГОСУДАРСТВЕННОГО ФЛАГА РФ. https://sovet. geraldika. ru/article/8162.

以永久放置在其他建筑物上,并保证对其给予应有的尊重。

拉脱维亚总统办公厅主任应负责将拉脱维亚国旗永久放置在里加城堡的圣灵塔和拉脱维亚总统的住所。只有在这种情况下使用国旗符合对国旗的尊重,在对建筑物进行重大维修或对外墙进行维修时,也应将国旗永久地插在里加城堡的圣灵塔和拉脱维亚总统官邸上。只有在紧急的临时情况下,才可以停止在里加城堡的圣灵塔上永久放置国旗。

(三)国家机构建筑物不升挂国旗的情形

一些国家法规对国家机构建筑物不升挂国旗的规则作了规定。例如,《德国联邦政府关于联邦办公建筑物挂旗的法令》规定,如果其他建筑物中有某办事机关的办公室,该建筑物应同办公建筑物一样挂旗。如果在一座建筑物中设有多个联邦机构或办公机关,则应由管理该建筑物的机构负责挂旗。但该项规定不适于下列情况:(1)配楼;(2)不宜挂旗的建筑物部分;(3)虽然也用于处理公务,但主要是用于居住和其他非办公日的建筑部分;(4)如在办公建筑物地面上有专门的旗杆挂旗,其办公建筑物可以不挂旗。①

《美国联邦政府总务署政府建筑升挂国旗规则》规定,在总务署管辖、保管或控制下的所有联邦建筑物上都应悬挂国旗。在总务署管辖、保管或控制下的所有联邦建筑,包括由总务署署长委托给其他联邦机构的所有建筑,都应悬挂国旗。总务署署长委托给其他联邦机构的所有建筑物和总务署租赁的建筑物,如果租赁合同中对悬挂国旗有规定或租约中有涉及悬挂国旗的规定,则该建筑物也应当悬挂国旗。政府建筑物专员和区域专员对其区域内的建筑物有权决定在以下情形的某些地点不悬挂国旗:(1)机密设施。(2)该设施是租赁的,由业主经营,只用于储存。(3)该设施有一个短期租约,并且没有续租的打算。(4)旗杆位置对升降国旗有安全隐患,重新安置旗杆不现实。在以上情况下,旗帜不需要悬挂,直到情形改变。

三、重要政治意义场所

在很多国家,一些场所、建筑物在政治上起到重要标志性的作用。在这些场所应当升挂国旗,有利于体现宣扬国家观念,加强爱国主义教育。

一是政治性纪念塔、广场。例如,《爱沙尼亚国旗法》第三条规定,爱沙尼亚国旗每天日出时在首都塔林的赫曼塔上升起,但不得早于早上 7 点,并在日落

---

① 本书编写组:《国旗·法律·爱国——国旗知识纵横谈》,中共中央党校出版社 1990 年版,第112 页。

时降下。赫曼塔是爱沙尼亚统治者权力的象征,成功的征服者都把胜利的旗织插在这高达95公尺之塔上面。例如,《巴西国家象征法》规定,巴西联邦区巴西利亚三权广场每天升降国旗。

二是投票站。为了强化选举投票场所的政治性,突出爱国主义,一些国家明确规定在选举投票场所升挂、悬挂国旗。例如,《美国国旗法》规定,国旗于选举日在每个投票站内或附近悬挂。《拉脱维亚国旗法》第九条规定,在选举日和公投日使用拉脱维亚国旗。拉脱维亚的国旗应升挂在设有投票站的建筑物上:(1)在议会选举日;(2)在地方政府委员会选举日;(3)在欧洲议会选举日;(4)在公投日。《澳大利亚国旗手册》明确,在可能的情况下,澳大利亚国旗应于全国选举或全民公决投票日在每个投票站展示。

三是举行会议场所。例如,《塔吉克斯坦国旗法》规定,在塔吉克斯坦共和国议会会议举行的建筑物上,或戈尔诺-巴达赫尚自治州人民代表会议的建筑物上,其他州、市和区的人民代表会议——在整个会议期间;在举行代表会议的情况下——在整个会议期间。

四是边界场所。很多国家规定,在标识国家界线、显示国家主权的场所、设施等上升挂使用国旗。例如,我国国旗法第五条规定,出境入境的机场、港口、火车站和其他边境口岸,边防海防哨所,应当每日升挂国旗。《立陶宛国旗和其他旗帜法》第五条规定,立陶宛国旗应在下列建筑物附近、上方和上面24小时悬挂:国际机场、海港和对国际航运开放的内河港口、火车站或公路旁的检查站。《白俄罗斯国家象征法》第五条规定,白俄罗斯国旗悬挂、使用在白俄罗斯共和国国界的检查站、边境哨所、边防哨所,以及为保护白俄罗斯共和国国界而服务的边境服务机构的其他部门。

四、重要仪式

国旗应当出现在重要仪式现场。如新西兰政府官方网站明确,新西兰国旗应悬挂在以下仪式:女王或总督宣布议会开幕的仪式(仅限于惠灵顿);候任总督宣誓就职仪式和即将离任的总督的国家告别仪式(仅限于惠灵顿);皇室和其他知名人士的访问,如国家元首或政府首脑(仅在所访问的城市或地区);其他特殊场合,如皇室成员诞生,在总督特别命令或总理指示的情况下。《亚美尼亚国旗法》第三条规定,亚美尼亚共和国法律规定的宪法相关工作人员或其他人员的宣誓仪式在亚美尼亚共和国国旗下进行。《巴布亚新几内亚国旗和国徽使用规则》第十三条规定,国旗应成为雕像或纪念碑揭幕仪式的一个显著特征。在揭幕仪式上,国旗作为雕像或纪念碑的遮盖物,不应允许国旗接触地面或地板。

五、教育机构

学校在公民特别是青少年成长之中占据重要地位,在学校升挂国旗,有助于潜移默化地增强公民国旗意识、国家观念,推动爱国主义教育。各国普遍重视学校升挂国旗。例如,《俄罗斯国旗法》规定,国旗始终悬挂于任何所有权形式的普通教育机构所在建筑或置于所在地。《美国国旗法》规定,国旗应于学校上课期间在学校校舍内及附近升挂。《墨西哥国旗、国徽和国歌法》规定,全国的所有教育机构,无论是官方的还是私人的,都必须升挂国旗,并教育学生尊重国旗。《白俄罗斯国家象征法》第五条规定,白俄罗斯国旗悬挂、使用在普通中等教育、职业教育、中等特殊教育和高等教育机构的建筑物上。

2020年我国修改国旗法,明确"学校除寒假、暑假和休息日外,应当每日升挂国旗。有条件的幼儿园参照学校的规定升挂国旗",将"全日制学校"修改为"学校"是进一步规范表达。增加规定"有条件的幼儿园参照学校的规定升挂国旗",由于幼儿园是公民成长接受教育之始,教育他们从小尊重和爱护国旗,从小接受爱国主义教育。

六、交通工具

(一)汽车

为了突出代表国家履行职权,一些国家规定在特定国家工作人员出行的交通工具上可以使用国旗。

一是汽车上使用国旗的范围一般包括中央国家机构负责人以及驻外代表机构的车辆上。例如,《朝鲜国旗法》第二十条规定,国旗用于驻外代表处负责人的汽车上。《亚美尼亚国旗法》第三条规定,亚美尼亚共和国的国旗可以挂在总统的车辆上;也可以挂在议会议长、总理、外交部长的车辆上,但只能在外国代表团访问期间使用;以及根据接受国的议定书,国旗可以挂在亚美尼亚共和国官方代表团当局和外交当局以及一般代表的车辆上。此外,爱沙尼亚、拉脱维亚、立陶宛等国家的国旗法也作了类似规定。

二是一些规定明确地方政府领导人也可以使用国旗。在印度,印度中央政府认为,印度国旗代表着印度人民的希望和愿望,是民族自豪感的象征。为确保国旗的尊严,不允许普通公民的车辆悬挂国旗,只允许少数政要的车辆使用国旗。

有的国家还规定了违反规定的法律责任。例如,《肯尼亚国旗、国徽和国名法》第4A条规定:(1)任何人不得在机动车辆上悬挂国旗。(2)尽管有第一款的规定,总统、副总统、首席大法官、内阁秘书、国民议会议长、参议院议长和外交官在执行涉外任务期间可以在机动车辆上悬挂国旗。(3)任何人违反第一款即属犯罪,一经定罪,可处以不超过一百万先令的罚款或不超过五年的监禁,或两者兼施。

关于使用位置的要求。例如,《拉脱维亚国旗法》第十四条规定,在公职人员车上悬挂拉脱维亚国旗具体规则:(1)拉脱维亚国旗应按比例缩小安装在公职人员汽车的右前翼。(2)如果与本法所规定的拉脱维亚公职人员共同出行的还有其他国家或国际公共组织相应级别的官员,则应将按比例缩小的拉脱维亚国旗安装在汽车的左前翼,而其他国家或国际公共组织的旗帜则安装在该官员乘坐汽车的右前翼。《摩尔多瓦国旗法》第二十四条规定,机动车使用国旗时,国旗应安装在一根固定在机动车右前方的杆子上。《意大利公务事项仪式和优先顺序规则》第三十三条规定,在不影响有关指挥和识别标志使用的情况下,展现国旗颜色的旗帜只能在公务活动中贴在政府机构之一主席乘坐的车辆上,以及意大利驻外外交代表机构负责人的车辆上。这并不影响与国家或共和国外交礼仪的有关特殊要求。根据《特立尼达和多巴哥国家认同指南》,国旗应该牢固地固定在汽车右前方的旗杆上,而总理或部长的旗帜是固定在汽车的左前方旗杆上。小型旗杆必须有足够的高度,以确保相应的旗帜不会接触到车身。

（二）飞机

一些国家在国旗法律中明确飞机可以使用国旗图案。使用国旗图案的飞机称为载旗航,通常情况下由国家或政府指定,代表其执飞的航空公司才可以使用。例如,《塔吉克斯坦国旗条例》规定,在塔吉克斯坦共和国注册的飞机上悬挂国旗。《白俄罗斯国家象征法》第八条第一款规定,在白俄罗斯共和国注册的航空器上应使用白俄罗斯共和国国旗的图案。

此外,个别国家还对宗教场所升挂国旗的规则作了规定。例如,《尼加拉瓜国家象征法》第二十六条规定,在尼加拉瓜的宗教寺庙中,国旗应放置在大祭坛或荣誉位置的右侧(观察者的左侧)。

【案例】美国公寓升挂国旗案

长期以来,美国公寓的管理者或协会可以限制或者禁止在公寓外墙或者屋顶升挂国旗。房主或者租户通常认为,他们拥有受宪法保护的展示美国国旗的权利,而法院认为,房主购买受限制性合同约束的住宅,必须同意遵守合同,放弃在屋顶或者外墙升挂国旗的权利。

在 1991 年格伯诉长船港北公寓公司一案中,长船港北某公寓的所有人格伯是一名空军退役人员,他对公寓协会作出的禁止在指定假日之外展示美国国旗的规定提出异议,认为该规定限制了公民的权利。公寓协会认为,其限制行为并非旨在禁止原告悬挂美国国旗,而是旨在规范原告选择升挂国旗的方式。佛罗里达州基层法院判决原告败诉,原告上诉至佛罗里达州中部地区法院。该案引起争议后,在佛罗里达中部法院判决前,佛罗里达州议会通过一项法案明确,无论对国旗展示作出任何规则要求,任何公寓的所有者可以以适当的方式展示可携带、可移动的国旗。

佛罗里达州中部地区法院经审理认为,该案的重大事实问题即公寓协会限制美国国旗展示的行为,限制公寓共同部分的使用,是否侵犯单元公寓所有者的言论自由权。公寓协会主张的私人合同的法律执行力构成了国家行为,法院可以审查私人合同。私人合同限制公民展示自己国家的象征侵犯了宪法第一修正案规定的公民言论自由权。佛罗里达州中部地区法院判决公寓协会败诉。

尽管有佛罗里达州反对订立有关限制甚至禁止展示美国国旗的合同,但美国大多数州还是支持美国公寓的管理者或协会可以限制或者禁止在公寓外墙或者屋顶升挂国旗。为了保护房主免受限制性合同的约束,鼓励公民升挂美国国旗,自豪地表达对自由和国家的支持拥护,2005 年美国国会通过《自由升挂美国国旗法》。该法规定,共管公寓协会或者住宅房地产管理协会不得采取任何限制政策,或订立任何协议,以限制或者阻止其协会成员在拥有单独的所有权或者专有权的住宅物业上展示美国国旗。《自由升挂美国国旗法》体现了国会的意图,即美国人应该拥有自豪地展示美国国旗的自由,而不受公寓和房主协会施加的不合理限制。[①]

第二节　应当升挂国旗的节假日

一、节假日升挂国旗的意义

节假日是一国根据本国国情、本民族的风俗习惯或纪念需求,确定的国家、集体、公民共同进行纪念、庆祝或者休息的日期。节假日是政治、经济、文化的

[①]　Brian Craig, *Construction and Constitutionality of the Freedom to Display the American Flag Act*, Real Estate Law Journal, Vol. 36, p. 18 (2007).

重要反映,往往具有丰富的文化内涵,是民俗文化的重要组成部分。在节假日升挂使用国旗,对于弘扬本民族传统文化、满足公民休闲需求与开展爱国主义教育起到相得益彰的促进作用。

除日常升挂外,很多国家还对特殊节假日、纪念日升挂国旗作了专门要求。要求公民、组织在特定节假日升挂国旗,是因为在这些节假日里,人们往往聚集参加庆祝、纪念活动,在这些人员比较集中的场所升挂国旗,有利于集中培育公民的爱国主义情感。

二、应当升挂国旗的节假日

(一)节假日的范围

一是简要规定。例如,《朝鲜国旗法》第十七条规定,节日、活动时的使用。在国家节日和纪念日、各级人民会议代表选举日、国家重要活动时,在机关、企业、团体的建筑物和住宅、街道、村庄上升挂或悬挂国旗。在这种情况下,要保障国旗作为国家象征的尊严,并以各种形式升起或悬挂国旗,使其与周围环境和谐相处。第十八条规定会场的使用。国旗可以悬挂在会场、选举场、会谈场、活动场、体育竞技场、展览场等地。在这种情况下,可以根据相关场所、活动的性质,以多种形式升起或悬挂国旗。第十九条规定示威、集会、体育竞赛时的使用。机关、企业、团体和公民可以在示威、集会、体育比赛等活动所在地使用国旗。

二是规定少数节假日。例如,《立陶宛国旗和其他旗帜法》第十二条规定,立陶宛的国旗应当在下列时间与爱沙尼亚共和国和拉脱维亚共和国的国旗一起在立陶宛共和国议会附近升起:2 月 16 日(立陶宛国家重建日)、3 月 11 日(立陶宛独立重建日)、2 月 24 日(爱沙尼亚独立日)和 11 月 18 日(拉脱维亚独立日)。《多米尼加国家象征法》第五条规定,在房屋、公寓和私人机构中,在本法规定的日期悬挂国旗是一项爱国义务。在开展任何涉及国家利益的活动之前,国家机构和民间社会的实体可以敦促公民通过悬挂国旗表达爱国情感。

三是规定大多数节假日升挂国旗。除日常升挂外,一些国家还对特殊节假日、纪念日升挂国旗作了专门要求。例如,《美国国旗法》第六条特别规定,国旗应每天悬挂,特别在以下节日悬挂:元旦、总统就职日、马丁·路德·金诞辰日、林肯诞辰日、华盛顿诞辰日、全国越战退伍军人日;复活节、母亲节、武装部队日、阵亡将士纪念日(中午之前须下半旗)、国旗日、父亲节、独立日、全国朝鲜战争退伍军人停战日、劳动节、宪法日、哥伦布日、海军日、退伍军人节、感恩节、圣诞节,以及美国总统宣布的其他日期;各州生日(加入联邦的日期);各州假日。

《拉脱维亚国旗法》第七条规定,拉脱维亚国旗在公共假日、纪念日和庆祝日的使用。(1)5月1日、5月4日、8月21日、11月11日和11月18日,在公共建筑物、受私法管辖的法人建筑物和社团建筑物上,以及住宅建筑物上应当升挂拉脱维亚国旗。(2)在3月25日、6月14日、6月17日、7月4日和12月的第一个星期日,公共建筑物、受私法管辖的法人建筑物和社团建筑物,以及住宅建筑物上应当悬挂拉脱维亚哀悼的国旗。(3)拉脱维亚国旗也应在内阁或地方政府规定的其他场合使用。(4)拉脱维亚国旗也可以在民间、宗教和家庭的庆祝日、纪念日以及其他场合使用,保证对国旗的适当尊重。

(二)节假日升挂国旗的规则

在美国,法律对于节假日升挂国旗的时间作了规定。《美国国旗法》第二条规定,仅在日出至日落期间在建筑物和露天固定旗杆上悬挂国旗是普遍习俗。然而,当需要爱国效果时,如果在黑暗时间适当地照亮,旗帜可以一天24小时展示。而国旗应在法定节假日全天升挂。

《澳大利亚国旗手册》规定了鼓励悬挂澳大利亚国旗以及适当悬挂其他旗帜的纪念日。除非另有说明,这些日期是全国性的庆祝活动。其中,在以下特殊日期,采取不同的升挂时间规则:(1)4月25日——澳新军团日。国旗下半旗,直到中午,然后是升起,直到通常降旗时间再降下。(2)5月9日——堪培拉作为政府所在地的周年纪念日,仅限澳大利亚首都地区升挂国旗。(3)5月27日至6月3日——全国和解周。5月27日是1967年全民公决的周年纪念日,该公决成功地从宪法中删除了歧视澳大利亚原住民的条款,6月3日是高等法院对1992年Eddie Mabo土地权利案作出裁决的周年纪念日。澳大利亚原住民旗和托雷斯海峡岛民旗应悬挂在澳大利亚政府机构建筑物的额外旗杆上。如果方便,应在澳大利亚国旗的旁边或附近悬挂。如果只有一根旗杆,澳大利亚原住民旗和托雷斯海峡岛民旗不应该取代澳大利亚国旗。如果有两根旗杆,则由有关当局决定哪面旗帜应与澳大利亚国旗一起悬挂。(4)10月24日——联合国日。如果有两根或两根以上同等高度的旗杆,联合国旗应与澳大利亚国旗一起全天飘扬。澳大利亚国旗应悬挂在最显眼的位置,联合国旗则悬挂在当天的第二根旗杆上。联合国旗帜的大小应与澳大利亚国旗相同。(5)11月11日 阵亡将士纪念日。国旗从上午8时开始升至最高处,从10时30分到11时02分下半旗,从11时02分开始再次升至最高处,直到通常降旗时间再降下。

此外,个别地方规定在应当升挂国旗的节假日不升挂国旗的法律后果。2011年《智利国旗升挂和使用法》第二条规定,国旗可以不经事先授权而使用或悬挂,但要始终注意确保对国旗的尊重,并遵守有关使用或悬挂的规定。但是,在条例规定的场合或周年纪念日,必须使用或悬挂国旗。公共和私人建筑都必须悬挂国旗,而对于即将到来的庆祝活动,不遵守法律的人可能面临一定罚款。①

三、是否设立国旗日强化国旗升挂

强化展示国旗往往会增加公民对国家的认同感和归属感。国旗的作用不仅仅是抽象的象征功能,公民较频繁地使用、接触国旗,将会显著改变人们的意见和行为。② 为了更好地铭记历史,强化公民的国旗意识,激发公民的爱国报国情感,一些国家设立了国旗日。每年明确一个特定的日子来纪念国旗并强化它代表着国家的理想和价值观是恰当的。在国旗日可以举办形式多样的庆祝活动,如举行升旗仪式、国旗游行、国旗演讲、国旗宣誓等活动,用以激发国民爱国情感,增加国民凝聚力。近年来,我国部分人大代表提出为了更好地铭记历史、开创未来,强化公民的国旗意识,激发公民的爱国报国情感,建议设立国旗日。

（一）国外国旗日的时间、确定方式、法定活动

国旗是国家的标志和象征。有不少国家确定了国旗日,如俄罗斯、美国、加拿大政府、社会组织在当天会举办形式多样的庆祝活动。

一是国旗日的具体时间。大多数有国旗日的国家将确定国旗的日期作为国旗日,如俄罗斯、美国、加拿大、爱尔兰、意大利、泰国、巴基斯坦、菲律宾、乌克兰等。一些国家将国家的独立日明确为国旗日,如瑞典、哥伦比亚、印度尼西亚。还有一些国家将国旗首次升起的日期作为国旗日,如澳大利亚、斯洛文尼亚。有的国家将国旗设计者的逝世日确定为国旗日,如阿根廷。有的国家也将重要宪法性文件的诞生日作为国旗日,如墨西哥。

二是国旗日确定的方式。有的国家通过法律明确国旗日,如《巴西国家标志法》确定了国旗日。一些国家由国家元首或政府首脑通过法令确定国旗日,如美国、俄罗斯、加拿大、瑞典。在美国,先是在部分公民中出现国旗诞生日庆祝的现象,随着这种现象的广泛出现,最终由美国总统、国会先后确定国旗日。

在俄罗斯,1991 年 8 月 22 日,俄罗斯苏维埃会议通过决议正式承认和使用俄罗斯国旗。1994 年俄罗斯总统发布总统行政命令,将 8 月 22 日设立为"俄罗斯国旗日"。政府、公众在国旗日举办各类活动,包括群众游行、音乐会、各类比赛、升旗仪式、颁奖典礼等。首都莫斯科和其他城市的中央公园等公共场所将

---

① Chileans Who Don't Hang Flag for Independence May Be Fined. https://www. telesurenglish. net/news/Chileans-Who-Dont-Hang-Flag-for-Independence-May-Be-Fined-20150903-0024. html.

② Ankit Kariryaa , Simon Rundé , Hendrik Heuer , Andreas Jungherr , Johannes Schöning. The Role of Flag Emoji in Online Political Communication Social Science Computer Review. 2022 , Vol. 40（2）369.

以俄罗斯三色装饰,学校、展览馆、博物馆等处举办国旗有关的展览。

在澳大利亚,澳大利亚国旗日由总督于 1996 年 8 月 28 日宣布,并自 1996 年 9 月 3 日起庆祝。澳大利亚人可以通过在每年 9 月 3 日悬挂或展示澳大利亚国旗来庆祝澳大利亚国旗日。

在美国,国旗日是纪念美国大陆会议 1777 年 6 月 14 日通过美国第一面由贝蒂·罗斯所设计的正式"星条旗"。美国第一次大规模的国旗纪念活动是在 1876 年庆祝建国 100 周年时进行的。19 世纪 90 年代,不少公立学校倡议每年在 6 月 14 日举行国旗纪念活动,很快得到了广泛的响应。1893 年费城首先承认 6 月 14 日为国旗日。1937 年 6 月 14 日,宾夕法尼亚州成为第一个把国旗纪念日作为州节日的州。进入 20 世纪后,美国国旗协会广泛发起纪念活动,1916 年美国总统发布行政命令宣布 6 月 14 日为"国旗日"。1949 年国会两院联合决议确认 6 月 14 日为"美国国旗日"。1966 年国会两院联合决议,要求总统每年发布公告,将 6 月 14 日所在的周宣布为"国旗周",并号召美国公民在这一周悬挂国旗。

三是国旗日的法定活动。一些国家将国旗日作为国家的纪念日,但不休假,如俄罗斯、美国、加拿大、墨西哥。有的国家明确国旗日是法定假日并休假,如阿根廷。有的国家在法律中明确延长国旗日升挂国旗的时间,如《芬兰国旗升挂办法》第四条规定,为纪念国旗日,政府及公共机构的建筑物,从仲夏节(6 月第三个周六)前夜下午 6 时至仲夏节结束晚 9 时升挂国旗。

有的国家规定在国旗日举行特定的活动,如美国国会通过决议,要求总统每年发布一项公告,指定 6 月 14 日所在的周为"国旗周",强调在所有联邦政府建筑物上升挂美国国旗,并呼吁所有美国公民在这一周内升挂国旗。2019 年 6 月 7 日,美国总统发布当年的国旗日和国旗周公告,其内容为:(1)回顾国旗诞生的历史;(2)重申国旗的意义和价值——国旗一直是美国自由、希望和机遇的有力象征;(3)呼吁所有美国人通过悬挂国旗来庆祝国旗日和国旗周,呼吁美国民众从国旗日到独立纪念日期间,以所有适当礼仪自豪地表达对祖国的敬意,在公开集会及活动中弘扬传统,并在公开场合向美利坚合众国国旗宣誓效忠。在"国旗周",所有联邦机构都要在各自的建筑物上悬挂国旗。公众在自己的住宅和社区周围悬挂国旗。在国旗日前后,一些市镇还举行热闹的"国旗游行"。很多美国人都会挂出国旗或类似国旗红蓝白颜色的装饰物,还有人喜欢把红蓝白色做成衣服穿在身上。此外,《巴西国家标志法》规定,在国旗日举行特定仪式集中回收并销毁破损的国旗。

(二)我国设立国旗日的分析

近年来,部分民众、人大代表提出设立国旗日,并建议将 9 月 27 日五星红旗诞生这一天设立为我国的国旗日。中国人民政治协商会议第一届全体会议于 1949 年 9 月 21 日至 9 月 30 日在北平举行,代行全国人民代表大会职权。中国共产党和各民主党派、人民团体、无党派代表人士以及其他方面的代表,代表全国人民的意志,选举产生了中央人民政府,确立了国旗、国歌,宣告了中华人民共和国的成立。会议期间,经反复挑选,并经会议反复讨论,于 9 月 27 日会议正式决定采纳红底五星旗的方案。为此,有的公民建议将 9 月 27 日五星红旗诞生这一天设立为我国的国旗日,在这一天,将举办国旗日庆祝活动,让国旗意识深入每一位公民心中,让全社会特别是青少年尊敬国旗、热爱国旗、接受国旗教育,激发民族自豪感和自信心。

关于节假日的设立条件和程序,我国法律没有规定。2001 年 6 月 18 日,中共中央办公厅、国务院办公厅印发《关于节日、纪念日、活动日设立程序的通知》(厅字〔2001〕16 号)明确,设立节日、纪念日、活动日是关系改革发展稳定全局和人民群众切身利益的一件大事,要从严控制;没有特殊需要,今后不再增加设立。设立具有重大社会意义的全国性节日、纪念日、活动日,由全国人大常委会或者国务院决定。其中,涉及全体公民或者部分公民放假的,设立之前要报经党中央批准,并由国务院规定具体放假时间(天数)。设立国旗日涉及国家象征,属于具有重大社会意义的事项,需要进一步深入研究。

第三节　可以使用国旗的情形

国旗是国家的象征和标志,也是每一个公民表达爱国情感的重要载体。鼓励公民和组织使用国旗及其图案也是很多国家的做法。

一、可以使用国旗情形的前提条件

在国旗诞生初期,主要是由国家机构及其认可的建筑物、船舶等使用。20 世纪 50 年代,在一些国家重大活动中升挂国旗还受到政府的控制。例如,1955 年制定的《苏联国旗法》第十四条规定,在企业、机构和组织举行的仪式和其他礼仪活动中悬挂苏联国旗,应得到上级机构或组织负责人的许可。但是之后也开始放宽。

随着国旗所蕴含的爱国情感得到越来越多的重视,国家开始日益重视鼓励公民使用国旗。2020 年我国修改国旗法增加规定,国家倡导公民和组织在适宜的场合使用国旗及其图案,表达爱国情感。明确"适宜的场合"彰显法律的引导功能,促进公民在更多情形下使用国旗,使国旗成为公民爱国主义教育的重要载体。在体育赛事中个人在脸上或手上画国旗图案,或者是有些运动员拿到奖杯以后,披着国旗在运动场上奔跑,都是合适的,是爱国情感的一种表达方式。

很多国家对可以使用国旗的场合作了原则性规定,即要求按照法律规定的程序和方式。例如,《拉脱维亚国旗法》第三条规定,拉脱维亚国旗应当根据本法和其他法律法规规定的程序和形式使用,并给予应有的尊重。《黑山国家象征和建国纪念日法》第七条规定,国徽和国旗的使用,应当按照本法规定的形式和内容使用。《巴布亚新几内亚国旗和国徽使用规则》第八条规定,所有公民都可以在遵守本规则的情况下随时悬挂国旗,并且还应当根据总督不时发布的指示,在巴布亚新几内亚的公共建筑物上展示国旗。

二、重要活动升挂国旗

在重要活动中升挂国旗,有利于增加活动的爱国主义色彩,促进爱国主义深入开展,因此很多国家明确在重要活动中可以升挂国旗。例如,《白俄罗斯国家象征法》第五条规定,如确保必要的尊重,白俄罗斯共和国国旗可以在以下情形中使用,包括本条未提及的地方升起和设置,以及国家假日和公共假日、体育比赛、群众体育、文化、娱乐和其他群众活动、庄重的活动、工作和家庭庆祝活动、其他纪念活动和其他情况下。白俄罗斯共和国的组织和公民使用的场所可以使用桌式国旗。

《俄罗斯国旗法》规定,国家节日期间,国旗悬挂于任何所有权形式的社会团体、企业、机构和组织所在建筑物(或升挂于立式、落地旗杆)及居民楼。在不侮辱国旗的情况下,公民、社会团体、企业、机构和组织可在其他场合使用国旗及其图案。还有一些国家的国旗法鼓励公民在各种场合升挂国旗,如《加拿大国旗法》规定,鼓励所有加拿大人在遵守国旗规则的情况下悬挂国旗。

三、国旗用于装饰用途

旗帜的一项重要功能就是装饰,国旗亦是如此。国旗在各类场合使用时,既有象征国家的功能,也有装饰的功能。要想良好地发挥国旗的装饰功能,必须认真对待国旗用于装饰用途的场景、时空、环境等。装饰的目的首先就是创造审美价值,能够为人们提供视觉和心灵上的美感和愉悦。要将国旗调整到适当比例、协调局部与整体的关系,以适应国旗装饰功能的发挥。国旗是历史和文化信息的主要承载物,装饰时还需要突出国旗的内涵。这样也可以使被装饰物的主题或文化含义凸显出来,形成视觉上的显著点。基于上述认识,一些国家对于国旗的装饰用途作了专门规定。

部分国家允许国旗用于装饰。例如,《朝鲜国旗法》第三十一条规定,国旗可以印刷、塑形或装饰形式使用,可以印在奖章、出版物、邀请函、艺术作品、徽章、物品、飞机、船舶等处。《立陶宛国旗和其他旗帜法》第七条规定,立陶宛国旗的图像可以作为国家的官方标志用于装饰,但不得对立陶宛国旗表示不敬,也不得违反国旗使用的原则。《白俄罗斯国家象征法》第八条规定,白俄罗斯共和国国旗的图像可以作为国家象征用于装饰目的,不得显示对白俄罗斯共和国国旗的不尊重。

在拉脱维亚,对于国旗的使用采取较为宽松的态度。在保证适当尊重拉脱维亚国旗的情况下,可以使用拉脱维亚国旗的图案,但禁止将拉脱维亚国旗的图案作为商标或服务标志使用。《拉脱维亚国旗法》第十七条规定:(1)国旗可用于装饰目的,但要保证对其给予应有的尊重。(2)国旗用于装饰目的,其长宽比例可以与本法规定的标准不同,但应保留法律和法规规定的色调和红白红条纹比例。(3)国旗用于装饰目的,保留拉脱维亚国家象征的地位。

此外,拉脱维亚还专门规定了将国旗用作装饰活动的彩旗。《拉脱维亚国旗法》第十八条规定:(1)国旗的彩旗形式是一条梯形的布带,其颜色和颜色比例与拉脱维亚国旗相同。国旗旗帜的宽度和长度比例应符合本法规定的比例。(2)国旗的彩旗形式应当享有与国旗相同的法律保护。(3)国旗的彩旗形式不得用于建筑物外墙的旗杆上。(4)国旗以彩旗形式使用时,要保证适当尊重。(5)国旗的彩旗形式不能取代国旗。

有的国家不允许将国旗用于特定装饰情形。例如,《哥伦比亚国旗、国徽和国歌法》规定,国旗必须以其原始形式使用;不能作任何装饰性改变,不能改变其代表性。《葡萄牙国旗使用规则》第十条规定,在公共活动中,国旗在未升挂时,可以悬挂在明亮和显眼的地方,但不得用作装饰、遮盖或用于任何可能影响其尊严的地方。

四、家庭升挂国旗

从法律角度来看,各国当然不禁止在自己家里展示国家象征,公民可以将升挂国旗作为对国家的热爱的标志。例如,在家庭庆祝活动或有重要意义的一些公共节日,可以悬挂国旗。家庭升挂国旗是为了提高爱国主义精神,并不是滥用。在很多国家,国旗可以一年四季都升挂在住所外面。即使在节日活动之后,什么时候升挂完全取决于个人。

一些国家的国旗法鼓励公民在各种场合升挂国旗。例如,《加拿大国旗法》第二条规定,鼓励所有加拿大人按照国旗礼仪自豪地展示加拿大国旗。鼓励掌管多层公寓楼、独立产权公寓楼、共同产权住宅楼或者多住户住宅楼,或者有单独门禁小区的任何人,按照国旗规则展示国旗。①《葡萄牙国旗使用办法》规定,在符合国旗使用办法和确保国旗优先的情况下,可以在任何公共或者私人场所悬挂。《俄罗斯国旗法》规定,公民、公共协会、企业、机构和组织可以自由和尊重地使用俄罗斯三色旗。此外,这种使用不仅可以在节假日,也可以在一年中的任何其他日期,前提是不对国旗构成亵渎。《尼加拉瓜国家象征法》第十九条规定,每个尼加拉瓜公民都有义务在中美洲独立纪念日以及立法机关或行政机关指定的日期里在自家门前悬挂国旗。

五、其他组织、个人的纹章使用国旗

国旗与纹章有关。许多国家机构、组织以及个人将旗帜与徽章结合在一起,旗帜是传达徽章的方式之一。通常各国明确经过批准可以在国家机构的相关标志上运用国旗图案,对于企业、个人一般则禁止用于纹章、标志等。各国对此规定的类型主要有以下几种。

一是禁止纹章中使用国旗。例如,《俄罗斯国旗法》第八条规定,任何所有权形式的俄罗斯联邦主体、市政机关、社会团体、企业、机构和组织的旗帜不得与国旗相同。国旗不得用作任何所有权形式的地方市政机关、社会团体、企业、机构和组织旗帜的徽章基础。

二是允许特定机构使用。例如,《土耳其国旗法》第七条中规定,国旗不得作为本法规定的事业单位和组织以外的任何政党、组织、协会、基金会的标志、旗帜等的正面或背面的基础、背景。

三是经过批准可以使用。例如,《摩尔多瓦国旗法》第十条规定:(1)国旗的图像可用于国家的其他象征国家地位的旗帜、纹章和标志,这需要符合严格标准,并且只有在国家纹章委员会的批准下才能使用。(2)只有在特殊情况下,经国家纹章委员会批准,国旗的形象才可用于领土、公司和私人的旗帜、纹章和标志。《多米尼加国家象征法》第二十条规定,代表公共当局、武装部队和国家警察的实体制作的徽章旗帜可以在其设计中包括国徽和国旗,这些机构可以在内部进行规范,并始终严格遵守本法的规定。

《白俄罗斯国家象征法》第八条规定,在法律规定的某些情况下,白俄罗斯共和国国旗的形象可以作为白俄罗斯共和国国家奖励的基础或元素,以及官方纹章符号——国家机构的徽记和徽章。白俄罗斯共和国的行政领土单位、国家机关、国家其他非商业组织、政党、工会和其他社会团体、工会联盟、共

---

① National Flag of Canada Act. https://laws. justice. gc. ca/eng/AnnualStatutes/2012_12/page-1. html.

和国国家公共协会和其他组织的旗帜不能与白俄罗斯共和国的国旗相同。白俄罗斯共和国国旗不能作为上述组织的旗帜基础,除非白俄罗斯共和国总统另有规定。

六、政府办公用品、纪念品使用国旗

国旗图案精美,一些国家规定也可以用于政府的办公用品或者纪念品。例如,《摩尔多瓦国旗法》第十条规定,国旗的图像可以自由地复制在摩尔多瓦共和国总统、议会或政府制作的各种纪念品、礼节性物品上,只有在国家纹章委员会的批准下才可以用于其他邮政品、纪念品、礼节性物品等。国旗的使用或商业性复制应得到摩尔多瓦共和国政府的授权,并征得国家纹章委员会的同意。

第四节　国旗使用的特殊领域

由于国旗使用情形较为单一、专业,很多国家的国旗法律明确规定由相应主管部门就特定领域使用国旗作出特别规定,主要包括体育领域、船舶领域、军事领域、涉外领域等。

一、体育领域

在体育场合,国旗使用较为广泛。在体育赛事中,使用国旗会激发运动员以及在场人员的爱国之情。因此,国际上普遍在国旗法律中明确体育赛事场合可以使用国旗,如中国、白俄罗斯、立陶宛、摩尔多瓦、朝鲜等国家。

各国对于体育领域使用国旗的情形,主要是较为笼统性地规定体育赛事场合可以升挂、使用国旗。例如,《立陶宛国旗法》第五条规定,在立陶宛共和国的锦标赛和比赛期间,以及在立陶宛国家队参加的国际体育锦标赛上为代表立陶宛共和国运动队的国际锦标赛冠军颁奖时,立陶宛国旗可以用于运动场上。《摩尔多瓦国旗法》第五条规定,举办体育比赛时,在体育场馆、建筑物、综合设施和其他体育基地,可以临时升挂国旗。《朝鲜国旗法》第十九条规定,机关、企业、团体和公民可以在体育赛事等活动中使用国旗。

实践中一些国家出现体育赛事中未奏唱、播放国歌,引起公众质疑的情况。对此,个别国家专门对此作了规定。例如,《萨尔多瓦国家象征法》第十五条规定,在国内或国际的任何性质的体育赛事中,俱乐部的负责人或体育赛事的发起人有义务在每次活动开始前播放国歌。负责该体育赛事的裁判员应在其提交给有关当局的报告中说明是否遵守上述规定。各项体育协会将酌情对俱乐部负责人或该体育赛事的发起人进行处罚,对每项侵权行为处以 25 科朗的罚款。任何不遵守上述义务的裁判员将被停职 3 个月,在此期间,不能参与任何体育赛事。不遵守前述规定的各项体育协会的负责人将承担包括被解雇在内的法律责任。

二、船舶领域

船舶领域是较早使用国旗的领域。由于船舶领域使用国旗的特殊性,其拥有专门的旗帜升挂规则,因此各国普遍在国旗法中作出原则性规定,明确本国船舶应当悬挂国旗,并且明确主管政府部门制定具体的船舶领域升挂国旗的规则。例如,《塞尔维亚国徽、国旗和国歌特征和使用法》第二十一条规定,国旗用于飞机、船舶或其他可航行物体上,以表明其与塞尔维亚共和国的隶属关系,且条件和方式由特别规定确定。《爱沙尼亚国旗法》第十四条规定,在船上悬挂和使用爱沙尼亚国旗受本国国旗法、船舶登记法以及善意的国际海事惯例和做法的约束。《沙特阿拉伯国旗法》第十一条规定,在沙特阿拉伯王国领海内的外国船舶、商船、军用船舶日夜不停地悬挂国旗。第十二条规定,每周五、法定节假日和其他场合,从日出到日落,内河航行船舶的船尾都悬挂国旗。

三、军事领域

国旗专门法律往往对军事领域升挂国旗作原则性规定,也有很多国家将军事领域升挂国旗作授权性规定,明确军事机关制定军事领域升挂使用国旗的规定。例如,《多米尼加国家象征法》第四十一条规定,武装部队和国家警察应当坚持适用其机构对国家象征的有关管理规定。《沙特阿拉伯国旗法》第十九条规定,沙特军事部门的不同单位可以拥有自己的旗帜,这些旗帜的管理形式、使用条件和相关规定的规则由主管部长决定,并向王室交存每一种旗帜的范本。《拉脱维亚国旗法》第二十二条规定,国家武装部队使用拉脱维亚国旗的程序,以及在阅兵式和军事仪式上使用国旗的程序,由国防部长决定。

个别国家还在国旗法中对于军事领域的旗帜构成作了规定。例如,《爱沙尼亚国旗法》第十八条规定:(1)负责政策部门的部长以及警察、边防部队、海关机构和邮局有权使用带有特定标志的爱沙尼亚国旗。(2)对带有特定标志的爱沙尼亚国旗的描述应通过共和国政府的条例来确定。第十九条规定:(1)爱沙尼亚海军的旗帜与爱沙尼亚国旗的颜色顺序一致,两侧饰有较小的国徽。旗帜两侧国徽上的狮子面向旗杆。(2)爱沙尼亚海军旗帜的描述由共和国政府的规定确定。《东帝汶国家象征法》第三十四条规定武装部队对国旗的使用。武装部队使用国旗应遵守各自条例中的规则,只要它们不与本法相冲突。

四、涉外领域

(一)国内外国人升挂其所属国国旗情形

通常各国对于外国人在本国升挂国旗持谨慎态度,因此会对外国国旗在本国内升挂的时间、地点等作出限制;对于外国代表机构升挂国旗则也有一定的限制,但是限制的情形不多。

一是在特定日期、场合升挂外国国旗。例如,《多米尼加国家象征法》第八条对其他国家的公民使用旗帜作出规定。外国人可以在其住所或单位悬挂各自国籍的旗帜,但必须是在其国家的民族节日或公民庆祝活动中,而且条件是外国旗帜的右侧有多米尼加国旗,其尺寸不小于外国旗帜,放置在同一高度,材料质地相同。第九条对其他国家的代表使用旗帜作出规定。在多米尼加共和国设立的大使馆、领事馆或外交使团可以在其馆舍、机构和住所自由悬挂其旗帜,而不需要由多米尼加国旗伴随。

二是驻外机构升挂国旗。一些国家专门对驻外机构升挂国旗作了规定。例如,《委内瑞拉国旗、国歌和国徽法》第五条规定,委内瑞拉公民、居住在委内瑞拉的外国人必须在国定假日和主管当局指定的场合在其私人住宅、办公室和场所悬挂国旗。在上述情况下,以及在爱国庆祝活动的日期里,居住在委内瑞拉的外国人也可以悬挂其国籍的旗帜以及委内瑞拉的旗帜,后者对应于荣誉地位,即升挂地点最右侧。第六条规定,所有委内瑞拉人、外国人都可以每天使用国旗,在特定日期并在本法及其条例规定的条件下强制使用。《尼加拉瓜国家象征法》第二十条规定,任何人不得在其住所或任何其他地方悬挂外国国旗,除非事先将国旗悬挂在与悬挂国旗的旗杆高度相同且位于其右侧(观察者左侧)的地方。这项禁令不适用于派驻该国的外交和领事使团成员,他们按照国际惯例悬挂各自的旗帜。

(二)在外国,升挂本国国旗的情况

在国旗法律中,对于本国驻外机构在外国升挂本国旗帜的,一般要求特定的地点、时间,并且要求遵守当地法律和国际惯例。

例如,《摩尔多瓦国旗法》第八条规定,与其他国家的国旗并列悬挂规则。在摩尔多瓦共和国境内,在国家正式访问、庆典和国际会议期间,在官方建筑和

既定的公共场所,可以悬挂其他国家的旗帜,但必须与国旗一起悬挂,并遵守本法的规定。在悬挂国旗的地方也可以悬挂欧盟旗帜。

《立陶宛国旗和其他旗帜法》第十二条规定,使用外国、欧盟和国际公共组织国旗的地点和场合规则。(1)外国、欧盟和国际公共组织的旗帜只能在外交使团及其负责人官邸、领事馆及其负责人官邸、欧盟机构办公室、国际公共组织及其负责人住宅的建筑物,在立陶宛共和国合法设立的外国的其他国家机构、欧盟机构和国际机构的建筑物附近、上方或上面24小时展示,除非另有规定立陶宛共和国的国际协定。(2)外国、欧盟和国际公共组织的旗帜只能在立陶宛共和国官方客人和特别使团代表访问时,在立陶宛共和国国家或市政机构的建筑物附近、上方或上面展示,以及在这些机构和场所举行的纪念日或官方国际活动之际,在立陶宛共和国政府根据外交礼节要求规定的其他情况下。(3)2月16日(立陶宛国家重建日)、3月11日(立陶宛独立日)、2月24日(爱沙尼亚独立日)、11月18日(拉脱维亚独立日),在立陶宛共和国议会附近,立陶宛国旗将与爱沙尼亚国旗、拉脱维亚国旗一起升起。(4)欧盟旗帜应在欧盟外部边界的检查站24小时展示。(5)欧盟旗帜应与立陶宛国旗一起升起:①5月9日——本法第五条第一款规定的地点和方式;②在欧洲议会选举当天或立陶宛就欧盟问题举行全民公决的当天举行投票的建筑物附近、上方或上面;③本法第五条第三款第一项所指的地点和方式。(6)法人和自然人可以自行决定使用(悬挂、展示)小型的外国国旗、欧盟旗帜和国际组织旗帜,但需要遵守使用旗帜的原则,并且不得对这些旗帜表示不尊重。(7)在本法规定的情况下,应按照立陶宛共和国政府规定的程序使用外国、欧盟和国际公共组织的桌旗和车旗。

《爱沙尼亚国旗法》第十一条对升起爱沙尼亚国旗和欧盟国旗作出规定。(1)在欧洲日和欧洲议会选举日,欧盟旗帜与爱沙尼亚国旗一起升挂在议会大厦、共和国政府、最高法院、国家审计署、司法部长、各部委、爱沙尼亚银行、国防军总部、农村自治机构和城镇政府机构的建筑物上,或升挂在这些建筑物旁边的旗杆上。(2)共和国政府应指定边境检查站,在这些检查站永久悬挂欧盟旗帜和爱沙尼亚国旗。(3)负责政策部门的部长就爱沙尼亚外交使团大楼同时升起欧盟旗帜和爱沙尼亚国旗作出指示。

第五节　国旗图案的商业使用

国家机构是国家象征的合法使用者和权威的承担者。国旗不仅具有重要的政治功能,而且具有重要的宣传引导功能。为适应国旗使用的社会化趋势,国家往往引导社会公众合理合法地使用国旗,特别是鼓励有助于爱国教育的使用。但非国家机构滥用符号会误导公众。商业活动中使用国旗或者类似于国旗的图像的组织可能被公众认为是一个国家机构，或代表国家机构，或在其监管下提供服务。这种情况下使用国旗，可能会破坏公众对政府的信任。因此，国家往往对国旗的商业使用持谨慎的态度。

国旗图案的商业使用，一般包括用于商品的外观、包装、广告、知识产权（商标、版权、外观设计专利）等用途。各国通常对国旗、国徽图案的知识产权用途进行限制，通过各国广告法、商标法等法律禁止其在商业活动中使用，包括禁止用于商标、广告等。但对于国旗、国徽图案是否能用于商品的外观、包装、广告等，各国规定及实施情况不一。

一、不得用于特定商业用途

通常各国一般不允许国旗图案用于知识产权、商业广告。商业广告是指由商品经营者或者服务提供者承担费用，通过一定媒介和形式直接或者间接地介绍自己所推销的商品或者所提供的服务的商业广告。商业广告的目的就是希望通过广告活动，让观者对广告、品牌及企业产生良好的态度、印象，让观者产生购买欲和购买行为。当国旗用于商业广告，以推广商业产品时，会损害国旗尊严，损害国家尊严。

一些国家的法律明确规定，国旗不得用于特定商业用途。例如，《美国国旗法》第三条规定，包括哥伦比亚特区在内，制作、销售，在公众场合或为销售目的的展示，为销售、出让、为任何目的使用而出让、作为商品以及作为携带或运输商品设备的任何物品，带有国旗图案的，都应视为犯有轻罪，并应由法院根据其裁量权处以不超过 100 美元的罚金或不超过 30 天的监禁或二者并处。《美国国旗法》第八条规定，国旗不得以任何方式用于广告目的。国旗不得印制在诸如垫子或手帕等物品上，不得在纸巾、盒子上印刷或以其他方式印刷，或任何设计用于临时使用和丢弃的物品。广告标志不得固定在国旗升降的旗杆或者绳索上。但由于该法未严格执行，美国社会仍有大量商品印有国旗图案。

有的国家明确国旗不得用于商业目的，如《卡塔尔国旗法》《新加坡国徽、国旗和国歌规则》等。有的进一步细化规定为国旗不得用于广告、商业宣传目的，如《摩尔多瓦国旗法》《卡塔尔国旗法》《新加坡国徽、国旗和国歌规则》。

二、尊重的前提下可不经过批准使用

很多国家对公民使用国旗及其图案的范围限制不严，大多是规定除禁止情形外，公民有较为宽泛的使用范围。例如，《俄罗斯国旗法》第九条规定，航空器、军用运输航空器、航天器,根据政府规定办法,标绘国旗图案。国旗图案可作为国家奖章设计元素或徽章基础,以及联邦行政机关标志或旗帜的徽章基础。在不侮辱国旗的情况下,公民、社会团体、企业、机构和组织可在其他场合使用国旗及其图案。《韩国国旗法》第十一条规定,国旗及其图案中的太极圈和八卦可以一起或分开用于各种货物和仪式以及用于其他目的。

在澳大利亚,尊重特定规则的前提下国旗可以用于商业目的。国旗或国旗的再现(representation),可以在没有正式许可的情况下用于商业或广告目的,但要遵守以下准则:国旗应以庄重的方式使用,并完整、准确地复制。旗帜不应通过套印文字或插图来玷污。旗帜在展示时不应被其他物体覆盖。国旗的所有象征性部分都应该是可识别的。为商业目的使用澳大利亚国旗不需要寻求正式许可。然而,议会和政府事务局可以就澳大利亚国旗在商业上的适当使用或表现提出建议。关于进口带有澳大利亚国旗图像的物品,进口商在将物品进口到澳大利亚之前,必须咨询总理和内阁部的批准。①

在印度,对网络中使用国旗专门进行了规定。2015 年 1 月,印度内政部给政府部门、地方政府专门发出《针对在各种官方网站上未正确展示印度国旗的建议》。该建议提到,该部收到了一些关于在各种场合不正确展示印度国旗的投诉。该建议明确,国旗的使用、展示、悬挂按照 1971 年《防止侮辱国家荣誉法》和 2002 年《印度国旗法规汇编》执行。因此,需要确保在官方的网站以及附属机构和下属机构的网站上展示的印度国旗的图案符合上述法案和守则的规定。②

三、在经批准的前提下允许使用

不同于很多国家对个人使用国旗图案采取鼓励、支持的态度,一些国家对于商品上使用国旗图案往往很谨慎,无论是否要求批准,都要求采取谨慎的态度。很多国家要求在商业目的使用时需要经过批准。例如,《摩尔多瓦国旗法》第十条规定,国旗的使用或商业性复制应得到摩尔多瓦共和国政府的授权,并征得国家纹章委员会的同意。

个别国家为了扩大本国产品的影响力,同时为了维护国旗的尊严,允许在

---

① Department of the Prime Minister and Cabinet, Australian Government, *Australian Flags Booklet*, Department of the Prime Minister and Cabinet, 2022, p. 26.

② Advisory Related to Non-proper Display of the Indian National Flag on Various Official Websites. https://www.mha.gov.in/document/national-flag-emblem-anthem/advisory-related-non-proper-display-of-indian-national-flag.

特定产品上使用国旗图案,对于特定产品上使用国旗图案作了细致的规定。例如,《冰岛国旗和国徽法》第十二条规定,不得将国旗用作个人、协会或组织的自有标志,也不得用作入场券、胸卡或其他类似物品的识别标志。除上述规定外,销售的商品、产品或服务属于冰岛时,在确保国旗受尊重的前提下,允许在包装或广告中使用国旗。(1)符合以下条件的产品被视为冰岛产品:A. 在冰岛使用国内原材料生产;B. 原材料全部或部分进口,只要在冰岛经过充分加工即可。(2)尽管原材料全部或部分进口,在冰岛经过充分加工,但如果进口原材料被认为是产品的一个特征部分并且在物理上与以下情况相似,则该产品被视为非冰岛产品:A. 农产品,包括在冰岛养殖的鱼类产品;B. 在冰岛的园艺农场、苗圃或园艺中心生产的产品;C. 冰岛渔船在冰岛捕鱼领海内捕获的商业海洋资源。(3)如果产品是由冰岛人以冰岛品牌设计的,即使它是用外国原材料在国外生产的,只要它不是与被认为是国内原材料物理相似的原材料,也被视为具有特殊的冰岛起源、特征或属性,从而认定为冰岛产品。如果产品在国外生产,还必须说明产品的制造国。(4)如果知识产权由冰岛人创造,则该知识产权被视为冰岛人所有。消费者办公室负责授予在商标中使用国旗的许可,该商标还必须在知识产权局注册。如果商标已被认定为错误注册,未经授权使用国旗,必须按照规定从商标注册簿中删除。如果产品或其包装上贴有冰岛国旗的图片,则不允许销售或提供销售外国原产的产品。《冰岛国旗和国徽法》还规定对消费管理部门按照规定对国旗的使用进行监督。消费者代理机构的程序、对违反规定的补救措施和制裁,以及向消费者上诉委员会提出上诉的权利完全受《商业行为和营销控制法》的规定约束。负责消费者事务的部长由法规授权,根据本条规定对国旗的使用条件作出进一步规定,如关于什么被认为是充分加工、关于什么被认为是产品和类似原材料的特征部分的评估等。

《格林纳达国家象征和国歌法》第四条规定国旗用于商品时的许可制度。(1)任何人如果想要:(a)向格林纳达进口、为销售而制造、提供销售或销售代表或复制任何国家象征的物品、货物或东西;或(b)在商业、贸易、专业或职业方面,或在法人或非法人团体的活动中使用或展示任何国家象征。应向部长提出申请,请其批准为此目的颁发许可证。(2)根据第一款提出的申请应采用部长确定的形式,并包含部长确定的信息。(3)如果部长批准根据本条规定向申请人颁发许可证,则申请人应被授予许可证。(4)如果部长根据本条规定批准向申请人颁发许可证,则申请人在支付规定的费用后应被授予许可证。(5)为本条目的而颁发的许可证应采用附表三(略)所列的形式。

四、允许修改后使用

个别国家允许使用修改后的国旗图案。例如,《波兰共和国国徽、颜色和国歌以及国家印章法》第十六条规定,波兰共和国国家象征不得放置在用于商业流通的物品上。但允许以程式化或艺术处理的形式将波兰共和国的象征或颜色放置在用于商业流通的物品上。

有部分国家允许国旗可以用于特定人员的服饰。《美国国旗法》第八条规定,不得将国旗的任何部分用作服装或运动制服,但是可以在军人、消防员、警察和爱国组织人员的制服上镶嵌国旗图案。《新加坡国徽、国旗和国歌规则》规定,任何人不得使用或应用国旗或其任何图像作为任何服装或服饰的一部分,除非是在部长批准的情况下,但在这种情况下也不得出现不尊重国旗的情形。在每年7月1日至9月30日,任何人都可以将国旗或其图像作为任何服装或服饰的一部分,而不需要获得部长的批准,但应以不引起对国旗不敬的方式。

第六节 国旗的禁止使用情形

尊重和爱护国旗,是法律规定的每个公民和组织的义务。在任何时候,都要庄重、严肃地对待国旗,尊重和爱护国旗,依法使用国旗。在不适宜的场合、以不适宜的方式使用国旗及其图案,对国家的尊严和形象造成负面的影响,各国一般规定了具体禁止的场合、行为等情形。从使用主体上看,通常情况下,各国对国家机构使用国旗及其图案没有明确的限制,但是对于除国家机关之外的组织和个人使用国旗及其图案专门规定了禁止使用的情形。

一、不得升挂国旗的方式

（一）不得使用破损、污损、褪色的国旗

升挂破损、污损、褪色的国旗有损国旗的尊严,很多国家对此作了禁止性规定。例如,《美国国旗法》《埃及国旗法》《卡塔尔国旗法》《朝鲜国旗法》《韩国国旗法》《拉脱维亚国旗法》《黑山国家象征和建国纪念日法》《新加坡国徽、国旗和国歌规则》等国家法律法规对此作了明确规定。例如,《土耳其国旗法》第七条规定,土耳其国旗不得以破损、撕裂、打孔、肮脏、褪色、折皱或任何可能损害其应有的精神价值的方式使用。《约旦国旗法》还明确规定了相应法律责任,《约旦国旗法》第十一条规定,禁止在约旦国旗已破损或其状况不佳的情况下升挂国旗。违反上述规定的,处以50第纳尔以上250第纳尔以下的罚款。

（二）不得用于不适当位置

国旗及其图案不适当地放置有损国旗的尊严,一些国家根据日常生活、工作的实际情形,细化各类不适当的放置情形。例如,《土耳其国旗法》第七条规定,除正式的宣誓仪式外,不得为任何目的将其放在桌子上、讲台上或作为封面。不得放置在可以坐着或踩着的地方。在这些地方和类似的物品上不能展示国旗的形状。国旗不能作为礼服或制服来穿。《美国国旗法》第七条规定:(1)除另有规定或有旗杆固定外,不得在行进中的飘动物品上悬挂国旗。(2)国旗不应当悬挂在车辆、火车或船舶上的引擎盖、顶部、侧面或背面。第八条规定:(1)国旗不得触及其下方的任何物体,如地面、地板、水或物品。(2)国旗不应平铺地面或水平放置。(3)不得将国旗用作服装、床上用品或帷幔。(4)旗帜不得以任何容易撕裂、弄脏或损坏的方式固定、升挂、使用或存放。(5)不得将旗帜用作天花板的遮盖物。《拉脱维亚国旗法》第三条规定了禁止使用拉脱维亚国旗的情形:(1)处于严重失修状态的建筑物上;(2)在外墙正在维修的建筑物上;(3)其他不适当的场所和情况。

(三)不得不适当地改变或者添加其他图案

随意改变国旗图案或者在国旗图案上添加文字、图案,有损国旗的尊严,因而被禁止。例如,《白俄罗斯国家象征法》第八条规定,不允许在白俄罗斯共和国国旗上放置铭文和图形图像,无论其应用方法如何。《卡塔尔国旗法》第五条规定,禁止将卡塔尔国旗用于违背其最初使用目的的用途,或在其上添加任何文字、图片、图案,或将其用于商业目的,或作为品牌及其一部分,或用于广告目的。《黑山国家象征和建国纪念日法》第九条规定,不允许修改、添加或更改国旗上的任何内容。在特殊情况下,如果有特殊规定,国徽和国旗可以用作其他标志的组成部分,即国家机构和其他机构的标志。《美国国旗法》第八条规定,国旗不应放在任何性质的标记、徽章、字母、文字、图形、图案或图画上面,也不得构成上述的任何部分,而且不得将上述标记等添加到国旗中。《西班牙国旗和其他旗帜使用法》第八条规定,禁止在西班牙国旗上使用任何政党、工会、协会或私人实体的符号及其缩写。

(四)不得倒挂

非紧急情况下倒挂国旗有损国旗的尊严。一些国家法律明确规定,禁止将国旗倒挂。例如,《美国国旗法》第八条规定,除非在对生命或财产造成极端危险的情况下发出严重窘迫的信号,否则不得倒挂国旗。《巴布亚新几内亚国旗和国徽使用规则》第十四条规定,倒挂国旗是一种求救信号。因此,在任何场合,国旗都不应该将(国旗图案上的)天堂鸟倒挂,除非是作为一种遇险信号。

二、不适当的用途

(一)不允许用于政党竞选活动

为了避免选举候选人在宣传文件上赋予官方性质,从而可能在选民心中造成混乱,部分国家的法律禁止将国旗用于政党竞选活动。例如,《法国选举法》第 R.27 条规定,禁止在具有选举目的、性质的海报和通告上使用国旗图案及蓝、白、红三种颜色并列的图案,只要它们有可能造成与国旗的混淆,但复制政党或团体的标志除外。《多米尼加国家象征法》第四十四条规定,禁止使用爱国主义象征的颜色来识别政治团体、政党或政治运动,因为当这些颜色组合在一起时,类似于国旗的形状。

(二)不得用于欺诈

一些国家规定,国旗不得用于欺诈情形,使他人误以为使用者是国家机构及其工作人员,或者得到政府认可。例如,《法国消费法》规定,不得在商品上或者服务中使用国旗欺诈。

三、不适当的场合

不适当的场合,尤其是可能引起误解、不适的场合,如私人丧事活动中禁止使用国旗。例如,《新加坡国徽、国旗和国歌规则》规定,任何人不得在任何私人葬礼、守夜、追悼会或其他葬礼的仪式、典礼或游行中使用、展示国旗或其任何形象,除非是在部长批准的情况下,但在这种情况下也不得出现不尊重国旗的情形。《卢旺达国旗法》第二十四条规定,禁止将国旗置于已经放置其他物品的会议桌或者其他设施上面。

此外,少数国家还规定了国旗禁止使用的特定场合。一是不得用于武装冲突。例如,《摩尔多瓦国旗法》第十一条规定,禁止国旗在摩尔多瓦共和国没有参加的武装冲突中,以任何形式出现。二是不得损害公德。例如,《摩尔多瓦国旗法》第十一条规定,禁止在不道德、有损国旗尊严的情形下使用国旗。《黑山国家象征和建国纪念日法》第八条规定,在不违反黑山公共道德、声誉和尊严的情况下,在艺术创作、教学和教育工作中可以免费使用国徽和国旗。

【案例】美国华盛顿州禁止国旗添加其他图案案

美国华盛顿州法律规定,禁止在国旗上添加任何性质的文字、图形、图案、广告等。1970 年 5 月 10 日,一名美国大学生在华盛顿州西雅图市私有公寓的窗户上倒挂两面均贴有和平符号的美国国旗。该大学生随后被起诉,当地法院以违反州法律为由,判处被告人有期徒刑 90 日,缓刑 60 日。该大学生上诉至地方法院,认为在国旗上贴和平标志向公众展示,以抗议美国入侵柬埔寨事件,目的是使美国国旗与和平而不是战争和暴力联系在一起。地方法院减轻了其罪行,判处 10 日有期徒刑,缓期执行,并处以 75 美元罚款。随后,被告上诉至华盛顿州上诉法院。华盛顿州上诉法院认为警方滥用法律,推翻了地方法院的判决。随后该案被警方上诉至美国联邦最高法院,并得到受理。

美国联邦最高法院认为,国旗一直被用来传达思想感情,被告人使用国旗传达其思想,没有毁坏国旗,也没有存在破坏和平的风险,被告人的行为构成"象征性言论",具有受保护的性质,属于言论自由的保护范围。根据宪法关于言论自由的规定,不得仅仅因为思想本身冒犯某些公众,就禁止思想的公开表达。华盛顿州法律禁止将其他图案添加到美国国旗中,违反了宪法关于言论自由的规定。①

---

① Spence v. State of Wash,418 U. S. 405(1974).

第一节　国旗使用仪式的类型

一、国旗使用仪式概述

为了尊重和爱护国旗,在使用国旗的过程中演变出了通过特定的程序和规则使用国旗的方式方法。在国旗仪式中,往往将声音(主要是国歌)和行为(包括敬礼等)结合,营造庄重、严肃的氛围。在政治社会生活中,国旗仪式在国家、政治生活中具有重要价值。

国旗仪式的种类一般由法律规定,少数国家规定了经过批准可以决定其他形式的国旗致敬方式。例如,《摩尔多瓦国旗法》第三条第二款规定,在庄严的场合悬挂国旗的仪式上,观众应起立,男子应脱帽致敬,军人应根据军事条例进行致敬。法人实体和个人可以根据自己的具体需要,通过国家纹章委员会批准的特别规定,制定其他形式的纪念和敬礼方式。

在国际上通行,且被许多国家以法律明确规定的仪式主要包括升国旗仪式、下半旗仪式、折叠国旗仪式、覆盖国旗仪式、焚烧国旗仪式。这些仪式在本章后续内容中分节重点介绍。还有一些国家规定了具有一定特色的国旗仪式,主要包括国旗宣誓仪式、降国旗仪式、替换国旗仪式等。这些仪式的形成有本国自发形成的,如美国的国旗宣誓仪式;也有学习借鉴其他国家形成的,如韩国、菲律宾借鉴美国国旗宣誓仪式,确立的本国国旗宣誓仪式。

二、具有特色的国旗仪式

(一)国旗宣誓仪式

国旗宣誓制度是向国旗及其代表的国家进行宣誓的制度。实行国旗宣誓制度是希望通过国旗强化公民的爱国情感,加强爱国主义教育。根据各国国家象征法律制度的规定情况,主要有美国、印度、韩国、菲律宾、卢旺达5个国家法律明确规定国旗宣誓制度。

美国国旗宣誓制度中的宣誓词最早于1892年发表在青少年期刊上。经过一些爱国组织、个人的大力推广,国旗宣誓制度在美国很多地方被接受。1942年,美国总统富兰克林·D.罗斯福签署了国会通过的国旗法,将国旗宣誓制度(pledge of allegiance to the flag)法定化。从确立的时间上看,美国国旗宣誓制度是法定化最早的。在美国,《美国国旗法》第二条规定了向美国国旗的宣誓制度,其誓词是:"我谨宣誓效忠美利坚合众国国旗及效忠所代表之共和国,上帝之下的国度,不可分裂,自由平等全民皆享。"宣誓时应面朝国旗,右手抚心脏处。如果不着制服,男士应用右手取下任何非宗教头饰,并将其握在左肩上,手放在心脏上方。着制服的人应该保持沉默,面对国旗,并行军礼。不着制服的军人和退伍军人可以按照着制服的人的方式向国旗致敬。

在印度,《印度国旗法》第二条、第三条规定,在学校实行国旗宣誓,宣誓时在场人员双手合拢站立,共同诵读"我宣誓效忠国旗及其代表的世俗社会主义民主主权共和国"。

在韩国,在升旗前及正式场合使用时通常要诵读《国旗誓词》,一般会在国歌播放前进行。《韩国国旗法实施条例》第四条规定,向国旗敬礼时,朗诵下列誓言:"我在自豪的太极旗前郑重宣誓:为了自由和正义的大韩民国之无穷荣光而竭尽忠诚。"宣读誓言,可利用音频、影像等视听资料实施。演奏国歌时不朗诵。该誓词于1968年由韩国忠清南道教育委员会自发编写并普及。1972年被韩国文教部采纳,并命令韩国各级学校实行。

在菲律宾,《菲律宾国旗和纹章法》第二十五条规定了国旗宣誓词的具体内容和规则。第二十五条规定,以下为效忠菲律宾国旗的宣誓词:

我是菲律宾公民
我宣誓效忠于
菲律宾国旗
和它所代表的国家
将荣誉、正义和自由
置于国家的行动中
为上帝
为人民
为自然
且为这个国家。

诵读誓词时,应当立正,右手张开手掌,高举过肩。如果个人的信仰或宗教信念禁止做这样的宣誓,那么在宣誓时必须以立正的方式表示充分的尊重。

在卢旺达,国旗法规定了用于公职人员的国旗宣誓仪式制度。《卢旺达国旗法》第十三条规定,担任法律规定的行政、立法和司法职务的人员,以及所有其他根据相关具体法律有义务的人员,应当在国旗前举行宣誓仪式。宣誓的人用左手握住国旗,同时举起右手,手掌伸直。在公证结婚的仪式上,夫妻双方应在国旗前宣誓,宣誓的方式与本条上述规定相同。

有的国家法律没有规定国旗宣誓制度,但是在民间活动中,有国旗宣誓的相关活动。例如,加拿大政府官方网站明确,加拿大没有国旗宣誓制度,但是没有任何法律或法规阻止私人组织或个人为自己的目的作出国旗宣誓。①

（二）降国旗仪式

国旗升降过程中需要采取一系列规定动作。升旗降旗与升国旗仪式、降国旗仪式不同,升降国旗仅需要升降旗工作人员参加,而降国旗仪式需要有一定范围的人员参加,采用一定的流程,较为具有仪式感。从各国法律规定的情况来看,仅有少数国家对降国旗的礼仪规范作了要求。笔者认为,主要的原因可能在于降国旗的寓意、举行的时间地点,没有升国旗更加富有内涵,从而影响了降国旗仪式的推广。例如,《朝鲜国旗法》第四十条专门规定,不举行降旗仪式。

在菲律宾,《菲律宾国旗和纹章法》第二十二条规定,降旗时,应庄严缓慢地降下旗帜,使旗帜在国歌最后一个音符响起时降下桅杆。在场人员,应当遵守与举行升旗仪式相同的仪态或行为。

在朝鲜,《朝鲜国旗法》第三十条规定,降国旗时,(1)在机关、企业、团体中,在负责人员或者当日工作的负责人参加的情况下,升旗人员降落国旗。(2)慢慢降下国旗。(3)下半旗的国旗升到旗杆顶端后再降下。

在俄罗斯,政府制定了《俄罗斯联邦国旗降旗仪式的命令》。该命令明确,普通教育机构、专业教育机构每学年最后一节课结束时,应举行降国旗仪式。降国旗仪式有教育机构管理部门的代表参加。那些将被委托在下周初升起国旗的学生也可以参加这个仪式。降国旗仪式的基本流程如下:(1)仪式负责人发出准备降下国旗的指令:"注意""降旗"。(2)旗手开始降下国旗(如果国旗在旗杆上,则展开国旗)。(3)按照传统,使用桅杆(旗杆)时,要缓慢降下俄罗斯国旗。(4)旗队以徒步方式手捧国旗,并将其交给值班人员,由其将国旗送至存放地点。国旗应保存在教育机构中一个特别指定的地方。保存的房间应该

---

① Dignity of the National Flag of Canada, Canada. ca（Oct. 6,2022）,https://www. canada. ca/en/canadian-heritage/services/flag-canada-etiquette/dignity. html.

有适当的储存条件(学校博物馆、教师室、校长办公室)。

(三)特殊地点升旗仪式:替换国旗仪式

一些国家建立了特殊地点升旗仪式制度。例如,每月第一周的周日,在巴西首都巴西利亚的三权广场举行国旗更换仪式。在巴西军事部门或者巴西联邦特区政府的负责下,新国旗在国歌声中和 21 声大炮的轰鸣中升起。在旧国旗的揭幕仪式之前,也有一个以奏唱《国旗赞歌》为标志的仪式。

三权广场是巴西利亚的政治中心,也是各个行政司法建筑的集中地,分别集中建有国会议事堂、最高法院、大总统府等政治性建筑。巴西利亚市中心悬挂的国旗面积为 286 平方米,距离地面 100 米。国旗旗杆由 24 根金属棒组成,象征着联邦各单位与共和国三大机构之间的对话和融合。旗杆底部写着这样一句话:"在巴西人民的保护下,在这三权广场,国旗,永远在高扬,是祖国的永恒愿景。"1992 年以来,武装部队和联邦特区政府轮流举办每月一次的国旗更换仪式。每次举行国旗更换仪式时,都邀请中小学生参加,举行国旗更换仪式成为向孩子们展示国家象征的机会。对中小学生来说,有助于其学会热爱自己的国家、重视公民身份。

(四)点旗仪式

一些国家以及特定领域实行点旗礼(dip the flag),即降低使用中旗帜的高度,以对特定人或者事物表示敬意。这项礼仪可能最早源于海上习惯。大约在 16 世纪,当时海上形成的惯例是:教皇旗帜和西班牙国王旗帜优先于其他国家的国旗,其他国家船舶与之相遇时,须降低其国旗以示敬意,而教皇旗帜和西班牙国王旗帜则可以继续悬挂。在现代奥运会上,当一国体育代表团进场并经过主办国的最高元首时,需要行点旗礼,即放低手中举着的国旗,以示尊敬。但是美国体育代表团入场时例外。在美国,《美国国旗法》第八条规定,美国国旗不得向任何人或者事物行点旗礼。美国禁止采用该礼仪,喻示星条旗不落。在一些阅兵场合,如美国海军陆战队在进行阅兵的过程中,通常会和美国国旗一同出现,而需要进行"敬礼"的时候,仅有军旗可作下垂,执"点旗礼",而美国国旗正常使用。

在我国,国家素来重视礼仪构建。《周礼·春官·肆师》:"凡国之大事,治其礼仪,以佐宗伯。"《史记·礼书》:"至秦有天下,悉内六国礼仪,采择其善。"1990 年制定国旗法时明确了升国旗仪式制度,2020 年修改国旗法时增加了覆盖国旗仪式制度。对于是否借鉴他国经验构建我国的国旗宣誓仪式、国旗退役仪式等,宜根据文化发展情况,根据人民群众的接受程度,在坚持以我为中心的前提下,基于自身实际需要确立礼仪制度。

第二节　升国旗仪式

国旗升降过程中需要采取一系列规定动作。升旗降旗与升国旗仪式、降国旗仪式不同。升旗仪式是专门为了升国旗举行的遵循一定程序和礼仪要求的特定典礼仪式。升降国旗仅需要升降旗工作人员参加，而升国旗、降国旗仪式需要有一定范围的人员参加，采用一定的流程，具有仪式感。举行升国旗仪式的氛围庄重、严肃，能激发在场人员的爱国之情，更能体现对国家的尊重和热爱，很多国家对升国旗仪式都作了规定。从各国情况来看，各国的升国旗仪式大体相同，主要差异体现在手势方面，大部分国家要求公民立正双手垂直向下即可，仅有美国、韩国等少数几个国家右手抚左胸。在各国法律制度中，对于升国旗仪式的具体规定内容存在差异。

一、升国旗仪式的要素

(一)基本流程

升挂国旗时需要一定的礼仪以彰显对国旗的尊重。有的国家的国旗法对升挂国旗的礼仪规定得比较详细。例如，《朝鲜国旗法》第三十九条规定，升旗仪式按照以下程序和方法进行：(1)主持人宣布升旗仪式开始。(2)旗手和2—4名助手队员一起从国旗箱中拿出国旗，固定在旗杆绳索上。(3)在旗手拉国旗绳索的同时，奏起国歌。根据情况，也可以不奏乐。(4)升国旗助手队员在辅助结束后，以旗杆为中心站成正方形或左右位置，升旗仪式结束后退场。(5)升旗结束后，主持人宣布升旗仪式结束。这时可以根据相应单位特征喊口号。

(二)仪式的组织

个别国家对升挂国旗仪式的组织作了规定。例如，《朝鲜国旗法》第三十二条、第三十五条规定，国家要确保有关机构和单位做好升旗仪式的准备，庄严地举行升旗仪式。升旗仪式由道(直辖市)、市(区)、郡所在地，朝鲜人民军(包括朝鲜人民警卫队)部队及区分队，军级以上的人民保安机关，各级学校(包括培训机关)，少年团露营所，以及内阁指定的机关、企业所进行。但各级学校(包括培训机构)可以在放假期间不升旗。此外，《朝鲜国旗法》还规定了特定场所举行的升国旗仪式。《朝鲜国旗法》第三十六条规定了升旗仪式场所。平壤市劳动者升旗仪式在金日成广场举行。其他单位的升旗仪式在旗杆所在场所举行。

我国国旗法第十四条中规定,升挂国旗时,可以举行升旗仪式。北京天安门广场每日举行升旗仪式。学校除假期外,每周举行一次升旗仪式。

（三）仪式的时间

一些国家对特定日期升挂国旗举行盛大仪式作了规定。例如,《朝鲜国旗法》第三十三条规定,在 4 月 15 日和 2 月 16 日这两个最大的国定假日,以及共和国成立周年、朝鲜劳动党成立周年、宪法纪念日、朝鲜人民军建军纪念日、祖国解放战争胜利纪念日,举行盛大的升旗仪式。在进行国家重要活动和体育比赛时,也可以在相应场所举行升旗仪式。第三十四条规定了升旗仪式时间。升旗仪式在节日当天早晨或节日前一天下午举行。

（四）仪式的参与人员

在各国法律关于升国旗仪式的过程中,一般明确参与升旗仪式的在场人员。例如,《萨摩亚国旗和国歌法》第五条对具体参与人员进一步明确:(1)在公共场所、正在升起或降下萨摩亚国旗的区域内及来到该区域的人,应进入静止状态,并保持该状态,直到升起或降下国旗的过程结束。(2)车辆的驾驶员。(a)在公共场所或正在升、降国旗的区域内,应避免驾驶车辆,并确保车辆保持不动,直到升起或降下国旗的过程结束,升、降旗完成之前,不得驾驶车辆,并确保车辆保持不动;或(b)进入公共场所或正在升、降国旗的区域,应确保车辆停止并保持不动,直至升、降国旗结束。第二条定义中明确"驾驶员"是指车辆的驾驶员,并包括以下人员:(a)自行车的骑行者;(b)摩托车的骑行者;(c)骑马的人员(the rider of a horse);(d)骑驴的人员(the rider of a donkey);(e)控制机动车辆的人员;(f)正在被拖动的机动车的控制人员;(g)担任掌舵人或从事任何车辆驾驶的单独人员。《瑙鲁国歌国徽和国旗保护法》第十五条规定了同样的规则。《朝鲜国旗法》第三十七条规定了升旗仪式的参加成员,升旗仪式是在相关单位的负责人和成员的参加下进行的。

二、升挂国旗仪式的具体礼仪

对一般公众而言,升挂国旗时须行注目礼,身体立正,眼睛注视国旗。对于军人和其他着制式服装的人员,则有不同的致敬要求。例如,《朝鲜国旗法》第三十八条规定升旗仪式的礼仪。参加升旗仪式的公民应随着国歌的奏乐,向着国旗立正,郑重地注视国旗。如果不奏乐,应立正并郑重地注视国旗,直到升旗结束。身穿军服、制服的公民和少年团成员应举手敬礼,如果少年团集体参加,只能由队列负责人敬礼,其他成员应立正,庄重地注视国旗。经过升旗仪式场所的公民,应驻足立正,庄重地注视国旗。《1979 年马绍尔群岛官方旗帜法》规定:(1)在升旗或降旗的仪式中,所有在场的人都应该面对国旗,立正站好,并向国旗行注目礼。(2)穿着军装、警服或其他政府制服的人应行军礼。不穿制服的人应用右手取下头饰,将其置于心脏上方。(3)男士、女士脱帽,应将其右手放在心脏上。(4)外籍人士应立正。(5)敬礼应保持到升旗或降旗仪式结束,或直到国旗在阅兵式或游行队伍中通过。

少数国家升国旗仪式时行抚胸礼。例如,《美国国旗法》第九条规定,当举行升降旗仪式时、当国旗通过游行或者检阅时,所有在场着制服的人应行军礼。军人和退役军人在场但未着制服的可以行军礼。其他人可以面向国旗,并立正右手抚胸。如可以,用右手取下头饰并将其握在左肩上,右手抚胸。在场的其他国家公民应立正。当国旗在行进过程中,公民应在国旗路过时行礼。

在韩国,向国旗敬礼也采取抚胸礼。《韩国国旗法》第六条规定,向国旗致敬的方式是将右手放在左胸上,同时站定面向国旗或行举手礼。关于向国旗致敬的方法、程序等其他必要事项,应由总统令规定。《韩国国旗法实施条例》第六条规定,向国旗敬礼采用以下方式:(1)未穿制服的国民右手抚左胸,注视国旗。(2)未穿制服的国民中,戴帽子的右手取下帽子对着左胸,注视国旗。(3)穿制服的国民向国旗行举手礼。

第三节　下半旗仪式

下半旗(half-staff 或者 half-mast[①])是当今世界上通行的一种志哀方式。在重要人物逝世或者法律规定的哀悼日,在公共建筑物升挂的国旗需要下半旗。下半旗制度的价值是多重的。在当代,下半旗成为代表国家向特定公民、集体表示尊重、敬意、致谢的态度,彰显了对个人生命价值的尊重。

一、下半旗仪式基本情况

下半旗是为了表示哀悼。据记载,1612 年,英国船舶"哈兹伊斯"号在探索北美北部通向太平洋的水道时,船长不幸逝世。船员们为了表示对船长的敬意,将桅杆旗帜下降到约 2/3 的高度。[②] 把国旗降到下半旗位置,首先必须把旗帜升到桅杆的顶端,然后慢慢降到半旗位置。这个位置是通过想象另一面旗帜

---

① 在英国,下半旗一般使用"half-mast";在美国,陆地上下半旗使用"half-staff",在海上船舶上下半旗使用"half-mast"。"mast"的意思是船舶上的桅杆;而"staff"则是指旗杆。

② [德]里奥巴·沙夫尼茨勒等:《旗帜巡礼》,湖北教育出版社 2010 年版,第 15 页。

在下半旗时国旗的位置来估算的。在欧洲神话中,上面飘扬的旗帜是死亡之旗。[①] 旗帜必须降到可识别的半旗位置,这样才不会让人觉得它只是从旗杆顶端滑落下来。到 17 世纪下半叶,这种志哀方式流传到大陆上,为各国所仿效。有学者认为,下半旗最初是一种兵败乞降的表示,起源于古代欧洲的军队,和现在的举白旗具有同样的含义。直到 17 世纪,西班牙的舰队才正式规定以下半旗来纪念死者或国耻。[②] 很多国家的国旗法对下半旗制度予以明确,有些国家还专门制定了下半旗规则条例,对下半旗志哀的对象范围、决定程序等进行了规定。

很多国家的国旗法律法规对下半旗制度作了规定。有些国家对下半旗制度规定得比较详细,包括对象、日期、地点等,如美国、印度、加拿大等国家;有些国家的国旗法仅规定在哀悼日下半旗,包括俄罗斯、韩国等;也有些国家的国旗法没有规定下半旗制度,但实践中政府主要官员、重要人士逝世时下半旗志哀,如日本。也有一些国家专门规定了下半旗的法规文件,如美国特定官员和卸任官员逝世下半旗规则、加拿大下半旗规则、伊朗下半旗规则等。

另外,有的国家没有下半旗制度,如沙特阿拉伯、伊拉克、伊朗、阿富汗、索马里。这些国家的国旗上写着伊斯兰教义。这些国家认为,其国旗上有不适宜向下移动的文字图案,如伊斯兰教根本信条"安拉至大"。因此,不适宜下半旗。

二、下半旗仪式制度框架

(一)下半旗的人员范围和决定程序

下半旗的人员范围和决定程序密切相关,很多国家的法律中规定,下半旗的人员范围由国家的政府首脑或者相关行政机关确定。有些国家还赋予地方政府首长在本地区可以决定下半旗的人员范围,如美国、印度。通常情况下,各国下半旗的对象包括:现任或者卸任国家元首、政府首脑;王室成员;造成重大伤亡的重大灾难;国外的国家元首、政府首脑。

在美国,国旗法列明了下半旗的人员范围,但均由总统或地方政府首长决定后才能下半旗。美国政府主要官员;国会议员;州长、领地或者属地的总督;其他官员、卸任官员或外国重要人士逝世下半旗,由总统令决定。任何一州、领地、属地的现任或者前任官员,执行任务牺牲的军人和警察逝世下半旗,由所在地的政府首长决定。

---

① Department of the Prime Minister and Cabinet, Australian Government, *Australian Flags Booklet*, Department of the Prime Minister and Cabinet, 2022, p. 23.

② 《下半旗与缠黑纱的由来》,载《兴华周刊》1936 年第 33 卷第 20 期,第 31 页。

在加拿大,下半旗规则将下半旗人员范围分为三类:(1)必须下半旗的人员:国王、总督和总理;王室成员;前总督、前总理;最高法院首席大法官和政府首席部长;副总督;枢密院议员和参议员;下议院议员;经授权的外国驻加拿大代表。(2)可以酌定下半旗的人员(由政府文化遗产部决定):驻外使领馆按照东道国惯例提出的外国国家元首和政府首脑、外国特殊公民、联邦政府雇员、特殊任务牺牲的军人。(3)总理可以酌情确定的下半旗人员:在现任外国国家元首或政府首脑逝世后,总理可主动确定下半旗;特殊情况下,根据文化遗产部和枢密院秘书的建议,总理就特定人物确定下半旗。此外,当总理在紧急情况下无法确定酌情处理下半旗的建议时,枢密院书记官可以决定下半旗。

《印度国旗法规汇编》规定了不同的下半旗程序。(1)以下人士下半旗由联邦内政部部长就个案作出特别决定:总统、副总统、总理;下议院议长、首席法官;联邦内阁部长;联邦部长或者联邦副部长;邦长、副邦长;邦首席部长,联邦地区首席部长;邦的部长;联邦知名人物、邦或联邦地区知名人物。(2)外国的国家元首、政府首脑或者知名人士逝世时,经授权的印度外交使领馆可以决定下半旗。

也有一些国家规定得比较简略,如《新加坡国徽、国旗和国歌规则》第十条规定,影响国家的重要人物逝世或者哀悼可下半旗。

还有很多国家没有规定下半旗的具体对象,而是规定在国家哀悼日及相关纪念日下半旗,如《俄罗斯国旗法》规定,哀悼日期间,升挂于立式旗杆(落地旗杆)的国旗降至立式旗杆(落地旗杆)一半处。《韩国国旗法》规定,在国家哀悼日,如阵亡将士纪念日和举行国葬的哀悼日下半旗。《德国联邦建筑物升挂国旗规定》则明确,在纳粹遇难者纪念日、阵亡将士纪念日、联邦总统确定的国家哀悼日下半旗。

(二)下半旗的时间和地点

很多国家在法律法规中明确了根据人员的不同职位规定了不同的下半旗时间和地点。通常职位越高,下半旗持续的时间越长、地点越广;一般人员则是逝世当天和葬礼当天下半旗。还有一些国家规定在纪念特定事件或人物的节日必须下半旗。

美国国旗法和下半旗规则规定:(1)以下人物逝世时美国全境的联邦政府建筑物、地面以及海事船舶下半旗:总统或者前任总统逝世后下半旗30天,副总统或者最高法院首席大法官或者已退休首席大法官、众议院议长去世后下半旗10天;最高法院大法官、内阁成员、前副总统、参议院临时议长、参议院多数党领袖和少数党领袖、众议院多数党领袖和少数党领袖从逝世到葬礼之日下半旗。(2)国会议员逝世的,在哥伦比亚大都会区和其所在州的联邦建筑物、地面以及海事船舶,当天及第二天下半旗。(3)州长、属地和领地总督逝世的,在所在地联邦政府的建筑物及其地面,从去世到葬礼期间下半旗。(4)其他官员或者卸任官员、外国知名人士逝世的,由总统确定或者根据总统制定的规则确定下半旗的时间和地点。

《印度国旗法规汇编》规定,知名人物逝世后,在当天下半旗。(1)总统、副总统、总理逝世的,全印度下半旗;(2)下议院议长、最高法院首席法官逝世的,德里地区下半旗;(3)联邦内阁部长逝世的,德里和首都地区下半旗;(4)联邦部长或者联邦副部长逝世的,德里地区下半旗;(5)邦长、副邦长、邦首席部长、联邦地区首席部长逝世的,邦境内或者相关联邦地区下半旗;(6)邦的部长逝世的,所在邦的首府下半旗;(7)外国国家元首或者政府首脑逝世时,驻外的使领馆下半旗。如果上述人士逝世的信息在当天中午获悉,且葬礼没有在第二天太阳升起之前举行,也可第二天在上述地区下半旗。上述人士举行葬礼时,应在葬礼举行地下半旗。

《加拿大下半旗规则》针对不同人员范围确定了不同的下半旗时间和地点:(1)英国国王、总督和总理逝世的,从接到通知到举行葬礼或追悼会的日落在全国和国外的所有联邦建筑物和场所(包括位于国会的和平塔)下半旗。(2)英国王室成员、前总督、前总理、最高法院首席大法官和政府首席部长、副总督逝世的,从接到通知到第二天日落以及葬礼或追悼会当天日出到日落,在加拿大境内所有的联邦建筑物和场所(包括位于国会的和平塔)下半旗。(3)枢密院议员和参议院、下议院议员逝世的,从接到通知到葬礼或追悼会当天的日落在其居住地的所有联邦建筑物和场所下半旗,不包括位于国会的和平塔;葬礼或追悼会的当天从日出到日落根据情况确定下半旗。(4)经授权的外国驻加拿大代表逝世的,位于国会的和平塔在葬礼或追悼会当天下半旗。如果没有提前告知,在遗体离开加拿大时下半旗。此外,加拿大下半旗规则还专门规定,以下特殊节日当天从日出到日落所有联邦建筑物和公共机构必须下半旗:工人哀悼日、国家恐怖主义受害者纪念日、消防员牺牲纪念日、警察和安全官员牺牲纪念日、国家纪念日、反暴力侵害妇女行为日。

(三)下半旗时间的例外

有一些国家规定了在特定节日必须下半旗,但是有些节日是不固定的,如果同时遇到喜庆的节日或事件时则不下半旗,如国庆日、独立日,以及新国王登基、外国元首或政府首脑访问等。

《美国国旗法》规定,在和平纪念日下半旗,但当天是军人节除外。《加拿大下半旗规则》规定:(1)根据本规则下半旗,但以下法定日期,即维多利亚日(庆祝维多利亚女王诞辰)和国庆节除外。(2)根据本规则在位于议会的和平塔下半旗,但外国元首或者政府首脑访问议会时例外。(3)君主、现任总督或现任总理逝世下半旗的,前两项不再适用,但新国王登基日则不下半旗。

《印度国旗法规汇编》规定,当下半旗日与下列时间重合,如国庆日、独立日、甘地诞辰日、国家纪念周(自4月6日至13日纪念阿姆利则大屠杀遇难者),以及其他印度政府明确的国家特定庆祝日,或者邦已经形成的周年特定事件日,国旗不得下半旗。但逝世者遗体所在建筑物可以下半旗,遗体一旦离开所在建筑物,国旗应立即升挂至旗杆顶部。

《巴布亚新几内亚国旗和国徽使用规则》第十二条规定,一般情况下,在第八条所适用的应当升挂国旗日期(包括国庆节以及总督规定的特定日期),公共建筑必须升挂国旗,下半旗是不可行的。如果在上述日期,计划纪念一些已故的杰出人士,那么,在逝者所在的建筑物上可以下半旗,而在其他建筑物上国旗保持正常状态。该建筑物上的旗帜应在遗体移走后升至最高处。

(四)下半旗具体仪式

下半旗时,各国的普遍规则是:必须先将旗帜升到桅顶(旗杆顶部),然后再缓慢下降到下半旗位置。降下位于下半旗位置的旗帜,先将旗帜升到桅顶,然后完全降下。下半旗的具体位置,有的规定是下降到国旗顶部距离旗杆顶端1/2的位置,如我国民国时期制定的《党旗国旗之制造及使用办法》第十一条规定:"凡下半旗须先将旗身徐升至旗杆顶,然后降下至旗身长二分之一若干尺而停止。"[①]很多国家规定是国旗顶部距离旗杆顶端1/3的位置,如加拿大、澳大利亚等。

《加拿大下半旗规则》规定,当两面或多面旗帜在一组旗帜中同时飘扬时,所有旗帜都应下半旗。旗帜只在装有升降索和滑轮的旗杆上下半旗。一些建筑物从水平或倾斜的杆子上悬挂旗帜,没有吊索,旗帜永久附在上面。这些水平或有角度的杆子上的旗帜可以不用下半旗。当一排旗帜下半旗时,加拿大国旗最后降下。但是,如果可以同时降下看台上的所有旗帜,那么这样同时下半旗也是合适的。加拿大国会大厦和平塔下半旗以纪念逝者,之后旗帜将赠送给其近亲。在适当的情况下,可以将其他联邦政府大楼下半旗的旗帜送给其近亲。这些旗帜应正确折叠,尊重加拿大折叠国旗的礼仪,然后可以放置在适当的旗帜箱或展示箱中。已在和平塔或其他政府大楼下半旗并提交给逝者近亲的旗帜被视为已停止使用,不应再悬挂。

在澳大利亚,国旗手册明确,下半旗的位置将取决于旗帜的大小和旗杆的长度。旗帜必须降至可识别的半旗位置,以避免出现旗帜意外地从旗杆顶端掉落的情况。一个可接受的位置是旗顶距离旗杆顶端1/3的位置。

---

① 《党旗国旗之制造及使用办法》,载《国民政府公报(南京1927)》1931年第823期,第3页。

（五）下半旗与系黑丝带

由于风俗习惯不同，一些国家还结合本国文化规定了特殊的下半旗礼仪。很多国家明确规定，在哀悼时可以下半旗或者系黑丝带，如德国、意大利、俄罗斯、印度、哥伦比亚、爱沙尼亚等国家。

系黑丝带通常适用于国旗不便下半旗的情形。例如，《印度国旗法规汇编》规定，在游行或者行进过程中举行哀悼，国旗悬挂时，两个黑色旗条应固定在旗杆顶部，同时允许旗条自然下垂。以此方式使用黑色旗条仅适用于政府法令规定的情形。德国国旗相关规定明确，当国旗升挂在旗杆上，黑丝带将挂在旗杆的顶部；如果国旗如横幅般悬挂，则黑丝带将挂在国旗固定的左右两端。

下半旗与系黑丝带两种方式可以选择，往往不同时进行。在拉脱维亚，哀悼时国旗的升挂可以采取两种形式之一：拉脱维亚国旗下半旗，或者在国旗上系一条黑丝带。这两种形式不能同时采取。《拉脱维亚国旗法》第十五条规定了哀悼时拉脱维亚国旗的展示：（1）如果拉脱维亚国旗要在哀悼时升起，应在国旗上方旗杆上系一条黑丝带，其宽度为国旗宽度的1/20，长度应与国旗宽度一致。（2）拉脱维亚国旗下半旗时，不佩戴哀悼的黑丝带。（3）在拉脱维亚国旗与其他旗帜一起使用的地方，哀悼的方式只适用于拉脱维亚国旗。

关于黑丝带的长度，有不同的规定，《白俄罗斯国家象征法》第七条规定，在白俄罗斯共和国总统宣布的哀悼日，白俄罗斯共和国国旗应挂上哀悼的装饰。在这种情况下，一条与国旗长度相等的黑丝带被系在白俄罗斯共和国国旗旗杆的上部。《立陶宛国旗和其他旗帜法》第六条规定，哀悼标志的使用是为了表示哀悼，立陶宛的国旗应悬挂在旗杆的1/3处。如果立陶宛国旗不在旗杆上悬挂，则应悬挂哀悼标志——一条10厘米宽的黑丝带应系在旗杆上，使丝带的末端到达国旗的底部。

（六）国旗和其他旗帜下半旗的处理规则

1. 本国国旗下半旗，其他地方旗帜如何处理

在很多场合，升挂国旗时，同时升挂有地方、企业等组织的旗帜。国旗是国家的象征，国家的地位高于地方、企业等组织的地位。当国旗下半旗时，其他旗帜也应当下半旗。一些国家的下半旗法律法规还规定了国旗下半旗与其他旗帜下半旗的处理规则。例如，葡萄牙国旗使用办法规定，当举行国家哀悼或者地方哀悼，国旗下半旗时，其他任何旗帜也应下半旗。

《加拿大下半旗规则》第十条规定，当省或者地区的官方旗帜非因本规则确定的原因下半旗时，所在省、地区的国旗在同样的范围、同样的时间也下半旗，但如果是多伦多省的省旗下半旗，位于国会的和平塔不下半旗。在上述情况

下,涉及的省、地区必须将本地区下省、地区旗的原因、范围和持续时间向加拿大政府文化遗产部通报,国旗才能与地方旗同时下半旗。在加拿大,英国王室成员的个人旗帜、总督旗帜和领土专员旗帜从不下半旗。在现任总督去世后,国旗将被取下,随后由总理指定的官员将其交给近亲。同样的程序适用于在任的省督或专员。

在美国,根据《美国国旗法》的规定,州旗、城市旗、地方旗和社会组织旗帜,不得置于国旗之上。因此,当美国国旗被命令下半旗时,所有其他旗帜也下半旗。

在澳大利亚,当澳大利亚国旗与其他旗帜一起悬挂时,所有的旗帜都应下半旗。澳大利亚国旗应首先升起,最后降下。在某些情况下,澳大利亚政府会指示所有旗帜下半旗。这些场合的一些例子是:(1)君主(国王或王后)去世时,国旗应从宣布死亡的时间开始下半旗,直到葬礼结束。在宣布新君主登基之日,按照惯例,从上午 11 时开始将国旗升至桅杆顶端,直到通常的下班时间。(2)王室成员去世时,根据君主的特别命令或澳大利亚政府的指示下半旗。(3)在总督或前总督去世时下半旗。(4)在杰出的澳大利亚公民去世时,根据《澳大利亚国旗礼仪》的规定下半旗。(5)与澳大利亚有外交关系的其他国家的国家元首去世时,国旗将在葬礼当天下半旗或按指示下半旗。(6)在国家纪念日,如澳新军团纪念日和国殇日,任何地方的旗帜都可以在当地公民去世时或在其葬礼当天或部分时间下半旗,而无须澳大利亚政府的指示。

2. 本国国旗下半旗,其他国家国旗如何处理

在一些场合,同时升有本国国旗和外国国旗、国际组织旗帜,当一国决定本国国旗下半旗时,其他旗帜如何处理成为现实需要解决的问题。从理论上分析,各国主权平等,按照国际惯例,一国无法规范外国国旗、国际组织旗帜的升挂。本国在本国法律规定的下半旗情形可以要求境内所有本国国旗下半旗,但无法直接要求境内的外国国旗、国际组织旗帜下半旗。从实践看,很多国家在法律中授权驻外代表机构在驻在国出现下半旗的情形时,可以决定本国国旗同时下半旗。这样也在很大程度上避免了同时升挂国旗时,本国国旗下半旗、外国国旗未下半旗的情况,体现了国家之间相互尊重的态度。

实践中,也出现极少数特殊情形,同一场合有的国家国旗下半旗、有的国家国旗未下半旗。例如,2022 年 7 月 8 日,日本前首相安倍晋三遭枪击后,美国总统 7 月 8 日下令全美下半旗志哀,地点包括白宫、所有公共建筑和场地、所有军事哨所和海军基地,以及哥伦比亚特区政府所有海军舰艇、整个美国及其领土和属地上的美国国旗,全部下半旗,直至 7 月 10 日日落。但是日本国旗及国歌法没有规定下半旗制度,其他法律法规也没有规定下半旗,日本政府仅仅宣布首相官邸下半旗。但是在驻日的美国横田空军基地,美国国旗下半旗,日本国

旗正常升挂。这一不同引起了日本民众的质疑。造成这一问题的原因在于日本缺乏完善的下半旗制度,无法及时处理本国国旗与其他国家国旗同时升挂时面临的下半旗问题。

一些国家对本国旗下半旗,其他国家国旗如何处理作了规定。在英国,负责英格兰、威尔士和北爱尔兰的旗帜和其他纹章事务的官方机构——纹章学院(College of Arms)发布了英国国旗下半旗时的特殊规则。当升挂不止一面旗帜时,则应全部下半旗或不升起其他旗帜。除非国旗所属的国家也在举行哀悼,否则不应降下外国国旗。①

在拉脱维亚,如果拉脱维亚国旗下半旗,欧盟和市镇的旗帜是否也应下半旗,还是应照常升挂?2021 年 6 月 18 日拉脱维亚外交部回答:在拉脱维亚的葬礼上,任何时候都应该只降下拉脱维亚国旗。其他国家的旗帜不得在其不知情的情况下降下。《拉脱维亚国旗法》第十五条对拉脱维亚国旗在哀悼中的使用作出规定:(1)当拉脱维亚国旗在哀悼时,应在国旗上方的吊杆上系一条黑色丝带,其宽度为国旗宽度的 1/20,长度与国旗宽度相当。(2)悬挂在桅杆上的拉脱维亚国旗应下半旗,不系哀悼带。(3)在拉脱维亚国旗与其他国旗并用的地方,悼念时只能降下拉脱维亚国旗。②

三、美国下半旗仪式制度

在美国,联邦政府通过制定《政府建筑物升挂国旗程序指南》③,规范美国范围内联邦政府总务署所管辖建筑物下半旗的制度。除了总统的命令或指示、公认的习俗或惯例(不违反法律)以及哥伦比亚特区市长的公告之外,经总务署授权的联邦政府经营建筑的部门和机构的负责人以及总务管理局的地区专员,除《美国法典》第四编第七节规定的场合外④,在他们认为合适的情况下,可以要求在其管辖范围内的建筑物或场地下半旗。

通知总务署的设施管理人员和经营总务署授权建筑的联邦机构下半旗的程序取决于申请是在全国范围内、全州范围内、地方范围内,还是在整个机构范围内。运营总务署委托的建筑物或总务署租赁的建筑物的其他联邦机构,如果

---

① College of Arms, *Union Flag*:*FAQs*, College of Arms(Oct. 2, 2021), https://www. college-of-arms. gov. uk/resources/union-flag-faqs.

② Ārlietu ministrija, *Sēru noformējumā Latvijā vienmēr izkarams tikai Latvijas karogs*, Latvijas Vēstneša (15. jūnijā, 2021), https://lvportals. lv/e-konsultacijas/23471-seru-noformejuma-latvija-vienmer-izkarams-tikai-latvijas-karogs-2021.

③ 本文件为总务管理局(GSA)设施管理人员和经营 GSA 授权建筑的联邦机构悬挂美利坚合众国国旗及其他旗帜制定政策并提供程序指导。

④ 《美国法典》第四编第七节规定相关人员逝世后下半旗的地点范围。

租约中涉及悬挂国旗的规定可以在总务署管辖、保管或控制的建筑或场地下半旗。

（1）全国范围内。除《美国法典》第四编第七节另有规定外，在全国范围内悬挂半旗的要求必须由白宫提出。该要求是通过电话向国土安全部、联邦保护局"大型中心"（MegaLenter）提出的，并由白宫通过电子邮件发出后续命令。白宫通过电子邮件向大型中心发出后续命令。然后通过电子邮件将该要求发送给总务署设施管理人员和经营总务署授权建筑的联邦机构，以便执行。

（2）全州和哥伦比亚特区。除《美国法典》第四编第七节另有规定外，在全州或哥伦比亚特区下半旗的请求必须由州、地区或美国属地的州长办公室提出；或哥伦比亚特区的市长办公室提出。所有的请求都必须打电话给国土安全部、联邦保护局"大型中心"，该中心负责向该州、地区、美国领地或哥伦比亚特区的联邦建筑物发出通知。在电话申请的同时，州长办公室或市长办公室必须以电子邮件的形式向"大型中心"发出后续命令。然后，该请求由"大型中心"通过电子邮件发送给适当的总务管理局设施管理人员和运作总务管理局授权的建筑物的联邦机构，以便执行。

（3）当地。在某一特定的总务管理局建筑上下半旗的请求，必须得到总务署当地专员或其指定的人的批准。一旦获得批准，当地的总务署区域办公室应立即通知适当的总务署设施管理人员和经营总务署委托建筑的联邦机构，以便实施。

（4）整个政府机构。在部门或机构范围内要求下半旗的请求，应打电话给相关的国土安全部、联邦保护局的"大型中心"，并由部门或机构负责人向"大型中心"提出后续要求。

"大型中心"应与署长或其指定的人联系以获得批准。一旦获得批准，"大型中心"应当通过电子邮件将该命令连同适当的机构建筑清单一起发给总务署设施管理人员和经营总务署授权建筑的联邦机构，以便执行。

【案例】下半旗仪式相关法律责任案

1967年10月18日，在智利创设国旗五十周年之际，智利国旗和康塞普西翁大学的旗帜升挂在该大学旗杆上。中午12时40分，一群学生开始降下所有的旗帜，并将属于该大学的一面旗帜换成带有黑丝带的古巴国旗，在其中一面智利国旗上加上类似的元素，然后将它们全部下半旗。这样做是为了向最近去世的切格瓦拉致敬。[1]

由于没有得到大学当局的许可，有人试图重新升起旗帜，导致大学官员和

---

[1] Manuel Patricio Vergara-Rojas, Los emblemas nacionales: regulación, problemas y propuestas, Revista de derecho(Coquimbo), vol. 28,3266,2021.

学生之间发生骚乱,并有人员受伤。根据调查,一些人认为被替换的旗帜是智利国旗,而不是属于大学的旗帜。此外,几小时前智利国旗的倒下也引起了混乱。有鉴于此,政府根据《智利国家内部安全法》关于公开侮辱国旗、国徽或国名者的规定,提起诉讼。

法院在一审判决中认为,仅仅是降下智利国旗并下半旗,或在其中一面国旗上系上黑丝带,并不构成对这些标志的"侮辱",因为在公共行为中进行类似的仪式是司空见惯的,任何人都不会想到这些行为构成刑事法律中所述的典型行为。这些行为没有得到大学当局事先授权的特殊性并不能使这种行为成为典型,因为这种条件并不包含上述犯罪类型的成分。

在这些行为之后,一名学生和一名大学官员受伤,尽管应遭到谴责,但不能说是对国旗的侮辱,因为它们显然与这一象征没有直接关系,也没有转化为可能意味着对国旗的蔑视或嘲弄的行动。特别是暴力冲突始于试图降下古巴国旗,而学生们着手阻止。

政府对一审案件提出上诉后,次年1968年7月8日康塞普西翁上诉法院维持了一审判决。

第四节　国旗折叠仪式

为了维护国旗的尊严,尊重国旗图案的图形和颜色的象征意义,需要按照一定的礼仪将国旗折叠保存,形成了国旗折叠礼仪(Flag Folding Etiquette)。每个国家的国旗图案不同,为了在折叠国旗过程中更有尊严,各国折叠国旗的方式也不同,国旗礼仪的政策、传统、习俗、规则和法律可能会有所不同。在特殊的仪式(通常是哀悼)活动中,必须按照既定规则以某种方式折叠国旗。在日常生活中,要折叠国旗,只需要以应有的尊严将其折叠起来,以便妥善存放。知道如何正确折叠国旗是尊重国旗及其所代表价值观的一种体现。折叠国旗提供了一种庄重的仪式感,使折叠国旗有别于折叠床单等普通物品,在视觉上令人舒适。

一、国旗折叠的法律规定

一些国家对于如何折叠国旗作了明确规定。例如,《多米尼加国家象征法》第二十二条规定,国旗应按以下方式折叠存放:(1)沿着最长的部分折叠4次。(2)与放置绳索的地方相对应的那一端折叠起来,形成一个三角形。(3)继续在放置绳索的一侧折叠三角形,并将末端插入最后折叠的开口。如果国旗已经变湿,应在收起之前将其晾干。《1979 年马绍尔群岛官方旗帜法》也明确了国旗折叠方式。

在美国,没有正式的折旗仪式,每次折叠旗都没有官方意义。虽然《美国国旗法》中没有明确规定,但按照军队中的习惯,国旗在不使用时应被折叠成三角形。具有象征意义的折叠仪式曾被教给士兵,但在发生一些抗议其带有宗教含义的示威后,美国国防部撤销了关于实行国旗折叠仪式的决定。

二、加拿大、澳大利亚国旗折叠仪式

(一)加拿大国旗折叠仪式

折叠加拿大国旗有官方仪式。折旗礼仪由加拿大政府制定,供所有加拿大人使用。每个折旗仪式都以完全相同的方式进行,无论仪式的类型是军事、准军事、民间、私人还是公共性质。然而,许多组织,包括加拿大武装部队和加拿大皇家骑警,都有自己的传统和习俗,因此有时会使用不同的术语描述国旗折叠仪式。但是,国旗永远不应折叠成三角形。

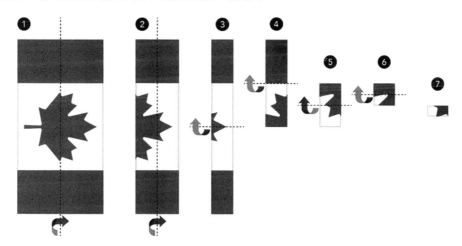

加拿大国旗折叠仪式的步骤如下:
(1)旗帜沿其长轴对折。旗帜的底部(在此图像的左侧)折叠在下方。
(2)旗帜再次沿其长轴对折。旗帜的下部(在此图像中的左侧)被折叠在下面。
(3)旗帜沿其短轴对折。旗帜的右侧部分(在此图像中朝向底部)被折叠起来。
(4)旗帜沿其短轴对折。旗帜的左侧(在此图像中朝向底部)被折叠起来。
(5)旗帜沿其短轴对折。旗帜的左侧(在此图像中朝向底部)折叠在下方。

(6)旗帜沿其短轴对折。旗帜的左侧(在此图像中朝向底部)被折叠起来。

(7)这就是旗帜正确折叠时的样子。

这些步骤可以由两人、七人或九人一组来执行。

(二)澳大利亚国旗折叠仪式

澳大利亚政府制定了《澳大利亚国旗手册》,明确了折叠国旗的仪式。①

(1)国旗如下图展开。

(2)沿着长边从下往上折一次,然后再折一次。

(3)将两端合拢。

(4)通过向后和向前折叠,把两端都向着旗套边折叠,形成一个同心圆。

---

① Department of the Prime Minister and Cabinet, Australian Government, *Australian Flags Booklet*, Department of the Prime Minister and Cabinet, 2022, p. 27.

（5）通过缠绕绳索来保持旗帜固定。

三、我国历史上的国旗折叠仪式

在我国，民国时期曾经确立了国旗折叠仪式。1928 年中国国民党颁行《党国旗使用条例草案》，并明确在该条例正式颁行之前，可以暂时按照该草案实施。该草案附件刊载了"国旗折叠法"："甲·现将国旗横径对半向内摺成两幅一叠。乙·再将对折之旗直径对半摺成四幅一叠。丙·将四幅一叠再以横径对半摺成八幅一叠。丁·将八幅一叠更横卷成圆筒状外用蓝色绳缚之，外面完全出现蓝色。"① 此外，对于收藏国旗，当时要求："凡收藏国旗的地方，应十分干燥，不使潮湿、改色、或腐败、污秽；并应放在十分安全的地方，不使虫蛀鼠啮。至党国旗收藏时，必须折叠；其折叠方法亦有限制。"②

第五节　国旗覆盖仪式

国旗是国家的象征。重要人物、特定人物、作出突出贡献的人物逝世后，在其灵柩上覆盖国旗，是国家机关、学校和社会各界人士寄托哀思、表达崇高敬意和缅怀之情的重要方式。同时，在庄严、肃穆的葬礼或者追悼会等仪式上使用国旗覆盖遗体、灵柩、骨灰盒，是宣传逝世人员事迹、抚慰逝世人士遗属、弘扬逝世人士精神的有效形式。国旗覆盖遗体、灵柩、骨灰盒的习俗，据传源于军事葬

---

① 《总理纪念周浅说》，中国国民党浙江省执行委员会训练部 1930 年编印，第 216 页。
② 《党旗国旗的意义及其制造与使用》，中国国民党浙江省执行委员会 1933 年编印，第 21 页。

礼。在18世纪末和19世纪初的拿破仑战争期间,当时用旗帜盖住从战场上运回来的装有死者遗体的灵柩。[①]

很多国家在国家元首、政府首脑以及军人去世举行葬礼时在其遗体或者灵柩上覆盖国旗,如美国、俄罗斯、英国、法国、西班牙、澳大利亚、加拿大、新西兰、巴西、韩国、印度、墨西哥、哥伦比亚等国家。但也有一些国家没有这种做法,如日本、德国、波兰、沙特阿拉伯。在日本,天皇、王室成员以及首相去世后,灵柩不覆盖旗帜,但有的首相去世时灵柩上方摆放国旗。在德国,总统去世后,覆盖其灵柩的是政府专用国旗;军人去世后,其灵柩覆盖军旗。在波兰,总统去世时覆盖的是印有国徽图案的旗帜。在沙特阿拉伯,因该国崇尚简单葬礼文化,国王去世时仅身裹白布下葬。

有一些国家的法律对覆盖国旗的对象范围、礼仪等作出具体规定,如美国、韩国、印度。有的国家虽然法律没有规定,但相关政府部门制定了相关规范性文件,如加拿大、澳大利亚、新西兰等。法律明确规定的方式将能更进一步地褒扬逝世人士的功绩,教育启迪后人。

一、国旗覆盖的范围

对于遗体或者灵柩覆盖国旗,各国法律主要有以下两种规定方式。

一是未限定范围。有很多国家法律中对可以覆盖国旗的人员范围没有明确规定,实践中往往是国家元首、政府首脑、军人以及因公遇难的警察等。例如,根据美国相关军人的规定,任何战争的退伍军人或任何在1955年之后光荣服役的人都可以由美国政府免费提供葬礼。举行葬礼的美国现役军人、退役军人,其灵柩一般覆盖国旗。实践中,政府官员去世时的灵柩常常覆盖国旗,如美国总统去世时覆盖国旗;国会议员去世时可以覆盖国旗,也可以要求不覆盖国旗。此外,任何人认为自己是爱国的均可以覆盖国旗。英国没有对可以覆盖国旗的范围作出规定。实践中,曾任、在任的英国首相,军人,警察去世时灵柩覆盖国旗,英国王室成员去世时灵柩覆盖的是王室的旗帜。此外,法国、澳大利亚、加拿大、新西兰等国家实践中,国家元首、政府首脑以及军人、因公警察去世时灵柩覆盖国旗。《澳大利亚国旗礼仪》明确在葬礼上使用国旗,在任何澳大利亚人的葬礼上,都可以用国旗来覆盖他们的灵柩。

二是限定具体范围。一些国家的国旗相关法律规定了可以覆盖国旗的范围。如印度法律对可以覆盖国旗的葬礼范围作出规定,没有明确具体人员。

---

① John D. Banusiewicz, *Customs of Military Funerals Reflect History*, *Tradition*, U. S. Department of Defence (Oct. 2,2021),https://archive. defense. gov/news/newsarticle. aspx? id=26292.

《印度国旗法规汇编》第三章规定,国葬、军队葬礼、中央准军事力量葬礼的棺架或者灵柩可以覆盖国旗。实践过程中,具体人员范围由印度政府根据逝者的身份地位进行确定,既有政治性人物,也有著名社会人士。类似的还有,《哥伦比亚国旗、国徽和国歌法》第十条规定,国旗可覆盖在国家机构、教会和军事机构人员,以及公认知名人士的灵柩上。《玻利维亚国家象征法》第十二条第二款规定,三色旗可以放在荣誉公民、杰出公民或为多民族玻利维亚国服务而牺牲的人的灵柩上,但不能触地。《多米尼加国家象征法》第十九条规定,国旗可以放在灵柩上,作为对担任过重要公职,在艺术、教育、军事、爱国主义、文化、体育或一般职业生活中表现突出的公民的追悼。《立陶宛国旗和其他旗帜法》第五条第八款规定,在为共和国总统、《立陶宛独立法》签署人、议会或政府成员、以政府规定的方式确认的对立陶宛共和国有功的任何其他人,以及在执行公务或救人时死亡的人举行的葬礼或仪式上,应在灵柩上覆盖立陶宛国旗,并在安葬前将国旗取下,折叠后交给其近亲属。

通过法律明确可以覆盖国旗的范围,实际上也是从另一个层面上限制其他人员逝世后覆盖国旗。在一些人看来,如果将国旗覆盖于曾经有违法行为或者不道德行为的人的遗体或者灵柩上,可能构成了对国旗的侮辱、不尊重。

二、国旗覆盖的特定仪式

为了维护国旗的尊严,国旗覆盖遗体、灵柩或者骨灰盒时,不得触及地面。例如,《美国国旗法》规定,当国旗用于覆盖灵柩时,其应确保国旗的联盟部分位于前部并覆盖另一侧。国旗覆盖时不应低于灵柩或接触地面。《印度国旗法规汇编》规定,国家、军队、中央准军事力量的葬礼,国旗橙色部分应朝着棺架或者灵柩前部的方向覆盖在棺架或者灵柩上。国旗不应接触地面或者埋葬在坟墓里。《韩国国旗法》规定,国旗覆盖在灵柩上,不得触及地面,也不得与灵柩一起埋葬。

一是覆盖的具体方式,如英国、澳大利亚、加拿大国旗规则规定,如果要在灵柩上使用国旗,则应将其放置在旗帜的左上角位于逝者的左肩上方。在葬礼或火化之前应移除旗帜并折叠。

《澳大利亚国旗手册》规定,澳大利亚国旗可以在任何已故澳大利亚公民的葬礼上用于覆盖其灵柩。旗帜应披在灵柩的"左肩"上,代表心脏。在将灵柩放入坟墓之前,或在火葬场,在将灵柩放入坟墓之后,应将国旗取下。在火葬场,则应在仪式结束后摘下。死者的服役头饰、剑或指挥棒、奖章或勋章(如果有的话)以及家人的鲜花可以放在覆盖灵柩的旗帜上。在安葬过程中,应注意维护国旗的尊严。①

二是覆盖后国旗的处理,多数国家规定交由其近亲属保留。《俄罗斯国旗法》规定,向俄罗斯已故(牺牲)公民授予军人荣誉的悼念仪式上,装有逝者遗骸的灵柩上覆盖俄罗斯国旗。安葬前将俄罗斯国旗折叠起转交逝者亲人(亲属)。

《摩尔多瓦国旗法》第二十五条规定,在伴随向已故摩尔多瓦共和国公民致敬的葬礼仪式上,覆盖的国旗应置于灵柩上方,正面朝上,国旗朝向死者的头部。在将灵柩放进坟墓之前,要将国旗从灵柩上取下,隆重地收紧并交给逝者的亲属。

第六节 国旗退役仪式

公民庄重地在家中、工作场所升挂、悬挂国旗,但是当国旗变得破旧并且准备好迎接新的国旗时,该如何处理旧国旗?不能像其他旧物品一样把它扔进垃圾桶——这被认为是不尊重的行为。国旗应该得到爱护、尊重和敬意。即使它已经废弃或变质,也应该得到应有的尊重和敬意,有展示国旗的礼仪,也应当有庄重处置旗帜的礼仪。专门销毁处置国旗的礼仪流程可以称为国旗退役仪式(Flag Retirement Ceremony)。之所以翻译为"国旗退役仪式",笔者认为,主要有以下理由:一是为体现对国旗的尊重。"退役"一般是指军人正式终止服役。将国旗的销毁处置程序称为"退役",体现对已使用过国旗的尊重。二是为了和焚烧国旗的环节有所区别。虽然在销毁处置国旗时主要通过焚烧国旗的方式,但是焚烧国旗仅仅是其中一个环节,此外还有向使用过的国旗致敬环节等。三是为了与以侮辱国旗为目的而焚烧国旗的方式进行区别。在很多国家,在公开场合焚烧国旗是法律禁止的行为。因此,为了避免引起歧义,避免使用过程中的混乱,将使用过的国旗销毁处置礼仪流程称为"退役"仪式也是十分合适的。国旗退役仪式对国家而言具有非常重要的爱国主义价值。

一、国旗退役仪式概述

在各国,国旗退役仪式有着不同的传统。在一些国家,这种做法带有军事色彩,如美国、巴西;而在其他国家,如巴拿马,这种做法具有民事性质,国家和

---

① Department of the Prime Minister and Cabinet, Australian Government, *Australian Flags Booklet*, Department of the Prime Minister and Cabinet, 2022, p. 25.

公民都参与其中。国旗退役以仪式的方式进行,具有很强的尊重意义。仪式通常包括以下要点,如致辞、奏唱歌曲、诗歌朗诵、演讲,以及升旗和向国旗宣誓等。很多国家也对销毁国旗作了相关规定。例如,《爱沙尼亚国旗法》第十六条规定,不能使用的国旗应有尊严地销毁。《白俄罗斯国家象征法》第八条规定,国旗如果已经失去作用,应当予以更换和销毁。《摩尔多瓦国旗法》第三条规定,销毁破旧或损坏的国旗,应当以私下焚烧的方式进行,以示尊重。

此外,一些国家的法律还规定按照法定程序处理国旗,但是没有明确具体的国旗退役仪式。例如,《朝鲜国旗法》第四十五条规定,机关、企业、团体和公民应当按照规定程序处理破损、褪色的旗帜。

二、美国国旗退役仪式

在美国,国旗被认为是一种神圣的象征,以不体面的方式焚烧国旗很容易引起争议。因此,正确地处置废旧国旗也就成为必须面临的问题。《美国国旗法》第八条规定:"国旗在不再适合展示的情况下,应以有尊严的方式销毁,最好是焚烧。"许多州和郡政府办公室以及对外战争退伍军人哨所的建筑物外都有旗帜处理箱,警察局也收集废旧国旗。一旦处理箱装满,美国退伍军人协会、美国对外战争退伍军人组织、女童子军组织和童子军组织等各种组织就会为收集到的废旧国旗举行旗帜退役仪式。

实际上,在美国,国旗退役仪式并不是法律确定的,主要是美国退伍军人协会积极倡导的。1937年,美国退伍军人协会通过了一项关于国旗退役仪式的决议,决议提出处理不能使用的旗帜的方法是通过焚烧来销毁。1937年以来,美国退伍军人协会一直提倡使用国旗退役仪式。这个仪式是恰当的致敬和爱国主义的公开表达,增强了公众对美国国旗的荣誉和尊重的理解。每年的6月14日,美国人都会庆祝国旗日。这一天也被认为是举行国旗处置仪式的最合适的日子,这些仪式通常在晚上举行。在美国退伍军人协会的仪式上,参与者站成两排平行的队伍,面对面。一堆小火苗在成员的行列之外燃烧着,与指挥官相对。身穿童子军制服的男孩向燃烧的火坑敬礼。不能再使用的国旗被送交给指挥官,他们检查这些旗帜,以确保它们事实上应该被处置。当一致认为国旗达到销毁的磨损状态时,护旗队就会展示国旗,并由牧师进行祈祷。当人群敬礼时,护旗队将退役的旗帜浸入煤油,并将它们放在火上的架子上。[①]

---

① Katie Lange,*How to Properly Dispose of Worn-Out U. S. Flags*, U. S. Department of Defence(Jun. 11, 2020), https://www. defense. gov/News/Feature-Stories/story/article/2206946/how-to-properly-dispose-of-worn-out-us-flags/.

在实践中,美国国旗并不总是要以这种隆重的方式进行处理。如果不能把国旗交给上述团体之一,可以自行以庄重的方式焚烧国旗。国旗被完全烧毁,确保安全灭火,并且要符合当地的消防法律。

三、澳大利亚国旗退役仪式

《澳大利亚国旗手册》(Australian National Flag Protocols)明确规定,当一面旗帜破旧不再适合使用时,应以有尊严的方式私下销毁。例如,可以将其切成无法辨认的小块,放入适当的密封袋或密闭容器中,然后与普通垃圾一起处理。在适当的情况下,可以在重要场合举行国旗退役仪式。

《澳大利亚国旗手册》明确了举行澳大利亚国旗退役仪式的顺序,可作为举办此类活动的指南:(1)礼仪主持人开场介绍。(2)表达对国家的感谢。(3)对澳大利亚国旗历史和象征意义的评论(将退役的国旗展示给与会人员)。(4)关于退役国旗历史的评论(在哪里悬挂,多长时间,在这段时间内发生的值得纪念的事件)。(5)关于国旗退役的讲话(国旗退役时短暂静默)。(6)可以庄重地将国旗切成三块,进行仪式。切成两块时,应确保国旗的三个象征性元素不被破坏。国旗的各个部分可以放在一个合适的容器中,并在专人陪同下离开现场,或留在现场直到参加仪式的人离开。仪式结束后,国旗可以被放置在一个永久的地方,或者应该以一种有尊严的方式私下销毁,如把它切成无法识别的小块,放在一个适当的密封袋或封闭的容器中,然后把它放到正常的垃圾收集处。(7)奏响澳大利亚国歌。(8)致闭幕词。

四、巴西国旗退役仪式

在巴西,举行国旗退役仪式是巴西的一项传统,表明了对国家象征的尊重。1889 年巴西共和国成立后,作为巴西国旗日庆祝活动重要组成部分的焚烧国旗仪式成为巴西国家历史的一部分。国旗日这一天,军队所有消防单位举行升旗仪式和焚烧无法使用国旗的仪式。该仪式是为了纪念国旗日,随着实践的发展,已经成为处置褪色和损坏国旗的重要方式。

《巴西国家象征法》第三十二条规定,损坏的国旗应在 11 月 19 日国旗日移交给任何军事单位,以特定的礼仪程序焚烧。巴西国防部《荣誉、敬礼、尊重和军事礼仪规章》第一百六十二条规定了该特定程序:(1)将损坏旗帜放在将要举行"国旗日"仪式旗杆附近的柴堆或金属容器中,在中午前集结部队举行升旗仪式,然后为将要焚烧的国旗浸泡酒精。(2)军事指挥官宣读国旗日的命令,明确国旗日及其仪式的意义。(3)宣读后,由该部队最年长成员和最优秀成员点燃国旗。(4)国旗焚烧伴随着专门的《国旗歌》①的演唱而进行。在海军中,奏唱《国旗歌》之前先鸣放 21 响礼炮。国旗焚烧后放在盒子中,埋在军事哨所的适当位置。在船舶上举行该礼仪程序的,将其撒入海中。巴西认为,通过在军事单位举行国旗退役仪式,有助于延续军事传统,鼓励爱国主义、荣誉和尊重。

---

① 巴西的《国旗歌》不是国歌,其主要用于新旧国旗更换时奏唱。

第五章 国旗的使用规则

第一节 国旗升挂时间

升降国旗是爱国主义的具体表现,升降国旗要在适宜的时间,确保升降国旗的严肃性和崇高性,防止任何不尊重国旗的现象发生。

一、国旗的升降时间:日出升起、日落降下

通常情况下,国旗应在早晨升起,在傍晚落下。在建筑物以及露天的固定旗杆上,国旗日出升起,日落降下。早晨是指每日天明之际,从天将亮到八九点钟的一段时间。早晨为一天之始,往往被视为充满朝气的时刻。傍晚,指日落左右的时间,即日光至晚上的过渡时刻。日落不见而天色未黑,天色先黄后暗。由于冬夏时间有所差异,因此傍晚一般是指 18 时至 20 时。当需要彰显爱国主义时,在有照明的情况下可以每天 24 小时悬挂。除天气恶劣时不应升挂国旗。一些国家还专门明确早上和晚上的具体升降国旗的时间。

例如,《摩尔多瓦国旗法》第二十六条规定,通常情况下,在室外,除了天气非常恶劣的日子外,国旗会在日出时悬挂,日落时降下,而不是永久升起。如果有专门的照明设备,旗帜也可以在夜间升挂。政府、地方公共管理部门、驻外外交和领事使团负责人,以及总参谋长可在其职权范围内制定永久或临时悬挂国旗的特别时间表。

二、规定具体升降国旗的时间

对于具体升降国旗的时间,很多国家作了不同的规定,具体有以下类型。

一是规定上午具体时间。例如,《葡萄牙国旗使用规则》第六条规定,国旗应在上午 9 时至日落时分保持升起。当国旗在夜间升起时,应尽可能用灯光照亮。

二是规定上午具体时间、下午具体时间。例如,《巴西国家象征法》第十五

条规定,国旗可于白天或者晚上升降。通常情况下,8 时升起,18 时降下。国旗日(11 月 19 日)于 12 时以庄重的仪式升国旗。夜间悬挂时必须照亮国旗。《爱沙尼亚国旗法》第七条规定了升旗和降旗的时间:(1)爱沙尼亚国旗应在日出时升起但不迟于上午 8 时,并应在日落时降下但不迟于晚上 10 时。(2)共和国政府可以决定,在特定场合,爱沙尼亚国旗将在其他时间升起和降下。(3)爱沙尼亚国旗不得在仲夏夜降下。《多米尼加国家象征法》第五条规定,悬挂国旗的时间应至少从早上 8 时到下午 5 时 30 分。

三是按照不同月份规定不同上下午时间。例如,《朝鲜国旗法》第二十五条规定升降国旗时间。机关、企业、团体和公民应当遵守升旗和降旗时间。4 月至 9 月升旗时间为早晨 7—8 时,降旗时间为晚上 7—8 时;10 月至次年 3 月升旗时间为早晨 8—9 时,降旗时间为晚上 5—6 时。第二十六条规定国旗使用时间变更。在举办活动时,在驻外代表部大楼、街道和村庄升起、降落国旗以及降半旗的时间可以根据具体情况确定。《韩国国旗法实施法令》第十二条规定:(1)每天升降国旗时,应在下列各款规定的时间升降国旗。升旗时间:早上 7 时。降旗时间:3—10 月下午 6 时,11 月至次年 2 月下午 5 时。(2)有下列情况之一的,可以变更第一项的升旗和降旗时间:夜间活动等需要升国旗时;根据《总司令部法》需要悬挂国旗等旗帜的情况。(3)其他因特殊原因由中央行政机关首长会同行政安全部长官决定的情形。

四是区分不同建筑物规定升起降落时间。例如,《特立尼达和多巴哥国家认同指南》规定:(1)首相官邸。国旗应在每天上午 6 时至下午 6 时在总理官邸升挂。(2)政府大楼。在工作时间内,国旗应在重要的政府建筑物上或在其范围内每天升挂。在特殊日期里,国旗应该从上午 8 时到下午 6 时升挂。(3)教育机构。在上学的日子里,国旗应该在以下地方升挂:所有国家教育机构和国家资助教育机构的区域内。从早上 8 时到关门时间升挂。在学期的第一天应隆重地升起国旗,在最后一天应隆重地降下国旗。

还有的国家明确升挂国旗的时间原则,并作出例外规定。例如,美国联邦政府总务署《政府建筑升挂国旗规则》第九条规定,应当升挂国旗的时间是日出至日落期间,升降国旗的具体时间是根据机构的工作安排和升降国旗的人员配备情况而定。但在以下情况下例外:(1)在华盛顿特区的国家档案和记录管理局,每周 7 天,从日出升起到晚上 10 时降下。(2)在连续开放的陆路入境口岸(原美国海关入境口岸),每周 7 天,每天 24 小时升挂。(3)美国联邦政府总务署或者授权官员确定的夜间升挂期间的地点。

三、夜间升挂国旗的要求

在必要的时候,可以夜间升挂国旗。夜间升挂国旗要遵守一定的规则。一些国家专门对此作了明确,如美国、哥伦比亚、朝鲜等。例如,《美国国旗法》第六条规定,在日出至日落期间在建筑物和露天固定旗杆上悬挂国旗是普遍习俗。然而,当需要爱国效果时,在夜晚时间适当地照亮,国旗可以一天24小时升挂。美国联邦政府总务局《政府建筑物升挂国旗程序指南》第十条规定,在夜间升挂的国旗必须有照明。国旗可以每周7天、每天24小时展示。有照明的国旗不是每天都要升起和降下。

《韩国国旗升挂、管理和宣扬条例》第八条规定,遇24小时升国旗,各机关大楼主旗杆应安装夜间照明设施,以加强夜间升旗效果。多个旗杆同时设置的场所,也应尽量设置夜间照明设施。地方政府首长应建议相关设施的管理者在可能的情况下,在机场、旅馆等国际交流场所以及人员出入较多场所的旗杆上安装夜间照明设施,如大型建筑物、公园和体育场。夜间照明灯采用防水灯,能准确显示国旗颜色,并且节能、寿命长、光色不变。夜间安装照明设施时,应照亮整面国旗,与其他旗帜一起升起时,应同时照亮其他旗帜。

第二节　单独使用规则

国旗是国家最重要的象征和标志之一,与其他标志相比,必须保证其优先地位。国旗使用可以分为国旗单独使用、国旗与其他标志共同使用两种情形。在这两种情形下,都必须坚持优先使用的原则。

国旗单独使用时坚持优先原则的具体体现是:在国旗所使用的环境中处于显著的位置。国旗应当升挂于一个显著的位置,一方面显示国旗作为国家象征和标志的崇高性;另一方面也便于人们辨识国旗,发挥国旗宣示国家权力、宣示国家主权、激发人民群众爱国热情的作用。对于院落而言,旗杆一般设于院落正中或中轴线位置;对于楼宇而言,旗杆一般设于楼宇顶部正中,或者楼宇正门上方中间位置;对于一些如城镇居民院(楼)等不具备竖立旗杆的地方,可以设于大门处显眼位置。例如,《俄罗斯国旗使用指南》明确国旗单独使用的类型如下:(1)在旗杆或桅杆上(旗帜必须尽可能升得高),可以放在地面、屋顶或建筑物的墙壁上。(2)在旗杆上(旗杆的长度不得小于旗帜宽度的2倍)。(3)没有旗杆,国旗贴在墙上或悬挂在房间的天花板上(旗帜可以水平或垂直放置,从面对旗帜的角度看,白色条纹在左边)。

一、基本要求

一些国家法律对单独使用国旗的位置作了规定。例如,《尼加拉瓜国家象征法》第十一条规定,严禁将国旗插在即将揭幕的肖像、雕像、纪念碑等上面。第十二条规定,在悬挂尼加拉瓜国旗的旗杆上不得放置其他旗帜或标志。第十四条规定,国旗出现在游行的花车上时,应在旗杆上。第十五条规定,国旗必须始终完全悬挂,而且必须足够高,使其末端不接触地板、家具或路人的头部。

《澳大利亚国旗手册》明确:在澳大利业境内或澳大利亚属地升挂时,澳大利亚国旗优先于所有其他旗帜。与其他旗帜一起悬挂时,澳大利亚国旗应根据确定好的优先顺序悬挂。国旗不得悬挂在低于任何其他旗帜或标志的位置。优越的位置是基于一组旗杆的判断,而不是旗杆上旗帜的高度。国旗不得小于任何其他旗帜或标志。国旗应始终在高空飘扬,尽可能靠近旗帜旗杆的顶部,并牢牢固定绳索。除非所有旗帜可以同时升起和降下,否则澳大利亚国旗在与其他旗帜一起升挂时应当最先升起,最后降下。当国旗升起或降下,或在游行或检阅中行进时,所有在场的人都应面对国旗并保持沉默。穿制服的人应该敬礼。国旗应在不早于第一缕阳光前(黎明时)升起,并应在不晚于黑夜后(黄昏时)降下。不应在同一旗杆上悬挂两面旗帜。

《新加坡国徽、国旗和国歌规则》第七条规定:(1)国旗不得在任何其他旗帜、徽记或物体下面展示。(2)在平台或舞台上展示国旗时,国旗应:(a)在所有装饰物之上;(b)除(c)项外,应在任何在平台或舞台上发言的人的后面和上面;以及(c)如果由站在平台或舞台上的旗杆展示,应在任何在平台或舞台上发言的人的右侧。(3)国旗不得平放或横放,而应始终高悬和自由地展示或携带。(4)当国旗被悬挂时:(a)国旗应悬挂在垂直的墙壁或其他垂直的平面上;并且(b)新月和星星应在任何观众面对国旗和墙壁或表面(视情况而定)所看到的左上方位置。(5)国旗不得向任何个人或事物行点旗礼①。

二、建筑物升挂国旗

在建筑物的广场或者屋顶升挂国旗,以显示建筑物属于国家机构。国家机构大楼如果只有一根旗杆,则应当升挂国旗;如果有两根以上的旗杆,并且悬挂两面以上旗帜,则国旗必须始终悬挂在优越的位置。一些国家规定了建筑物升挂国旗的具体规则。

例如,《白俄罗斯国家象征法》第五条规定,国旗悬挂在旗杆上,或安装在建筑物上的杆子上,放在主要入口处或其他合适地方的适当支架上,使旗杆与建

---

①　即将旗帜先降下一部分或者下垂,然后再升起或者抬起,以作为敬礼或者回礼,主要适用于部分国家的船舶领域或者军事领域。如在美国阅兵时,需要进行"敬礼"的时候,仅有军旗可作下垂,执"点旗礼",而美国国旗严禁行"点旗礼",以喻示星条旗不落。

筑物的外墙形成不超过 45 度的角。当国旗被放置在水平支架上时(如果是垂直放置),当面对支架时,国旗的红色条纹必须在左侧。悬挂时,国旗必须离地面至少 2.5 米高。

《新加坡国徽、国旗和国歌规则》第五条规定了建筑物外挂旗的规则。(1)在建筑物外展示国旗时,应在建筑物上或建筑物前展示。(2)在第三款所述期间以外的任何时间,当国旗在建筑物外或露天场所展示时:(a)应在旗杆上飘扬;和(b)除非有适当的照明,否则不得在夜间升挂。(3)每年 7 月 1 日至 9 月 30 日,或 2020 年 4 月 25 日至 2020 年 6 月 30 日(包括首尾两天)的任何时间,当国旗在建筑物外或露天空间:(a)可以但不必在旗杆上升挂;和(b)可以在没有适当照明的情况下在夜间显示。

《1979 年马绍尔群岛官方旗帜法》规定,当用悬挂在墙上的旗杆展示国旗时,旗杆应以不大于 90 度和不小于 60 度的角度从墙上伸出,该角度应由旗杆的平面和旗杆上方墙壁的平面形成。联盟部分应最接近旗杆顶部。

《英国国旗悬挂指南》规定,在英国政府大楼有一个以上的旗杆,并且悬挂两面旗帜的情况下,国旗必须始终悬挂在优越的位置,具体为:(1)最高的旗杆;(2)如果有相同高度的奇数个旗杆,则升挂于中间的旗杆;(3)如果有相同高度的偶数个旗杆,从建筑物的正面看,国旗升挂于中央左侧的旗杆上。在英格兰,如果有足够的空间,可以在同一根旗杆上悬挂多面旗帜。此时,英国国旗应始终飘扬在顶端("处于优越位置")。英国政府大楼的旗杆不应留空——如果没有其他旗帜悬挂,则默认情况下应当悬挂英国国旗。①

三、桌面摆放国旗

在举行会议时,可以在桌面上摆放国旗。在国家工作人员的办公桌上也可以摆放国旗。例如,《澳大利亚国旗手册》规定,无论国旗是平放在表面上(水平或垂直),还是挂在旗杆上,或挂在旗绳上,或垂直悬挂在街道中央,当人面对国旗时,国旗都应在最左上角的位置。(1)就澳大利亚国旗而言,应在国旗的左上角看到英国国旗图案。即使国旗是垂直展示的,也必须遵守这一规则,尽管在旁观者看来,国旗似乎是从后往前的。其原因是,旗帜的方形部分在国旗上占据荣誉位置。(2)当澳大利亚国旗单独展示在演讲台上时,它应该平放在墙壁上或面向听众时演讲者右侧的旗杆上。在旗绳("吊绳")上展示时,国旗应尽可能地靠近顶部,旗绳要紧。(3)如果国旗垂直悬挂在东西走向的街道上,国旗

---

① Department for Culture, Media and Sport and Department for Digital, Culture, Media & Sport, *Union Flag flying guidance for UK government buildings*, GOV. UK (Feb. 9,2023), https://www.gov.uk/guidance/designated-days-for-union-flag-flying.

方形部分应朝向北方。在南北走向的街道上,国旗方形部分应朝向东方。

《拉脱维亚国旗法》第十二条规定拉脱维亚国旗放置在桌子上的规则。(1)在国际谈判期间,在签署国家间、政府间、部门间协议期间,或在新闻发布会上,拉脱维亚代表可以在桌子上使用按比例缩小的拉脱维亚国旗,并按以下方式放置:(a)国际谈判期间——在代表团团长的右前方;(b)在签署国家间、政府间、部门间协议时——在签署文件人员的右前方;(c)新闻发布会期间——在新闻发布会上介绍情况人员的右前方。(2)在国际活动中,在工作组会议上,拉脱维亚国旗可以放在拉脱维亚代表的右前方,无论该人的位置如何。

《尼加拉瓜国家象征法》第十七条第二款规定,当国旗在平台或演讲台场合使用时,其位置在演讲者的上方或后方,以及可能坐在他身后的台子上的人的头上。国旗绝不能用来遮盖演讲者的桌子,也不能悬挂在讲台的前面。如果在旗杆上展示,则应放在发言者的右侧。

四、街道升挂国旗

在节假日特别是国庆日,政府往往会要求主要街道悬挂国旗。一些国家对在街道升挂国旗的规则作了规定。例如,《尼加拉瓜国家象征法》第十六条规定,当国旗被放置在两边都能看到的地方时,如在公共广场或街道上,应垂直悬挂,面向东方或北方。第十七条规定,如果尼加拉瓜国旗被放置在绳子上,从街道的一边延伸到另一边,它们必须都处于相同的位置,也就是说,国旗要朝向游行队伍中的那一边。

《美国国旗法》第七条规定了国旗升挂的注意事项,主要包括以下内容:(1)当国旗在街道中悬挂时,在东西走向的街道上国旗的联盟部分朝北,在南北走向的街道上国旗的联盟部分朝东。(2)当国旗在只有一个主入口的建筑物走廊或大厅悬挂时,国旗联盟部分朝向进入者的左侧垂直悬挂。如果建筑物有不止一个主入口,当入口朝东或朝西时,国旗应以联盟部分朝北垂直悬挂在走廊或者大厅的中间。当入口朝南或朝北时,国旗应以联盟部分朝东垂直悬挂在走廊或者大厅的中间。如果有两个以上方向的入口,那么国旗联盟部分应当朝东。

五、特定物品使用国旗

一些国家对于特定物品使用国旗作了规定。《古巴国家象征法》第八十条规定,在服装、物品、艺术作品和著作上使用国家象征时,应给予最大的尊重和礼节。这具体体现在必须对国家象征采取谨慎和尊重的态度,因为国家象征本身就代表了整个古巴民族及其历史。在这个意义上，重要的是要考虑到国家象征的使用环境和可能再现国家象征的形式。在服装上，国家象征应放在服装的正面或侧面，以旗帜或丝带的形式放在裤子或裙子的前上部，但是不应成为手帕、内衣、浴衣或毛巾、围裙和鞋袜的一部分。

第三节　并列使用规则

在许多升挂国旗的地方，国旗往往不是唯一存在的旗帜，如何处理好国旗与其他旗帜的地位和位置，是需要由法律规定和解决的问题。其他旗帜的类型较多，除了其他国家国旗外，还包括国际组织旗帜、地方旗帜、其他组织旗帜等。作为国家的一种象征，与其他旗帜同时出现时，国旗处于更优先、更高、更显著的位置，应当是一个基本原则。从各国情况来看，在坚持国旗优先的原则下，其他的旗帜按照地位的高低等顺序进行使用。有的详细规定，有的授权国家元首、政府首脑规定。如《韩国国旗法》第七条规定，悬挂和升降的方法、国旗与其他旗帜悬挂和升降的方法、国旗的悬挂地点以及升降国旗的仪式，由总统令规定。

一、国旗和地方旗帜并列

当国旗与地方旗帜并列升挂时，要确保国旗处于优先地位。例如，《俄罗斯国旗法》第八条规定，同时升挂（放置）俄罗斯联邦国旗与俄罗斯联邦主体、市政机关、社会团体、企业、机构或组织旗帜时，按面朝旗帜方向，俄罗斯联邦国旗置于另一面旗帜左侧；同时升挂（放置）单数面旗帜时，俄罗斯联邦国旗置于中心；同时升挂（放置）双数面（多于两面）旗帜时，俄罗斯联邦国旗置于中心左侧。同时升挂俄罗斯联邦国旗及其他旗帜时，俄罗斯联邦主体、市政机关、社会团体、企业、机构和组织旗帜大小不得超过俄罗斯联邦国旗，俄罗斯联邦国旗升挂高度不得低于其他旗帜高度。

例如，《爱沙尼亚国旗法》第十条规定国旗与其他旗帜的摆放：（1）如果国旗与其他旗帜同时升起，国旗必须放在一个突出、显著的位置上。（2）如果国旗与国际组织旗帜，爱沙尼亚县旗、市旗、区旗或其他旗帜同时摆放，爱沙尼亚县旗、市旗、区旗或其他旗帜必须放在国际组织旗帜由后方观察到的左方位置上。（3）根据旗列的位置和旗帜的数量，第二项规定可以改变，使国旗处在突出、显著的位置上。

《摩尔多瓦国旗法》第九条规定，在摩尔多瓦共和国境内与其他国家、领土、企业或私人旗帜一起悬挂国旗的情况下,国旗应占据荣誉位置,其他旗帜的尺寸不得超过国旗的尺寸。国旗相对于其他旗帜的正确位置在附件3(略)中规定。

《美国国旗法》第七条规定了国旗升挂的注意事项,主要包括以下内容:(1)当与州旗、地方旗、社会组织的其他旗帜并列升挂时,国旗位于中心和最高点。(2)当州旗、城市旗、地方旗或者社会组织的旗帜与国旗在同一绳索上悬挂时,国旗必须始终在最高点。当有许多旗帜在相邻的旗杆上悬挂时,国旗应首先升挂并最后降落。其他旗帜不能置于国旗上方或者国旗右侧。

二、国旗和外国国旗、国际组织旗帜并列

(一)基本规则

根据国际惯例和各国法律规定,国旗和外国国旗、国际组织旗帜并列时坚持的总体原则主要如下。

一是按照惯例。例如,《西班牙国旗和其他旗帜使用法》第七条规定,当西班牙国旗与其他国家或民族的旗帜并列时,应按照国家间关系中有关这一事项的国际规则和惯例,以及政府间组织和国际会议的内部条例和规则来进行。

二是坚持本国国旗荣誉地位。例如,《摩尔多瓦国旗法》第八条规定,在摩尔多瓦共和国境内与其他国家的旗帜一起悬挂时,国旗应享有优先权并占据荣誉地位。《爱沙尼亚国旗法》第十条规定,爱沙尼亚国旗与其他国旗一起升起时,爱沙尼亚国旗应置于显著位置。《尼加拉瓜国家象征法》第十三条规定,任何外国旗帜或军旗都不得在比国旗更显眼或尊贵的地方展示。

三是给予来访国国旗较高荣誉。例如,《立陶宛国旗和其他旗帜法》第十一条规定,在立陶宛共和国官方客人访问期间,他们所代表的国家、欧盟(其机构)或国际公共组织的旗帜可根据纹章原则获得最高荣誉。

四是高度、尺寸不超过其他旗帜。例如,《尼加拉瓜国家象征法》第九条规定,国旗与其他国家或政治、宗教、民间等方面的旗帜一起悬挂时,所有旗杆的高度和旗帜的大小应相同。《澳大利亚国旗手册》明确,当澳大利亚国旗与其他国家的国旗一起悬挂时,所有国旗应尽可能大小相同,并悬挂在相同高度的旗杆上。按照国际惯例,和平时期任何国旗不得高于其他国旗升挂。《摩尔多瓦国旗法》第八条规定了本国国旗与其他国家的国旗并列悬挂时的原则。其他旗帜的尺寸不得超过国旗的尺寸。每个国家的国旗都应悬挂在自己的旗杆上。《美国国旗法》第七条规定了国旗升挂的注意事项。当两个或更多国家的国旗升挂时,应分别由不同的旗杆悬挂在同样高度。国旗的大小应大致相等。根据国际惯例禁止在和平时期一个国家的国旗其悬挂位置高于另一个国家的国旗。

五是按照字母顺序。例如,《摩尔多瓦国旗法》第八条规定,其他国家的旗帜应在平等的条件下悬挂,按摩尔多瓦共和国国语中的国名字母顺序排列。在国际组织主持的活动中悬挂国旗,应按照国际法和惯例进行。

《立陶宛国旗和其他旗帜法》第十一条规定,如几个外国或多个国际公共组织的旗帜同时悬挂,则应根据这些国家或组织的立陶宛语名称、活动的工作语言或适当的官方语言确定优先顺序。

《爱沙尼亚国旗法》第十条规定,其他国家的国旗应按国家名称的法语字母顺序放置在爱沙尼亚国旗之后。只有在升起欧盟成员国的旗帜时,才能按照国家名称的本国语言字母顺序放置这些旗帜。国家名称的法语字母顺序和欧盟成员国本国语言字母顺序应依据国务卿发布在政府办公室网页上的公告。

《拉脱维亚国旗法》第四条规定了拉脱维亚国旗与其他旗帜一起使用的优先顺序。(1)如果其他国家或国际公共组织的几面旗帜与拉脱维亚国旗一起使用,它们应按以下方式排列:①在拉脱维亚举办的国家级的活动中,应按拉脱维亚语的国家名称的字母顺序排列。②在拉脱维亚举办的国际规模的活动中,应按英文或活动的官方工作语言的国家名称的字母顺序排列。(2)如果国际公共组织的活动是在拉脱维亚组织的,应根据拉脱维亚在该组织批准的优先顺序中的位置使用拉脱维亚的国旗。(3)外交部国家礼宾处应根据国际礼宾规范就使用拉脱维亚国旗的程序提供咨询。

《沙特阿拉伯国旗法》第十八条规定,根据本法规定,应根据以下规则确定国旗的优先顺序:对于阿拉伯国家联盟国家,应优先根据阿拉伯国家联盟现行的字母顺序确定。对于阿拉伯国家联盟国家以外的国家,应优先根据联合国机构现行的字母顺序确定。

(二)并列悬挂时的位置

《澳大利亚国旗手册》规定,澳大利亚国旗必须占据荣誉地位。仅与另一面国旗一起升挂时,澳大利亚国旗应悬挂在面向建筑物的人的左侧。(1)当与其他几面国旗一起悬挂澳大利亚国旗时,国旗应在澳大利亚国旗之后按照字母表顺序升挂。(2)澳大利亚政府关于悬挂其他国家国旗的政策是只悬挂澳大利亚承认的国家的官方国旗。(3)在一排多面国旗中,如果有奇数面旗帜,而只有一面澳大利亚国旗可用,则澳大利亚国旗应悬挂在中央。(4)如果旗帜数量为偶数且只有一面澳大利亚国旗可用,则澳大利亚国旗应悬挂在面向建筑物的人的最左侧。(5)如果旗帜数量为偶数,并且有两面澳大利亚国旗可用,则应在行列的每一端升挂一面。旗杆的高度必须一致。(6)与另一面国旗交叉时,澳大利亚国旗应在面向国旗的人的左侧,其旗杆应在另一面国旗旗杆的前面交叉。(7)在半圆形的场地升挂国旗,澳大利亚国旗应位于中央。(8)在一个封闭的旗帜圈内,澳大利亚国旗应升挂在建筑物或竞技场正门对面的旗杆上。

《拉脱维亚国旗法》第六条规定了在建筑物上使用拉脱维亚国旗和其他旗帜的原则。(1)如果其他旗帜与国旗一起使用在建筑物的外墙上,那么在观察建筑物的外墙时,国旗应位于左侧,而其他旗帜则位于右侧。(2)如果其他几面旗帜与国旗一起使用在建筑物的外墙上,那么在看建筑物外墙时,国旗应放在左侧,而其他旗帜应按照本法规定的优先顺序放在拉脱维亚国旗的右侧。(3)如果其他旗帜与国旗一起使用在旗杆上,它们应按以下顺序排列:①从看向一排旗杆的角度看,拉脱维亚国旗应放在排头,但其他旗帜应按照本法规定的优先顺序,放在拉脱维亚国旗右侧。②从看向一排旗杆的角度看,拉脱维亚国旗应置于该排的首端和末端,但其他旗帜应按本法规定的顺序从左至右排列。(4)如果本法第四条第一款第二项至第十三项中提到的旗帜与拉脱维亚国旗一起使用,其宽度必须与拉脱维亚国旗的宽度一致。

三、并列升挂时的顺序

一些国家的国旗法规定了不同类型旗帜升挂的先后顺序,升挂优先顺序的基本立法如下。

一是按照本国国旗、外国国旗、国际组织旗帜、本国其他机构旗帜、军事机构旗帜、地方政府旗帜的顺序。例如,《拉脱维亚国旗法》第四条规定,如果其他旗帜与拉脱维亚国旗一起使用,应按以下顺序排列:(1)拉脱维亚国旗;(2)其他国家国旗;(3)国际公共组织旗帜;(4)拉脱维亚总统旗帜;(5)议会议长旗帜;(6)总理旗帜;(7)部长旗帜;(8)国防部长旗帜;(9)另一个公共机构的旗帜;(10)国家武装部队指挥官的旗帜;(11)国家武装力量的一个组成部分的旗帜;(12)行政区域和其领土单位的旗帜;(13)国际非政府组织的旗帜;(14)其他旗帜。

《立陶宛国旗和其他旗帜法》第四条规定了旗帜使用原则。升起多面旗帜时,必须以相同的高度、相同的大小和按以下优先顺序悬挂:(1)立陶宛国旗;(2)立陶宛历史国旗;(3)外国国旗;(4)欧盟旗帜;(5)国际公共组织的旗帜;(6)共和国总统的旗帜;(7)军旗;(8)县旗;(9)市旗;(10)其他标志。

二是按照本国国旗、外国国旗、特殊地方旗帜、军事旗帜、政府机构旗帜的顺序。例如,《澳大利亚国旗礼仪》明确规定了澳大利亚国旗的优先顺序。在澳大利亚,当澳大利亚国旗与其他旗帜一起悬挂时,其优先权高于所有其他旗帜。当在国内悬挂时,旗帜的优先顺序是:(1)澳大利亚国旗;(2)其他国家的国旗;(3)州和领地的旗帜;(4)1953年《澳大利亚旗帜法》规定的其他旗帜,包括:①澳大利亚原住民旗和托雷斯海峡岛民旗,无论哪种顺序,以及;②应按以下顺序悬挂的国防军旗：澳大利亚国防军军旗、澳大利亚白色军旗、澳大利亚皇家空军军旗。（5）标志和三角旗（Ensigns and Pennants）——地方政府，联邦、州和地区机构，非政府组织的旗帜。

在以下情况下，优先顺序可以改变：（1）在军事场合或机构中，澳大利亚国旗可以在规定的国防标志和军事三角旗（Military Pennant）之后，在其他旗帜、标志和三角旗之前依次排列。（2）在联邦场合、原住民或托雷斯海峡岛民的场合，澳大利亚原住民旗或托雷斯海峡岛民旗可以在澳大利亚国旗之后，排在1953年《澳大利亚旗帜法》规定的其他旗帜、州和地区旗帜以及其他旗帜之前。州旗的顺序是新南威尔士州、维多利亚州、昆士兰州、南澳大利亚州、西澳大利亚州、塔斯马尼亚州（州徽出现在联邦纹章上的顺序），澳大利亚首都地区和北部领地的旗帜则按字母顺序排列。如果其中一个或者多个旗帜顺序靠前的旗帜缺失，其后的旗帜可以升挂在顺序靠前的位置。优先顺序并不要求顺序中所列的旗帜必须与顺序中的其他旗帜一起升挂。

三是按照本国国旗、国际组织国旗、外国国旗、军事旗帜、联邦政府机关旗帜、地方旗帜等顺序。例如在俄罗斯，在境内组织的活动中，旗帜的顺序规定如下：（1）俄罗斯联邦国旗；（2）国际组织旗帜；（3）其他国家国旗；（4）海军旗帜和民用舰队的旗帜；（5）俄罗斯联邦行政机关的旗帜；（6）俄罗斯联邦主体的旗帜；（7）市旗；（8）组织、企业、协会的旗帜；（9）其他旗帜（包括非官方认可的和装饰性的）。

四、不同场景的位置并列

（一）室内使用规则

室内使用国旗可以分为不同的情形：会议桌上摆放国旗、会议桌或者主席台后竖立国旗、室内墙壁张贴国旗等。部分国家规定了在室内升挂旗帜时并列的规则。例如，《拉脱维亚国旗法》第十条规定了拉脱维亚国旗在室内的使用。

（1）在国际谈判期间，在签署国家间、政府间、部门间协议时，或在新闻发布会上，如果拉脱维亚国旗与其他旗帜一起在房间内的指定地点（控制台、话筒、桌子）使用，应将其置于：①在拉脱维亚政府官员的右肩后，其他旗帜按照优先顺序放在左肩方向。②在拉脱维亚政府官员身后，其他国家或国际公共组织的旗帜在相关官员身后。在已作标记的地点（marked place）开会期间，客人应在拉脱维亚政府官员的右侧。

（2）如果拉脱维亚国旗与其他旗帜一起使用在一个房间内的非标记处，则应放置在以下位置。①在一排旗帜的左侧，但其他旗帜按本法规定的优先顺序放在它的右侧,从看到旗帜一列的角度。②在一排旗帜的首尾,但在中间按本法规定的优先顺序从左至右依次排列其他旗帜。③在一排旗帜中间,但其他旗帜按照本法第四条第二款的要求,按照拉脱维亚国旗两侧的国名的字母顺序排列。

(3)本条第一款和第二款规定的拉脱维亚国旗使用规则也可由私人在商业谈判、缔结合同、新闻发布会和其他活动中使用。

《澳大利亚国旗手册》规定,如果决定将各国国旗放在会议桌上,则应将出席会议的每个国家的一名国旗放在该国代表团团长的面前。

(二)行进时规则

行进时,分为两种情况:一是国旗与其他旗帜并成一排行进;二是国旗领先于其他旗帜行进。部分国家明确了行进时国旗升挂的规则。例如,《澳大利亚国旗手册》明确:(1)在单列行进的一排旗帜中,澳大利亚国旗应始终领先。手持国旗时,旗手的右手高于左手。(2)在并排行进的一排旗帜中,最好在该行的每一端悬挂澳大利亚国旗。但是,如果只有一面澳大利亚国旗可用,则适用以下规定:如果旗帜的数量为奇数,则澳大利亚国旗应悬挂在队列的中央。级次高的旗帜应悬挂在澳大利亚国旗的左侧(如面向旗手的观众所见),然后是澳大利亚国旗右侧的旗帜,依次类推。如果旗帜数量为偶数,则澳大利亚国旗应悬挂在朝向运动方向的队列的右端(即面对旗帜的人所看到的队列的左端)。澳大利亚国旗不行"点旗礼",不应作为敬礼的形式降下,即使游行队伍中行进的其他旗帜或标志适合作为敬礼的形式降下。《美国国旗法》第七条规定,当国旗与另外一个旗帜并列行进时,国旗应在队列的右侧;当国旗与多个旗帜并列时,国旗应位于队列中间的前面。《新加坡国徽、国旗和国歌规则》第七条规定,展示国旗的方式:(1)根据国际惯例,在新加坡展示国旗时,国旗应优先于所有其他旗帜。(2)当国旗与任何其他旗帜一起展示时,国旗应在显著的位置展示,并在可行的情况下,高于所有其他旗帜。(3)当国旗与任何其他旗帜一起在游行队伍中升起或抬起时,国旗应在以下位置升起或抬起:(a)在其他旗帜或者很多旗帜排成一列纵队时,国旗在最前面,或在其他旗帜或者很多旗帜并列时,国旗排在荣誉位置;以及(b)高挂在旗手的右肩上。

一些国家规定了同时前进时国旗升挂的规则。《委内瑞拉国旗、国歌和国徽法》第七条规定,在阅兵式和其他仪式中,如果国旗与其他旗帜相伴而行,应将其置于荣誉位置,如果它们是奇数,则置于中央;如果是偶数,则置于最右边。

五、双边外交场合并列使用时国旗位次排序

在国际双边官方交往活动中,使用双方国旗是活动现场必备的仪式要素。

在双边外交场合并列使用国旗时位次排序主要分为两种情况：一是国际惯例；二是少数特例。

一是国际惯例。国际公认的双边场合，来访国国旗居右、本国国旗居左（从旗帜本身的角度来看），体现对来宾的尊重。这种外交国际惯例主要来源于欧洲国际实践，在很多国家如中国、英国、瑞士、荷兰、日本、巴拿马等都遵守主左客右的惯例。有学者专门分析了这种传统产生的原因：（1）西方文明尚武精神的产物，右手更加有力，因而以右为尊；（2）从以西方为中心的地图来看，东方位于欧洲右侧，太阳东升西落，西方被认为不吉利。① 笔者认为上述第二个原因有待商榷，左右是相对方位（以人身、物体所处位置不同而变化）、东西是绝对方位（在一定空间，东西方位作为地理概念是不变的）。欧洲国家位于西方，将地理方位与尊贵相连，可能贬低本身位于西方、位于左侧的欧洲。因此，笔者认为，第一个原因可能更加符合历史实践。

二是少数特例。部分国家因为本国国情、历史传统坚持以左为尊。这些国家包括：以美国、韩国为代表的个别国家；以阿根廷、智利、厄瓜多尔、秘鲁等为主的拉美国家；以南非为首的非洲国家等。② 这些国家才有以左为尊，主要是为了与前殖民主国家相区别，特别是考虑到"民族情感""文化自信心""文化独立性与国家认同"的需要。③

在我国，历史上形成了以左为尊的传统，因此往往在国内实践中，如并列升挂国旗时，国旗位于左侧；而在国际场合，通常以右为尊，我国国旗同样位于左侧（从旗面本身的位置看）。外交部《关于涉外升挂和使用国旗的规定》明确，"举办双边活动需要升挂中国和外国国旗时，凡中方主办的活动，外国国旗置于上首；对方举办的活动，中国国旗置于上首。""上首"是礼仪方位用语，是指位次较尊的一边。在国际场合，惯例较尊的一侧是右侧。

【案例】意大利地区旗帜与国旗并列升挂案④

2017 年 9 月 5 日，意大利威尼托大区通过《关于威尼托大区官方符号使用的新规定》，其中第七条第二款规定，"在升挂国旗或者欧盟旗帜的场合，必须升

---

① 林禹彤：《双边外交中"国旗位次排序"的两种标准及引发的问题研究》，载《西部学刊》2022 年第 3 期，第 39 页。

② 林禹彤：《双边外交中"国旗位次排序"的两种标准及引发的问题研究》，载《西部学刊》2022 年第 3 期，第 39 页。

③ 林禹彤：《双边外交中"国旗位次排序"的两种标准及引发的问题研究》，载《西部学刊》2022 年第 3 期，第 39 页。

④ Andrea Amiranda, *Corte Costituzionale: illegittimo l'obbligo di esporre la bandiera veneta negli uffici statali*, Ius in Itinere（4 ottobre 2018），https://www.iusinitinere.it/corte-costituzionale-illegittimo-lobbligo-di-esporre-la-bandiera-veneta-negli-uffici-statali-13800.

挂威尼托大区旗帜"。意大利政府认为,该项规定实质上要求在该地区的国家机构或欧盟机构必须升挂大区旗,违反了《意大利宪法》第一百一十七条第二款(g)项在"国家和国家公共机构的行政组织和秩序"问题上,保留了国家的唯一立法权。对于意大利国旗和欧盟国旗的升挂方式,1998 年 2 月,意大利议会通过《关于使用意大利共和国和欧洲联盟的旗帜的一般规定》。威尼托大区的规定也违反了宪法第五条第一项"共和国是统一且不可分割"的规定。意大利政府以该规定违宪为由提交宪法法院进行审查。

意大利宪法法院经审理后认可意大利政府的观点,认为该项立法违反《意大利宪法》第一百一十七条关于国家专属立法权的规定,地区无权要求在国旗或者欧盟旗升挂的地方必须升挂地区旗。同时认为,宪法明确,共和国是统一且不可分割的,同时赋予民族地区表达主体资格的旗帜,地方自治的标志都被称为象征本身,以揭示特定组织、机构进行活动的"民族"特征。但该地区不能提出要求,以强制性地补充共和国国旗升挂规则。

对于国旗和地方旗帜共同升挂的规则,可以由国家法律予以规定。例如,2011 年《智利国旗使用和升挂法》第三条规定,在官方活动中,地方旗帜必须与国旗一并升起。在其他活动中,地区旗帜的使用或悬挂方式将按照规定的方式进行。

第六章　国旗的监督管理

第一节　国旗的监管体系

随着国旗使用管理的专业化,很多国家的国旗法律明确了国旗的监督管理体系,明确国旗的生产销售处置等全过程的监督管理制度。

一、国旗的监管部门

(一)中央层面相关职责

在中央层面,往往因国家政治体制不同,而国旗监管主体及其职责有所不同。在总统制国家,国家元首兼任行政首脑,国旗的监管职责主要由总统承担,总统下属的办公室具体承担重要责任。在内阁制国家,有的由国家元首承担重要职责,如德国;有的国家由总理承担重要职责,如澳大利亚、新西兰。

1. 国家元首

有的明确国家元首的职责。在国旗管理方面,国家元首的职责通常是制定国旗使用管理的规则、批准国旗使用的特殊情形等。例如,《博茨瓦纳国家象征法》第六条规定,总统可以制定条例 :(1)规定展示国徽、悬挂国旗或总统旗的场合、人员和方式。(2)禁止、控制或限制使用国徽、国旗或总统旗或任何类似的标志。(3)禁止、控制或限制使用国徽、国旗或总统旗或任何类似国徽、国旗或总统旗的设施。《卡塔尔国旗法》第十条规定,埃米尔主席应确定执行本法规定有关的所有事项的主管行政单位,并确保遵守其规定。第十一条规定,有关政府机构,在各自的领域内,与第十条所述的主管行政单位协调,根据本法规定的规格,颁发制造、进口和销售卡塔尔国旗的许可证。第十二条规定,根据埃米尔的决定,本法所附的附件1(略)和附件2(略)可以进行修改。第十三条规定,埃米尔主席应发布执行本法规定的必要决定。第十四条规定,所有主管部门,在各自的管辖范围内,自本决议在《政府公报》上公布之日起执行。《澳大利亚国旗法》第六条规定,总督依据本法制定使用国旗的规则,指导公民使用国旗。

2. 行政机关

在议会内阁制国家,法律通常强调总理或者内阁在国旗使用管理方面的职责。有的明确总理的职责。例如,《格林纳达国家象征和国歌法》第八条规定,总理根据本法发布的任何命令都必须经过议会的确认性决议。第九条规定,总理可以为适当执行本法的规定而制定一般条例,特别是可以制定条例——(a)规定在所有场合适当使用国徽和国歌。(b)规定为销售或广告目的,在进口到格林纳达或在格林纳达制造的物品上使用国徽的表现形式所应支付的特许权使用费的征收、收集和回收。(c)规定根据本法应支付的许可证费用。《泰国旗帜法》第四条规定,总理应负责和控制本法的执行,并有权为执行本法而颁布部长条例。《朝鲜国旗法》第四十六条规定,与国旗有关的中央指导管理机构。国旗的制作、使用、悬挂、保管、管理等方面的指导工作,在最高人民会议常务委员会的统一指导下,由内阁负责。

有的仅明确内阁(部长会议)的具体职责。例如,《拉脱维亚国旗法》第二十二条规定,内阁应确定以下内容:(1)国旗织物的颜色代码、织物厚度、表面密度、摩擦宽度,以及制造国旗的其他技术参数。国旗旗杆的制造要求,以及根据材料和技术对国旗的描绘颜色的要求。国旗哀悼展示所需的哀悼丝带面料的颜色代码和其他技术参数。(2)国旗和三角形国旗的升挂时间、方式、高度和使用程序,以及旗杆和旗架的制造和展示程序。(3)在船舶上使用国旗的程序。(4)国旗与其他国家或国际公共组织的旗帜一起使用的情形,以及使用的程序。(5)在过境点和国家主要公路跨越国内边界的地方永久放置和维护拉脱维亚国旗的程序,以及负责这些行动的人。《土耳其国旗法》第十二条规定,本法的规定由部长会议执行。《保加利亚国徽法》规定,部长会议应受委托执行该法律。

有的明确中央政府的职责。例如,《哈萨克斯坦国家象征法》第十条规定,哈萨克斯坦共和国政府的权限包括:(1)组织国旗和国徽标准的制定工作,这些标准与本法批准的国家标准及其图像相对应。(2)批准不符合国家标准的国旗、国徽的更换和销毁规则。(3)批准国旗、国徽及其图像以及国歌文字的使用(设置、放置)规则;批准国家象征日庆祝规则。(4)确定国家象征领域的授权机构。(5)履行宪法、法律和总统法令赋予的其他职责。

(二)明确主管部门的职责

各国法律明确的国旗主管部门主要有两种类型:一是政府首脑办公机构负责。在澳大利亚,国旗、国徽及其图案的使用、管理,由为总理、内阁服务的总理内阁部下属的荣誉、象征和领地管理机构负责。二是内政部门负责,即负责内部治安、民政、行政等方面的部门,如奥地利、巴拉圭、墨西哥、新西兰等国家。例如,《奥地利国家象征法》第十条规定,联邦内政部长应受托执行本联邦法第八条的规定(行政处罚权),但其余部分应受托由联邦政府执行。《巴拉圭国旗、国徽和国玺的使用和设计法令》第十五条规定,内政部是负责执行本法令的主管部门。第十八条规定,负责行政部门的各部委、总秘书处和共和国总统府执行秘书处以及依附于行政部门的机构均被指示适用本法令。《新西兰旗帜、标志和名称保护法》第十条规定,内政部部长根据本法制定公告,明确升挂国旗的行为准则及须遵守的礼仪,但这些规则不具备法律效力。《韩国国旗实施条例》第二条规定,行政安全部长和地方自治机构的首长推动和支持升旗活动,包括正确理解国旗的教育和宣传活动,维护国旗的尊严。

一些国家专门明确教育机构在国旗使用管理方面的职责。《墨西哥国徽、国旗和国歌法》第五十五条规定,教育当局有责任监督教育机构对该法的遵守情况。《韩国国旗实施条例》第二条规定,教育部长应当推动升国旗活动,包括各级学校的国旗教育活动。

(三)具体升挂使用单位的职责

一些国家在法律中明确具体使用管理机关的职责,明确国旗使用的具体场合下的管理者。例如,《韩国国旗法》第十条规定,升挂国旗的每个机构或者组织的负责人应管理好国旗的旗帜、旗杆等,不得有损国旗的尊严。举行大型集会等活动使用便携式国旗时,主办方必须以适当的方式处理国旗,防止参加者随意丢弃国旗。《摩尔多瓦国旗法》第三条规定,公共机构的负责人,外交使团和领事机构的负责人,升挂、使用或复制国旗的法律实体和自然人有义务确保国旗的正确使用、尊严和完整。

《立陶宛国旗和其他旗帜法》第十八条规定了对本法执行情况的监督。一是立陶宛国旗、立陶宛历史国旗、共和国总统旗、外国国旗、欧盟旗、国际公共组织旗以及国家和市政机构的桌旗和车旗的使用,由确保这些机构活动的下列机构负责人负责:(1)立陶宛共和国议会——议会秘书长。(2)共和国总统办公室——共和国总统办公室主任。(3)立陶宛共和国政府——政府总理。(4)立陶宛共和国宪法法院、立陶宛最高法院、立陶宛最高行政法院——法院大法官;其他法院——法院院长。(5)立陶宛共和国的其他国家机构、外交使团、领事机构和特别使团——其负责人。(6)市政机构——市政当局的负责人。二是建筑物和场所的管理者或由他们授权的人也应负责使用立陶宛的历史国旗。三是本法的实施应由立陶宛纹章学委员会、市政当局、国防部长或其授权的人、自航船舶船长、非自航船舶船长、立陶宛港口和码头的负责人进行监督。

《哈萨克斯坦国家象征法》第十一条规定了授权机构在哈萨克斯坦共和国国家象征领域的权限。(1)技术法规和计量领域的授权机构:①制定和批准国旗和国徽的国家标准;②制定国旗和国徽标准;③对制造国旗和国徽的活动进行许可;④以法律规定的方式控制被许可人遵守许可规定的条件;⑤行使法律、总统法令和政府规定的其他权力。(2)国家象征使用授权机构:①制定不符合国家标准的国旗、国徽的更换和销毁规则;②成立国家象征和纹章问题专家委员会,并制定和批准有关规定;③行使法律、总统法令和政府规定的其他权力。

《新西兰旗帜、标志和名称法》第十条规定了悬挂新西兰国旗的规则。(1)部长通过宪报公告或其他方式,就政府土地或建筑物,规定:(a)应当悬挂国旗的日期或场合以及时间。(b)悬挂国旗的方式,包括相对于其他特定旗帜或类别旗帜的优先权。(c)在不影响附表1(略)所描述的总体规定的情况下,为任何目的或任何情况下,国旗的标准大小、尺寸、比例和颜色。(2)部长可在根据第(1)款发出的任何通知中或以其他方式,列出在悬挂或以其他方式使用国旗时应当遵循的行为和礼仪规则,以供一般参考和指导,但此类规则不具有法律效力。

（四）地方政府机构的职责

国家象征使用管理的监督主要依靠地方行政机构,明确地方行政机构的职权有利于更好地开展国旗的监督管理工作。例如,《哈萨克斯坦国家象征法》第十二条规定,地方行政机关对国家象征在相应行政区域单位的领土上的使用(设立、放置)进行监管。《朝鲜国旗法》第四十八条规定,国旗的生产、使用、悬挂、储存和管理由当地人民委员会和有关监督管理机构实施监督管理。

二、各个环节的监督管理制度

（一）关于国旗的生产

在很多国家,通常是明确国旗的颜色标准,对于具体材质标准等没有进一步规定。对于国旗的生产,各国国旗法采用了不同的规范模式。

一是授权许可制生产。一些国家规定国旗的生产采取许可制度,如危地马拉、朝鲜、立陶宛、安道尔等国家。例如,《危地马拉国旗国徽法》第十六条规定,文化和体育部负责授权任何希望从事国旗制造、生产、分销和销售的个人、法人或商业实体。为此,该部应当制定一个单一的示范表格,该表格应当与各自的许可证一起提供给它所授权的实体。严禁生产未经许可的旗帜或具有与本法规定模式不同特征的旗帜。如有违反,文化和体育部决定对其进行处罚。《朝鲜国旗法》第七条规定,国旗由地方人民委员会确定的机构和企业制作。有关机构或企业应当采用引进纳米技术等先进技术制作的优质布料制作国旗。禁止生产、供应、销售不符合国家规定的标准和颜色的旗帜。《朝鲜国旗法》第八条规定了竖挂国旗的制作。制作国旗的机关、企业可以制作竖挂使用的五角星摆正的国旗。

二是按照标准模板生产。一些国家明确国旗的生产标准,生产厂商按照标准制作。例如,《立陶宛国旗和其他旗帜法》第十六条规定,国旗只能使用政府规定的材料制造,并且必须符合法律和其他法规规定的要求。第十七条规定,国家机构应当在其职权范围内,监督自然人和法人及其他组织与国旗制造有关的行为是否符合有效的法律规定。对国旗制造和贸易行使监督权的国家机构的公务员应当有权:(1)监督规范国旗制造和贸易的有效法律行为的遵守情况。(2)以法律规定的方式进入制造和销售旗帜的地区和场所,并进行检查。(3)在其职权范围内向旗帜制造商、销售商发出指示,要求其遵守法律法规,并有义务消除已确定的违规行为。

在加拿大,通过法律确定国旗标准体系。1985 年加拿大制定《国旗制造标准法》。对于需要制定的标准,在 1985 年 6 月 28 日或之前,加拿大通用标准委员会应当制定加拿大国旗的制造标准,与国旗在不同条件下的预期用途相对应,包括室内使用、室外使用、仅有一次活动的使用以及委员会确定的加拿大国旗合理承受的其他用途。

对于标准的审查,该法规定,加拿大通用标准委员会应当至少每三年审查一次上述规定中提及的标准和相应的用途,以确保其相对于制造国旗所用材料和染料的技术进步而言是适当的。对于购买或使用国旗,该法规定,1986 年 6 月 28 日之后,任何加拿大政府的国营公司、部门、董事会、机构或办公室不得为政府目的购买或使用加拿大国旗,除非该国旗的制造符合加拿大通用标准委员会根据本法制定的制造和使用的适用标准。如果加拿大通用标准委员会没有就特定用途的国旗制定标准,加拿大政府的相关机构可以购买或使用非标准的国旗。对于国旗应予识别,该法规定,所有符合本法所述制造标准的旗帜,无论是在加拿大制造的还是进口到加拿大的,都应当带有标识,表明该旗帜符合加拿大通用标准委员会制定的制造标准。

目前,加拿大国旗标准委员会制定了三个标准,包括室外使用、室内使用、仅有一次活动使用。三项国家标准均规定了预期用途的设计、颜色、材料和性能要求。例如,室外和室内使用标志标准都提供了对索环、织物、结构和缝合的要求。加拿大通用标准委员会(CGSB)是加拿大公共服务和采购部的一个政府主管的委员会,由代表生产者、用户和一般利益组织的志愿者组成。委员会通过考虑生产旗帜的材料和染料的技术进步,努力在每次定期审查中改进加拿大国旗标准。户外标准适用于户外使用的加拿大国旗的设计、颜色、材料、结构和性能要求。其中户外有 10 种不同尺寸,最小宽 20 厘米、长 40 厘米,最大宽1500 厘米、长 3000 厘米。室内旗帜共 8 个标准,最小宽 12 厘米、长 24 厘米;最大宽90厘米、长180厘米。区分为两种类型:A级——有装饰性边缘、绳索和流苏;B级——无装饰性边缘、绳索和流苏。一次性国旗使用标准没有对尺寸提出要求,仅要求在不超过24小时的时间内因使用而制造的旗帜,其应是可生物降解的或可回收的。

三是限制标明生产信息、保存国旗样品。有的国家明确标明国旗生产信息。例如,《巴西国家象征法》第三十八条规定,国旗和国徽的复制品,如果没有标明制作者或出版者的标记和地址,以及制造日期,则不得出售或免费分发。个别国家规定,国家机构保持权威国旗样品作为参考。《巴拿马国家象征法》第七条规定,每一个国家机构的主席、巴拿马历史博物馆以及教育部和政府部的高级办公室都必须保留一面用丝绸(seda)制成的第五条规定规格的旗帜,作为彩色复制品的参考。《墨西哥国徽、国旗和国歌法》第二条规定,经认证的国旗模型将继续存放在国家总档案馆和国家历史博物馆。第三条规定,经联邦三大权力机构认证的国徽模型将永久存放在国家总档案馆、国家历史博物馆、造币厂。《巴西国家象征法》第三十七条规定,武装部队总部、造币厂、国家音乐学校、巴西的大使馆、公使馆和领事馆、官方历史博物馆、陆海空部队指挥部、港务局和海关以及市政厅,应收集国家象征的标准副本,以作为各自生产的强制性模型,构成批准用于展示的副本的比较工具,无论它们是否来自私人启动。第四十三条规定,行政机关应规范与国家象征有关的仪式细节。《津巴布韦国旗法》第四条规定,经总统指定的部长应当准备国旗副本,按照档案法规定交国家档案馆保存。

(二)关于国旗的销售监督

一些国家就国旗的销售作进一步细化规定。例如,《拉脱维亚国旗法》第二十一条规定了拉脱维亚国旗的制造和销售监督。(1)国旗的制造应符合本法和根据本法颁布的内阁条例的要求。(2)禁止在市场上销售不符合本法和根据本法颁布的内阁条例要求的国旗。(3)拟在市场上销售的拉脱维亚国旗和用织物制造的国旗是否符合本法和根据本法颁布的内阁条例的要求,应由消费者权利保护中心进行监督。(4)消费者权利保护中心有权禁止销售用不符合本法和根据本法颁布的内阁条例要求的织物制造的拉脱维亚国旗,并通过作出相关决定要求其退出市场。该决定自作出之时起生效,可根据行政诉讼法规定的程序对该决定向法院提出上诉。对决定的上诉不应中止决定的执行。(5)内阁应确定消费者权利保护中心评估拉脱维亚国旗是否符合本法和根据本法颁布的内阁条例要求的程序,包括采取评估所需的样本、组织专家检查,以及支付专家检查有关费用的程序。(6)本条第二项至第五项的规定也应适用于拉脱维亚三角形国旗在市场上销售的监督。《朝鲜国旗法》第四十八条规定了国旗有关的监督管理。国旗的生产、使用、悬挂、储存和管理由当地人民委员会和有关监督管理机构实施监督管理。

在韩国,为了加强爱国主义教育,国家积极推广促进国旗的销售。《韩国国旗升挂、管理和宣扬条例》第十五条规定:(1)为保障国旗的顺利供应,行政安全部长官认为必要时,可要求相关行政机关协助,相关行政机关应努力积极配合。(2)地方政府首长与升旗相关团体和旗帜销售公司协商,以便当地居民可以便捷购买国旗,并在所属地方的民政办公室设置和运营旗帜柜台或在特许摊位出售国旗,在百货公司和便利店、文具店等商业设施中出售国旗。(3)国家和地方政府应积极利用国旗作为各类比赛的奖品、活动纪念品、参观纪念品。(4)地方政府首长应制定向搬家者或结婚登记人赠送国旗的方案,积极鼓励公寓和各类企业将国旗作为入住礼物或免费赠品。

(三)日常监督管理

有的地方明确升挂国旗的机关负责升挂国旗的日常监督管理。例如,《立陶宛国旗和其他旗帜法》第十八条规定了对该法执行情况的监督。立陶宛国旗、立陶宛历史国旗、共和国总统旗、外国国旗、欧盟旗、国际公共组织旗以及国家和市政机构的桌旗和车旗的使用,由确保这些机构活动的下列机构负责人负责:(1)立陶宛共和国议会——议会秘书长。(2)共和国总统办公室——共和国总统办公室主任。(3)立陶宛共和国政府——政府总理。(4)立陶宛共和国宪法法院、立陶宛最高法院、立陶宛最高行政法院——法院大法官;其他法院——法院院长。(5)其他国家机构、外交使团、领事机构和特别使团——其负责人。(6)市政机构——市政当局的负责人。

《拉脱维亚国旗法》第二十一条规定了关于拉脱维亚国旗、用于装饰目的的国旗或国旗的描述是否符合法律法规要求的意见。(1)国家机构有权根据其权限要求国家纹章学委员会就国旗、用于装饰的国旗或国旗的描述是否符合法律法规的要求提出意见。(2)如果根据本条第一项的规定提出要求,国家纹章学委员会应就国旗、用于装饰的国旗或国旗的描述是否符合法律和法规的要求提供意见。(3)国家纹章学委员会不得就拟投放市场的拉脱维亚国旗是否符合本法和内阁规定的要求提供意见。

(四)收回处置制度

对于破旧国旗,如肆意销毁可能损害国旗尊严。很多国家规定了以有尊严的方式焚烧国旗进行处理。例如,《危地马拉国旗国徽管理法》《多米尼加国家象征法》《白俄罗斯国家象征法》《巴布亚新几内亚国旗和国徽使用规则》等法律明确规定,当国旗破旧,不再适合使用时,应以有尊严的方式将其私下烧毁。

《多米尼加国家象征法》第二十二条第二款规定,如国旗已经变湿,应当在收起之前将其晾干。《1979 年马绍尔群岛官方旗帜法》规定了旗帜的修补、清洁、储存和销毁:(1)每当国旗被弄脏或损坏时,可对其进行修补和清洗、干洗。旗帜可以洗涤,但必须在自动烘干机中烘干,而不是挂在外面晾晒。(2)当国旗严重污损、破损或褪色,不再适于展示时,应将其销毁。(3)国旗的存放方式或地点不得使其容易被弄脏或损坏。

在韩国,还进一步细化了国旗收回处置的方式和主体责任。《韩国国旗升挂、管理和宣扬条例》第十六条规定了旗帜收集箱的设置和使用。地方政府首长应当在公民服务中心、社区中心等设置并运营国旗回收箱,以便当地居民便捷处理被污染或损坏的国旗。国旗收集箱的制作和管理不得有损国旗的尊严。第十七条规定了升国旗的管理。升起国旗的国家机关和地方自治体的首长应经常检查升起国旗的旗面状况,如发现被污染或损坏的国旗,必须按规定立即修理或更换。地方政府首长应确保悬挂的国旗不被污染或损坏,并必须不时进行管理,以免在悬挂期间旗杆受损或旗面被污染、损坏。

从实践中看,在很多国家,对于国旗的监管处于一种两难的情形。加强国旗等国家象征监管,对亵渎国旗行为的行政和刑事制裁,希望促进对国家象征以及象征所代表的国家的尊重。然而,通过加强监管给予公民承担亵渎国旗等国家象征法律责任的规则在实践中总是难以适用,因为一些具体行为不能认定肯定会违反这些规范,总会有模棱两可的情况。监管过程中,"试图限制国旗视觉图像的使用不可避免地会引发对此类限制是否符合宪法的质疑,因为它们与保障表达自由和艺术创作自由相冲突"。"法律监管和执法实践反映了纯法律解决方案的模糊性和复杂性,其中的法律符号就其本质而言是模糊的、无常的,并取决于其使用的背景。"[①] 国家象征监管中的难题最关键的往往不在于监管体系,而在于国家象征的抽象性以及适用规则的模糊性。国家象征由各种社会、政治、意识形态和文化意义的碎片汇聚而成,上面覆盖着非常多样化的个人认知意义。对于国旗的生产销售、日常使用、收回处置等每一种监管制度的适用背后,都会有相关的复杂背景。特别是在国家制度、政权和传统都经历了巨大变化的情况下,监管的复杂性会更加敏感。因此,就国旗等国家象征在设定监管体系、明确监管部门、完善监管规则的过程中,必须充分考虑国家象征的抽象性和适用的模糊性。

---

① ЮЛИЯ ВЛАДИМИРОВНА ЕРОХИНА. АНИТА КАРЛОВНА СОБОЛЕВА. Семиотико-правовой анализ визуальной репрезентации государственных флагов в России. Труды Института государства и права РАН. 2019. Том 14. № 6. С. 50.

第二节　国旗的教育宣传

国家象征是国家主权的重要属性。国家象征反映了一个国家的历史,是现在与过去的联系,也是未来的参照物。通过加强公民对国旗的了解,促进对国旗的尊重和热爱,使正确使用国旗成为公民爱国意识的重要体现。

一、国旗的教育

很多国家法律对在教育机构开展国旗教育作了规定。通常情况下,各国法律主要规定的内容包括:一是明确政府教育部门有责任宣传国家象征法律的内容,并确保公立和私立教育机构宣传国家象征的含义。二是明确教育机构中深入开展国家象征历史和意义的教学。三是明确教育机构上学日应在建筑物前升挂国旗。四是明确教育设施应当在显著位置设置国旗或者国旗的图案。《哈萨克斯坦国家象征法》《巴拉圭国旗、国徽和国玺的使用和设计法令》《危地马拉国旗国徽法》《玻利维亚国家象征法》等法律明确了上述内容。例如,《哈萨克斯坦国家象征法》第十三条规定,哈萨克斯坦共和国公民以及共和国境内的人员有义务尊重哈萨克斯坦共和国的国家象征。为了加强公民意识和爱国主义教育,强化对自己的祖国——哈萨克斯坦共和国的热爱,培养对哈萨克斯坦共和国国家象征的尊重,以及对其性质和意义的理解,研究将这些象征纳入普通中等和初等职业教育、中等和高等职业教育机构的教育计划。在实施普通中等和初等职业教育、中等和高等职业教育的机构中,在指定的显著位置长期设置哈萨克斯坦共和国国旗、国徽或其图像和国歌文本。

一些国家还根据教育机构的特殊性,制定了有针对性的标准。为了加强国旗教育,明确基础教育阶段国旗的升挂使用规则,葡萄牙教育部制定的《基础教育第一阶段学校使用国旗和国歌规则》第一条规定,地区教育局应确保在其地理区域内,国立学校每个基础教育第一周期都有一面国旗,这是共和国主权、葡萄牙独立、统一和完整的象征。第二条规定,基础教育第一周期学校的行政和管理机构应在学校内最显眼的位置放置一面国旗,并牢记对其应有的荣誉和尊重。第三条规定,在所有学校,国旗应固定在相应的木杆上,而木杆则固定在墙上的金属装置上,与之形成一个锐角,并能看到国徽图案。第四条规定,国旗应始终放在显眼的地方,放在地面或墙壁上任何其他标志的右边,并远离学生的游戏活动区域。第五条规定,当教育机构和管理机构出于教学和节日庆祝活动的原因,为长期展示的国旗教学选择其他地点安排时,应按照前段的规定,将国旗重新安置在显眼的地方。

在古巴,法律专门明确了教育机构不同参与者的职责义务。《古巴国家象征法》第七十四条规定,教育工作者有责任确保学生了解有关尊重和敬仰国家象征的规定,将敬仰国家象征作为其基本职责之一,并意识到当他们敬仰国家象征时,是在向祖国的英雄和烈士以及以任何方式服务和捍卫国家的人致以最高敬意。第七十五条规定,教师、教授、幼儿园教育工作者、教学助理、培训师、教育指导员,以及所有负责照顾和教育儿童和青少年的人都有义务根据他们的学习能力,向他们传授本法规定的国家象征的特点、历史意义、使用和荣誉。第七十六条规定,教育机构应按照本法的规定,尊重国家的象征。在教育机构的教学期间,每天都会升起国旗,而在其他时间则由其负责人决定。如果国旗在教育机构中的使用场所而不能一直悬挂,那么在仪式结束后,国旗将被转移到教育中心的负责人手中,并在那里得到应有的尊重。第七十八条规定,在国家教育机构学习的外国学生有义务尊重古巴的国家象征。国徽应置于教育机构中显眼、明显和光荣的位置。在所有提供教育的场所,应将其放置在学生学习和工作的桌椅朝向的墙上。

从上述规定可以看出,各国法律对于国旗的教育重点在学校,特别是中小学,主要原因是中小学阶段是公民价值观塑造的重要阶段,是培育公民爱国主义观念的关键时期。教育的重点是让公民特别是中小学生知悉国旗的历史、使用规则和重要意义。

此外,很多国家还通过设立国旗日的方式加强国旗的宣传,如美国、俄罗斯等国家。在国旗日,可以开展形式多样的国旗纪念、庆祝活动。例如,阿根廷国旗日确立在每年 6 月 20 日,是为了纪念阿根廷国旗的确定。当天,阿根廷各地举办庆祝国旗日的活动。在这一天,小学学生要向国旗宣誓,军政要人要在国旗纪念碑和相关纪念馆参加纪念活动,军队要在驻地举行升旗仪式,并向国旗宣誓以表忠诚。1957 年,阿根廷政府在国旗诞生地罗萨里奥城兴建了国旗纪念碑和国旗纪念馆。其中,国旗纪念碑被认为是世界上最大的纪念碑之一。

二、国旗的宣传

加强公民对于国旗的认知,对于青少年而言主要是通过学校的教育;对于成人而言,需要通过更加具有针对性的、形式多样的宣传方式。一些国家的法律明确以不同的方式宣传国旗。例如,《多米尼加国家象征法》第四十三条规定,在笔记本上放置爱国主义标志。用公共资金出版或由国家公共实体推广的笔记本、吉祥物或任何类似的学校物品的封面或封底应印有国家象征,其增加应具有的尊严和相关性。《安哥拉尊重和使用国旗、国徽和国歌法》第六条规定,为了进入公共服务部门或获得安哥拉国籍,必须证明对国家象征的了解。

在古巴,《古巴国家象征法》第五章专章规定了国家和家庭在国旗宣传方面的责任。第七十条规定,国家机构有义务开展行动,促进公众了解和认识国家象征、国家象征的主要规定和尊重国家象征的行为。第七十一条规定,所有负责青少年全面教育的机构都有义务在遵守本法规定的基础上,将了解和尊重国家象征的教育纳入其课程。第七十二条规定,大众媒体,无论以何种形式和媒介,根据其特点,都有义务建立和发展传播战略,在本法规定的基础上,系统地传播国家象征内容,促进对国家象征的适当尊重和敬仰。第七十三条规定,家庭是社会的基本细胞,应当促进家庭成员培养自觉尊重和崇尚国家象征的公民价值观。第八十一条规定,只有在所传达的信息有助于培养和发展人们的爱国主义价值观,有助于形成尊重和敬畏国家象征以及民族历史传统的爱国意识,而不改变构成它们的要素或诋毁它们形象的情况下,才可以在宣传产品中使用国家象征做广告。《古巴国家象征法》还特别规定,外交部负责向外国国家或政府宣传国家象征。

三、韩国宣传国旗的制度体系

在韩国,以《韩国国旗法》《韩国国旗升挂、管理和宣扬条例》为主体,构建了较为完善的国旗宣传制度体系。《韩国国旗法》第十一条规定,除了特定方式外,国旗或国旗图案(太极圈和四卦)可用于各种商品和仪式以及其他目的。第十二条规定,国家在预算范围内,对实施总统令规定的升国旗计划的法人、组织或其他实体提供必要的支持。

《韩国国旗升挂、管理和宣扬条例》首先规定了国旗宣扬的总体政策和相关主体的基本职责。该条例第十八条规定,国家或者地方政府鼓励以宣扬国旗为目的使用国旗及其图案,并应当指导和引导私营企业、组织或者个人不得以营利或者宣传等私人目的使用国旗及其图案,但下列情形除外:(1)将国旗刺破或者切割使用;(2)以令人厌恶的方式使用国旗及其图案。第十九条规定:(1)国家机关和地方自治体制定和推动各种国旗宣扬项目,如传播国旗活动、热爱国旗作文比赛、国旗绘画比赛、国旗摄影比赛等,以提升国旗的尊严和地位,并提高公众对国旗的认识和熟悉度。(2)国家机关和地方政府要积极参与面向全民的升国旗活动。(3)学校开展国旗的绘制、升国旗礼仪教育,提高学生对国旗的兴趣和了解,培养爱国情怀。特别是在国定假日、纪念日等全民必须升国旗的节假日,要开展升国旗教育。

《韩国国旗升挂、管理和宣扬条例》附件列明各相关单位具体的宣扬项目和宣扬职责。

一是各相关部门共同事项。(1)在各部门举行各种活动时,即使是室内,也一定要升起、悬挂国旗,让电视转播画面或报道照片等能清楚地看到国旗。(2)在举行各种任命状授予仪式、记者会(如记者会现场的背面装饰)或会议时,也可以在电视画面上清楚地看到国旗。(3)作为各种大赛或各级机关、团体、教育院及学校等的奖励品或访问纪念品,赠送国旗套装。(4)鼓励拥有独立建筑的各种协会、社会服务及市民运动团体等下属有关团体的建筑和民间大型建筑每天24小时悬挂国旗。(5)在以各级机关、团体名义制作、分发的手册、日历等上标注国旗及悬挂国旗的日期。(6)在各部门发行的政府刊物的封面上使用国旗图案等国家象征。(7)建议调整升旗台之间的间距,升起大型国旗。(8)所有行政机关原则上购买和使用采购部门推荐的国旗。但是,如果采购部门没有该类型的国旗,或者有紧急事由等不可避免的情况,以及比采购价格更低的情况下,可以从民营企业购买。

二是"全国悬挂国旗活动"部门共同推进事项。(1)利用机关网站、内部广播、公告栏等,鼓励所属职员积极宣传悬挂国旗活动。(2)要求并协助下属各级机关、团体及相关企业等传播悬挂国旗活动。

三是各部门分别负责的事项。

行政安全部负责以下事项:(1)制定、牵头负责国旗普及及宣扬计划;(2)对地方自治团体所管事项的指导、支持;(3)检查公共机关的升挂及管理情况;(4)推进国家象征宣传事业并奖励优秀机关(个人);(5)推进"全国悬挂国旗活动":制定、通报悬挂国旗的计划,在官方报刊上宣传国旗,政府大楼(首尔、果川、大田、世宗)上悬挂国旗,广播及电子屏幕宣传国旗。该项职责涉及各级机关和团体。

文化体育观光部和广播通信委员会负责以下事项:(1)宣扬国家象征节目的制作及播出,包括国庆节期间制作特辑广播节目、利用公益广播及公益广告等。(2)宣传"全国悬挂国旗活动",请各媒体(广播、报纸)协助进行悬挂国旗的宣传、电视主持人评论、电视字幕播放以及利用户外电子大屏幕及有线电视宣传悬挂国旗等。此外,文化形象识别系统、旅游形象识别系统要与国旗等国家象征图案的运用相联系,利用国家象征图案开发和普及旅游商品等。(3)建议各级旅游酒店每天24小时升挂国旗。该项职责涉及广播公司和媒体公司。

教育部负责以下事项:(1)对各级学校学生进行国旗教育,包括国旗的含义和由来、升旗方法等;利用绘画、写作等开展国旗教育;学生参与升降国旗仪式;各级学校课程中反映有关国旗的内容。(2)宣传"全国悬挂国旗活动",包括向各市、道教育厅及各级学校传播、引导父母参与悬挂国旗、发送展示国旗的"家庭通讯"、引导发表悬挂国旗的感想文。该项职责涉及各市、道教育厅。

产业通商资源部负责以下事项：(1)在百货商店等大型流通设施设置常设国旗销售台及扩充销售渠道。(2)鼓励民间企业赠送国旗作为顾客赠品。(3)在生活用品及学习用品等上利用国旗等国家象征图案的设计开发。(4)鼓励各企业赠送家用国旗作为顾客赠品、纪念品。(5)宣传"全国悬挂国旗活动"，鼓励各企业在社会报纸及报纸广告等中添加悬挂国旗宣传文案。该项职责涉及韩国五大经济协会和全国银行联合会。

科学技术信息通信部负责以下事项：(1)宣传"全国悬挂国旗活动"。(2)通过网络邮局(www. ePOST. go. kr)和邮局销售商品目录宣传国旗销售。该项职责涉及邮政事业本部。

国土交通部负责以下事项：(1)在机场、酒店、大型建筑物、体育场等地设置升旗台，确保升旗台之间的间隔。(2)公寓等共同住宅园区的主升旗机设置。(3)在国际机场、客运站、车站、高速公路休息站等地设置升旗台。(4)新建或扩建单独及共同住宅时，检查国旗旗杆的设置。(5)宣传"全国悬挂国旗活动"，通过铁路、地铁区内广播进行悬挂国旗宣传。

《韩国国旗升挂、管理和宣扬条例》还规定了不同领域主管部门的职责。海洋水产部负责港口、船舶等的每天24小时升挂国旗；法务部负责外国人入籍时赠送国旗；外交部负责推进驻外使领馆"在外同胞分发国旗活动"；采购厅负责根据每天24小时升旗需要，提高国旗材质标准，降低国旗价格，促进国旗采购便利化。

《韩国国旗升挂、管理和宣扬条例》明确了地方自治机构的职责。(1)扩大全年升旗的范围：大型超市、百货商店、酒店、市场等人群聚集或出入的场所；地方政府大楼，市、郡、区的道路边及农村入口的位置等；运动场、公园等多重集合设施的升旗台。(2)调整国旗尺寸和升旗位置；升起适合大型建筑物的大型国旗；为了能看清国旗，按建筑物形态调整升旗位置；设置符合大型国旗的升旗台及确保升旗台之间的充分间隔。(3)设置并运营一线的国旗销售柜台及国旗回收箱，其位于市、郡、区信访室及居民中心等。(4)鼓励在百货商店等商业设施中销售国旗。(5)明确新建建筑的升挂国旗示意图。(6)在没有主要升旗台的公寓等共同住宅区设置升旗台的示意图。(7)对未设置插国旗的家庭制定、实施插国旗对策。对老化的升降机及旗杆进行涂色等周期性整修；迅速更换被污染、损毁的国旗。(8)建议结婚登记或迁入申报时赠送国旗套装礼物。(9)推进"全国悬挂国旗活动"宣传。

利用所有宣传功能，加强升旗宣传。利用里长等一线组织鼓励各户悬挂国旗。在公寓园区、商业街密集地区等分发宣传印刷品、张贴公告栏、进行广播介绍。建议未安装国旗的家庭安装国旗。开展在出租车、公交车等车辆上悬挂国旗运动。在地区广播媒体及地铁(公交)内进行宣传广播。辖区内主要道路升挂国旗并负责管理。事先进行确认,防止被污染或损毁的国旗升起或国旗倒挂。随时检查并立即采取措施,防止旗杆折断或旗面被污染、损毁。

第三节　国旗的知识产权

一、基本情况

国旗、国徽等国家象征通常以一定的色彩和图案相组合,反映出一个国家的政治特色和历史文化传统。由于国家象征的图案多表现为具有一定的显著特征的标识,国际知识产权组织和很多国家法律对国旗、国徽、国家名称等国家象征的知识产权作了规定。《保护工业产权巴黎公约》第六条之三规定,本联盟各国同意,对未经主管机关许可,而将本联盟国家的国徽、国旗和其他的国家徽记、各该国用以表明监督和保证的官方符号和检验印章,以及从徽章学的观点看来的任何仿制用作商标或商标的组成部分,拒绝注册或使其注册无效,并采取适当措施禁止使用。但已成为现行国际协定予以保护的徽章、旗、其他徽记、缩写和名称除外。有些国家对于国家象征的知识产权范围保护得较宽,包括商标权、版权、专利权、设计权等权利,如马来西亚、印度、菲律宾、特立尼达和多巴哥、新西兰等。也有一些国家主要保护国家象征的商标权,如德国、加拿大等。

（一）商标权

在大多数国家,禁止将国旗用于注册商标。例如,《摩尔多瓦国旗法》第十一条规定,禁止国旗作为商标或商标的要素使用。《新加坡国徽、国旗和国歌规则》第九条规定:(1)任何人不得在下列情况下使用或应用国旗或其任何图像……(2)任何人不得使用或运用国旗或其任何图像作为任何商标的一部分。《埃及国旗法》第六条规定,禁止将国旗用作商标或作为商标的一部分。《约旦国旗法》第十一条规定,(a)禁止以下行为:①使用约旦国旗作为商标或用于广告和商业宣传……(b)凡犯有本条(a)款所述任何行为的人,应处以50第纳尔以上250第纳尔以下的罚款。《黑山国家象征和建国纪念日法》第十条规定,国徽和国旗不得用作商标、服务标志、设计或任何其他商品的标志。在特殊情况下,经负责文化事务的国家机构事先许可,国徽和国旗可用作商标、服务标志、设计或任何其他商品的标志。

（二）专利权

专利权包括发明专利权、实用新型专利权和外观设计专利权。国家象征法通常禁止将国旗用于注册专利权。例如,《马耳他国家象征和印章法》规定,未经总理书面授权,或者未经法律明确规定的情况下,任何人不得为任何目的在任何设计中加入国旗。《印度禁止不当使用国家标志和名称法》第四条规定,任何政府机构不得允许注册包含国家标志或国名的商标或设计,不得对包含国家标志或国名的发明授予专利。《马来西亚禁止不当使用国家标志和名称法》第三条规定,未经许可,任何人不得在任何专利、商标或者设计的名义中使用国家标志。第四条规定,任何政府机构不得允许注册包含国家标志的名称、绘图、照片以及其他图案形式的商标或设计,不得对任何包含国家标志及其名称的发明授予专利。

（三）著作权

一些国家对国旗的著作权没有专门规定。例如,《特立尼达和多巴哥国家标志管理法》第二条规定,国旗和国徽设计的版权永久授予国家,专利和版权法中涉及的注册者所享有的权利归国家所有。《巴拉圭国旗、国徽和国玺的使用和设计法令》第十条规定,爱国色和国旗不得注册作为知识产权。

二、一些国家关于国旗知识产权的规定

很多国家对国家象征的知识产权进行了专门的保护,主要有两种形式:其一,国家象征法律中直接规定。一些国家在国旗、国徽等国家象征法律中对国家象征的知识产权直接进行了保护性规定。其二,知识产权法律中规定。一些国家在商标法、版权法等中对国旗、国徽等国家象征的知识产权保护作出规定。

一是美国对国旗知识产权的规定。《美国法典》第四编"国旗、徽章、政府所在地、州"没有规定国旗、国徽的知识产权。但《美国版权法》第一百零五条规定,本法规定的版权保护不适用于任何美国政府的作品,但美国政府仍可接受并拥有通过让与、遗赠或其他方式转移给它的版权。美国国旗、国徽图案由法律明确规定,作为美国联邦政府的作品进入公共领域,不得注册版权。此外,根据《美国版权法》的规定,仅仅描绘国徽中的几何图案的徽章不具有版权。《美国商标法》第一千零五十二条规定,禁止注册包含或者类似美国、州、市政及其外国的旗帜、徽章或者其他标志的商标。注册类似国旗、国徽图案的商标也是禁止的。

二是德国对国旗知识产权的规定。德国总统《关于国旗的法令》规定了德国国旗、德国政府旗及其图案,没有涉及知识产权问题。德国国旗自上而下由黑、红、金三个平行相等的横长方形组成。德国国旗是作为一个纯粹的几何设计,被认为属于公共领域。《德国版权法》第五条第一款规定"法律、法令、官方

公告、通告、判决及为判决撰写的官方指导原则不享受著作权保护"。因此,任何包含德国国旗、德国政府旗的图案,即使使用其他图案掩盖,也属于在公共领域,并不享有版权。德国议会通过的法律明确,德国国徽是由联邦鹰组成的盾形图案。德国内政部颁布的《公章制作、官方标志和印刷品上使用联邦鹰的准则》第四条规定,以艺术、工艺和徽章研究为目的时,国徽和联邦鹰的图案和使用对所有人开放。用于其他目的时,只有得到联邦内政部许可,才允许使用国徽和联邦鹰。第六条规定,联邦印章(包含联邦鹰)受版权保护。

三是加拿大对国旗知识产权的规定。加拿大国旗也称为枫叶旗,国旗由红白两色组成,中间有一枚红色枫叶。加拿大国旗法没有规定国旗的知识产权。《加拿大商标法》第九条规定,国旗、国徽图案及其类似图案不得注册商标。但1965年加拿大政府法令允许申请注册商标或者设计中包含国旗中的枫叶图案。该法令规定,任何加拿大人在符合以下条件下可以使用国旗中的枫叶图案:(1)商标或者设计使用得体;(2)商标或者设计申请者在申请时放弃枫叶图案的排他性使用权;(3)拥有商标或者设计的权利人不得试图阻止其他人使用枫叶图案。

此外,《巴拿马国家象征法》第二条规定,巴拿马国家是本法规定的国家象征的知识产权的所有者,其权利通过政府予以保障。第四条关于国旗图案的表述专门明确了国旗的设计者。

【案例】注册带有外国国家标志图案的商标案

2002年7月23日,美国服饰公司向欧盟商标局提出商标申请,申请注册包括字母"RW"及枫叶图案的商标。欧盟商标局拒绝了美国服饰公司的申请。美国服饰公司将该案起诉至欧盟初审法院,法院判决该公司败诉。随后,该公司上诉至欧盟法院。

2009年欧盟法院进行了审理。美国服饰公司认为,初审法院因评估国徽的保护范围而误解了国徽基本功能的意义。保护此类标志应限于其基本功能可能受到影响的情况。只有在注册商标或其组成部分可能损害该商标所代表的国家的身份和主权标志的情况下,才有理由拒绝将此类标志注册为商标或商标的组成部分。

欧盟商标局反对美国服装公司关于国家标志的基本功能的论点,认为与一般商标之间的冲突不同,对国家标志的保护是绝对的,它不取决于商标模仿的标志是否被公众认为是独特的元素还是装饰性的元素,因为国家标志的基本功能不能用来表明商品和服务的商业来源。《保护工业产权巴黎公约》第六条之三(1)(a)明确,标志的保护不仅限于图形表示,而且根据该规定,"从纹章学的角度出发",保护扩展到任何模仿。标志的保护范围也不取决于其纹章特征的表达程度。欧盟商标局指出,一审法院对加拿大国徽的纹章描述是纯粹的事实评估,不属于法院审查范围。

欧盟法院认为,国徽的基本职能包括代表国家,而商标的基本功能是通过使消费者或最终用户能够在没有任何混淆的情况下将其区别于产品或服务,从而向消费者或最终用户保证知悉产品或服务的原产地身份。《保护工业产权巴黎公约》第六条明确,不得注册包括国家标志的商标,也明确不得注册模仿国家标志的商标。因此,只需要申请商标中有其中一部分使用国家标志或者模仿国家标志就足以构成《保护工业产权巴黎公约》第六条的情形。从纹章学的角度来看,所申请商标中的枫叶是加拿大国徽的仿制品,因此,美国服饰公司申请的商标有加拿大国徽图案,其属于《保护工业产权巴黎公约》的保护范围,不能注册商标。①

---

① American Clothing Associates SA v Office for Harmonisation in the Internal Market (Trade Marks and Designs) (OHIM). Judgment of the Court of First Instance (Fifth Chamber) of 28 February 2008.

第七章　法律责任

第一节　法律责任概述

在大多数制定国旗法律的国家,对于不适当使用、不尊重、侮辱等不同情形的涉及国旗的行为,明确了不同的法律责任。

一、各国法律中明确法律责任的基本情况

世界范围内,大部分国家对于侮辱国旗的法律责任作了规定。根据收集到的资料,45 部国旗法、70 部国家象征法律中,29 部没有规定法律责任,14 部国旗法律没有规定刑事责任(美国、加拿大、瑞典、意大利①、澳大利亚、不丹、智利、贝宁、莱索托、科威特、吉尔吉斯、韩国、库克群岛、图瓦卢),15 部国家象征法律没有规定法律责任(阿尔巴尼亚、波兰、捷克、罗马尼亚、匈牙利、东帝汶、吉尔吉斯、格鲁吉亚、圣马力诺、北马其顿、圣基茨和尼维斯、日本、巴拉圭、安哥拉、博茨瓦纳)。其中,可能的原因是一些国家没有对各种使用国旗的活动进行禁止,认为没有必要这样做,或者认为因此限制了表达和行动自由的人权。在上述法律中,具体法律责任的情况如下所述。

45 部国旗法中,4 部法律笼统规定承担法律责任(俄罗斯、塔吉克斯坦、亚美尼亚、马绍尔群岛),2 部法律规定行政法律责任(立陶宛、秘鲁),20 部法律规定了刑事法律责任(爱沙尼亚、土耳其、阿联酋、卡塔尔、缅甸、沙特、泰国、约旦、密克罗尼西亚、纽埃、瓦努阿图、巴林、斐济、埃塞俄比亚、突尼斯、津巴布韦、苏丹、乌干达、赞比亚、卢旺达),5 部法律规定了行政法律责任、刑事法律责任(中国、朝鲜、芬兰、摩尔多瓦、拉脱维亚)。

70 部国家象征法律中 65 部涉及国旗,其中,2 部法律笼统规定法律责任

---

① 在意大利,没有专门的国旗法,但是政府制定了国旗相关法规。法规中没有法律责任的规定。意大利刑法中有关于侮辱国旗承担刑事责任的情况。在法国,也是类似,没有专门的国旗法,但刑法中有关于侮辱国旗的规定。

（白俄罗斯、哈萨克斯坦），5 部法律规定行政法律责任（安道尔、斯洛伐克、巴拿马、委内瑞拉、巴基斯坦），29 部法律规定刑事法律责任（新加坡、巴巴多斯、加纳、毛里求斯、坦桑尼亚、巴布亚新几内亚、特立尼达和多巴哥、哥斯达黎加、黑山、克罗地亚、玻利维亚、列支敦士登、摩纳哥、塞尔维亚、斯洛文尼亚、希腊、马来西亚、印尼、巴哈马、多米尼加、基里巴斯、瑙鲁、瓦努阿图、新西兰、格林纳达、肯尼亚、纳米比亚、塞舌尔、埃及），13 部法律规定了行政法律责任、刑事法律责任（冰岛、奥地利、菲律宾、蒙古、以色列、巴西、古巴、尼加拉瓜、马拉维、危地马拉、哥伦比亚、尼日利亚、萨尔多瓦），2 部法律规定了民事法律责任、行政法律责任、刑事法律责任（瑞士、墨西哥）。

二、各国法律中规定法律责任的类型

涉及国旗的法律责任可以区分为不同情形。一般情况下，从行为性质上区分，对于国旗的使用情形，由轻到重可以分为三种等级：一是不适当的方式，如非故意将国旗置于不适当的位置等；二是不尊重，主要是可能给国旗带来不良影响的使用方式；三是以侮辱的方式使用国旗，这种主要是以亵渎国旗尊严的方式故意采取破坏性、侮辱性行为损害国旗的尊严。通常在各国，对于后两种情形明确给予法律责任。

有的国家在法律中明确区分不尊重与侮辱使用国旗的情形。例如，《多米尼加国家象征法》第二十四条规定，以下对国旗的使用行为是禁止的，是不尊重的：（1）使用宪法规定以外的颜色，也就是说，在十字架上使用朱红色、群青色和白色以外的颜色。（2）在国旗中加入除现行官方版本以外的纹章版本。（3）摆放国旗，使其接触到地面。（4）降低国旗以向其他事物表示敬意。（5）将国旗国徽全部或部分用于选举、政治或商业推广宣传，或作为任何私人组织的显著特征。（6）在商业或政治宣传中使用其颜色，从整体上看，与国旗相似。（7）使用破损、变质或污损的旗帜。第二十五条规定，以下对国旗的使用行为是禁止的，并被认为是侮辱行为：（1）当众焚烧、毁坏，将国旗扔到地上，以示蔑视。（2）在国旗上放置标志或图像。（3）用国旗覆盖不符合本法第十九条规定人员的灵柩。（4）用国旗清洁地板、墙壁、平台和任何物体。

涉及不尊重、侮辱使用国旗承担法律责任的认定较为敏感，明确具体是否构成不尊重、侮辱的要件也十分重要。有的国家对实施法律制裁的标准作了规定。2018 年修改后的《墨西哥国徽、国旗和国歌法》第五十六条之三规定，内政部将根据以下标准对违反本法的行为进行处罚：（1）构成违法行为的严重性。（2）违法行为对国家象征物造成的损害或伤害，即诋毁其特征、使用和传播的行为。（3）构成犯罪的作为或不作为的意图，即诋毁其特征、使用和传播的意图。（4）犯罪者的经济能力和教育水平。(5)构成侵权行为的累犯(如果适用)。第五十六条之四规定,本法规定的制裁措施的适用,不影响违法行为导致的行政、民事或刑事责任。

三、少数国家对于国旗明确规定了民事法律责任制度

个别国家规定了国旗涉及的民事责任。例如,《瑞士国徽及其他公共标志保护法》将国旗涉及的民事法律责任制度与其他公共标志一并规定,加强国旗的法律责任制度体系。一是诉讼证据制度。举证责任实行倒置,任何使用公共标志的人必须证明被允许这样做。二是起诉条件。任何因非法使用公共标志而使其经济利益受到侵害或威胁的人,可以请求法院:(1)禁止即将发生的侵权行为。(2)纠正现有的侵权行为。(3)要求被告方提供关于其拥有的非法印有公共标志的物品的来源和数量的信息,并说出接受者的姓名和披露任何向商业客户分发的程度。(4)确定侵权行为的非法性,如果它继续具有侵害性的影响。三是诉讼主体。协会和消费者组织有提起诉讼的权利,包括以下主体:(1)专业贸易协会,根据其章程授权,维护其成员的经济利益。(2)根据其章程,致力于保护消费者的具有国家或地区重要性的组织。有权使用公共标志的公共机构可以对任何非法使用国旗的行为提起诉讼。瑞士联邦知识产权局可以就使用国旗暗示涉及国家机关或官方、半官方活动的行为提起诉讼。四是保护措施。法院可下令没收非法带有公共标志或可能与之混淆的标志的物品,以及主要用于制造这些标志的设备、装置和其他手段。原告可以要求法院下令采取以下措施:(1)获取证据;(2)确定非法印有公共标志的物品的来源;(3)维持现有状态;(4)暂时执行强制救济和补救措施。

第二节　行政法律责任

一般而言,行政法律责任是行政法律关系主体由于违反行政法律义务构成行政违法而应当依法承担的否定性法律后果。行政法律责任的种类分为两种:一是制裁性责任,包括通报批评、没收、追缴或责令退赔违法所得,行政处分等。二是补救性责任,包括赔礼道歉、恢复名誉、返还权益、履行职责、撤销违法决定、行政赔偿。在各国,行政法律责任制度各不相同。涉及国旗的行政法律责任主要是行政处罚。考虑到行政法律责任、刑事法律责任中都有自由罚(主要是监禁),且各国法律制度千差万别,为了便于将行政法律责任与刑事法律责任进行区分,本书在比较时,将规定自由罚的明确属于刑事法律责任,规定金钱罚、资格罚的属于行政法律责任。

一、违法行为主体

(一)法人、国家机关负责人

违反国旗相关法律规定的,特定的法人以及国家机关负责人也应当承担一定的法律责任。个别国家对此作了规定。例如,《克罗地亚国徽、国旗和国歌以及总统旗帜和绶带法》第十九条规定,违反法律规定,以损害国旗、国徽荣誉和尊严的方式展示国徽或国旗的,法人的责任人还应被处以1000库纳至5000库纳的罚款;社会政治组织或任何其他国家机关的负责人还应被处以1000库纳至5000库纳的罚款。《多米尼加国家象征法》第二十一条规定,使用磨损、变色、放错位置或放置不当的国旗,或者国旗图案中出现不正确的国徽或其他标志,构成不敬的法律责任。该法律责任由直接使用国旗的政府部门、委员会、公共机构、私人办公室、纪念碑或公共广场的负责人承担。

(二)企业代表人

企业在生产、制作、销售以及使用国旗的过程中,违反法律规定的,应当承担法律责任。个别国家对此作了规定。例如,《列支敦士登公国纹章、颜色、印章和徽章法》第二十四条规定,如果违反本法的犯罪行为是在法人、普通合伙企业、有限合伙企业或独资企业的业务过程中发生的,则刑事条款适用于代表他们行事或应该代表他们行事的人,法人、合伙企业或独资企业对罚款和费用负有共同和连带责任。

二、具体违法行为类型

对国旗不尊重,但是尚未达到侮辱程度的情况,一些国家的法律规定行为人应承担行政法律责任。根据各国法律的规定,可以对各国关于行政处罚的行为类型作进一步区分。

一是不尊重国旗。例如,《芬兰国旗法》第八条第二款规定,使用涂画其他图案的国旗,或将颜色、尺寸明显不同于本法或据此发布的规定和条例的旗帜作为国旗出售,应当以违反关于国旗的规定而被处以罚款。《拉脱维亚国旗法》第二十三条规定,针对以装饰为目的使用国旗或者国旗图案的行为也应被视为对国旗的亵渎。对国旗的宽度、长度、色调或红白红条纹比例的法律和规定的增减,也应当被视为违反拉脱维亚国旗的使用程序。

二是未升挂国旗、未升挂良好国旗。未按照法律规定在应当升挂国旗的日期、地点升挂国旗的,一些国家专门明确了法律责任。例如,《拉脱维亚国旗法》第二十三条规定了在使用拉脱维亚国旗领域的行政违法行为。(1)对于未在议会、内阁、地方政府规定的日期或情况下升挂国旗的行为,将对公众机构负责人和公众人物控制的资本公司的执行委员会成员处以最高 20 个单位的罚款。(2)对于违反法律法规中规定的拉脱维亚国旗使用程序的行为,对自然人和法人给予警告。《危地马拉国旗国徽管理法》第八条规定,所有国家机关、自治或分权机构以及国家教育系统机构必须每天悬挂危地马拉国旗,否则将受到本法第十条规定的行政处罚。在悬挂国旗时,应遵守相关条款中的禁止性规定。《哥伦比亚国旗、国徽和国歌法》第十九条规定,市长或者行使其职权者对下列行为应负责处以 5 倍至 10 倍的法定最低日工资的罚款:(1)在本法令规定的日期内,未在公共场所悬挂国旗的人。(2)展示状况不佳、褪色或变形的国旗。

个别国家规定未悬挂良好状态国旗行为的法律责任。例如,《巴拿马国家象征法》第二十八条第一款规定,悬挂或展示国旗的人应当使国旗保持良好的状态。第三十九条规定,违反第二十八条第一款规定的,应当首先给予书面警告,并责令其更换受损旗帜。如果重犯,由各区区长处以 200 巴波亚的罚款,如果再犯,则处以 1000 巴波亚的罚款。

三是破坏国旗。一些国家明确破坏国旗的人应承担行政法律责任。例如,《摩尔多瓦国旗法》第三条规定,违反本法规定使用国旗,以及通过污损、沾染、刻画、涂抹、焚烧、践踏,用作桌布、椅套、窗帘等方式亵渎国旗,应承担法律规定的违规或刑事责任。

四是生产、销售不合格国旗。一些国家规定了生产、销售不合格国旗的法律责任。例如,《朝鲜国旗法》第四十九条规定,事业单位、企业、组织的负责人员和公民个人违反国旗的制作、使用、升挂、保管和管理规定,造成严重后果的,依法追究行政责任或者刑事责任。《土耳其国旗法》第八条规定,禁止制造、销售和使用违反本法和即将发布的条例的旗帜。违反这一禁令制作的旗帜将由该街区的主管当局没收。违反本法规定者,除其行为构成犯罪外,由当地地方政府按照《轻罪法》第三十二条的规定处以行政罚款。《拉脱维亚国旗法》第二十三条规定,对于在市场上销售不符合法律法规规定的拉脱维亚国旗的行为,对自然人处以 25 个单位以下的罚款,对法人处以 50 个单位以下的罚款。对严重不尊重拉脱维亚国旗的行为,应处以最高 140 个单位的罚款。

五是用于商业行为。一些国家规定国旗非法用于商业行为时的法律责任。《约旦国旗法》第十一条规定,禁止以下行为:(1)使用约旦国旗作为商标或用于广告和商业宣传。(2)在约旦国旗已损坏或破损,或其状况与地位不符的情况下,升挂国旗。(3)悬挂私营企业的旗帜在国旗上方。凡有上述任何行为的人,均应处以 50 第纳尔以上 250 第纳尔以下的罚款。

六是规定违反使用程序。一些国家笼统规定违反使用国旗的法律程序应当承担行政法律责任。例如,《立陶宛国旗和其他旗帜法》第九条规定了违反悬挂旗帜程序或亵渎旗帜的责任。(1)违反悬挂立陶宛国旗、外国国旗、欧盟旗帜或国际公共组织旗帜程序的人,应当按照法律规定的程序追究责任。(2)亵渎立陶宛国旗、外国国旗、欧盟旗帜或国际公共组织旗帜的人,应按照法律规定的程序予以处罚。在立陶宛,国家和市政机构、企业和组织,无论其所有制形式如何,在公共假日、纪念日或公共活动中的居民楼前都要升挂国旗。在上述日期,立陶宛国旗应在早上7时升起,晚上10时降下。违反升挂立陶宛国旗的程序,将被处以行政责任。《立陶宛行政犯罪法》第一百八十八条规定,违反升挂国旗的程序,对国家和市政机构以外的其他机构负责人、公司和组织的负责人、住宅业主或负责经营住宅的人员,可处以警告或一定数额的罚款,对国家和市政机构和机关的行政负责人,可处以一定数额的罚款。

三、行政处罚部门

对国家的尊重始于对其象征的尊重。任何主权国家都有自己的国家象征,以区别于其他国家。有的国家专门明确涉及国旗开展行政处罚的主体、程序。墨西哥、拉脱维亚、巴拿马等国家规定涉及行政处罚的,按照行政程序法相关法律进行处理。例如,《拉脱维亚国旗法》第二十四条规定了行政违法诉讼的权限:(1)本法第二十三条第一款、第二款、第四款中规定的违法行为的行政违法诉讼,应由国家警察进行。(2)本法第二十三条第一款和第二款规定罪行的行政违法诉讼程序,在审查行政违法案件之前,也应由市警察局进行,而行政违法案件则应由地方政府行政委员会或小组委员会审查。(3)本法第二十三条第四款规定罪行的行政违法诉讼也应由市警察局进行。(4)本法第二十三条第三款规定罪行的行政犯罪程序应由消费者权益保护中心进行。(5)本法第二十三条第四款规定罪行的行政犯罪程序由国家武装力量海军的海岸警卫队进行。

《巴拿马国家象征法》第四十二条规定,市长对发生在各自地区的违反本法规定行为的制裁程序有管辖权。任何人都可以向警察当局举报违反本法的行为。对于违法行为的认定和本法规定制裁措施的适用,应遵守行政程序法规定的普通程序。

《墨西哥国徽、国旗和国歌法》第五十六条规定,下列行为构成对本法的违反:(1)改变或修改本法第三条规定的国旗的特征。(2)未经本法第六条所规定的授权而使用国徽。(3)未经本法第七条第二款所规定的授权,在国旗上刻画机构名称或公司名称。(4)将含有任何类型铭文的国旗副本商业化,包括本法第七条规定的铭文。(5)不按照本法第十一条的规定向国旗致意。(6)违反本法第三十二条之二的规定,在国旗上刻画个人或机构的名称,以宣传其形象、商品或服务。对上述行为进行制裁的程序应根据《联邦行政程序法》第四章的规定处理。

2019年3月,俄罗斯通过关于修改《俄罗斯联邦行政违法法典》的修正案明确,在互联网和电信网络中传播以不雅形式表达的信息,侵犯人类尊严和公共道德,明显不尊重社会、国家、俄罗斯联邦官方国家象征、宪法或国家机构,在不构成犯罪的情况下,给予行政处罚。如果在互联网上发现此类材料,俄罗斯联邦总检察长或其副手将向俄罗斯联邦通信、信息技术和大众传媒监督局提出申请,要求采取措施删除特定信息,如果没有被删除,则限制对传播特定信息的信息资源的访问。

第三节 刑事法律责任

罪刑法定,是否承担法律责任根据各国法律责任规定而有所不同。在一些国家,制定了国旗法律,但是涉嫌侮辱国旗的行为没有被定罪,如美国、加拿大、丹麦等。但在更多的国家,国旗立法本就是主权国家建构国家形象、塑造国家认同的通用做法。各国法律均对国旗予以保护,严重侮辱国家象征物的行为,在很多国家都须承担责任。在很多国家的国旗法以及刑法中,明确了侮辱国旗的刑事法律责任。

一、承担刑事法律责任的基本情况

因涉及国旗而承担刑事责任的犯罪可以统称为侮辱国旗罪。侮辱国旗(Insult National Flag)被定义为"通常是在公共场合,故意破坏、损毁国旗的行为"。获得广泛讨论的(通常也是最具争议性的)侮辱形式可能是焚烧旗帜。国旗焚烧在美国引发了激烈争论。有些人认为焚烧国旗是美国宪法第一修正案所保护的一种典型的表达不同意见的形式,而另一些人认为这种做法无异于焚烧国旗所代表的自由,并且与言论自由区别开来,因为它是一种身体行为,而不是一个想法或意见的实际话语。一些国家将亵渎国旗的行为定为刑事犯罪,而有的国家则像美国一样允许其作为一种言论自由。

实际上,有的国家在国家象征法中规定了侮辱国旗刑事法律责任的具体罚则,如中国等。也有的国家明确按照刑法的规定,如俄罗斯、朝鲜、玻利维亚等。例如,《玻利维亚国家象征法》第四十三条规定,公开侮辱、冒犯、蔑视或践踏国家标志,都将受到《刑法》第一百二十九条规定的处罚。《哥伦比亚国旗、国徽和国歌法》第十八条规定,任何因蔑视而公开侮辱哥伦比亚国旗、国徽或国歌的人,都将按照《哥伦比亚刑法》第一百一十七条的规定以及增加、修改或替代该条的规定予以处罚。

侮辱国旗承担刑事法律责任的基本情况包括:

(1)犯罪主体主要是年满法定刑事责任年龄的个人。各国普遍对侮辱国旗主体的刑事责任年龄没有作出特别要求,达到普通的刑事责任年龄即满足条件。个别国家规定相关企业、国家机构违反法律规定将承担法律责任。

(2)犯罪主观方面包括直接意图。犯罪的主观方面具有直接故意的特征。在各国,侮辱国旗的行为一般都认定为直接故意。如在俄罗斯,"这一犯罪的主观方面是直接故意。犯罪人意识到自己在对俄罗斯联邦国家权力的象征实施侮辱行为并希望实施这种行为"①。

(3)本罪客观方面的特点是对国旗的公开亵渎。"亵渎国徽和国旗罪的客观方面是实施积极的行为,以任何方式(在上面涂画侮辱性内容、以有损道德的方式使用、撕毁等)故意毁损国徽或国旗。"② 对国旗的亵渎,是一种对国旗的嘲弄、不尊重,表现为以各种形式破坏国旗,如毁坏、刻字、扭曲图案及其含义等。侮辱的行为必须公开进行。公开性意味着行为是在至少一个人在场的情况下进行的,或者其结果将来会影响大量的人群。

在土耳其,《土耳其国旗法》第七条规定,不得以语言、文字、姿态或任何方式侮辱、不尊重土耳其国旗。旗帜不能被撕毁、烧毁、扔在地上或不加注意地使用。违反本法和条例的行为,当局应立即予以制止,并进行必要的调查。

在意大利,《意大利刑法典》第二百九十二条规定了侮辱国旗或者国家其他标志的处罚原则。①侮辱国旗或者国家其他标志的,处以 1000 欧元至 5000 欧元罚金。如果该行为是在公共庆祝活动或者正式仪式场合实施的,罚金为 5000 欧元至 10000 欧元,并处 1 年至 3 年有期徒刑。②公开地和故意地毁灭、损坏、侵蚀、玷污国旗或其他国家标志的,或者使其不可使用的,处 2 年以下有期徒刑。在刑事法律的意义上,国旗是指国家的正式旗帜和任何带有国旗颜色的旗帜。③

(4)犯罪客体是犯罪构成的要件之一,是指刑事法律所保护而为犯罪行为所侵害的社会关系。国旗是官方法定的国家象征。因侮辱国旗承担刑事责任的犯罪客体主要是国家对国旗的管理制度。

---

① 俄罗斯联邦总检察院编:《俄罗斯联邦刑法典释义》,黄道秀译,中国政法大学出版社 1999 年版,第 887 页。

② 俄罗斯联邦总检察院编:《俄罗斯联邦刑法典释义》,黄道秀译,中国政法大学出版社 1999 年版,第 886 页。

③ 《最新意大利刑法典》,黄风译注,法律出版社 2007 年版,第 107 页。

在分析涉及国家象征构成要件时,有的学者专门区分了作为范围对象的"国家象征"与"国旗、国歌、国徽"等具体国家象征的区别。一方面,上述概念的内涵范围并不一致。在很多国家,法定化的"国家象征"范围较广,包括总统象征、国色、国花等。"国旗、国歌、国徽"等则是指具体的国家象征类型。另一方面,违反刑法保护的社会关系可能以不同方式发生。如果谈论的是一般的国家象征,它们可以作为间接的,也就是犯罪的对象,也即侮辱一个具体代表国家的事物,也可以称为侮辱国家象征。如果提到国旗、国徽或国歌,那么谈论的是具体的对象,通过这些对象发生对社会关系的侵犯和对国家权威的破坏。因此,在构建与具体国家象征的刑法规范时,最好选择列举具体国家标志的方法。[①]

二、承担刑事法律责任的具体行为类型

在很多国家,侮辱国旗被认为应当承担刑事责任,构成侮辱国旗罪。该罪的具体构成要素如下。

(一)侮辱国旗承担刑事法律责任

1. 侮辱行为

侮辱国旗的行为通常理解为公开显示对国旗的亵渎。一般而言,侮辱包括三种类型:一是语言层次的,嘲弄、讽刺等;二是动作层次的,吹口哨、嘘声、手势等;三是直接的物质层次的,撕毁、涂画、焚烧等。

例如,《新西兰旗帜、标志和名称法》第十一条规定了涉及新西兰国旗的违法行为:(1)任何人犯有违反本法的行为,包括:(a)在没有合法授权的情况下,在新西兰国旗上放置任何字母、徽记或图案,从而改变了新西兰国旗。(b)在任何公共场所或在其视线范围内,以任何方式使用、展示毁坏或损坏的新西兰国旗,意图使其丧失名誉。(2)在本节中,新西兰国旗指的是附表1中描述的设计的任何旗帜,或与之非常相似的任何其他设计,以至于可能导致任何人相信它是该附表中描述的设计。(3)在对违反本条规定的罪行的任何起诉中,证明对新西兰国旗的任何改变是合法授权的责任在被告身上。《芬兰国旗法》第八条第一款规定,任何人公开污损芬兰国旗或以不尊重的方式使用芬兰国旗,或未经授权将芬兰国旗从其公开展示的地方移走,均应视为亵渎芬

①　Герман О. Б. , Колесниченко А. А. Правовой статус государственных символов Российской Федерации и ее субъектов в конце XX-начале XXI веков: сравнительный анализ // Юристъ-Правоведъ. -Ростов-на-Дону: Изд-во Рост. юрид. ин-та МВД России, 2011, № 6. -С. 66-71.

兰国旗罪处以罚款。

焚烧国旗,是侮辱国旗行为中较为常见的行为类型。在世界范围内,它长期以来一直是一种简单而有效的抗议当局方式。在大部分国家,都将在公共场合焚烧国旗的行为视为亵渎国旗,认为属于犯罪。美国、澳大利亚、加拿大和比利时是少数允许焚烧国旗的国家。但是在这些国家议会仍然有不少议员提出禁止焚烧国旗的议案。

一些国家列明不尊重国旗的行为也承担刑事法律责任,印度的法律规则最为典型。印度1971年《防止侮辱国家荣誉法》第三条规定,任何人在任何公共场所或在公众视线范围内的任何其他地方焚烧、残害、污损、玷污、毁坏、破坏、践踏或以其他以不尊重或蔑视的方式(不论是通过口头或书面的语言,还是通过行为)对印度国旗或者印度宪法及其任何部分内容表示不敬或藐视,将被处以3年以下有期徒刑或罚款,或两者并罚。

印度议会对于该法的解释明确:(1)对宪法、国旗或政府的任何措施表示不赞成或批评的言论,以期通过合法手段获得对印度宪法的修正或对印度国旗的改变,不构成本条规定的犯罪。(2)"公共场所"是指供公众使用或可进入的任何场所,包括任何公共交通工具。(3)对印度国旗的不尊敬包括以下几项:

(a)对印度国旗的严重侮辱或羞辱。

(b)将印度国旗降下向任何个人或事物敬礼。

(c)将印度国旗下半旗,但根据政府的指示在公共建筑上下半旗的场合除外。

(d)以任何形式使用印度国旗作为帷幔,除非在国家葬礼或武装部队或其他准军事部队的葬礼上。

(e)以下列方式使用印度国旗:将印度国旗作为服装、制服或任何形式配饰的一部分,穿在任何人的腰部以下;或在坐垫、手帕、餐巾、内衣或任何服装材料上刺绣或印刷印度国旗。

(f)在印度国旗上刻上任何形式的铭文。

(g)在印度国旗作为包括共和国日或独立日在内的庆祝活动的一部分展开之前,将印度国旗作为接收、运送或携带任何东西的容器,但花瓣除外。

(h)将印度国旗作为雕像或纪念碑或演讲台的遮盖物。

(i)允许印度国旗接触地面或地板,或故意落入水中。

(j)将印度国旗悬挂在车辆、火车、船舶或飞机或任何其他类似物体上的引擎盖、顶部、侧面或背面的。

(k)使用印度国旗作为建筑物的遮盖物。

(l)故意将印度国旗橙色部分位于下方展示。

2. 行为目的

个别国家明确规定了对以侮辱国旗为目的的处罚。例如,《沙特阿拉伯国旗法》第二十条规定,在公共场合或向公众开放的场所,以任何方式对沙特阿拉伯王国或某一友好国家的国旗、皇家旗帜或任何其他国徽或其他标志表示仇恨,或蔑视政府或这些国家的,应处以 1 年以下监禁和不超过 3000 里亚尔的罚金。《希腊刑法典》第一百八十一条规定了侵犯希腊国家标志罪。出于表达憎恨或者轻蔑的目的,移除、扭曲、毁坏、玷污国家的官方旗帜或者主权标志的,处以不超过 2 年的监禁。①

【案例】韩国侮辱国旗案

2015 年 4 月 18 日,在首尔光化门广场举行的纪念世越号渡轮事故遇难者的集会上,金某点燃韩国国旗太极旗,通过与抗议者占用一条车道,以及将绳索拴在一辆警车上作为障碍物来阻碍交通。同年 10 月金某接受审判。首尔检察机关以亵渎国旗、妨碍一般交通罪的名义起诉金某。对于金某在集会期间不服从解散令、破坏一辆警车、损害公共财产、妨碍交通的行为,首尔中央地方法院判决认为,构成妨碍道路交通罪,但考虑到他只是参加了抗议活动,没有犯罪记录,故判处有期徒刑 6 个月,缓刑 1 年。

根据韩国刑法的规定,以侮辱韩国为目的,损毁、移走国旗或国徽者,处以 5 年以下有期徒刑或徒刑,吊销资格 10 年以下或处以 700 万韩元以下罚款。对于焚烧国旗的行为,首尔中央地方法院判决认为:"考虑到金某在集结地焚烧太极旗的行为和随后的行为,仅检方提交的证据并不能毫无疑问地证明金某的目的是侮辱国旗。"②

焚烧国旗的行为在初审和上诉审判中都被认为无罪。随后,检察机关将案件起诉到韩国最高法院。

2020 年 11 月,韩国最高法院对此案进行了审理,认为对于案件事实中侮辱国旗部分,仅凭检察官提出的证据,无法证明其有侮辱韩国的目的。韩国最高法院还认为:"根据有关法律理论,在原审的判断中,没有违反逻辑和经验法则、偏离自由心证主义的界限,或者在亵渎国旗罪中误解'侮辱大韩民国的目的'的判断。"因此,最后最高法院合议庭一致同意,维持了关于侮辱国旗部分无罪的判决。③

（二）引起误解承担刑事法律责任

国旗往往用于悬挂于国家机构、用于国家机构的证件证照等物品上。如果

---

① 《希腊刑法典》,陈志军译,中国人民公安大学出版社 2010 年版,第 74 页。

② 황재하 기자 . 세월호 집회서 태극기 태운 20 대, 항소심도 '국기모독' 무죄 . https://www. yna. co. kr/view/AKR20200710104100004.

③ 2020 도 9755_판결문_검수완료 .

公民使用国旗引起他人误解,进而开展非法活动,应当就非法使用国旗引起误解的行为承担法律责任。例如,《法国刑法典》第 R643-1 条规定,公开穿着服装或制服,或使用与公共当局规定的服装、制服、徽章或文件相似的徽章、文件,从而在公众心中造成误解的事实,可按第三类罪行规定的罚款处罚。犯有本条规定的罪行的人还应受到没收用于或打算用于犯罪的物品或作为其产物的物品的额外惩罚。①

(三)未经授权、许可销售承担刑事法律责任

一些国家就国旗的生产销售作了专门规定,违反法律规定的,应当负相应的刑事责任。《新西兰旗帜、标志和名称法》第十三条规定了未经授权使用国家标志的情形。(1)除第三款的规定外,任何人如果展示、展览或以其他方式使用本款规定的任何标志,其方式可能导致任何人相信他是在女王陛下政府、任何王室部长或任何政府部门的授权、批准、任命或赞助下这样做的,即构成违反本法。(2)第一款适用于以下情况:(a)新西兰国徽的任何表现形式(representation);(b)新西兰国玺的任何表现形式;(c)任何政府部门的任何徽章或官方印章的表现形式;(d)与(a)至(c)段中提到的任何事物非常相似,以至于可能导致任何人相信它是国徽的任何表现形式。(3)第一款不适用于使用任何表现形式的以下情形,即(a)由任何其他法案授权或根据任何其他法案授权;或(b)经部长事先书面同意;或(c)由政府官员在执行公务过程中进行。

《格林纳达国家象征和国歌法》第六条规定:(1)在遵守本节的前提下,任何人如果(a)未持有根据本法颁发的有效许可证的人:(i)在进行任何业务、贸易、专业或工作时,或在任何团体的活动中使用或展示全部或者部分与国家象征相似的物品;(ii)出售或要约出售任何形式的国家象征、国家象征位于其上的任何物品。在这种情形下,它们全部或者部分与国家象征相似,以至于有欺骗之嫌。或(b)作为根据本法颁发的有效许可证的持有人,未能遵守或违反颁发许可证的任何条款或条件,即属犯罪,应予处罚。一经简易程序定罪,可处以5000 东加勒比元的罚款或 1 年的监禁。如果是持续地犯罪,则在根据本条规定构成犯罪之日以后继续犯罪的每一天,可处以 100 东加勒比元的罚款。(2)任何在本法生效前使用国家象征的人应在本法生效后 3 个月内向部长申请许可证。

此外,一些国家通过刑法还明确规定了涉及国旗的特殊行为须承担的法律责任。刑法典中规定战争或者武装冲突中滥用其他国家旗帜,是为了避免可能引起或者加强冲突。《丹麦刑法典》第四百一十六条规定了滥用旗帜或者休战

---

① L'article R. 643-1 du Code pénal.

罪。(1)在战争或者其他武装冲突中,滥用非冲突当事方的其他国家的旗帜、政府或者军队的标志、徽章、制服的,处以 1 年以上 5 年以下监禁。(2)在战争或者其他武装冲突中,滥用宣布休战或者休战旗的,处以 2 年以上 8 年以下监禁。①

三、涉及国旗行为的刑罚类型

国旗是国家的象征和标志,代表着国家的主权和尊严。很多国家都对侮辱国旗的行为进行处罚。这些国家对侮辱国旗行为的处罚主要分为以下几种类型。

一些国家和地区对侮辱国旗行为规定单处罚金。例如,《新加坡国徽、国旗和国歌条例》规定,对任何违反该法规定的侮辱国旗行为,最高处罚 1000 美元。《马来西亚国家象征法》规定,违反本法规定,对于侮辱国旗的法人,处以不超过 1000 林吉特罚款。

在大部分国家,侮辱国旗的行为须承担罚款和监禁罚。主要刑罚类型如下:乌克兰(50 个月最低工资的罚款、6 个月以下的逮捕或 3 年以下的监禁)、以色列(最高 3 年的监禁和 15100 美元的罚款)、阿尔及利亚(5 年至 10 年监禁,可能罚款)、阿根廷(1 年至 4 年监禁)、奥地利(罚款或 6 个月以下的监禁)、克罗地亚(1 年以下监禁)、德国(处以 1 年至 5 年的监禁或罚款)、印度(罚款或其他处罚)、塞尔维亚(处罚最长为 10 天)、瑞士(罚款或最高 3 年的监禁)、葡萄牙(罚款或监禁 1 年)、菲律宾(5000 比索至 20000 比索的罚款或至少 1 年的监禁)、土耳其(焚烧国旗可被判处 3 年以下监禁,撕毁国旗的行为最高可判处 18 年监禁)、希腊(最高可判 2 年监禁或者罚款)。

有的国家还有专门规定对涉及国旗行为的累犯的处罚。例如,《多米尼加国家象征法》规定,不尊重国家象征、采取侮辱行为的累犯,给予本法第三十八条和第三十九条规定的双倍处罚。

四、侮辱外国国旗罪

侮辱国旗是实践中较为常见、具有代表性的国家象征问题。与此同时,实践中也会出现侮辱外国国歌、外国国徽等国家象征的现象,为了便于统一研究,且考虑到侮辱外国国旗是侮辱外国国家象征行为中最为常见的一种类型,本部分对包括侮辱外国国旗罪在内的侮辱外国国家象征罪进行一并研究。国家象

---

① 《捷克刑法典》,陈志军译,中国人民公安大学出版社 2011 年版,第 240 页。

征受到法律保护通常是指本国的国家象征。但在一些国家,如德国、日本、丹麦规定禁止侮辱外国国家象征,并明确了相应的法律责任。

(一)侮辱外国国家象征罪的基本情况

通说认为,侮辱外国国家象征不是直接危害本国存在的犯罪。之所以保护外国国家象征是基于国际法上的义务,为了保护本国在对外关系上的地位,有利于维持本国与外国的正常关系。通常情况下,在各国的立法例中,侮辱外国国家象征罪主要是指侮辱外国国家的国旗、国徽。

在刑法学理论中,侮辱外国国家象征罪属于妨害国交罪(外国刑法规定的一种罪名,目的是维护国家的外交关系,保护本国与外国的和平共处环境)。理论上有两种不同的观点:一种观点认为,侮辱外国国家象征罪的保护法益是本国对外的利益。通常本国刑法并不直接保护外国法益;而且从刑法规定来看,是将侮辱外国国家象征犯罪放在侵害国家法益的犯罪之中,实质上是为了保护本国对外关系的利益。另一种观点认为,基于国际法上的义务,基于国际通行的准则,侮辱外国国家象征罪保护的是外国法益。因为侮辱外国国家象征罪并不是直接危害本国利益的犯罪,而且一般规定只有当外国政府请求处理时才追诉,故应认为本罪的保护法益是外国法益,而不是本国的对外利益。也有观点认为,"这两种观点也不是完全对立的,因为根据国际法在某种程度上保护外国法益,有利于维持本国与外国的正常关系,从而保护国家对外的地位"①。

(二)侮辱外国国家象征罪的主要构成

关于侮辱外国国家象征罪的处罚,有两种立法模式:一是相互主义,即以被害国的刑法亦规定同一犯罪处罚为条件,适用本国刑法予以处罚,如德国。二是单独主义,即无论被害国刑法有无类似处罚规定,一律适用本国刑法,以处罚其行为。通常情况下,侮辱外国国家象征罪的主要构成如下。

1. 前提条件

通常情况下,侮辱外国国家象征罪须外国政府或足以代表外国政府者请求才能进入诉讼。因此,请求是诉讼条件,请求的方式可以有所不同。《日本刑法典》第九十二条第一款规定,出于侮辱外国的目的,损坏、除去、污损该国的国旗以及其他徽章的,处以 2 年以下有期徒刑或 20 万日元以下罚金。第二款规定,前款之罪,经外国政府请求的,才能提起诉讼。日本刑法使用了"请求"一词,不一定要求采用正式的方式。

---

① 张明楷:《外国刑法纲要》,清华大学出版社 1999 年版,第 745 页。

2."外国"的范围

侮辱外国国家象征罪的对象是外国的国旗、国徽等国家象征,怎样确定"外国"的范围是一个有争议的问题。例如,有的国家虽然在国际法上得到承认,但本国还没有承认,或者相反。但许多国家的刑法对此没有明文规定,因而造成争议。例如,《德国刑法典》第一百零四条规定:"将外国依法令、习惯公开悬挂之国旗,或被承认之外国代表公开使用之外国国家主权标识,除去、破坏、毁损,或使其不能识别或加以污辱者,处二年以下自由刑或并科罚金。"一种观点认为,本罪须经外国政府的请求才处理,没有得到本国承认的"国家",就不可能提出诉讼请求,这里的外国只能是得到本国承认的外国。在日本,"所谓外国,是国际法上承认的日本国之外的独立国家,我国是否承认,在所不问"①。但多数人认为,这里的外国包括未被本国承认的国家,因为即使是未被本国承认的国家,其名誉也应受到尊重与保护,而且外国政府的诉求只是诉讼条件,而不是犯罪成立条件。②

3.行为、目的

在一些国家,侮辱外国国家象征的行为、目的与侮辱本国国家象征基本一致,主要表现为:损坏、除去、污秽外国国旗国徽。只能由故意构成,一般不要求有特定的目的,但日本刑法规定,行为人必须"以侮辱外国为目的",即行为人毁坏、除去、污秽国旗国徽,是为了表示对该国的侮辱意思。至于行为是否损害了外国的名誉感情,则不影响本罪的成立。

(三)实践情况

1.国外实践情况

当侮辱外国国家象征的罪行被规定后,就会产生一个实际问题,即这些罪行在实践中是否得到了惩罚。这个问题具有明显的政治和外交性质。

以日本为例,《日本刑法典》第四章第九十二条规定,任何对外国官方标志的侮辱均被禁止,并可能被处以罚款或社区服务,但只有在外国人提出申诉的情况下才会被处罚。然而2011年2月,在日本几个城市出现侮辱俄罗斯国旗的情况。原因是两国都声称对千岛群岛上的岛屿拥有主权。俄罗斯政府要求日本政府对侮辱俄罗斯国旗的行为进行刑事指控,但遭到拒绝。此外,由于《日本宪法》第二十一条保护言论自由,故日本没有规定要保护日本国旗本身。

在德国,《德国刑法典》规定,攻击或企图攻击德意志联邦共和国或其标志的行为将受到惩罚,或在其所在州判处3年监禁、罚款。然而,在实践中,联邦

---

① 　[日]大谷实:《刑法讲义总论》(新版第2版),黎宏译,中国人民大学出版社2008年版,第505页。
② 　张明楷:《外国刑法纲要》,清华大学出版社1999年版,第747页。

宪法法院一直裁定,必须始终根据言论自由的宪法原则来评估基于此认定的犯罪。表达自由的原则限制了其实际范围。①《德国基本法》第86a条规定,禁止一切违反宪法的标志。这里包括旗帜,也包括纳粹的标志,但没有点名或列出它们。然而,在这里,对这一禁令的解释也是灵活的,它与符号本身无关,而是与它们的使用环境有关。就其使用的背景,联邦宪法法院已经形成了一套判例法。②《德国刑法典》第一百零四条规定,在外国国旗被这些国家的代表使用时保护它们,而不是其他情况。

德国刑法还专门对在域外实施侮辱国家象征的行为作了规定。无论犯罪地的法律如何,德国刑法都适用于在国外犯下的下列罪行。任何人在公开场合或通过传播内容公开采取下列行为:(1)侮辱或恶意诋毁德意志联邦共和国或其某个州或其宪法秩序;(2)诋毁德意志联邦共和国或某个州的颜色、旗帜、纹章或国歌的情况下,如果罪犯是德国人,并且其居住地在德国法律规范的领土范围内,其行为发生在国外,也应当受到刑事处罚。对于任何人移除、破坏、损害德意志联邦共和国或其某个州公开展示的旗帜或纹章,或对其进行侮辱性的破坏,也应受到惩罚,行为人不限于德国人。

2. 我国实践情况

1928年3月,民国政府公布的《中华民国刑法》第一百一十八条规定了侮辱外国国家象征罪,即"意图侮辱外国,而公然损坏、除去或污辱外国之国旗、国章者,处一年以下有期徒刑、拘役或九千元以下罚金"。根据检索,从该法实施至今,仅出现1件案例。

1936年1月1日,民国最高法院曾判决相关案例。其案件主要内容为:

被告某甲为俄国革命后对俄国政权(苏维埃政权)持反对态度的俄裔居民。某日行经苏联大使馆门前,触及旧恨,顺手在附近地上拾取石头,向使馆门上装置斧头镰刀之国徽猛烈掷击,结果并未击中国徽,仅将门上之铁框花边损坏少许。法院以被告虽有损坏苏联国徽之意思及行为,而犯罪结果国徽丝毫无损,且环绕国徽之圆圈亦未损毫末,所损坏者仅门上花边之一小部,认定其损坏国徽之犯罪行为尚属未遂,而刑法第一百一十八条并无处罚该罪未遂之明文规定,只成立普通毁损罪。③

---

① Frederique Rueda-Despouey,《 L'hymne et le drapeau : des symboles de l'Etat en droit comparé》,in Frédérique de La Morena,Les symboles de la République-Actualité de l' article 2 de la Constitution de 1958 ,Presses Université Toulouse 1,2014,pp. 81-99.

② A partir notamment des jugements rendus par la Bundesverfassungsgericht le 23 octobre 1952,"Verfassungs-widrigkeit der Sozialistischen Reichspartei",1 BvB 1/51,puis le 17 août 1956,"KPD-Verbot",1 BvB 2/51….

③ 《裁判序号:25年上字第825号》,资料来源:"最高法院"判列要旨下册("民国16—77年"刑事部分),第162页。

该案发生后,其作为民国最高法院案例保存。直至 2019 年 7 月 4 日,我国台湾地区根据相关规定停止适用该案例。

(四)我国是否设立侮辱外国国家象征罪

我国国旗法、国徽法目前还没有保护外国国旗、国徽的条款,但我国制定的有关法律和参加的有关国际条约明确外国驻华使领馆有权使用本国国旗、国徽。全国人大常委会制定的《中华人民共和国外交特权与豁免条例》第三条规定:"使馆及其馆长有权在使馆馆舍和使馆馆长交通工具上,使用派遣国的国旗或者国徽。"第四条规定:"使馆馆舍不受侵犯。中国国家工作人员进入使馆馆舍,须经使馆馆长或者其授权人员的同意。中国有关机关应当采取适当措施,保护使馆馆舍免受侵犯或者损害。使馆的馆舍、设备及馆舍内其他财产和使馆交通工具免受搜查、征用、扣押或者强制执行。"外交特权与豁免条例也对领馆及其馆长使用国旗或者国徽作出同样的规定。我国参加的《维也纳外交关系公约》第二十条规定,"使馆及其馆长有权在使馆馆舍,及在使馆馆长寓邸与交通工具上使用派遣国之国旗或国徽"。第二十二条规定,"接受国负有特殊责任,采取一切适当步骤保护使馆馆舍免受侵入或损害,并防止一切扰乱使馆安宁或有损使馆尊严之情事"。对于领馆,我国参加的《维也纳领事关系公约》第二十九条也有同样规定。

近年来,有学者提出,在我国国旗法、国徽法或者刑法中增加禁止侮辱国旗、国徽的规定,但也有反对意见,两方面观点主要如下。

(1)提出增加侮辱外国国旗、国徽的规定的主要理由包括:一是侮辱外国国旗国徽是对他国的挑衅和羞辱行为,损害行为人所在的国的形象,涉及国际关系,容易激化国家间的矛盾,导致关系恶化,很多时候比只涉及内政的侮辱本国国旗国徽的行为后果更严重。二是我国没有设立侮辱外国国旗国徽罪,侮辱外国国旗国徽往往被默许或不被惩罚,容易纵容这类极端行为的发生,导致外交风波甚至国际冲突。在我国曾发生过许多起因为侮辱外国国旗国徽导致的外交风波。三是禁止侮辱外国国旗国徽体现中国对世界各国的尊重和重视,对防止外交争端和减少狭隘民族主义情绪,促进公民理性表达,将起到积极的推动作用。有利于我国获得国际好评,改善国际形象,增进我国与各国的友好关系,也有利于我国的国旗国徽在外国受到保护和尊重。

(2)反对的理由主要是根据我国现实情况,认为在当前条件下,增加禁止侮辱外国国旗的规定是不适宜的。在涉及钓鱼岛、日本靖国神社等事件中,一些公民可能存在破坏日本国旗的情况,如对此类行为进行惩罚,可能伤害部分公民的民族情感,打击部分公民的爱国热情。

五、部分国家实践情况

对于各国司法实践中是否将侮辱国旗定罪,各国情况不一,原因也各不相同。从世界范围看,侮辱国旗承担刑事责任是大多数国家的规定,侮辱国旗定罪的行为类型也千差万别,但主要有以下类型:一是物理上损害国旗,主要是焚烧国旗;二是语言上侮辱国旗。在很多国家,如美国、澳大利亚、加拿大和丹麦等均将焚烧国旗等方式视为行使言论自由。相比之下,法国、以色列、沙特阿拉伯、埃塞俄比亚等大多数国家则认为,焚烧国旗等方式是一种侵犯,是一种损害国家象征的行为。大多数欧盟成员国对侮辱国旗的行为人都有刑事制裁措施。特别是成员国——波兰、西班牙、希腊,尽管相关定罪的案件经常被欧洲人权法院推翻,但仍执行明确规定禁止侮辱国旗的法律。

有的学者从比较法的角度对美国、德国是否将焚烧国旗定罪的原因进行了深入分析。德国学者 Ute Krüdewagen 的观点是,美国认为焚烧国旗作为一种抗议手段是受宪法保护的,而德国的立场是,不管案件的结果如何,国旗和国歌应该受到保护,这两者之间的差异是由于两国民主概念的不同。"也许美国和德国对民主有不同的概念。美国的民主概念是基于人民主权的精神,而德国的民主概念则是基于民主国家需要捍卫自己的基础概念。"① 在美国,"程序性民主理论认为,民主是一套制度安排,是一个决策框架,并不规定决策的内容。程序性民主建立在理性话语确保自由的信念之上。程序性民主派依靠自由言论来对抗反民主言论"。在德国,"实质民主理论拒绝程序主义的主张,即如果多数人愿意,民主制度必须允许自己变得不民主。实质性民主派将民主形式的长期生存放在首位,而不是反民主行为者的政治权利"②。民主理念不同,对待在现代民主国家土壤中产生的国家象征的态度也有很大差异。如果亵渎国旗或其他国家象征被视为对人民或国家的攻击,对其进行限制可能被视为可以接受;如果亵渎行为被视为针对政治权力者,接受这种批评似乎对民主很重要。③ 对于同一种行为是否入刑各国情况不一,差异的原因是多重的,既有政治文化传统的原因,也有体制机制的原因。

---

① Ute Krüdewagen, *Political Symbols in Two Constitutional Orders: The Flag Desecration Decisions of the United States Supreme Court and the German Federal Constitutional Court*, Arizona Journal of International and Comparative Law, Vol. 19:2, p. 679 (2002).

② Ute Krüdewagen, *Political Symbols in Two Constitutional Orders: The Flag Desecration Decisions of the United States Supreme Court and the German Federal Constitutional Court*, Arizona Journal of International and Comparative Law, Vol. 19:2, p. 679 (2002).

③ Kevin W. Saunders, *Free Expression and Democracy: A Comparative Analysis*, Cambridge University Press, 2017, pp. 199-200.

（一）美国

美国国旗可以说是美国最神圣的象征，是美国无处不在的象征。美国国旗广泛展示在政府大楼、私人住宅和商业企业门前，也被广泛用作服装、广告和尽可能广泛的其他产品的设计。但是，国旗亵渎仍然是美国最具争议和极端化的问题之一。在1777年6月14日大陆会议将其定为国家象征之后，最初的80多年它几乎没有引起人们的兴趣或公开展示，只是内战的爆发才将国旗变成了公众崇拜的对象（当然只是在北方）。内战初期后，北方人对国旗的热爱仍在继续，但当时人们并没有将其视为神圣的物品或遗物，亵渎国旗的现象也未受到广泛关注。从历史的角度看，以美国联邦最高法院的关于亵渎国旗判决为依据，可以将美国关于侮辱国旗的历史分为三个阶段。①

1. 禁止国旗商用阶段：确认禁止国旗商用合宪

在美国内战后时期，随着现代广告业在国家快速工业化过程中的发展，国旗在美国生活中越来越常见的形式是作为各种产品商业化的装饰。逐渐地，在1890年之后，一些爱国组织的成员开始抗议他们所谓的国旗商业贬值。他们认为，这种商业用途最终会降低国旗在公众心目中的重要性。

1897年至1932年，美国的退伍军人和爱国团体游说制定严格的法律，以"保护"国旗免受所有此类形式的所谓"亵渎"（该术语此前用于指对神圣宗教物品的伤害）。由于当时联邦没有制定统一的国旗法，这些努力最终导致当时的所有48个州都通过了亵渎国旗法规，仅在1897年至1905年就有31个州采取了上述立法行为。各州法规通常禁止：（1）在国旗上附加任何东西或放置任何标记；（2）以任何方式使用国旗进行广告宣传；（3）以任何方式在物理上或口头上"伤害"旗帜，包括公开毁坏、践踏、污损，或通过言语、行为对国旗进行蔑视。"旗帜"一词通常被定义为任何形状、大小或材料类似于美国国旗的物体。

美国联邦最高法院关于焚烧国旗的争论可以追溯到1907年。由于各州国旗亵渎法的出台，成为维护国旗"作为国家权力和国家荣誉的象征"的重要手段。这些法规在很多地方法院受到质疑，因为它通过对商业利益的不利影响非法限制财产权。

在1907年的哈尔特诉内布拉斯加州一案中，美国联邦最高法院（8:1）支持内布拉斯加法律的笼统条款。该州法律规定，禁止将国旗图案用于商业广告。该案涉及销售标签带有国旗图案的啤酒。判决书认为："对每个真正的美国人来说，国旗是国家权力的象征，是最真实、最好意义上自由的象征。"② 判决

① Robert Justin Goldstein, *Flag-Burning Overview*, Freedom Forum （Oct. 3, 2022）, https://www.freedomforuminstitute.org/first-amendment-center/topics/freedom-of-speech-2/flag-burning-overview/.

② Hana M. Ryman & J. Mark Alcorn, *Flag Desecration*, Free Speech Center （Oct. 3,2022）, https://www.mtsu.edu/first-amendment/article/1109/flag-desecration.

还认为,如果对国旗的尊重被削弱,对共同体国家和国家的热爱也会减少。国家有权出于促进民族主义的有效和有价值的目的限制财产权。①

该案中的裁决是在美国宪法第一修正案对言论自由的保护适用于各州之前作出的,该裁决支持内布拉斯加州的一项法律,该法律惩罚了在啤酒瓶上印制美国国旗的行为。

2. 回避阶段:回避焚烧国旗合宪性问题

在"二战"后很短的时间阶段,美国联邦最高法院虽然推翻了下级法院关于焚烧国旗定罪的判决,对于焚烧国旗规定的合宪性认定仍持回避态度。在此期间,各州缩小了其亵渎国旗法律的重点,但它们仍然禁止焚烧国旗和其他损坏行为。1968 年,美国国会在抗议越南战争的活动后批准了《国旗亵渎法》。该法规定,任何故意蔑视美国国旗,公开残害、污损、玷污、焚烧或践踏国旗是非法的。

在斯切特诉纽约案中,西德尼·斯切特(Sidney Street)在听说民权领袖詹姆斯·梅雷迪思在密西西比州被枪杀后,在纽约把自己的国旗拿到街上点燃了。他对路过的人说:"如果他们能对詹姆斯·梅雷迪思这样做,我们就不需要国旗了。"斯切特被罚款 100 美元,但罚款很快就被叫停。当该案 1969 年提交到美国联邦最高法院时,法院以 5∶4 的投票结果推翻了定罪,指出不能因为斯切特对国旗说挑衅性或蔑视性的话而受到惩罚。在没有明显的威胁和平或煽动暴力的情况下,任何这样的定罪都被认为是违反了第一修正案。因为根据宪法,不能仅仅因为思想本身对某些听众的冒犯而禁止思想的公开表达,即使是关于国旗的挑衅性或蔑视性的意见,也是如此。在法案中,美国联邦最高法院没有处理禁止实际亵渎国旗的法律的合宪性问题。

在斯切特诉纽约案之后,美国联邦最高法院以不同的理由推翻了对另外两起越南时期的亵渎国旗案的定罪,即史密斯诉戈根案(1974 年)和斯彭斯诉华盛顿案(1974 年)。在 1989 年之前,美国联邦最高法院避免直接在就美国宪法第一修正案是否适用保护国旗的物理完整性作出判断,回避焚烧国旗是否合宪的问题。

3. 正式确认阶段:1989 年正式确认焚烧国旗合宪

20 世纪 80 年代末至 90 年代初,关于亵渎国旗的行动此起彼伏,涉及亵渎国旗的案件主要集中在政治抗议而非广告上。在 1989 年得克萨斯州诉约翰逊案中,美国联邦最高法院正式回应了焚烧国旗的问题。

在得克萨斯州诉约翰逊案中,1984 年在达拉斯举行的共和党全国大会期间,约翰逊参加了在达拉斯市政厅前举行的政治示威。在示威活动中,他焚烧了美国国旗。根据得克萨斯州的一项禁止亵渎"庄严的对象"(包括国旗)的法规,约翰逊被定罪,被判处 1 年监禁,并被处以 2000 美元罚款。后来,该案上诉

---

① Halter v. Nebraska,205 U. S. 34 (1907).

至美国联邦最高法院,法院以 5∶4 的比例认定,约翰逊焚烧国旗的行为是受第一修正案保护的言论自由。

在案件审理过程中,得克萨斯州声称其法规旨在保护两项利益:(1)防止破坏和平;(2)维护国旗作为民族和国家统一的象征。美国联邦最高法院的多数观点认为,国旗亵渎法规的范围不够狭窄,不足以仅包括那些可能导致严重扰乱和平的焚烧国旗。事实上,法院强调,在这个特殊案件中燃烧的国旗并没有足够威胁到产生这种反应。得克萨斯州的法规针对的是表达内容,对约翰逊政治表达的限制是基于内容的,因为得克萨斯州的法规并非旨在所有情况下保护国旗的物理完整性,而是旨在保护其免受故意和明知的滥用导致对他人的严重冒犯。因此,它受到最严格的审查。表达性行为受到第一修正案的保护,政府保护国旗的利益并不压倒发表政治言论的权利。美国联邦最高法院认为,得克萨斯州的法规违宪,正式确认焚烧国旗是受第一修正案保护的表达行为。[①]

针对上述判决,美国国会通过了 1989 年的《国旗保护法》作为回应,反对焚烧国旗。该法将任何故意毁坏、污损、焚烧、在地板或地面上践踏美国国旗的行为定为刑事犯罪,但与处置"破旧或弄脏"国旗有关的行为除外。美国国会希望,该法文本中没有明确的冒犯性内容,将导致法院认为它在表达内容方面是中立的。

但在 1990 年美国诉艾希曼案中,美国联邦最高法院以违宪为由否决了该法律。在该案中,艾希曼在抗议政府的内外政策时,在美国国会大厦的台阶上点燃了一面旗帜。艾希曼因违反该法而在地方法院受到起诉。美国联邦最高法院受理了此案,法院以 5∶4 票支持艾希曼。判决中多数意见认为,艾希曼的行为是象征性的政治言论,即使是在冒犯那些与他意见相左的人的情况下也可以表达。

美国政府认为,《国旗保护法》符合宪法,因为与约翰逊案中涉及的法规不同,该法并未根据其信息的内容针对表达行为。政府声称其利益在于"在任何情况下保护国旗的物理完整性",以维护国旗的身份"作为国家独特而纯粹的象征"。该法禁止损害或错误对待国旗的行为(除正常处置国旗外),而不考虑行为人的动机、打算传达的信息或其行为对旁观者可能产生的影响。

美国联邦最高法院判决中多数意见认为,虽然《国旗保护法》对被禁止行为的范围没有明确的内容限制,但很明显,政府所宣称的利益是"与压制自由表达有关的",政府在保护私人拥有的国旗的"物理完整性"方面的利益,是基于保护国旗作为国家和某些国家理想的象征的感知需要。对于被禁止行为的认定仍以内容为基础,美国联邦最高法院认为它不能经受严格的司法审查。此外,美国联邦最高法院认为,焚烧国旗仅仅是破坏或毁坏象征的特定物理表现形式,

---

① 　Texas v. Johnson,491 U. S. 397 (1989).

并没有以任何方式削弱或影响象征本身。①

自上述两项判决以来,焚烧国旗问题一直是美国国会试图通过宪法修正案推翻法院裁决的目标,但至今尚未成功。

（二）法国

在法国,长期以来,亵渎国旗的行为都没有引起社会高度关注。但是,法国有的法律对侮辱国旗作了规定。1982 年 7 月 21 日,关于调查和审判与军事和国家安全事务有关的罪行的第 82 - 621 号法律,设立了两种蔑视国旗或军队的罪行。第一种是士兵或登船人员侮辱国旗（由《军事法典》第四百四十条第一款定义）,第二种是军官侮辱国旗（由同一法典第四百四十条第一款和第二款定义）。关于士兵或登船人员侮辱国旗或军队的罪行:1993—2003 年,有 27 人被判刑。在 26 起案件中,法院判处了 1 至 5 个月监禁不等的刑罚或者缓刑。在一个案件中,被判处了社区服务刑。关于军官侮辱国旗或军队的罪行,1999 年只作出了 1 个承担法律责任但缓刑的判决。

2003 年以来,法国通过修改刑法典,明确在公共场所以侮辱的方式销毁、损坏或使用国旗,以及即使在私人场所、有记录的情况犯下此类行为,也可处以 1500 欧元的罚款。此外,在公共机构监督或者组织的重大活动期间,公开亵渎国歌或国旗的行为可处以 7500 欧元的罚款。如果在大型会议或公众集会期间犯下这一罪行,除了 7500 欧元的罚款外,该罪行还将处以最多 6 个月的监禁。在法国,在团体参与的情况下,在示威中严重侮辱国歌或国旗的行为将面临 6 个月的监禁或高达 7500 欧元的罚款。

但是在实践中,因侮辱国旗被起诉至法院判刑的案例较少。2004 年 8 月 24 日的国民议会,法国司法部关于侮辱国旗案例的答复是,与侮辱国旗或国歌有关的诉讼是很少的。②

（三）俄罗斯

俄罗斯联邦国旗是受保护的象征,亵渎国旗将受到刑事处罚,最高刑期为 1 年监禁（《俄罗斯刑法典》第三百二十九条"亵渎俄罗斯联邦国徽或国旗"）。剥夺自由可以用限制自由、强迫劳动或逮捕来代替。俄罗斯最高法院司法部门统计,在 2010 年至 2021 年期间,根据《俄罗斯刑法典》第三百二十九条作出了 29 次判决。大多数情况下,违反者会被罚款或受到限制自由的惩罚。虽然侮辱俄罗斯国旗的人可以被判 1 年监禁,但法院通常选择更宽松的处罚——缓刑。

实践中,公众对侮辱国旗的愤怒并不总是导致刑事案件。更常见的是,对国旗的侮辱会激起爱国的愤怒,但不会受到惩罚。2008 年 11 月 4 日,在莫斯科

---

① United States v. Eichman,496 U. S. 310（1990）.

② Question écrite avec réponse n° 46057, 24 août 2004-Droit pénal-Outrages-Drapeau et hymne national. poursuites. statistiques. Publication au JO;Assemblée nationale du 24 août 2004.

的"俄罗斯大游行"期间,一名防暴警察从抗议者手中抢走一面国旗,并试图用脚踩断旗杆。这起事件的照片在网上流传,活动人士要求根据《俄罗斯刑法典》第三百二十九条对该官员进行起诉。莫斯科警察局发言人承诺将起诉该警察。发言人最后自己辞职了,关于这起刑事案件没有任何报道。2015 年 5 月,俄罗斯小姐索菲亚·尼基楚克发现自己处于丑闻的中心,她的照片出现在《斯托尔尼克》杂志的封面上。她被拍到穿着印制国旗的迷你裙。公共活动家要求检察机关评估在照片拍摄中使用俄罗斯国旗的合法性,但检察机关认为没有发现任何违规行为。

在司法实践中,国旗在不同时期不仅成为服饰的一部分,而且还成为清洁的工具。因此,2021 年 10 月,伏尔加格勒的看门人使用国旗收集树叶。按照《俄罗斯刑法典》第三百二十九条下的案件进行立案,但 1 年后结案。此外,看门人被剥夺奖金,部门负责人被解雇。①

公职人员对国旗及其形象的使用也会引起争论。例如,俄罗斯卡累利阿共和国内务部的一名雇员到卡累利阿共和国内务部长处报到时,戴着一条绣有俄罗斯联邦国旗和"俄罗斯"一词的领带。他因"上班"打领带而受到训斥,该雇员起诉到法院,他被训斥的行为被法院认为没有法律依据。这也相当于没有否认其戴有国旗图案领带的合法性。

公民和组织也有违反法定使用规则的行为。例如,在巴什科尔托斯坦共和国,一家企业的负责人用 16 面俄罗斯国旗和巴什科尔托斯坦共和国的旗帜装饰了一座大楼,他因此被追究行政责任。该企业负责人主要违反的规定是:在升起(放置)俄罗斯联邦国旗和联邦主体或市级实体、组织的旗帜时,俄罗斯联邦国旗应放在另一面旗帜的左边,如果国旗数量为奇数,则放在中间,如果旗帜数量为偶数(如果超过两面),则放在中间的左边(《俄罗斯国旗法》第七条)。

---

① Статья 329. Надругательство над Государственным гербом Российской Федерации или Государственным флагом Российской Федерации. https://uganka.ru/zhizn-i-zdorove/329-uk-rf.html.

第二编

国歌法律制度比较

第一章 比较概述

第一节 国歌法律制度的历史演变和主要内容

国歌是一首庄严的音乐,作为国家统一的象征,通常用于正式会议、体育比赛、国定假日等。奏唱国歌也成为公民公开表达民族爱国情怀的官方形式。自国歌诞生到广泛普及,国歌法律制度开始逐渐形成。从比较法上看,各国国歌规定的方式各不相同,但大致可以分为三类:一是宪法和法律规定国歌;二是宪法和法律以外的其他方式规定国歌,如总统令、政府法令等;三是基于惯例形成的国歌。[①] 从时间进度上看,通常先是在惯例上形成受人尊崇的能够代表国家的国歌,之后通过总统令、政府法令等确定,然后再进一步法制化,形成专门国歌相关法律,最后国歌进入宪法,形成以宪法为统领、国歌专门法律为主体、相关规范性文件为配套的国歌法律制度。

一、国歌法的开端和发展

早在国歌诞生之前,军事进行曲和教堂圣歌常常被用作庄严活动的音乐伴奏。在国歌的起源上,16 世纪荷兰的《威廉颂》被认为是诞生最早的国歌,16 世纪以来在各种场合传唱,但是直到 1932 年才通过政府决定确立为国歌。诞生于 18 世纪 40 年代的英国国歌《天佑国王》或者称为《天佑女王》——从未被法律正式宣布为国歌。在西班牙,1761 年之前《掷弹兵进行曲》(*Marcha Granadera*)的军乐在军队出征前弹奏。1770 年 9 月 3 日,卡洛斯三世将《掷弹兵进行曲》升格为《荣誉进行曲》,在国王出现时才在公开和庄严的仪式上表演。这首进行曲于 1869 年光荣革命后成为西班牙国歌。可见,历史上早期在事实中称为国歌的歌曲,在近现代国家形成之前,尚未实现法治化。

在 18 世纪末,近现代意义的国家开始形成,同时国歌也开始法治化。法国国歌《马赛曲》在法国大革命期间于 1792 年诞生。1795 年,法国国民大会通过

---

① 青木人志「比較法学の素材としての国歌」一橋論叢第 118 卷第 1 号(1997 年)80 頁参照。

名为"为革命的成功作出贡献的民谣和歌曲将由国民警卫队和前线部队的音乐团演奏的法令"。法令提出,通过庄严宣布在 7 月 14 日推翻巴士底狱和在 8 月 10 日推翻王室的神圣原则,保持共和派的活力。第一条规定,由公民鲁热·德·利尔创作的名为《马赛曲》的爱国歌曲和由伏尔泰(Voltaire)作词、戈赛克(Gossec)作曲的《自由合唱团》,将在公报中全文刊登。第二条规定,为革命胜利作出贡献的曲目和民歌,由国民自卫军音乐团和前线部队演奏。军事委员会负责每天在国家宫殿的新卫队演奏上述歌曲。[1] 这首歌是"欧洲进行曲"国歌风格的第一个例子。几经反复,1879 年、1946 年以及 1958 年通过的三部共和国宪法皆定《马赛曲》为法国国歌。

19 世纪,欧洲的一些国家开始确立国歌。1817 年,荷兰第一首正式国歌确立,名为《维也纳荷兰血统》。在 19 世纪拉丁美洲开始走向民族独立和解放,美洲大陆的许多新国家都在努力寻找合适的国歌,反映了动荡的政治努力建立新的主权身份。1813 年,阿根廷议会批准了《祖国进行曲》为国歌,这是拉丁美洲的第一首国歌。1819 年,智利议会通过决议确定了国歌。1851 年,玻利维亚通过法令确立国歌。

20 世纪的科技革命带来了人类各方面的进步,提升了音乐方式、音乐手段的多样性,带动了音乐的大众化,也强化了音乐的动员作用。"音乐在爱国动员中的作用也使人们开始尝试新的民众动员形式,以情感而不是道理为基础的民众动员形式在 20 世纪大大增加。"[2] 以歌颂民族为核心的国歌获得广泛认同,进入 20 世纪,越来越多的国家开始确立国歌,但是在 20 世纪初期关于国歌使用、管理制度的规则尚未发展成熟。1900 年,阿根廷颁布法令,明确在官方或公共庆典上,以及在国立学校、学院中,只能演唱 1813 年 5 月 11 日大会批准的歌曲的第一节和最后一节。1922 年,德国魏玛共和国才将《德意志之歌》确立为国歌。1932 年,荷兰通过一项政府的公开决定,才正式确定《威廉颂》为国歌。

在美国,《星条旗之歌》成为美国的国歌,于 1889 年被美国海军官方使用,于 1916 年被美国总统伍德罗·威尔逊承认为官方使用,并于 1931 年 3 月 3 日通过法律予以明确,该法名称为《确定"星条旗之歌"为美国国歌法》,仅一条内容:"由歌词和旋律组成的、称为'星条旗之歌'的作品确定为美国国歌。"[3]

---

① Décret du 26 messidor an III (14 juillet 1795). https://www2. assemblee-nationale. fr/decouvrir-l-as-semblee/histoire/dossier-historique-la-marseillaise/decret-du-26-messidor-an-iii-14-juillet-1795.

② [法]迪迪埃·法兰克福:《国歌:欧洲民族国家在音乐中的形成》,郭昌京译,上海文化出版社 2019 年版,第 7 页。

③ Mar. 3,1931,ch. 436,46 Stat. 1508. https://uscode. house. gov/statviewer. htm? volume = 46&page = 1508.

在苏联,1918 年 1 月,苏维埃第三次代表大会决定把《国际歌》作为苏俄国歌,1922 年苏联成立后《国际歌》成为苏联国歌。1943 年 12 月 14 日,苏联通过关于确立苏联新国歌的决议,主要内容如下:(1)明确苏联新国歌的歌词。(2)苏联新国歌采用亚历山大·瓦西里耶维奇·亚历山德罗夫的作曲。(3)指示苏联文化人民委员理事会下属的艺术委员会委托专家与亚历山大·亚历山德罗夫合作,改进苏联国歌的管弦乐。(4)委托苏联最高苏维埃主席团秘书戈洛萨·戈尔金先生和苏联人民委员会下属艺术委员会主席戈洛萨·赫拉普琴科先生在 1 个月内组织将苏联国歌翻译成苏联各类法定语言。(5)命令苏联艺术人民委员理事会下属的艺术委员会广泛出版苏联国歌的文本和音乐,为合唱团、交响乐队和铜管乐队提供单独版本。(6)从 1944 年 3 月 15 日起执行新的苏联国歌。[①]

"二战"后,随着独立国家越来越多,新成立的国家也相继制定了国歌法,明确了具体的使用管理规则,如 1968 年马来西亚制定国歌法,1973 年赞比亚制定国歌法,1996 年津巴布韦制定国歌法。马来西亚国歌法规定了国歌完整版、删减版、简短版分别奏唱的情形,禁止使用国歌的情形,违反法定情形的法律责任等。苏联解体后,受苏联制定国歌法的影响,新独立的国家大都制定了本国的国歌法,如 1993 年阿塞拜疆制定国歌法,1994 年塔吉克斯坦制定国歌法,1995 年立陶宛制定国歌法,1995 年摩尔多瓦制定国歌法,1998 年拉脱维亚制定国歌法,2000 年俄罗斯制定国歌法。

二、国歌法律制度的整体情况

根据笔者统计,目前,绝大多数国家均有法定或者传统默认的国歌(如英国国歌虽然没有法定化,但是已经获得广泛认可)。22 个国家制定了专门的国歌法,43 个国家在国家象征法中规定了国歌的名称、奏唱国歌的基本规则。

在欧盟,大多数国家的国歌都是由法律规定的。只有爱尔兰、瑞典、德国的国歌不是通过法律法规确定的。关于国歌的立法主要有三种模式:一是议会决议、总统规定,明确某首具体歌曲为国歌。有一些国家国歌法内容较为简单,主要是明确国歌是什么,然后简要描述国歌的重要规则。如《加拿大国歌法》共 3 个条文和 2 份附件,第一条规定法律简称:本法可称为《国歌法》。第二条规定国歌是什么:歌曲《O Canada》的歌词和音乐(The words and music),如附件所载,被指定为加拿大国歌。第三条规定国歌属于公共领域:

[①] "Государственный гимн СССР, 14 декабря 1943 г. ", https://www. 1000dokumente. de/index. html? c = dokument_ru&dokument = 0027_hym&object = translation&l = ru.

加拿大国歌的歌词和音乐在此宣布属于公有领域。二是专门性国歌法律规定国歌使用、管理的主要规则。三是综合性国家象征性法律中规定国歌的使用管理规则。

三、国歌立法的主要内容

一般而言,国歌法律制度的主要内容如下所述。

(一)关于国歌的地位

国歌的地位主要是在宪法、法律层面作出规定。很多国家的国歌法规定国歌的性质和地位。例如,《俄罗斯国歌法》第二条规定,俄罗斯联邦国歌是俄罗斯联邦的官方国家象征。俄罗斯联邦国歌是在联邦宪法性法律规定的情形下演奏的音乐诗歌作品。《亚美尼亚国歌法》第二条规定,亚美尼亚共和国国歌是亚美尼亚共和国的国家象征之一。《拉脱维亚国歌法》第一条规定,拉脱维亚国歌是拉脱维亚共和国的国家象征之一。《阿塞拜疆国歌使用法》第一条规定,根据《阿塞拜疆共和国宪法》第二十三条第一款的规定,阿塞拜疆共和国国歌是阿塞拜疆共和国的国家象征。第二条规定,根据《阿塞拜疆共和国宪法》第七十五条的规定,每个公民都必须尊重阿塞拜疆共和国国歌。不尊重阿塞拜疆共和国国歌应当承担法律责任。

还有一些国家的国歌具有纯粹的习惯性地位,如《上帝保佑女王》在英国没有任何法律规定,但事实上作为英国的国歌。在新西兰,大多数活动中使用的国歌是《上帝保卫新西兰》,有英语和毛利语两种版本,其含义不太一样。

(二)关于国歌的构成

很多国家在法律附件中规定了国歌的歌词和曲谱。例如,《俄罗斯国歌》第一条规定,根据《俄罗斯宪法》第七十条规定,基于本联邦宪法性法律附件一和附件二,批准俄罗斯联邦国歌的词曲。《加拿大国歌法》规定,歌曲《哦,加拿大》的词、曲被指定为加拿大国歌。孟加拉国国歌法律不仅在附件中列出了歌词的本国语言版本,还列出了英文版本。也有的国家,如菲律宾在法律的正文中列出了歌词。

(三)关于奏唱情形

国歌是表达爱国主义的重要形式,应在庄重适宜的场合奏唱,许多国家对奏唱国歌的场合进行了规定。有的国家概括性规定,适宜的场合均可奏唱国歌。如新加坡规定,在总统接受致敬时应奏唱国歌,在其他任何适宜的场合均可奏唱国歌。也有一些国家对奏唱国歌的场合作出了具体规定,如俄罗斯、菲律宾等。

（四）关于奏唱礼仪

奏唱礼仪是展现国歌的外在形式,是表达爱国主义情感的重要表现方式,许多国家和地区都规定了奏唱国歌应当站立致敬的礼仪,如中国、俄罗斯、马来西亚。也有一些国家还区分不同场合、不同人群对奏唱国歌的礼仪作了规范,如美国。

（五）关于奏唱方式

关于国歌奏唱的形式,一些国家作了规定,如俄罗斯规定,俄罗斯国歌可以在管弦乐、合唱、交响乐、歌剧或者其他演奏形式中使用。为此,可以使用录音、录像以及电视和无线电设备。在俄罗斯联邦总统规定的情形下以及按照俄罗斯联邦总统规定的程序,允许在其他音乐作品和其他艺术作品中使用俄罗斯联邦国歌。

（六）关于国歌的监督管理

国歌的监督管理是广泛运用国歌、维护国歌尊严的重要保障。一些国家明确了国歌的监督管理制度,包括监督管理部门、教育宣传、知识产权等。例如,《摩尔多瓦国歌法》第十一条规定,履行本法的责任在于政府（以总理的名义）及举办这些活动的中央和地方公共行政专门机关、企业、机构,以及组织的负责人。

（七）关于法律责任

对于涉及侮辱国歌的法律责任,美国、加拿大、日本未规定侮辱国歌承担的法律责任。而很多国家和地区则具体规定了侮辱国歌应承担的法律责任,主要有:（1）给予行政处分,如菲律宾;（2）处以罚金、监禁,如新加坡、菲律宾、印度等。

第二节　国歌法律制度的宪法依据比较

国歌规定在宪法中,具有深刻的含义。正如宪法序言和精神条款构成了宪法精神,国歌能以音乐的形式构筑宪法精神。国歌应当符合宪法的基本价值,让人们意识到宪法精神,同时与一个国家的宪法历史联系起来,并囊括对未来的希望。① 基于《世界各国宪法》的统计,目前,有 111 个国家的宪法明确规定了国歌,约占 193 个联合国会员国总数的 57%。②

一、总体情况

事实上,目前许多国家的宪法都提到了国歌,非洲各国的宪法尤其如此,如喀麦隆、布基纳法索、多哥、中非、刚果、科摩罗、海地、摩洛哥、突尼斯等。有学者对非洲法语圈国家的宪法作了比较分析,认为非洲法语圈国家的大部分宪法不仅借鉴了原殖民者——法国宪法的结构,将国歌放在第一章主权条款之中,也借鉴了国歌的规定模式,均简要规定国歌的歌名。③

在欧洲,提到国歌的宪法较少,如比利时、西班牙、爱尔兰、意大利和德国的宪法都提到了国旗,可对国歌却只字未提。但是,法国、葡萄牙、匈牙利、罗马尼亚、斯洛文尼亚、斯洛伐克的宪法对国歌有所提及。

二、各国宪法关于国歌规定的要素

宪法是国家的根本法,宪法内容精练,对于国家象征的规定也相对比较简洁,规定国歌的主要要素包括以下内容。

(一)关于国歌的曲谱

一是明确国歌的名称。例如,《法国宪法》第二条规定,共和国国歌为《马赛曲》。《克罗地亚宪法》第十一条规定,克罗地亚共和国的国歌是《我们美丽的祖国》。

二是明确国歌的名称及创作者。例如,《立陶宛宪法》第十六条规定,国歌是由文卡斯·库迪尔卡创作的《国歌》。《匈牙利宪法》规定,匈牙利国歌为弗兰克·俄尔克谱曲、弗兰克·寇勒作词的《圣诗》。《多米尼加宪法》第三十三条规定,国歌由何塞·雷耶斯作曲、埃米利奥·蒲洛德洪恩填词。国歌唯一且不变。

有的国歌原歌曲较长,宪法明确部分歌词为国歌。例如,《斯洛伐克宪法》

---

① Peter Häberle. Nationalhymnen als kulturelle Identitätselemente des Verfassungsstaates. Wissenschaftliche Abhandlungen und Reden zur Philosophie, Politik und Geistesgeschichte(PPG), Volume 44 2013. 2. , durchges. und erw. Aufl. IV, S 111.

② 本节中各国宪法的规定均引自《世界各国宪法》编辑委员会编译:《世界各国宪法》(亚洲卷、欧洲卷、美洲大洋洲卷、非洲卷),中国检察出版社 2012 年版。

③ 青木人志「比較法学の素材としての国歌」—橋論叢第 118 卷第 1 号(1997 年)83 頁参照。

规定,斯洛伐克共和国的国歌由歌曲《塔特拉山上的闪电》(*NadTatrousablyska*)的前两段构成。

三是附件明确国歌歌词、曲谱。例如,《不丹宪法》第一条规定,不丹的国歌在本宪法的附件二中规定。《斯里兰卡宪法》第七条规定,斯里兰卡共和国的国歌是《斯里兰卡,母亲》,歌词和乐谱如附表三所述。

（二）关于国歌的确立及其程序

一是规定国歌的确定主体。例如,《摩尔多瓦宪法》第十二条规定,摩尔多瓦共和国国歌由组织法予以规定。《南非宪法》第四条规定,共和国的国歌由总统以宣示决定。《塞拉利昂宪法》第三条规定,塞拉利昂共和国国歌由议会规定。

二是规定国歌歌词的文本及使用由法律规定。例如,《克罗地亚宪法》第十一条规定,国歌的歌词文本及使用均由法律规定。有的国家规定国歌名称、国歌规则由法律规定。例如,《卢旺达宪法》第六条规定,国歌是《美丽的卢旺达》,法律确定国歌的特征和礼仪。

三是规定国歌的通过程序要求。例如,《乌克兰宪法》第二十条规定,乌克兰的国歌,由姆·韦尔比茨基作曲,由法律规定歌词。上述国歌,由乌克兰最高拉达以其全体代表的2/3多数予以通过。

（三）关于国歌的象征意义

国歌是国家的特定象征,往往表达国家统一、民族团结等愿望。一些国家的宪法规定国歌的象征意义。例如,《埃塞俄比亚宪法》第四条规定,埃塞俄比亚国歌由法律规定,应反映宪法的目的,并表达埃塞俄比亚各民族在一个民主社会同生活、共命运的共识。

三、我国宪法关于国歌的规定

我国宪法第一百四十一条第二款明确,中华人民共和国国歌是《义勇军进行曲》。该条规定表述简洁明了,与我国宪法第四章关于国旗、国徽、首都表述方式一致。我国宪法没有明确国歌的词作者、曲作者,延续了历史上我国相关制宪性文件、法律关于国歌的规定。1949 年 9 月 27 日,中国人民政治协商会议第一届全体会议通过的《关于中华人民共和国国都、纪年、国歌、国旗的决议》明确:"在中华人民共和国的国歌未正式制定前,以义勇军进行曲为国歌。"1982年 12 月 4 日,第五届全国人民代表大会第五次会议通过《关于中华人民共和国国歌的决议》,明确"恢复《义勇军进行曲》为中华人民共和国国歌"。上述规定均直接规定《义勇军进行曲》，没有署名词作者、曲作者。从通常理解来看，我国宪法条文规定了国歌的名称，限定了国歌的唯一性，即为田汉作词、聂耳作曲的《义勇军进行曲》，而不是其他人作词、作曲的"义勇军进行曲"。此外，虽然宪法从实质上作了限定国歌的唯一性，从国外宪法实践中，并不否认国歌的曲调可以根据乐曲、场景的不同进行配器、编曲，只要是在没有改变国歌的歌词，并给予国歌应有尊重的前提下。

第二章 国歌的构成

第一节 国歌的歌词

国歌是一首充满爱国主义情怀的音乐,旨在表达一个国家的国家意识和民族精神。"国歌实际上是一个民族扎根于其文化深处,触动一个政治社区的情感基础。"[①] 它通常在节日场合演奏,如国家庆典、纪念日等。国歌作为一种音乐,主要包含两个基本元素:歌词和曲谱。歌词蕴含丰富内容,在国歌中具有重要的地位。根据统计,目前绝大部分国歌都有歌词,只有 28 个国家的国歌没有歌词(其中一部分国家有非官方认定的歌词)[②],如波斯尼亚和黑塞哥维那国歌和西班牙国歌。在西班牙,由于缺乏民众的热情,以及加利西亚、巴斯克或加泰罗尼亚-瓦伦西亚社区拒绝完全使用卡斯蒂利亚语的国歌歌词,许多关于歌词的建议从未获得官方批准。

对于国歌的歌词和曲谱,在立法中有不同的规定方式。一是直接在法律正文中列明国歌歌词,如《玻利维亚国家象征法》第十四条、《巴拿马国家象征法》第三章正文列明了国歌歌词。二是很多国家在法律附件中规定了国歌的歌词和曲谱,如俄罗斯国歌法、加拿大国歌法在附件中明确国歌歌词、曲谱。孟加拉国不仅在国歌法附件中列出了歌词的本国语言版本,还列出了英文版本。

一、国歌歌词的修改

国歌往往由普通歌曲演变而来,在时间的变化中产生、确立了合法化的历史叙事。在很多国家,在国歌歌词确定之时,国歌歌词的历史叙事往往不会被

---

① Peter Häberle. Nationalhymnen als kulturelle Identitätselemente des Verfassungsstaates. Wissenschaftliche Abhandlungen und Reden zur Philosophie, Politik und Geistesgeschichte(PPG), Volume 44 2013. 2. , durchges. und erw. Aufl. IV, S 115.

② Stanley Waterman, *National Anthems and National Symbolism*: *Singing the Nation*, Handbook of the Changing World Language Map, Springer International Publishing, Vol. 1, pp. 2603-2618(2019).

社会的一部分人所接受。如果国歌没有为国家、政权起源提供历史解释,往往不被视为合法。但是国歌一旦确定,并被广泛接受就很难加以改变。"宪法的变化比国歌的变化更频繁。在国歌相关的保护方法中,存在维护民族历史意识的机制。国歌一旦被接受,就会融入国家记忆的结构中。与政治正确性相比,维护民族记忆几乎无处不在。"① 随着时间的推移,对国歌历史叙事的保存和神圣化更大限度地体现在国家历史记忆的选择上。例如,在苏联解体后,经过反复曲折的 10 年历程,俄罗斯在 2000 年最终选择了采用苏联国歌《苏联颂》的旋律,但重新填词的国歌。很多国家都存在类似的案例,特别是苏联解体之后形成的国家往往采用历史上具有本民族特色的歌曲作为国歌。

国歌的歌词是文学作品,通常是史诗、抒情和戏剧化语言的结合,具有大量深刻的意象、高深的隐喻。虽然各国国歌受到尊重,但是很多国家的国歌并不是完美的,仍然受到一些质疑。例如,法国国歌《马赛曲》就因其歌词血腥经常受到谴责。另外,它经常被这个或那个阵营工具化也是其被谴责之原因。近年来,因对国歌不满已经修改或者希望修改的原因有以下几种。

一是因追求性别平等修改国歌。例如,2011 年 11 月 7 日,奥地利国民议会以 2/3 多数票最终通过了议案,修改了国歌歌词。② 2018 年 1 月 31 日,加拿大通过一项专门立法,将国歌歌词英文版的"True patriot love in all thy sons command"修改为"True patriot love in all of us command",将有性别色彩的"all thy sons"修改为"all of us",以体现男女平等。这种修改代表着国歌将尽可能地团结绝大多数群体,能够更加有力地凝聚大多数公民。

二是因宗教原因修改国歌。一些国家较早确立了具有宗教色彩的国歌,但是随着宗教观念发生变化,宗教问题日益复杂化,激发了修改国歌的问题。例如,以色列、新西兰都出现过因国歌歌词具有宗教因素,要求修改歌词的事例,但是至今未修改成功。

三是因种族问题修改国歌。2021 年 12 月,澳大利亚总督签署公告,批准政府修改国歌《前进,美丽的澳大利亚》的建议,将"我们年轻且自由"这一句中的"年轻"改为"团结"。修改前的澳大利亚国歌长期以来被批评忽视原住民群体,一些原住民运动员在体育比赛中拒绝唱国歌以示抗议。近年来,澳大利亚国内要求尊重原住民的呼声高涨,于是有了修改国歌的提议。③ 为了反映原住

① Бушуев Владимир Викторович. Исторический нарратив государственных гимнов и политика национальной памяти. Вестник Московского государственного областного университетаа (электронный журнал). 2019. № 1. C. 30.

② Bundeshymne würdigt nun auch die großen Töchter Österreichs. https://www. parlament. gv. at/PA-KT/PR/JAHR_2011/PK1207/#XXIV_A_01758.

③ 邵一佳:《澳大利亚改国歌,不说"年轻"说"团结"》,载环球网,https://world. huanqiu. com/article/41L8nkFgLLX。

民的呼声,认可并尊重原住民的历史,澳大利亚政府决定修改国歌歌词。

【案例】印度歌词修改争议案①

在印度,起诉人 Sanjeev Bhatnagar 是一名律师,提交了一份起诉书,声称是为了公共利益,要求印度最高法院指示印度政府纠正国歌的文本,并从国歌中删除"信德"一词。在 2004 年 9 月 20 日开庭时,印度最高法院不愿意受理该请愿书。②

然而,起诉人坚持认为,印度政府有权修改国歌文本,因此,需要法院在这方面作出指示。起诉书被驳回后,2004 年 12 月 3 日,他再次提出书面申请,寻求与先前所寻求的相同和唯一的救济。

起诉人的主要观点是,被称为"信德"的地理区域在分治前(1947 年 8 月 15日之前)是印度的一部分,从那时起它就不是印度的一部分。因此,在国歌中使用"信德"一词是错误的,应该删除,为此需要向印度政府发出适当的指示。在国歌中继续使用"信德"一词,冒犯了印度公民的爱国情怀,也是对邻国主权的冒犯。通过纠正和更新"国歌",可以抚慰 10 亿印度人的情绪。

印度最高法院指示向被告印度联邦发出通知,要求其作出答复。虽然印度政府已经提交了反对起诉人所提请求的答复,但仍有一些起诉人要求参与听证,以反对该书面起诉。其中一些参与者是包括由高等法院前法官领导的全印度信德文化协会、由一名律师领导的印度信德理事会等。实质上,所有的参与者都对起诉书提出了强烈的反对意见,认为他们的感情,首先是作为一个印度人,然后是作为热爱信德语作为一种语言和文化的信德社区成员,已经被起诉者的行动所伤害。

印度总检察长提出,印度政府是一个由民主选举产生的民众政府,它不赞成对结构精细的诗歌或歌曲(即国歌)进行任何修改或篡改。其中的每一个字都在整个作品中被仔细地定位。要求替换国歌中词语的建议将是"试图剥夺泰戈尔的伟大"。他进一步指出,在任何诗歌中,结构都有一些目的,而不是单纯澄清内容。诗歌比散文更有结构性。正是这种结构迫使作者更有创造力;找到不破坏流程的表达方式。词语的选择和结构往往为读者提供了一条在主题之外的路径,一个好的诗人通过内容和内容之外的发挥,达到有趣的效果。词语的结构是作者的创造。一首诗一旦流行起来,如果被采用为国歌,就会成为感情、思想和形象的象征,这些感情、思想和形象已经在我们的头脑中与作者在构建这首诗时使用的词语联系在一起,然后一个词或一组词的意义就会远远超出

---

① Sanjeev Bhatnagar v. Union Of India And Others. Supreme Court Of India(May 13,2005).

② SANJEEV BHATNAGAR V. UNION OF INDIA AND OTHERS. Supreme Court Of India. May 13, 2005. https://www. casemine. com/judgement/in/5609ae1be4b0149711412fb3#22.

其字典表面的定义。因此,请愿人无权获得所祈求的救济。

印度政府的立场是,国歌是一个高度情感化的问题;对国歌的任何修改、替换都会扭曲国歌,并可能引起一些不必要的争论,而不会有任何结果。国歌是不允许被篡改的。国歌是一种文学创作,不能被改变。国歌反映了我们遍布印度各地的文化,无论是北方、南方、东方还是西方。

印度最高法院认为,国歌是一首表达爱国主义情绪或情感的赞美诗或歌曲。但国歌不是界定国家领土的编年史。国旗、国歌、国徽等都是国家荣誉和遗产的象征。国歌也没有将写下国歌时属于印度的各邦或地区纳入其中。当领土、地理区域和省份的内部分布发生变化时,国歌的结构也没有必要随之改变。最近,一些地方已经通过重组某些州而被划分出来。这是否意味着应扩大、改写或修改国歌以包括这些新州的名称? 答案显然是否定的。

国歌是印度公民对祖国的爱国礼赞。国歌歌词提到的几个名字,象征着对印度光荣遗产的回忆。"信德"不仅仅是一个地理区域,指的是这个地方和它的人民。信德人分布在全国各地,他们的这种名字来源于信德省,并从信德省迁移而来。信德省还指"信德河"或"印度河"。它还指一种文化,是世界上最古老的文化之一,甚至现代印度也为其继承了印度河流域文明而感到自豪,认为这是其遗产中不可分割的一部分。

国歌是泰戈尔写的一首诗。他自己曾说过,写这首诗的五节是写给上帝的。这首诗反映了印度作为一个国家的真实情况——许多宗教、种族、社区和地理实体的融合。它是一个多样性中团结的信息。它是一首爱国主义歌曲。几十年来,当它被有节奏地演唱时,它激发了许多人的爱国情怀。它是国家精神的代表。任何经典作品一旦被创造出来,就会成为不朽的、不可分割的整体;即使是它的创造者,也不会觉得应对它作出任何改变。任何篡改诗稿的行为都是对伟大诗人泰戈尔的不尊重。

印度最高法院认同了印度联邦总检察长的意见,认定该起诉书完全没有法律依据,不符合公共利益,起诉人无权获得所祈求的救济。

二、国歌歌词的语言

歌唱是语言和音乐相结合的一门艺术,并能直观、形象地刻画出深刻、丰富的音乐形象。歌唱中,音乐浸润着语言,语言融汇着音乐。因此,生动清晰的语言是刻画艺术形象、深化音乐主题、表达歌曲思想内容、使歌曲传情达意的重要因素。[1]

国歌歌词的语言是国歌的组成部分。国歌所用语言的选择是一个政治问

---

[1]　袁芳主编:《音乐》,北京邮电大学出版社 2016 年版,第 27 页。

题:通常是国家的官方语言,如瑞士(其国歌有四个版本,即法语、德语、意大利语和罗曼语版本),或南非(其国歌有五节,每节以该国五种最广泛使用的语言,即南非语、英语、塞索托语、科萨语和祖鲁语之一书写①)。然而,该国有11种官方语言。在各国立法实践中,对国歌歌词语言的要求主要分为以下两种情况。

一是多数国家明确以单一语言奏唱国歌。

在一些国家,为了维护或促进国家融合,仅支持国歌用法律法规规定的语言奏唱。例如,《拉脱维亚国歌法》第三条规定,拉脱维亚国歌应以拉脱维亚语演奏。演奏拉脱维亚国歌时,其文本和音乐必须符合本法批准的文本和音乐。《菲律宾国旗和纹章法》第三十六条规定,国歌在国内外必须以国家语言奏唱。《新加坡国徽、国旗和国歌规则》规定不得演唱国歌歌词的任何译文。该规则所附的国歌歌词为马来语。虽然新加坡将英语、马来语、汉语、泰米尔语作为官方语言,但仍仅允许以马来语奏唱国歌。② 2019 年 2 月,阿塞拜疆修改关于使用国歌的规则,立法层面禁止以阿塞拜疆语以外的任何语言演奏阿塞拜疆国歌。

在澳大利亚,《国歌礼仪》明确,澳大利亚国歌应该用英语奏唱。个人或组织可以使用英语以外的其他语言表演《前进,美丽的澳大利亚》,但这不应被视为澳大利亚国歌的版本。因此,礼仪不适用于它的使用,如播放歌曲时不需要站立。如果《前进,美丽的澳大利亚》以英语以外的其他语言进行,同时播放澳大利亚国歌,则应首先播放国歌。

二是法定多语言国歌,可以用多语言奏唱国歌。

很多国家规定了官方语言,明确国家推广使用国家官方语言。这有利于维护国家主权和民族尊严,有利于国家统一和民族团结。同时很多国家也规定各民族都有使用和发展自己的语言文字的自由和权利。通常情况下,很多国家国歌法没有禁止使用少数民族语言唱国歌。在多民族、多语言国家,国歌语言的选择是现代民族国家追求民族融合、民族发展必须考虑的问题。一方面,共同的语言往往成为说这种语言的人群的社会团结象征。在奏唱国歌时,如果能用共同的语言共唱一首歌,现场的声音会更统一、效果会更好,更有利于凝神聚力,增加国家认同感和国家荣誉感。另一方面,在达成一致性、尽量追求尽可能统一的目标的前提下,追求促进文化整合,避免文化刺激,追求融合发展,采取

---

① 南非国歌是由该国 1927 年通过的第一首国歌 *Die Stem van SuidAfrika*(《南非的呼唤》)和反种族隔离运动采用的一首非洲流行的宗教歌曲 *Nkosi Sikelel' iAfrika*(《上帝保佑非洲》)组合而成的。这两首歌曲在纳尔逊·曼德拉总统的就职典礼上演奏,1994 年均被采用为国歌,1997 年合并为一首国歌。南非为了强调全国人民的团结,歌词使用了南非最常使用的五种语言:科萨语(第一节前两行)、祖鲁语(第一节后两行)、塞索托语(第二节)、南非语(第三节)和英语(第四节)。

② National Anthem, National Heritage Board(Oct. 3,2022),https://www. nhb. gov. sg/what-we-do/our-work/community-engagement/education/resources/national-symbols/national-anthem.

各方面均逐渐接受的国歌相关的文化、制度、精神等,进而不仅在政治上,还将在心理上、情感上产生良好的影响。

一些国家明确规定在正式场合演唱国歌要采用法定语言,非法定语言的国歌具有非官方效力。在南非,为确保土著人民保护、振兴和推广其语言的权利,将语言多样性和多语制纳入了可持续发展努力的主流。因此,南非法律明确规定了五种语言的国歌歌词版本。

在秘鲁,政府推动制作了由国家儿童合唱团以西班牙语和五种土著语(克丘亚语、阿沙宁卡语、艾马拉语、希皮博-科尼博语和阿瓦洪语)演唱的秘鲁国歌版本,以及由国家交响乐团演奏的版本。秘鲁文化负责人强调通过这一多元化的举措,推动公民带着责任和希望看待国家,促进国家更加团结。

在瑞士,宪法规定,德语、法语、意大利语和拉丁罗曼语是瑞士的国语,所以瑞士各类官方文件包括国歌是以四种语言对外公开使用的。在瑞士,不存在使用不同的语言唱国歌的问题。

在新西兰,由于有三种官方语言,因此有三种不同版本的《上帝保卫新西兰》,即新西兰手语、毛利语和英语版本。《上帝保卫新西兰》总共有五段歌词。原文只有英语版本,但后来当原住民的利益重新得到确认,开始出现了毛利语版本的歌词。一般来说,日常生活中只会采用歌词的第一段。而根据新西兰的习惯,唱国歌之时会先唱毛利语版本,然后才唱英语版本。在非常罕见的情况下,英语歌词的第二段亦会唱。

在加拿大,法语和英语都是其官方语言,政府公布了法定的英语版本、法语版本的国歌,但同时明确,公民可以用其他语言翻译国歌歌词,但翻译版本不具有官方地位。

实际上,现代民族国家大部分都是在特定文化、历史的背景下发展的,不可避免地存在异质性的因素,而语言作为文化中的重要组成部分,不可避免地成为国家文化的重要组成部分。国家意义上的政治文化与各民族意义上的民族文化在国歌问题上的共存成为重要的问题,特别是在某一个国家民族语言占据统治地位,具有相对排他性的国家。而在重要的政治仪式中,国歌的语言成为不同文化碰撞的重要场合,这种碰撞是得到合理适度的缓冲,还是因多种原因而激化,因各国国情不同而有所区别。

一些国家为了保护聋哑人奏唱国歌的权利,专门制作了手语版国歌。例如,2021 年,南非体育、艺术和文化部发出通知,征求标准化的国歌手语版本。①

---

① Pan South African Language Board Act: Standardisation of the South African Sign Language Interpretation of the National Anthem: Comments invited(English / Afrikaans), Government of South Africa(May. 3, 2022), https://www. gov. za/documents/pan-south-african-language-board-act-standardisation-south-african-sign-language.

南非计划推出手语版本国歌,有助于实现手语的官方化、确保南非人民平等获得信息和包容性,并促进多种语言融合,对实现社会凝聚力有很大帮助。

三、典型案例

(一)美国国歌语言的争议:不允许使用翻译的版本

关于国歌语言的争议往往发生在多民族国家。在以主体民族构成的国家,能否以少数族群的语言奏唱国歌?2006 年 5 月 1 日,美国一家音乐制作人决定将美国国歌的西班牙语版推向市场,作为少数民族、非法移民抗议不公平对待活动的一部分。然而以西班牙语唱国歌遭到很多公民的强烈反对。时任美国总统布什申明:"我认为国歌应该用英语唱,我认为谁想要成为这个国家的公民,应该学习英语,应该学习用英语唱国歌。"一些共和党参议员,包括多数党领袖,对国歌的西班牙语版本感到震惊,并提出一个非约束力的决议案,国歌和国旗宣誓应仅用英语演唱和朗诵。

2006 年 5 月 1 日,美国参议院通过《明确涉及国家团结的表达,包括国歌,必须以英语朗诵或者演唱的决议》,主要理由包括:一是用英语奏唱国歌有着深厚的历史根源。国歌《星条旗之歌》是在 1814 年用英语写成,并于 1931 年被确定为美国国歌,1942 年美国国会在法律上正式确认用英语表达的效忠美国国旗的誓词。归化公民入籍誓词的最初版本也是使用英语的。二是绝大多数美国人是移民或者移民的后裔,他们以其原籍国为荣,但仍为作为美国人感到自豪;英语是大多数美国人共同的语言。美国人民不是按照种族、血统或者血缘团结在一起的,而是按照共同的语言——英语和建国重要文献,特别是《独立宣言》和《美国宪法》规定的原则、共同信仰所团结起来的。三是根据《美国移民和国籍法》,成为美国公民必须放弃效忠其原籍国的政府,并宣誓效忠美国宪法和法律,并表现出对使用英语的理解。因此,参议院申明,对于应当宣扬或者演唱象征国家团结的言论或者歌曲,包括国歌、入籍公民宣誓以及效忠美国国旗誓词,必须使用英语,这是美国的通用语言。[①]

赞成可以使用西班牙语国歌的人认为,在美国以西班牙语唱国歌在越来越多的反移民政策抗议的情况下应该得到理解。唱国歌是一种多元化行为,是多元化的表达。虽然国歌通常是由美国公民用英语演唱,但由非公民、少数族裔以西班牙语多元化的形式演唱,可以理解为自由的表达,也可以理解为对于选

---

① S. Res. 458-A resolution affirming that statements of national unity, including the National Anthem, should be recited or sung in English, Congress. gov(May. 3,2022),https://www. congress. gov/bill/109th-congress/senate-resolution/458/text.

举权的渴望。

(二)允许使用翻译的国歌语言：墨西哥

在墨西哥，有些人保留和使用土著语言或其原籍文化。考虑到这些人的诉求，《墨西哥国歌、国徽和国旗法》第三十九条规定，自 2005 年 12 月 8 日起，允许将国歌歌词翻译成土著语。翻译必须得到国家土著语言研究所的认可和内政部的授权。截至 2014 年，国歌已被翻译成六种以上的土著语言。其他土著团体已将国歌翻译成各自的语言，但尚未得到政府的批准。在墨西哥，内政部负责监督上述法律的实施，联邦政府的其他部门可以提供帮助。

第二节　国歌的曲谱

曲谱，即乐谱，是指记录音乐音高或者节奏的各种书面符号的有规律的组合。曲谱，是音乐作品书面的表现形式，是可供演唱或演奏的音乐文本。演奏曲谱是指用于器乐演奏的音乐文本。通常各国会在法律法规中明确国歌应当严格按照法定的歌词、曲谱奏唱。例如，《俄罗斯国歌法》附件列明了国歌曲谱、歌词。国歌的曲谱，一般各国采用五线谱的形式。

一、国歌曲谱的配器

一般情况下，各国国歌法律法规附件中的国歌旋律曲谱虽然可适用于多种演唱或演奏形式，但对于乐队合奏来说，因旋律曲谱没有声部分配，乐队仅能采用齐奏的形式演奏同一个旋律，不能充分发挥乐队合奏的表现力，音乐色彩不丰富、音响缺乏层次感。为达到更佳的艺术效果，须由专业的音乐人士对旋律曲谱进行专业的配器（运用和声与配器手法），以形成适用于不同器乐合奏形式的演奏曲谱。配器就是给一段主旋律配上多声部伴奏的总谱的过程。当国歌采用管弦乐、管乐等进行演奏时，必须要进行配器。通常情况下，很多国家允许演奏经过审核的配器音乐版本。有的国家对于国歌的配器作了规定。

一些国家的国歌法附件刊载国歌不同的曲谱。例如，《西班牙国歌法令》第二条规定，乐队、管弦乐队和管风琴的乐谱载于本皇家法令附件，并应作为任何版本的室内乐队的参考。西班牙国歌演奏完整版的长度为 52 秒，短版的长度为 27 秒。拉脱维亚内阁制定的国歌编排条例明确，国歌编曲可以采取交响乐、铜管乐、合唱团、钢琴、管风琴五种形式。《亚美尼亚国歌法》第二条规定，亚美尼亚国歌有声乐、器乐、管弦乐、合唱、管弦合唱版本。亚美尼亚国歌必须按照本法附件批准的音乐版本和文本演奏。

　　有的国家在法律附件中载明较为简单的声乐、钢琴版本的乐谱版本，对于相关配器版本由相关部门批准。例如，《波兰国徽、国色和国歌以及国家印章法》第十二条第三款规定，国歌的歌词载于附录4。国歌的乐谱编排如下：独声唱、钢琴、声乐和钢琴，载于附录5。文化和艺术部长批准国歌的以下乐谱编排：合唱、器乐以及器乐声乐合奏。

二、国歌曲谱的类型

　　很多国家的歌曲采用民间先流行起来的歌曲，有的歌曲本身较长或者部分歌词内容复杂，但作为国歌用于正式场合时，需要选择其中某部分用于正式场合，因此很多国家的国歌分为简短版本和完整版本两种。

　　在印度，国歌有完整版、简短版两个版本，完整版是著名诗人泰戈尔的歌曲《人民的意志》（*Jana Gana Mana*）的歌词和音乐组成，是印度的国歌。完整版本，其播放时间约为52秒。在某些场合也会播放由国歌第一节和最后一节组成的简短版本。简短版本的播放时间约为20秒。印度内政部关于国歌的命令规定了不同版本国歌演奏的场合。一是国歌的完整版本应在以下场合演奏：（1）官员和军事人员授勋仪式上。（2）致敬仪式上（在国歌的伴奏下，向总统、外国领导人致敬。在各自的邦、中央直辖区内，向邦长、省督行敬礼）。（3）在阅兵式上。（4）总统抵达国家正式活动和政府组织的其他活动及群众活动时，以及离开这些活动时。（5）在总统通过全印度广播电台向全国发表讲话之前和之后。（6）邦长、省督在其所在邦、中央直辖区内参加正式的邦活动时，以及离开这些活动时。（7）当国旗被带到阅兵式上时。（8）当升起军事旗帜（Regimental Colours）时。（9）在海军中悬挂彩色旗帜时。二是简短国歌适用于以下场合，如在餐厅里庆祝时，应播放国歌的简短版本。《多米尼加国家象征法》第三十一条规定，国歌的前四节作为日常官方使用的，将在官方公共行为中用声音、乐器演唱或播放。

　　在西班牙，《西班牙国歌法令》第三条规定，在以下适当情况下，演奏国歌。一是完整版本奏唱场合：（1）在向西班牙国旗致敬的活动中；（2）在国王陛下或女王陛下出席的官方仪式上；（3）在王后或女王配偶出席的官方仪式上；（4）在《军事荣誉条例》中规定的其他仪式上。二是简短版本奏唱场合：（1）阿斯图里亚斯王子殿下、阿斯图里亚斯公主殿下或西班牙殿下出席的官方活动。（2）在政府总理出席的正式仪式上。（3）在西班牙官方代表参加的体育或任何其他类型的活动中。（4）《军事荣誉条例》中规定的其他情况。

　　在马来西亚，国歌分 ABC 三个部分，完整版或者皇家版是全部奏唱 ABC 三个部分,删节版是奏唱 BC 两个部分,简短版是奏唱 C 部分。《马来西亚国歌法》规定,一是国歌的完整版或皇家版应在下列场合演奏:(1)当向国家最高元首、国家最高副元首致敬时,当国家最高元首依照国家最高元首法行使职权、当国家最高副元首依照国家最高副元首法行使职权的情形下;(2)在官方游行或其他官方礼仪活动期间;(3)在国家最高元首出席的所有场合(包括通过广播出席);(4)当马来西亚国旗出现于游行场合时;(5)当陆军旗帜出现时;(6)当升起海军旗帜时。二是删节版国歌应在以下人员出席的所有正式场合作为敬礼演奏:(1)国家最高元首夫人;(2)马六甲、槟城、沙巴和砂拉越的元首;(3)在国家最高元首下令规定的任何其他场合演奏。三是简短版国歌奏唱的场合如下:国家元首及其代表不在场,但有一位国家统治者在场的情况下。

三、专属歌曲

一些国家明确特定人员专属的歌曲,如国王歌曲、总统歌曲等。例如,在新西兰,《1977 年关于采用新西兰国歌的公告》明确,经伊丽莎白二世女王陛下同意,现宣布政府决定新西兰的国歌为传统国歌——《上帝保佑女王》和由托马斯·布拉克恩作词、约翰·约瑟夫·伍兹作曲的《上帝保卫新西兰》。两者作为国歌具有同等地位,适合于相应的场合。女王陛下同意《上帝保佑女王》特别适合女王陛下的任何场合,其于女王或皇室成员或总督,在新西兰境内正式出席或强调对王室的忠诚时奏唱。而《上帝保卫新西兰》在强调新西兰的民族身份时,即使在向新西兰举办女王陛下招待会时,也可以奏唱。两首歌曲可以在同一场合演奏。但通常的情况是,播放或演奏最适合该事件的一首。两者都演奏的例子包括议会开幕式、某些政府招待会和教堂礼拜、联邦日和澳新军团日的全国纪念活动。[1]

【案例】国歌歌词是否影响公民的权利义务案

2006 年,俄罗斯一公民向俄罗斯联邦宪法法院提起诉讼,认为俄罗斯联邦国歌的文本与俄罗斯联邦宪法相抵触;有必要通过俄罗斯联邦国歌的新文本。起诉人称国歌中的"你举世无双!上帝保佑你,我们唯一的故土"不符合宪法的规定。《俄罗斯宪法》第十四条第一款规定,俄罗斯联邦是世俗国家。任何宗教均不得被规定为国教或者必须信仰的宗教。俄罗斯联邦宪法法院认为,根据《俄罗斯宪法法院法》第九十六条和第九十七条的规定,公民有权向俄罗斯联邦

---

[1] New Zealand Gazette 17 November 1977 notice, govt. nz (May. 3,2022), https://mch. govt. nz/nz-i-dentity-heritage/national-anthems/protocols.

宪法法院提出诉讼,指控其宪法权利受到侵犯,如果有争议的法律影响公民的宪法权利和自由,并且根据该法律在申请人的特定案件中适用,其主观权利和义务受到影响。

俄罗斯联邦宪法法院认为,起诉中批准国歌歌词的联邦宪法法律,不包含适用可能导致公民作为特定法律关系主体的任何权利的出现或对其施加任何义务的规范。因此,它不符合《俄罗斯宪法法院法》第九十六条和第九十七条的规定内容,宪法法院判决拒绝受理起诉人的起诉。①

---

① ОПРЕДЕЛЕНИЕ от 18 июля 2006 г. N 371-О. ОБ ОТКАЗЕ В ПРИНЯТИИ К РАССМОТРЕНИЮ ЖАЛОБЫГРАЖДАНИНА КОЛЕЙНИКОВА ЭДУАРДА ИВАНОВИЧА НА НАРУШЕНИЕ ЕГО КОНСТИТУЦИОННЫХ ПРАВ ПОЛОЖЕНИЯМИ ФЕДЕРАЛЬНОГО КОНСТИТУЦИОННОГО ЗАКОНА "О ГОСУДАРСТВЕННОМ ГИМНЕ РОССИЙСКОЙ ФЕДЕРАЦИИ". http://sudbiblioteka. ru/ks/docdelo_ ks/konstitut_big_4038. htm.

第三章　国歌的使用情形

第一节　应当奏唱国歌的法定情形

"某些音乐作品由于政治或其他社会原因,在固定场合、固定情况下反复使用,使人们产生了心理定式,变成具有一定社会意义的信号,具有某种特定的象征的意义。"① 法律要求国歌在固定场合、固定情况下反复使用,就是实现国歌价值的关键所在,也是国歌象征意义所要求的。国歌具有强大的象征性力量,是强化爱国主义教育的重要载体,国歌在不同的仪式活动中表现活跃,成为人们关注的焦点,并起到巩固交流的促进功能。现代国家建构中,通过对国歌演奏属性的强化,维护、固化和呈现国家的合法性。很多国家法律明确规定,在一些重要意义的场合必须奏唱国歌。这既是出于遵守礼仪的需要,也是出于强调和传递合法性的需要。各国法律对于奏唱国歌的情形规定模式主要有以下两种:一是没有规定奏唱国歌的具体情形,如《加拿大国歌法》《美国国歌法》等。二是规定了奏唱国歌的具体情形,在制定国歌法或者国家象征法的国家,一般都规定了奏唱国歌的具体情形。

一、重要会议奏唱国歌

国家性或者国际性的重要会议,如议会开幕、国家庆祝会议等,往往开始时奏唱国歌,这既是一种重要礼仪,也是开展爱国主义教育的重要体现。例如,《巴西国家象征法》规定,在共和国总统、国民议会和最高法院举行仪式时,以及法令或国家规则明确的其他情形,可以奏唱国歌。

在很多国家,议会会议开幕式时奏唱国歌。议会开幕标志着议会年的正式开始,开幕发生在新议会会议的第一天或大选后不久。议会开幕式是议会日历的主要仪式活动,通常现场会吸引众多人群以及大量的电视观众和在线观众。例如,加拿大规定,在议会开会期间,开幕会在周一的,全体议员须站立奏唱国

---

① 曹理、何工:《音乐学科教育学》,首都师范大学出版社 2000 年版,第 28 页。

歌;议会开幕会未在周一的,全体议员须在开会的该周第一天奏唱国歌。《俄罗斯国歌法》规定,在下列情形下演奏俄罗斯联邦国歌:在联邦委员会、国家杜马的开幕会议和闭幕会议上;《白俄罗斯国家象征法》第十二条规定,在白俄罗斯共和国国民议会代表院和共和国委员会的开幕和闭幕会议上,应奏响白俄罗斯共和国国歌。

二、重要仪式奏唱国歌

仪式是重要的象征活动,国家庆祝、纪念活动具有增强民族依恋的能力。仪式突出了共同的历史,传达了核心价值,并有助于减少社会中的冲突,同时共同庆祝和哀悼会增强对小群体的依恋。对于音乐而言,"凡涉及构筑民族身份,必寻求集体的感动。因情感而团结的听众在音乐中发现了激发或者强化从属感的典仪性、宗教性,或者尚武精神"[①]。要求在仪式中奏唱国歌,提高了仪式的庄重性、严肃性,也有助于强化仪式参与人员更加快速地进入仪式要希望的情感状态,进而通过仪式强化对共同体的热爱。将国歌与仪式相结合,将更加生动地激发仪式参与人员忠诚于国家的情感。因此,很多国家国歌法对重要仪式应当使用国歌作了规定。例如,《俄罗斯国歌法》规定:在升国旗仪式和其他仪式上;依照外交照会,在外国国家元首、政府首脑、外国官员以及国家间组织和政府间组织负责人官方访问的欢迎仪式和欢送仪式上;按照俄罗斯联邦武装力量总军事章程,在举行军事仪式时;根据国家权力机关和地方自治机关决定建造的纪念碑和纪念物的揭幕仪式上应奏唱国歌。从各国立法例来看,重要仪式主要包括以下类型。

一是宣誓就职仪式。就职典礼通常通过正式仪式或特殊活动进行。公众人物的就职典礼,尤其是政治领导人的就职典礼,通常会举行庄重的仪式。在宣誓就职仪式上,奏唱国歌有助于彰显就职的国家属性。例如,《摩尔多瓦国歌法》第四条规定,应当奏响摩尔多瓦共和国国歌的场合:(1)在新当选的摩尔多瓦共和国总统宣誓就职时;(2)在议会会议的开幕和闭幕时;(3)在纪念碑的落成典礼上;(4)在授予国家荣誉的正式仪式上。

二是外交欢迎仪式,是主权国家之间友好双边关系的体现,其总体特点是强调官方公共仪式。较为隆重的国家元首欢迎仪式,主要流程包括:为纪念来访的国家元首鸣响礼炮、军乐队演奏两首国歌(通常先播放来访国的国歌),检阅仪仗队,来访国家元首被正式介绍给东道国高级官员和代表,东道国国家元

---

① 〔法〕迪迪埃·法兰克福:《国歌:欧洲民族国家在音乐中的形成》,郭昌京译,上海文化出版社2019 年版,第 10 页。

首被介绍给陪同来访国家元首的代表团,两国元首互赠礼物等。在外交仪式中,奏唱国歌,彰显欢迎仪式的庄重、尊重。例如,《白俄罗斯国家象征法》第十二条规定,外国国家元首、议会议长和政府首脑在正式访问白俄罗斯期间,举行会议的正式仪式中,应当奏响国歌。

三是开幕式。盛大开幕式或剪彩仪式标志着活动的开始或新建场所的正式开张。在开幕式上,奏唱国歌,有助于强化活动、场所的爱国主义性质,营造爱国主义氛围。例如,《摩尔多瓦国歌法》第四条规定,在为国家历史和文化中的重要事件而举行的庄严集会、大会、研讨会的开幕式上,应当奏响国歌。《波兰国歌法》第二条规定,具有国家意义的庄严活动以演奏乌克兰国歌开始和结束。乌克兰国歌在官方国家仪式和其他活动中演奏。《白俄罗斯国家象征法》第十二条规定,国歌可以在以下地点播放:在与白俄罗斯共和国生活中的重大事件有关的纪念碑、纪念馆和其他建筑物的揭幕仪式上,为著名的国家、政治、社会和军事人物,民族英雄,科学、艺术和文化人物揭幕时。《哈萨克斯坦国家象征法》第八条规定,哈萨克斯坦共和国国歌应在以下情况下演奏:为纪念哈萨克斯坦人民生活中的重大历史事件而举行的纪念碑、纪念馆、方尖碑和其他结构的落成典礼上。

四是献花仪式。献花仪式是一种传统习俗,在此期间,鲜花被放置在坟墓或纪念场所。这是对特定贡献人物(如无名战士墓)的正式尊重。最庄严的仪式发生在国家元首或国家元首指定的人、来访的国外领导人在烈士墓前献花圈以纪念阵亡将士等其他特殊场合。例如,《白俄罗斯国家象征法》第十二条规定,在外国国家元首、议会议长和政府首脑的官方献花仪式上,应当奏唱国歌。

三、重要活动奏唱国歌

"每个参加音乐活动的人,通过音乐实践活动,训练节奏的统一,声音的和谐,音高的准确,声部的均衡,情绪速度的一致,都要自觉地维护合唱、合奏中在旋律、节奏、情绪等方面的统一要求,有利于形成统一意志和具有共同感情的群体。"[1]在重要活动中,在场人员集体唱国歌,也能起到培养集体意识、强化共同感情的作用。重要活动往往人员聚集,也是进行爱国主义教育的重要场合。而国歌的性质要求国歌应在庄重适宜的场合奏唱,许多国家对奏唱国歌的具体场合进行了规定。有的国家概括性规定,适宜的重要活动场合均可奏唱国歌。我国国歌法第四条中规定,在下列场合,应当奏唱国歌:各级机关举行或者组织的重大庆典、表彰、纪念仪式等;重大外交活动;重大体育赛事;其他应当奏唱国歌

---

[1]　曹理、何工:《音乐学科教育学》,首都师范大学出版社2000年版,第32页。

的场合。从各国规定情况来看,主要包括以下活动。

一是国家领导人出席的活动。例如,《亚美尼亚国歌法》第三条第一款规定,应当奏唱国歌的情形:在亚美尼亚共和国总统、亚美尼亚共和国国民议会议长和亚美尼亚共和国总理参加的官方和庄严活动中。

二是庆祝活动。例如,《俄罗斯国歌法》第三条规定,在下列情形下演奏俄罗斯联邦国歌:在国家和地方官方节日庆祝活动的开幕式和闭幕式上;在国家机关、地方自治机关、政府组织和非政府组织举办庆祝活动时。《哈萨克斯坦国家象征法》第八条规定,哈萨克斯坦共和国国歌应在以下情况下演奏:在国家机关、社会团体和其他实体举办的仪式、庆典活动中升起国旗时。

三是表彰活动。表彰活动对个人、组织或特定事件的认可的活动,以表扬先进、凝聚力量,起到发挥引领作用,发挥表率、示范作用。例如,《塔吉克斯坦国歌条例》第二条规定,国歌应当在以下场合演奏:在授予戈尔诺－巴达赫尚自治州、区、市、地区、企业、机构和组织的国家奖励时。

四是体育活动。例如,《巴西国家象征法》第二十五条规定,奏唱国歌的情形包括:在属于国家体育系统的实体组织的体育比赛开幕式上。《多米尼加国家象征法》第三十四条规定,在体育和文化活动中演奏国歌。由国家或私人部门主办的体育和文化活动应以国歌开始。在第三十三条和第三十四条所指的活动中,不得对国歌进行鼓掌。

五是地方组织的重要活动。例如,《立陶宛国歌法》第二条规定,应当奏唱国歌的情形包括:在国家机关和政府机构、企事业单位和组织举办的公共活动中升挂立陶宛国旗。《阿塞拜疆国歌使用法》第六条规定,在下列情况下必须演奏阿塞拜疆共和国国歌:国家机构、地方自治机关、政党或非政府组织举行的仪式和其他仪式活动期间(升起或悬挂阿塞拜疆共和国国旗时)。《塔吉克斯坦国歌条例》第二条规定,国歌应当在以下场合演奏:在国家机关、公共组织、企业、机构和集体根据塔吉克斯坦共和国政府许可举办的庆祝活动和其他活动期间。

第二节　奏唱国歌的特殊情形

良好的音乐起到积极的教化作用。鼓励更多公民奏唱国歌,提高公民奏唱国歌的积极性,是国家的责任。

一、国家鼓励可以奏唱国歌的情形

国歌是表达爱国情感的,各国均鼓励公民、组织奏唱国歌。国歌可以在庄严的公共或私人活动中演唱或演奏,前提是该活动有助于爱国价值观的提升。对于鼓励奏唱国歌的方式通常有两种。

一是明确鼓励在合适的场合可以奏唱国歌。例如,《新加坡国徽、国旗和国歌规则》规定,在总统接受致敬时应奏唱国歌,在其他任何适宜的场合均可奏唱国歌。《拉脱维亚国歌法》第四条第二款规定,拉脱维亚国歌也可以在其他公共活动期间演奏,以营造庄严的气氛。

二是对奏唱国歌的场合作出了具体规定。例如,《俄罗斯国歌法》第三条规定,在重要场合如议会开幕会闭幕会、外交活动、军事仪式、重大节日、学校开学、体育赛事活动等场合演奏国歌,也可以在国家机关、地方自治机关、政府组织和非政府组织举办庆祝活动时演奏国歌。《巴西国家象征法》规定,在公共集会开始时,在与爱国主义有关的宗教仪式、在广播电台和电视台的每日广播开始或者结束时,可以选择播放国歌。《亚美尼亚国歌法》第三条第二款规定,亚美尼亚共和国国歌可以在以下情形演奏:(1)在国家机构、地方自治机构举行的庄严仪式和活动中,以及在非政府组织和其他机构举行的庄严仪式和活动中。(2)在国家节日、庄严的会议和历史事件的会议期间。《多米尼加国家象征法》第三十一条规定,国歌可以在庄严的公共或私人活动中演唱或演奏,只要该活动的性质有助于对爱国主义价值观的赞颂。

二、体育场合可以奏唱国歌的情形

体育提高公民身体素质,也有助于人文心理教育建设。在各国,举办体育比赛时,通常在赛前活动中广泛运用以国旗和国歌为特色的爱国主义素材。在美国,体育是一种有助于促进"善"的概念和理想的政治工具,特别是在种族和性别平等及融合领域。[1] 传统上,美国的爱国主义象征有助于团结公民,特别是在国家冲突时期。爱国主义象征,包括国歌,长期以来一直是体育赛事本身的一部分。[2] 除了独立日、阵亡将士纪念日或其他爱国主义节日,"体育赛事标志着成年美国人定期聚集并集体参与这些爱国主义的象征和仪式,向国旗和国家致敬的唯一场合"[3]。因此,体育与国歌、国旗等往往有着正向的相互促进关系,频繁的体育赛事为国歌、国旗提供更多的展示机会,富有情感的国歌、国旗强化

---

① Howard M. Wasserman, *Symbolic Counter-Speech*, William & Mary Bill of Rights Journal, Vol. 12:2, p. 375 (2004).

② Carmen Maye, *Public-college Student-athletes and Game-time Anthem Protests: Is There a Need For a Constitutional-analytical Audible?* Communication Law and Policy, Vol. 24:1, p. 55(2019).

③ Howard M. Wasserman, *Symbolic Counter-Speech*, William & Mary Bill of Rights Journal, Vol. 12:2, p. 392 (2004).

了体育赛事的价值内涵。

在国内举行体育活动场合,往往在开幕式环节首先奏唱国歌。按照国际惯例,在奥运会等体育赛事中,当参赛者来自不同国家时,参加比赛的国家的国歌会在比赛开幕式奏响,一般按照来访国国歌、东道国国歌的顺序奏唱。在个人项目(以及非竞争性的团体项目)中,在比赛结束后的颁奖仪式上应播放获得第一名的运动员所属国家的国歌(所有代表获得第一、第二和第三名国家的国旗应在同一高度升起或有一定的高度差异:第一名的国旗最高,第二名的国旗次之,第三名的国旗更低)。

很多国家的国歌法对于体育场合奏唱国歌作了原则性规定。例如,《俄罗斯国歌法》第六条规定,在俄罗斯联邦境内和俄罗斯境外举办官方体育赛事时,根据比赛规则演奏俄罗斯联邦国歌。《立陶宛国歌法》第三条规定,在国内和国际体育比赛中,如果升起立陶宛国旗,应奏唱或播放立陶宛国歌。

一些国家还规定了体育场合奏唱国歌应当遵守的法律规定情况。例如,《塔吉克斯坦国歌条例》规定,在国际和共和国的体育比赛中,应当根据塔吉克斯坦共和国政府下属的体育文化委员会、国家奥林匹克委员会、体育联合会的规定,在征得工会、青年组织和国防支援组织的同意后演奏国歌。体育比赛期间的国歌仪式应当考虑到国际体育组织的规定来确定。《亚美尼亚国歌法》第五条规定,在亚美尼亚共和国境内举行的跨国家体育官方活动、国际官方比赛和锦标赛的开幕式和闭幕式上演奏国歌,而当比赛和锦标赛在境外举行时,则根据相关国家的法律演奏国歌。

在多米尼加,《多米尼加国家象征法》第三十四条规定,由国家或私营组织赞助的体育和文化活动将以国歌的奏唱开始。私营组织赞助的体育和文化活动可以奏唱国歌。在一定意义上,这构成了法定的例外情形,与国歌一般不得用于商业活动的规定不构成冲突。

三、涉外场合奏唱国歌的情形

涉外场合是奏唱国歌较为常见的场合,由于涉外事务敏感、复杂,很多国家的法律单独对涉外场合奏唱国歌作了规定。

(一)本国国内演奏外国国歌

在一国内,按照规定或者惯例,在涉外场合奏唱外国国歌时,一般保持来访国优先的原则,先奏唱来访国国歌。例如,《巴西国家象征法》第二十五条规定,在必须奏响外国国歌的仪式上,出于礼貌,必须在巴西国歌之前奏响。

在印度,内政部关于国歌的命令专门明确了外国国歌演奏的规定。(1)为外国政要举行的招待会上,如果规定按照国际礼仪,应先演奏来访政要所在国的完整版国歌,然后演奏完整版印度国歌。(2)在由外国驻印度的外交或领事代表组织的戏剧、电影或其他文化节上,有关外国的国歌可与印度国歌一起演奏。此时,应当先演奏外国国歌,然后紧接着演奏印度国歌。(3)在外国使团为庆祝其国庆日而安排的活动中,可以演奏或演唱举行活动国家的国歌。在这些场合,印度总统由不低于中央政府内阁部长级别的官员代表或由德里省督代表(在德里举办时)出席时,可以先奏印度国歌,再演奏主办国的国歌。当举行活动有敬酒环节时,在向印度总统敬酒后,应立即奏印度国歌;在向外国元首敬酒后,应立即奏响外国国歌。如果印度和主办国的国歌已经在活动开始时奏响,那么就没有必要再奏响印度和主办国的国歌。(在上述规定的情形,当需要在外国国歌之前或之后奏响本国国歌时,不应立即同时唱国歌。如果来访的政要及其代表团演唱本国的国歌,在之前或之后应当集体演唱印度国歌。)

(二)在外国演奏本国国歌

在外国演奏本国国歌,需要在遵守本国规定的情况下,同时考虑所在国的法律和传统。例如,《亚美尼亚国歌法》第七条规定,在外国境内的活动中,亚美尼亚共和国国家代表团或其他官方代表团参加正式的、庄严的仪式和活动,奏响国歌,应根据法律规定和有关外国的立法。《塔吉克斯坦国歌条例》第十七条规定,在外国的共和国组织和机构演奏国歌时,演奏国歌的程序应由外交部根据本国的传统和程序确定。《墨西哥国徽、国旗和国歌法》第四十九条规定,外交部在与内政部协商后,应通过墨西哥驻外外交代表机构,批准在国外举行的非民间演出或社会集会上演奏或演唱墨西哥国歌。同样,外交部应通过上述代表要求他们所在国的政府禁止为商业目的演奏或演唱墨西哥国歌。

第三节　使用国歌的禁止情形

国歌的使用受到限制,国家通常确定禁止使用的情形。国歌的禁止使用情形主要包括:不适当的方式、不适当的场合、不适当的用途等。

一、法律上对于禁止情形的规定方式

从国际上看,对于国歌的禁止情形经历了一个从相对较严到较为宽松的监管过程。例如,1920年6月7日,在拉脱维亚,《上帝保佑拉脱维亚》被正式批准为拉脱维亚共和国国歌。同日,内政部专门发布命令,"国歌是人民的庄严祈祷。如果在不适当的地方和环境中执行,没有应有的认真和尊重,其意义是徒劳的。禁止在餐厅、宾馆、咖啡厅、美食馆、花园和其他娱乐场所演奏国歌。国歌只允许在庆典、活动和集会中演奏,在此期间所有在场的人必须起立,男子必须脱帽"①。而当前的《拉脱维亚国歌法》与其他国家的国歌法一样,对于国歌奏唱的场合不再限制过严,明确了国歌可以在适当的场合奏唱。《拉脱维亚国歌法》规定了应当奏唱国歌的场合,并且明确拉脱维亚国歌也可以在其他公共活动期间演奏,以烘托节日气氛。

　　一些国家对国歌奏唱、使用的禁止性行为及侮辱国歌的行为规定得比较笼统。例如,俄罗斯规定,违反本联邦宪法性法律演奏和使用俄罗斯联邦国歌,以及侮辱俄罗斯联邦国歌,根据俄罗斯联邦立法追究相应责任。马来西亚规定,无正当、合理理由未遵守该法的规定或者在公众眼里被认为倾向于降低国歌尊严的疏忽行为将被视为侮辱国歌。也有一些国家规定得比较具体,如新加坡等国家。

二、具体禁止类型

(一)不适当的方式

　　一是以不适当的方式使用国歌,主要是指对国歌随意改编等不尊重国歌尊严的方式。国歌是艺术作品,由于艺术作品的主观性、复杂性以及国歌的政治性,对于国歌的任何改动,就有可能引起争议、质疑。国歌不能随意改编是大多数国家国歌立法的态度。例如,《新加坡国徽、国旗和国歌规则》规定,任何演唱国歌的人必须按照官方的歌词,不得进行任何改动。奏唱时不得将国歌纳入任何曲目或混成曲、未精确地反映国歌完整曲调和官方歌词。我国国歌法第六条规定,奏唱国歌,应当按照本法附件所载国歌的歌词和曲谱,不得采取有损国歌尊严的奏唱形式。

　　二是破坏或者阻挠演奏、演唱或者播放国歌。例如,印度规定,任何有意阻止奏唱国歌或者在任何集会奏唱国歌时引起混乱的人,将处监禁、罚金。

　　三是演奏、演唱或者播放国歌时无正当理由不肃立致敬。例如,《新加坡国徽、国旗和国歌规则》规定,没有合理理由,奏唱国歌时不起立致敬的,将被起诉有罪,并处罚金。《多米尼加国家象征法》第三十五条规定了奏响国歌前的注意

---

① "Dievs,svētī Latviju" - oficiāla valsts himna 100 gadus,Latvijas Vēstneša(15. jūnijā,2021),https://lvportals. lv/norises/316934-dievs-sveti-latviju-oficiala-valsts-himna-100-gadus-2020.

事项:当活动中播放国歌时,所有听国歌的人都应停止行进,如坐着的,应站起来,并脱帽,法律规定的除外。违反本条规定的行为被视为对国歌的不敬。

一些国家对在体育赛事中奏唱国歌时,发出嘘声或者吹口哨的行为是否作为以不适当方式对待国歌引起了争议。在西班牙,2015 年 5 月 28 日"加泰罗尼亚行动"组织主席圣地亚哥·埃斯波特在社交网络上发表宣言,提议在国王杯足球赛决赛中为西班牙国歌和国王吹口哨。该行为随后被起诉至法院。被告认为,其发起的宣言内容受到言论自由权的保护。西班牙国家法院中央刑事法庭认为,西班牙国王和国歌是代表西班牙民族认同的集体感情的象征,受保护的法律利益是作为宪法结构的一个组成部分的王室制度。被告试图以意识形态的自由为自己开脱,以掩盖所追求的真正目的,即鄙视西班牙国王及其体制尊严。采用发起倡议为两者吹口哨的行为是一种蓄意地冒犯和蔑视,不受言论自由权利的保护,构成侮辱王室罪和侮辱西班牙罪。①

然而,该案上诉至西班牙国家法院上诉法庭后,经审理撤销上述侮辱王室罪和侮辱西班牙罪。西班牙国家法院上诉法庭认为,言论自由不仅适用于受到欢迎或被认为无害、无所谓的思想和观点的传播,也适用于那些违背、冲击或扰乱国家的思想和观点。被告的行为属于批评自由的范畴,因为这是多元主义、宽容和开放精神所要求的,没有这种精神,就没有民主社会。在公开表达观点时,是否受到限制,关键看是否增加了令人反感的表达方式,即这些表达方式对于公开表达所想要传递的思想是不必要的,或者是在形式上令人反感的表达方式或行动。被告的行为不属于上述方式。②

(二)不适当的场合

一些国家和地区明确禁止在不适当的场合使用国歌。例如,《美国马萨诸塞州法典》第二百六十四章第九节规定,在任何公众场地,如博物馆、电影院、餐厅或者咖啡厅,或者任何公共娱乐场所,演奏、歌唱或者演出美国国歌的人,有损害其节奏,或者进行任何修改或者添加的行为,将处以罚金。考虑到实践中,如果在一些商业场所、娱乐场所将国歌作为背景音乐播放,与国歌本身作为国家象征和标志的地位不相符合,不利于维护国歌的庄严形象,我国国歌法专门明确国歌不得作为公共场所的背景音乐。

---

① Sentencia Penal Nº 35/2017, Audiencia Nacional, Juzgados Centrales de lo Penal, Sección 1, Rec 23/2017 de 21 de Diciembre de 2017.

② Sentencia Penal Nº 14/2018, Audiencia Nacional, Servicios Centrales, Sección 4, Rec 151/2018 de 04 de Mayo de 2018.

（三）不适当的用途

国歌通常用于表达爱国情感，必须用于适当的用途。将国歌用于或者变相用于商标、商业广告等不适当用途，可能会引起公众的不适，也会引起误解。

一些国家明确不得将国歌用于其他非正式场合和用途。菲律宾规定，不得以消遣、娱乐的目的奏唱、使用国歌。美国马萨诸塞州规定，国歌不得作为舞曲，或者其他歌曲的一部分。2014 年，孟加拉国最高法院禁止将国歌用于手机铃声或任何其他商业用途。①《立陶宛国歌法》第六条规定，立陶宛国歌不得用作应用音乐，用于背景、广告、娱乐装置和类似目的。

【案例 1】迟到后强迫唱国歌是否合适案②

2017 年，巴西一地方劳工法院受理了被迫唱国歌的案例。原告是一家咖啡厅员工，被告是 Café Três Corações SA 咖啡厅公司。

原告提出，公司惯例要求上班迟到后，要在同事面前唱国歌。原告在迟到后，公司领导要求该员工当众唱国歌。原告不喜欢被罚唱国歌，认为这样会浪费时间。同时，在同事面前唱国歌是一种羞辱，当把歌词弄错时就会引起嘲笑。因此，将工人暴露在有辱人格的环境中，迫使其从事与其所从事的活动不相干的活动，是一种精神骚扰。这不是对国家象征的推崇，而是利用所谓的公民尊重来惩罚员工。因此，原告要求被告就强迫当众唱国歌的行为给予精神赔偿。

被告提出，唱国歌是一种爱国主义行为，不能被认为是有辱人格。原告没有证据证明有损害的事实存在。证人证实，这种做法已经暂停，是由一名主管和国歌崇拜者制定的，他们选择将最落后或表现不佳的人"拉"到角落唱国歌。

地方劳动法院认为，受害人需要证明损害、被告的恶意或过失以及它们之间的因果关系。精神损害如果发生，雇主有责任对雇员进行赔偿，但前提是存在原告被迫接受羞辱性和无理取闹的事实。众所周知，精神上的损害来自非法行为，而非法行为的实施者是谁呢？雇主或其代表威胁到雇员人格的私密价值，而这是受法律保护的。可以看出事实证明，原告在上班迟到时被暴露在羞辱性的环境中，在其他人面前大声唱国歌，属于在有辱人格的情况下工作，从而构成精神损害。

强迫在同事面前唱国歌，会对员工的工作产生影响，也会让员工感到尴尬，从而构成道德上的骚扰，使原告感觉受到了侮辱性和无理取闹的待遇，这是典型的滥用就业权力行为。因此，存在非法行为、精神损害和因果关系之间的

---

① André Roux. Hymne national et Constitution. Droit et Musique，Jun 2016，Aix en Provence，France. ff-halshs-01449230.

② Tribunal Superior do Trabalho TST-RECURSO DEREVISTA：RR-684-42. 2013. 5. 03. 0136.

关系。

被迫员工唱国歌在同事面前出丑,作为一种惩罚,超出了雇主的管理权限。唱国歌的行为,使他可能成为嘲弄的对象。这并不是对一个国家象征的推崇,这种形式的使用应该被看作对国家象征的一种低级趣味的使用。

该地方劳工法院认为该行为是非法的,存在着精神上的损害,同时也出现了道德上的骚扰。因此,对损害的赔偿必须考虑给予精神赔偿,对雇主而言,这是一种惩罚,对雇员而言,这是一种补偿。法院判决给予原告 3000 雷亚尔的赔偿。随后,被告上诉至高级劳工法院。2017 年 9 月,高级劳工法院驳回了该公司对一审判决的上诉,二审判决同样认为,该公司强迫员工从事与其工作不同的活动,承认雇员受到无理取闹的精神损害。

【案例 2】印度要求放映电影前必须奏唱国歌引起的争议案①

印度于 1971 年制定了《制止侮辱国家荣誉法案》(以下简称《法案》),其中第三条规定:"任何有意阻止奏唱国歌或者在任何集会奏唱国歌时引起混乱的人,将处以 3 年以下的监禁,或者罚款,或者并处罚金和监禁。"印度没有制定实施该法的配套法律法规,各邦都可以自行制定实施规则。印度各邦对该法执行宽松,很少有相关的司法案例。

1986 年印度最高法院对一起奏唱国歌时拒绝起立的案件作出判决。该案起因是基督教耶和华见证会教派的儿童在学校拒绝唱国歌。印度最高法院认为,该行为违反了《法案》第三条,但由于他们的宗教教义规定禁止歌唱任何国家的国歌,禁止向除耶和华之外的人宣誓效忠,且这些儿童在国歌奏唱时保持礼貌的安静。印度最高法院判决,基于宗教自由的原因排除《法案》第三条的适用,这些儿童免于刑事处罚。

2016 年 11 月 30 日,印度最高法院根据起诉人提出的请求,发出指令要求印度政府制定规则,明确电影院在放映电影前必须奏国歌、展示国旗的图片;奏国歌时,观众必须站立以示敬意。根据《印度宪法》,印度最高法院有权在具体案件中,就保护公民基本权利的规定发布指令,要求政府采取特定措施。此后,印度最高法院又对指令进行了修改,要求奏国歌期间必须将影院的门保持关闭,并豁免了残疾人起立的要求。根据印度最高法院的要求,政府专门制定国歌的规则,实施印度最高法院的指令。

在印度最高法院作出指令之后,侮辱国歌的行为被起诉至法院的越来越多。2016 年 12 月 11 日,印度有 8 名大学生在一家电影院里遭到 20 人围殴,原因是在奏国歌时没有起立。这 8 名大学生被控侮辱国歌,或面临入狱 3 年的处

---

① Shyam Narayan Chouksey vs Union of India. https://indiankanoon.org/doc/81046706/.

罚,而打人者未受到任何处罚或指控。2016 年 12 月 12 日,在印度喀拉拉邦国际电影节上,12 人因在奏国歌时没有站立而遭到逮捕。他们不久后被释放,但面临着"不服从行政命令、妨碍他人"的指控。2019 年 5 月 11 日,据报道,班加罗尔的一名男子因拒绝在放映电影前站起来唱国歌而被警方逮捕,罪名是玷污国家,后来被保释。

这在法律界和国家的普通公民中引起了激烈的争论。

支持者认为,印度最高法院作出指令的目的是:规范或设定国家公民对国家表示尊重的方式;在公民中培育坚定的民族主义观念和情感。根据 1971 年《法案》的规定,公民不仅要尊重国歌,还要尊重国旗。根据《印度宪法》第 19(1)(a)条规定,国家可以通过任何此类法律对第 19(1)条进行限制,但必须是合理的。同时,《印度宪法》第 51A 条规定,每个国家的公民都必须遵守宪法,尊重宪法的理想、国歌和国旗。这是一项基本义务。该指令旨在提供既定的行动和程序,以实现《印度宪法》第 51A 条的基本理念。

质疑者认为,《印度宪法》第 19(1)(a)条赋予了其公民言论和表达自由的权利。印度最高法院的指令旨在表达对国家的尊重,但实际却限制了公民的言论和表达自由。通过这一指令,法院真诚地试图为公民表达对国家的热爱提供一种规范的方式。然而,这一指令被认为是对个人表达对国家热爱方式的武断限制。因此,支持者的理由不足,并没有解释为什么必须以这种方式限制普通公民的言论和表达权。可以说,该指令确实违反了《印度宪法》第 19(1)(a)条保障言论和表达自由的权利,因为它限制了人们可以采取积极行动的范围,目的是表达他们对国家的热爱和尊重。

印度最高法院所发出指令的关键争议,在于分析《印度宪法》第 19(1)(a)条(保障公民言论和表达自由)相对于《印度宪法》第 51A 条的重要性(尊重国歌是公民的基本义务)。公民的言论自由超越明确表达个人爱国主义的义务,尤其是以这种具体的方式。尽管《印度宪法》第 51A 条关于培育爱国主义和尊重国歌、国旗的论点是最崇高的,但没有意识到个人表达权的重要性。

随后,在"Shyam Narayan Chouksey 起诉印度政府"案件中,起诉人要求撤销印度最高法院的指令,即不再对电影院播放国歌起立作出要求。印度最高法院在审理案件时对 2016 年发出的指令进行了重新考量。2017 年 12 月,印度最高法院指示政府组成专门的委员会,以开听证会等形式,听取各方面的意见。专门委员会最后提出,要求在电影院放映故事片之前播放国歌不是强制性的,而是可选的。

印度最高法院认为,国歌显示民族的生命力,是民族国家归属的基本属性。国歌的神圣性必须给予尊重。无论何时何地播放国歌,人们都必须表示尊重。通过强制要求在每部电影放映前奏唱国歌,并要求观众起立,给在场观众带来了不必要的负担。然而,行政部门必须考虑到宪法和法律规定的基本义务,对奏唱国歌的地点或场合作出规定。

2018 年印度最高法院再次发出以下指令:2016 年 11 月 30 日通过的指令被修改为,在电影院放映电影之前播放国歌不是强制性的,而是可选的。由联邦政府任命的委员会必须向主管部门提出建议,以便采取后续行动。公民或个人必须按照与印度国歌和现行法律有关行政命令的要求,在特定场合播放或演唱国歌时表现出尊重。印度最高法院的指令相当于撤销了 2016 年的电影放映前奏唱国歌时观众必须起立的强制要求。

第四章　国歌的奏唱礼仪

第一节　国歌奏唱的基本礼仪

国歌是一首爱国歌曲和振奋人心的宣言，象征着这个国家的自由、荣耀和美丽。国歌不同于一般的歌曲，为了突出其特殊性，在国歌的使用过程中，形成了不同于其他歌曲的奏唱规则、礼仪。在奏唱国歌时，公民和来访的客人必须遵守既定的行为规则和适当的礼仪。每次奏唱国歌时，每个公民都需要了解和遵守规则，以示尊重。

一、国歌奏唱的基本礼仪要素

奏唱礼仪是展现国歌的外在形式，是表达爱国主义情感的重要表现方式，许多国家和地区都规定了奏唱国歌应当起立致敬的礼仪，主要礼仪要素如下。

（一）起立

在一定意义上，在奏唱国歌时起立是为了向国家表示敬意和爱戴、向那些为赢得和维护国家作出贡献的人表示尊重和感谢。国歌一响起，人们应当立正，以示敬意。绝大部分国家的国歌相关法律对此专门作了要求，奏唱国歌时应当起立，着制服的人员应当按照规定敬礼，如拉脱维亚、立陶宛、摩尔多瓦、澳大利亚等。《拉脱维亚国歌法》第五条规定了在公共场合演奏拉脱维亚国歌时，在场人员应肃立，男子脱帽，着国家制服的人员应按规定行礼。《立陶宛国歌法》第五条规定，公开演奏国歌时的人员行为。当公开演唱或演奏立陶宛国歌时，全体起立，男士脱帽，国防系统、内务部门、警察部门和其他准军事部门的成员应按照法律规定的程序向国歌致敬。

（二）手势

奏唱国歌时，各国手势一般分为两种类型：一是双手自然下垂；二是右手抚于左心脏。双手自然下垂是世界通行的奏唱国歌手势。

右手抚胸主要是美国、韩国等少数国家奏唱国歌时的手势。《美国法典》第三十六编第三百零一条规定,所有其他在场的人都应面对国旗,以右手抚在心脏上的方式肃立。不穿制服的人,应用右手摘下头饰,放在左肩,手抚在心脏上。在美国,一旦宣布即将奏唱国歌,就要做好准备,将手放在胸前。此礼节适用于所有人,包括不能独立站立的儿童和老人。在国歌开始播放时,立即停止走动。立正并右手抚胸,直到唱完国歌。这是一种看似简单但有效的姿态,在象征国家尊严和荣誉方面起着至关重要的作用。此外,《哈萨克斯坦国家象征法》第九条规定:当公开演奏哈萨克斯坦共和国国歌时,观众应起立听国歌,右手放于心脏。

右手抚胸是上述法律对本国公民的要求,但是对于奏唱外国国歌时,本国公民的礼仪没有要求,一般惯例要求是立正即可。在韩国,曾经因奏唱外国国歌时行抚胸礼发生争议。例如,于 2022 年 5 月 21 日举行的韩美首脑会谈欢迎晚宴上,首先奏响的是美国国歌,韩国总统尹锡悦随美国总统一起右手抚左胸敬礼。而奏唱韩国国歌时,美方人员仅仅立正,未行抚胸礼。韩国总统的行为在韩国引起广泛批评,认为在奏唱外国国歌时,另一国人士只需要立正即可,尹锡悦行抚胸礼是“外交失仪”。韩国总统办公室于 23 日发布媒体声明解释称,尹锡悦抚左胸敬礼是出于对对方国家的尊重,强调其没有违反国民礼仪准则。①《韩国国旗法》规定,民众向国旗敬礼时要右手抚左胸并行注目礼,但对奏响外国国歌时没有明确或限制的礼仪规定。

(三)头饰礼仪

部分国家礼仪认为,奏唱国歌时,男性戴帽子是粗鲁的。奏唱国歌时,如戴着帽子,须用右手将其取下。这种头饰协议适用于在奏唱国歌期间出席的男性。很多国家的法律对此都作了规定,如美国、俄罗斯、白俄罗斯等。

在美国,脱帽的礼仪不包括任何宗教头饰,如圆顶小帽和任何其他为宗教目的而佩戴的头饰。这种国歌礼仪还允许佩戴女士专用的装饰性帽子。当然,升旗手或表演者的制服帽子也可以保留在原处。

在俄罗斯,《俄罗斯国歌法》第七条规定,官方演奏俄罗斯联邦国歌时,在场人员应当站立,男性不得戴头饰。然而,这一要求并不是绝对的,有一些基于传统和个人自由权利的例外情况。在奏唱国歌时,武装部队成员和执法人员在队列中,或在队列外但在露天的军事活动中,或在不允许摘下头饰的房间中,不得露出头来。因健康状况而有特殊头套的人也可以不摘下头套。在特别不利的

---

① 观察者网:《史无前例 韩国总统尹锡悦对美国国旗敬礼》,载中华网,https://news.china.com/international/1000/20220525/42376877.html。

天气、自然或技术条件下，或在奏唱国歌的过程中暴露头部可能实际导致健康受损、受伤或有生命危险时，允许不裸露头部。宗教信仰认为露头是一种不尊重、羞辱行为的人，可以不露头。

在加拿大，政府官方网站明确，作为尊重和传统，在奏唱国歌时站立是适当的。对待任何其他国家的国歌也应当如此。演奏国歌时，普通男性脱帽是一种传统，妇女和儿童在这种情况下不脱帽。

（四）保持安静

在国际上，国歌礼节要求，每个在场人员都必须全神贯注，在整个仪式过程中保持安静。在没有实际需要的情况下走动、被不相干的事情分散注意力，或耳朵里戴着耳机，都被认为是不合适的（除非在工作中因技术原因戴着耳机，或因健康原因戴着耳机或类似的耳机）。如果在奏唱国歌的时候说话，这表明没有注意这首歌，可能意味着不尊重的含义。

在俄罗斯，在正式奏唱国歌时在场并履行官方或技术职责的人员（如发言人、逐字记录员、记者等）应保持安静，动作应保持在绝对的最低限度。对俄罗斯国歌演奏的所有行为要求同样适用于其他国家的国歌演奏。在俄罗斯境内，任何对正式演奏的其他国家国歌的不尊重态度都应被视为对俄罗斯的不尊重。

一些国家的法律对保持安静作了具体规定。《哥伦比亚国旗、国徽和国歌法》第十一条规定，当国歌响起时，所有在场的人都必须站起来。男士需要脱帽。在场人员停止正在进行的任何活动，松开手臂，采取尊重和敬畏的姿态。骑行者应当下车。机动车司机和乘客应从其车辆上下来并照此行事。《波兰共和国国徽、颜色和国歌以及国家印章法》第十四条规定，在演奏或播放国歌时，应遵守庄严和肃静的原则。

（五）是否鼓掌

奏唱国歌后，是否鼓掌，很多国家的法律没有明确规定。国歌与宗教赞美诗非常相似，通常没有人在赞美诗之后鼓掌。人们通常在体育赛事期间鼓掌。如果每个人都在球赛中听到国歌后鼓掌，在一定程度上与奏唱国歌应当肃静、庄重的原则相违背。在美国，根据国歌礼仪，唱完后鼓掌是不恰当的。在多米尼加，法律对奏唱国歌时不得鼓掌的情形作了规定。《多米尼加国家象征法》第三十三条规定，国家的官方活动、政府机构或市政乐队的音乐会，无论是在公开场合还是在广播、电视或互联网上播放，都应以演奏国歌开始。第三十四条第一款规定，由国家或私人部门主办的体育和文化活动应以演奏国歌开始。第三十四条第二款规定，第三十三条和本条第一款规定的情形下不得鼓掌。《多米尼加国家象征法》仅仅在上述两类情形中要求不得鼓掌,对于其他情形没有规定。之所以不得鼓掌,主要的原因在于使国歌区别于一般歌曲,为了在严肃的场合维护国歌的庄重性。

（六）面对国旗或音乐

奏唱国歌时,国际通行的惯例是在场人员面向国旗。《哈萨克斯坦国家象征法》《白俄罗斯国家象征法》《亚美尼亚国歌法》等国家法律规定,国旗庄严升起,伴随国歌奏响,在场人员转身面向国旗。但在不升旗的场合,奏唱国歌时,在场人员应当始终向前看、面向主席台。

在美国,《美国法典》第三十六编第三百零一条规定,演奏国歌时,在场人员的面向分为两种情况:(1)当展示国旗时,所有其他在场的人应面对国旗,把右手放在左胸处行注目礼;(2)当未展示国旗时,所有在场的人应面向音乐方向。在美国,很多人倾向于面对演奏国歌的人,而不是面对国旗本身。有必要面对正在展示的旗帜——如果有一面在展示。如果没有展示国旗,音乐是预先录制好的,应该面对音乐的方向。如果能看到唱国歌的人,一定要面对这个人,并在整个歌曲中全神贯注。重要的是要站立并面对国旗,以纪念那些在战争中牺牲的人,以确保国家的自由。国旗是国家团结的象征,因此在奏唱国歌时面对它是对正义原则的终极致敬。

在俄罗斯,如果在奏唱国歌的同时还升起了国旗,在场的人要转身面对正在升起的国旗。如果升旗没有伴随国歌的演奏,在场的人就会转身面对活动的中心点。如果有一面已经升起的国旗或国徽,则面向这面国旗或国徽。

在巴西,政府的礼仪指南还专门指出,奏唱国歌时,在主席台上的人员,看向观众,而不是看向国旗。国家象征具有同样的重要性,而此时此刻,突出的象征是国歌。

二、奏唱国歌礼仪的顺序

在重要礼仪、重要活动中,国歌往往与其他歌曲一并奏唱。这需要明确具体的规则顺序。国歌并列奏唱的情形主要包括以下两种。

（一）国歌与其他地方歌曲

在国歌与本国内其他地方歌曲并列奏唱时,保持国歌优先的地位。地方歌曲通常是地方当局选定的或者当地流行的具有本地特色的歌曲。地方歌曲的存在面临一定争议,有的观点认为地方歌曲一定程度上激发分裂的思想,可能削弱国家的统一性;而有的观点认为地方歌曲的存在有一定的必要性,是民族传统的一部分。从政治音乐学的观点来看,"音乐的地方主义并不等于没有爱国之心,它通常更多的是把自己的地区和城市,而不是其他地区和城市,当作民族属性的载体来表现"①。对于地方歌曲需要正确把握,要在历史、实践上合理地掌控,特别是在与国歌同时出现的场合,一定要确保国歌的优先地位。

在西班牙,《西班牙国歌法令》第五条规定,根据通常的习俗和礼节惯例,如果本皇家法令第三条所指的皇室或当局出席由地方自治区或公司组织的一般性官方活动,该活动的性质需要演奏国歌,应按照以下标准进行:(1)当自治区或地方公司的官方歌曲被安排在活动开始时演奏,应首先演奏西班牙国歌。(2)如果上述歌曲被安排在活动结束时演奏,西班牙国歌应最后演奏。

在俄罗斯,如果在仪式中要演奏几首歌曲,则采用以下程序:(1)在演奏国歌和联邦主体歌曲时,应首先演奏国歌,其次是联邦主体歌曲。(2)在演奏国歌和市歌时,应首先奏响国歌,其次是市歌。(3)在演奏国歌和其他(部门或公司)歌曲时,应首先奏响国歌,其次是其他歌曲。

(二)国歌与外国国歌

在国歌与其他外国国歌并列演奏时,为了体现礼让、尊重来宾的理念,通常先奏唱外国国歌。例如,《西班牙国歌法令》第六条规定:(1)在西班牙境内举行的国际性质的官方活动和访问中,如果要演奏国歌,应首先演奏外国国歌,然后是西班牙国歌。在告别时,应按相反的顺序播放。外国军舰正式访问时应遵守同样的秩序。(2)在外国港口,在海军舰艇上,应首先播放西班牙国歌,然后是东道国的国歌。(3)在任何情况下,播放外国国歌时应始终伴随着西班牙国歌。

在马来西亚,《马来西亚国歌法》第六条规定,特殊场合奏国歌的规则。(1)在向外国政要致敬的所有正式招待会上,应在奏响来访政要国家国歌后立即播放国歌完整版或皇家版的国歌。(2)在马来西亚外国使团为庆祝其国庆节或其他国家活动而安排的所有正式场合,应在外国使团所在国的国歌奏响后立即播放完整版或皇家版的国歌。在奏唱国歌的所有场合,都应奏唱完整版或皇家版。

在巴西,总统法令《公共礼仪和通用优先顺序规范》规定,国歌的演奏只能在共和国总统就座后开始,但有特殊规定的仪式除外。在必须奏响外国国歌的仪式上,根据礼节原则,巴西国歌将在其之后奏响。

在俄罗斯,《演奏俄罗斯联邦国歌的程序》规定,在举行礼宾活动时,主要是

---

① [法]迪迪埃·法兰克福:《国歌:欧洲民族国家在音乐中的形成》,郭昌京译,上海文化出版社2019年版,第35页。

在俄罗斯联邦最高和高层领导访问东道国期间,俄罗斯联邦国歌的演奏形式必须与俄罗斯联邦的礼宾服务相协调。在代表俄罗斯外交使团举行的正式招待会上,首先演奏东道国的国歌,其次是俄罗斯联邦国歌。[①]

三、特殊人员的礼仪

(一)军事人员

按照国际惯例,奏唱国歌时,军人应当行军礼。

在美国,国歌礼仪要求军人在奏国歌时行军礼。其中包括现役军人和退役军人,他们必须呈现并保持军礼,直到国歌结束。最初,退役军人只需要像平民一样把右手放在左胸上。然而,2008年美国修改了国歌奏唱礼仪规则,允许退役军人在奏国歌时行军礼,退役军事人员必须面对国旗并在国歌奏唱第一个音符时行军礼。虽然《美国法典》第三十六编中规定了国歌期间的行为要求,但它是非惩罚性的。这意味着,没有把手放在心脏上或摘下头饰的公民不被起诉。然而,现役军人要对国歌期间的不当行为负责,他们可能因不行军礼等不尊重国歌的行为而受到美国统一军事司法法典的惩罚。

在俄罗斯,在军事队列中正式唱响国歌时,在场的武装部队成员,如果戴着帽子,将在整个国歌过程中行军礼;如果没有戴帽子,应当立正。立正的要求也适用于那些在正式唱国歌时穿着军装在岗的武装部队成员(如为了保护公共秩序),但在紧急情况下需要立即进行身体行动的情况除外。

在密克罗尼西亚,《密克罗尼西亚联邦综合立法》规定了演奏时的行为:在奏唱国歌时,所有在场人员应起立。在奏唱国歌时,如果升挂密克罗尼西亚联邦国旗,所有在场人员应起立并面向国旗。不穿制服的人应摘下头饰。穿着军装的人应在国歌奏唱第一个音符时行军礼,并保持这一姿势直到最后一个音符。

(二)外国人

奏唱国歌时,外国人在场时,应当保持适当尊敬的礼仪。一些国家对此作了专门规定。《阿塞拜疆国歌使用法》第六条规定,在奏唱国歌时,阿塞拜疆共和国公民应以放松的状态坚持到国歌演奏或演唱完毕。外国人和无国籍人士应以放松的状态聆听阿塞拜疆共和国国歌,直到结束。

---

① Порядок исполнения гимна Российской Федерации. https://dgp. mid. ru/stateprotocol/anthemperformance. php.

【案例】因新冠肺炎疫情限制唱国歌是否合适案①

　　每年 11 月初,英国王室成员、英国政府和军队代表都会聚集在威斯敏斯特教堂举行仪式,纪念第一次世界大战阵亡者。2020 年 11 月,英国当局计划邀请约 80 位高级嘉宾出席纪念仪式,其余嘉宾可通过电视观看仪式。庆祝活动的其中一个组成部分一直是演奏国歌《上帝保佑女王》。正常情况下,奏唱国歌时,全体参会人员都会参与奏唱。但是这一次不会要求唱歌——这与新冠肺炎疫情相关的国家预防措施有关。由于可能导致冠状病毒空气传播的风险增加,禁止集体唱国歌。教堂发言人指出,唯一可以唱国歌的人是教堂合唱团的成员,但他们将与嘉宾保持适当的距离。一些人公开表示不赞成英国当局的这种措施。"如果政府将阵亡将士纪念日限制到变得毫无意义的地步,那么我们必须问一个问题:我们的士兵为什么而战?"反对者认为阵亡者纪念日仪式是神圣的活动,禁止集体唱国歌这一重要仪式环节是对英国人民的不尊重。

　　此类案件,同样也出现在土耳其。2021 年 3 月,土耳其艾登省国民教育厅厅长发山指示,要求在学校的升旗仪式上,应当播放国歌,并且应该低声地朗读国歌,理由是新冠病毒在大声说话时传播得更快。该做法引起了一些反对,质疑的意见指出以新冠病毒为借口的这种做法导致了不唱国歌,同时达到了废除效忠誓言的效果。这是一种试图让社会接受"不唱也行,不是很有必要"想法的做法。②

　　当健康安全和遵守国歌礼仪面临冲突时,如何选择是艰难的。考虑到当时新冠肺炎病毒的易传染性、危害性,可以认为是面临紧迫急切的危险,此时改变奏唱国歌的习惯也是可以的。

第二节　国歌奏唱是否起立

　　奏唱国歌时,世界通行的做法是在场人员肃立,残障人士、正在履行职责的人士除外。

一、奏唱国歌是否起立争议事例

　　近年来,在文化完全不同的国家同时出现了关于在奏唱国歌时应否起立的争议。在美国,运动员科林·卡佩尼克因拒绝在国歌声中起立而激怒了许多美

---

　　①　Почему Виндзорам запретили петь национальный гимн, Marie Claire (Восьмое января 2022), https://www.marieclaire.ru/vestnik/pochemu-vindzoram-zapretili-pet-nacionalnyi-gimn/.

　　②　Milli Eğitim Müdürü'nden "istiklal Marşı sessiz okunsun" talimatı! Gazete Guncel (05 Mart 2022), https://www.gazeteguncel.com/milli-egitim-mudurunden-istiklal-marsi-sessiz-okunsun-talimati-124347h.htm.

国人,因为他说其行为是反对美国对黑人的不公正待遇。但是一些理解他的崇高意图的资深运动员感到愤怒,认为他的做法侮辱了整个国家。

在沙特阿拉伯,一张照片显示,在一次官方活动中,当国歌响起时,一位著名的穆斯林兄弟会人士坐在椅子上,而其他人都起立了。这些行为反映了对祖国和公民身份的理念,以及对国旗、国歌、领导人和历史等国家象征崇敬的深刻问题。该人士说他的动机与人权有关,与宗教没有关系。但是该人士受到外界批判,认为存在政治和宗教动机,形成对政治和宗教的挑衅。

在阿拉伯世界里,有许多与政治化宗教团体有关的人也出现奏唱国歌时不起立的行为。在阿尔及利亚,宗教事务部长停职并处罚了5名清真寺伊玛目,因为他们拒绝在奏国歌时站起来。在埃及,努尔党的成员在修改宪法的50人委员会会议上在唱国歌时没有起立,这激怒了人们。临时总统阿德利·曼苏尔发布了一项法令,规定不尊重埃及国旗或不站起来唱国歌是应当受到惩罚的罪行。①

奏唱国歌时立正是正常的国歌奏唱礼仪,如果不起立,就可能带有反抗的含义。但是对于反抗的具体对象是什么,在每一个国家由于文化的不同,可以有不同的寓意,如反抗种族歧视、反对宗教迫害等。

二、奏唱国歌起立的例外情形

奏唱国歌时起立致敬这一要求不适用于无法站立或因健康原因难以站立的人:老人、身体残疾者、病人或伤者、幼童。当站起来可能对在场人员的生命、健康构成实际威胁时,也不要求站起来唱国歌。然而,奏唱国歌时起立的要求也应当扩大到那些在庄严的场合中在座位上执行公务或技术职责的人(如广播操作员、逐字记录员、记者等)。

有的国家规定了起立致敬的人员范围,《萨摩亚国旗和国歌法》第六条规定:(1)在公共场所、正在演唱或演奏国歌的区域内,或来到该区域的人,应站在原地不动,并保持该姿势,直到国歌的演奏或演唱结束。(2)车辆的驾驶员:(a)在公共场所、正在演唱或演奏国歌的区域内,应避免驾驶车辆,并确保车辆保持不动,直至国歌的演奏或演唱结束;或(b)进入正在奏唱国歌的公共场所或区域的,应确保车辆停止并保持不动,直至国歌演奏或演唱完毕。

该法第二条定义条款中明确"驾驶员"是指车辆的驾驶员,并包括以下人员:(a)自行车的骑行者;(b)摩托车的骑行者;(c)骑马的人;(d)毛驴的骑手;(e)控制机动车辆的人;(f)正在被拖动的机动车的控制人;(g)担任掌舵人或从

---

① Mashari Althaydi, *Sitting and standing during the national anthem*, Alarabiya NEWS(May. 20 ,2022) , https://english. alarabiya. net/views/news/middle-east/2016/09/10/Sitting-and-standing-during-the-national-anthem.

事任何车辆驾驶的单独人员。

有的国家还规定了不能起立的例外情形。《印度国歌规则》第五条规定,每当唱响或演奏国歌时,观众应起立致敬。但是,在播放新闻片或纪录片的过程中,当国歌作为影片的一部分被播放时,不要求观众起立。因为起立必然会干扰影片的放映,而且会造成混乱,而不是增加国歌的尊严。《马来西亚国歌法》第八条第一款规定,每当播放或演唱国歌、播放缩略版或简短版国歌时,所有在场人员均应站立以示尊重,除非在广播过程中播放或演唱国歌,或作为广播或新闻节目的一部分。第二款规定,任何人在任何公共场所故意不尊重国歌,将被处以不超过 100 令吉的罚款或不超过 1 个月的监禁。

关于起立致敬的时间范围。《密克罗尼西亚联邦综合立法》规定,在唱国歌时,所有在场人员应起立。在奏唱国歌时,如果升起国旗,所有在场人员应起立并面向国旗。不穿制服的人应摘下头饰。穿着军装的人应在奏唱国歌的第一个音符时行军礼,并保持这一姿势直到最后一个音符。

二、部分国家案例

各国普遍要求奏唱国歌时,在场人员除特殊情况外,应当起立致敬。在不同的文化背景下,对于不起立致敬认定是否属于违反宪法规定的言论自由或者良心自由有所不同。其中,以美国、日本、印度三个国家表现得尤为典型。

(一)美国拒绝起立案例

当《星条旗之歌》第一次在体育赛事中播放和普及时,其还不是美国国歌。这首歌是描述关于 1812 年战争中的一场战斗。《星条旗之歌》第一次在体育赛事中播放是在 1862 年内战期间的一场棒球比赛中,但是在 1918 年第一次世界大战期间,这首歌才在体育赛事中流行起来。球员们把手放在心脏上,人群开始跟着唱。这鼓舞了公民和士兵的士气,成为一种统一的爱国主义行为,让美国人感觉他们都在为同一支球队(国家)欢呼。美国总统在 1931 年签署了一项法案,将《星条旗之歌》定为国歌,此时它已经在其他体育赛事、电影院和歌剧中定期播放。"二战"期间,棒球比赛再次成为大规模展示爱国主义的场所,公共广播系统的技术进步使歌曲可以在没有乐队的情况下播放。在整个战争过程中,《星条旗之歌》一直在赛前演奏,到战争结束时,赛前奏唱国歌已成为棒球仪式,之后它传播到其他运动项目中。第二次世界大战巩固了这首歌的存在,它已成为自由、美国的象征,当然也成为爱国主义的口号。

近年来,在美国体育活动中,奏唱国歌时屡次出现拒绝站立、跪地的情形。2016 年,美国职业橄榄球大联盟球员科林·卡佩尼克在比赛开始时的奏唱国歌环节就单膝跪地,以抗议警察暴力执法和其他社会、种族不公正之后。时任美国总统特朗普认为奏唱国歌时单膝跪地是不尊重国家和国旗,并且不属于言论自由的议题。不久,美国职业橄榄球大联盟出台了一项规定:如果球员在奏唱国歌时拒绝起立,其球队将被罚款。美国足球协会也在 2017 年 2 月通过了要求球员在奏唱国歌时保持肃立的规定。但 2020 年 5 月美国警察暴力执法致黑人乔治·弗洛伊德之死在美国各地引发了抗议,许多抗议活动中都使用了屈膝下跪的方式。2020 年 6 月 11 日,美国足球协会取消了禁止足球运动员在奏唱国歌时单膝跪地的规定。2020 年 7 月 30 日美国职业篮球联赛重启以来,几乎所有球员和教练都会在开场奏唱美国国歌时单膝跪地,以抗议种族主义、警察暴力执法。美国职业篮球联赛一项始于 1981 年的规定要求球员、教练和球队工作人员在每场比赛开始前的奏唱国歌环节以"庄严"的姿势列队站立。而美国职业篮球联赛总裁表示支持球队单膝跪地的举动,称在此特殊的情况下,不会执行上述规定。球员和球迷在奏唱国歌时拒绝站立、背对国旗或下跪,以表明反对战争,关注体育运动中的性别不平等,并抗议持续存在的种族主义和针对黑人的不成比例的暴力执法。

奏唱国歌的礼仪成为政治争议的焦点,单膝下跪集中了反对警察暴力和不尊重国歌两方面的利益冲突。这两种观点背后都有其宪法和法律方面的支持。在美国,宪法第一修正案禁止美国国会制定任何法律以剥夺言论自由。因此,对单膝下跪的方式表达言论自由的观点受到美国宪法第一修正案的保护。美国另一个悠久的传统是在大多数体育赛事之前演奏国歌,在奏国歌时需要面对国旗起立致敬。美国国歌法律规定出席奏唱国歌仪式的人都应站起来面对国旗。

21 世纪初,对于如何对待这两种利益的冲突,美国社会进行了激烈地争论。一些运动员在体育赛事前奏唱国歌时经常单膝下跪;有部分政治人物包括第 45 任美国总统特朗普多次对此提出批评,时任副总统在比赛中出现球员单膝下跪时还退出观众席,但是对于禁止此类行为却无能为力。在司法实践中,2017 年 12 月 21 日,美国南加州地方法院发布了一项判决,认定南加州公立学校学生运动员在奏唱国歌时下跪是受保护的言论行为。法院认为,不能仅仅因为学生在学校场所表达个人观点而受到惩罚——无论是在食堂,在运动场,还是在特定的时间内在校园里。原告在奏唱国歌期间下跪是在表达对"种族不公正"类似抗议,是一种言论行为。这种象征行为是一种原始但有效的思想交流方式,受到美国宪法第一修正案的保护。在平衡利益冲突时,法院认为,维护言论自由原则一贯是重大公共利益,禁止在奏唱国歌期间下跪,损害了美国宪法第一修正案维护的言论自由。① 该案件对于认定单膝下跪符合宪法规定产生了重要影

---

① V. A. v. San Pasqual Valley Unified Sch. Dist. , No. 17-CV-02471-BAS-AGS, 2017 WL 6541447 (S. D. Cal. Dec. 21 ,2017).

响,也使得单膝下跪逐渐为更多的美国民众所接受。

（二）日本强制公立学校学生面向国旗起立并唱国歌案例

"二战"结束前,军国主义的日本创造了一个"极权国家",将天皇尊为神明,充分利用了习惯法上的国旗"日章旗"、国歌《君之代》开展教育。"二战"后,很多民众反对上述旗帜、歌曲,反对在公立学校强制升国旗和唱国歌。部分反对者认为,强制面向国旗起立和奏唱国歌是国家权力用来增加人们对国家的归属感,从而增加权力的向心力,起到减少对国家权力体制的批评和反对的作用,其归宿无非是"极权国家"。2006 年 9 月,东京地方法院就一件要求公立学校的教师在毕业典礼上"面向国旗起立并唱国歌"的诉讼作出一审裁决。东京地方法院认为,"强制面向国旗起立并唱国歌,违反了宪法第十九条规定的思想和良心自由"。该判决未追究"日章旗"及《君之代》本身的问题,相反却认可在学校教育中进行国旗、国歌教育指导的必要性,该判决认为通过地方政府的《学习指导纲要》强制要求学生面向国旗起立并唱国歌违反了宪法规定。① 该判决是日本一个划时代的判决,却被上诉法院全盘否定。日本最高法院于 2007 年一起案件中认为,面向国旗起立并奏唱国歌的要求未违反宪法第十九条。此后,相关案件日本最高法院一直坚持了上述观点。由于日本国旗、国歌受到很多质疑,这种质疑主要是对日本国旗、国歌"价值中立性"的怀疑。长期以来,日本国旗、国歌成为日本军国主义的象征这一观点难以被忽视。

在面向国旗起立和奏唱国歌的案件中,虽然日本最高法院在宪法问题上遵循了美国法院的一些推理,但却得出不同的结论。在与之相关的强制面对国旗起立和奏唱国歌的案例中,日本最高法院承认该行为对宪法规定的思想和良心自由的侵犯,但认为这种限制是间接的,法院利用地方法规的目的合理性来实现其允许使用国旗、国歌开展学校教育的目标。②

（三）印度奏唱国歌残疾人礼仪案例③

2016 年 11 月 30 日,印度最高法院考虑到起诉人请愿书中的主张,通过了一项临时指令,涉及奏唱国歌时残疾人礼仪的内容如下:印度的所有电影院均应在电影开始前播放国歌,所有在场的人都有义务起立以表示对国歌的尊重。

---

① 成嶋隆「国歌斉唱義務不存在確認等請求訴訟第 1 審判決の意義」法政理論第 39 卷第 4 号（2007 年）534—535 頁参照。

② Yuichiro Tsuji, *Stand for the National Flag and Sing the National Anthem*, International Comparative Policy & Ethics Law Review, Vol. 2, p. 751 (2019).

③ Shyam Narayan Chouksey vs Union Of India. Supreme Court of India. WRIT PETITION (CIVIL) NO. 855 OF 2016. on 9 January, 2018.

指令发出后,总检察长作出了相关的命令。但是随后法院收到要求撤回指示的起诉。

2016 年 12 月 9 日,有人起诉到印度最高法院,要求针对残疾人士制定奏唱国歌的礼仪。印度最高法院通过了以下指令:对于身体有缺陷的人或身体有残疾的人,必须有某种豁免。

印度总检察长提出,身体有缺陷的人或身体有残疾的人应如何尊重国歌,中央政府将在 10 日内发布指导方针。上述人士去电影院大厅看电影,没有能力站立,不需要站起来,但必须表现出与尊重国歌相称的行为。身体有缺陷或身体有残疾的人是指 1995 年《残疾人(平等机会、权利保护和充分参与)法》第2(i)条和第 2(t)条规定的残疾人。

在听取了各方的意见后,印度最高法院通过指令,指示将使用轮椅者、自闭症患者、脑瘫患者、多重残疾者、帕金森症患者、多发性硬化症患者、麻风病治愈者、肌肉萎缩症患者以及聋哑人和盲人视为不属于该法院之前指示的奏唱国歌时,需要起立的人员范围。至于在申请中没有提到的其他情形,可由印度联邦考虑确定。

第五章　国歌的奏唱方式

第一节　国歌的基本奏唱方式

国歌与国旗、国徽最大的不同在于,后者是有形的,可以有固定的物质载体,具有明显的识别度,而国歌是音乐作品,需要通过奏唱者的奏唱形式来体现其形象。国歌作为音乐从表现形式上可分为两大类:声乐与器乐。我国国歌法规定的是国歌奏唱,区分为演唱、演奏,对应着不同的音乐表现方式。演唱对应声乐(由人声演唱的音乐);演奏对应器乐(由乐器演奏的乐曲)。

一、奏唱国歌的方式

(一)一般情况

不同的乐器形式演奏同一种歌曲会产生不同的效果,但是总体上由于国歌的庄重、大气,一般国家通常明确国歌可以采用管弦乐队、交响乐等不同的音乐方式演奏。多数国家规定常用的乐器演奏方式,对于其他类型的乐器演奏国歌没有禁止性规定。

有的国家对国歌演奏方式作了原则性规定。例如,《澳大利亚国歌礼仪》明确,任何乐器都可以加入国歌奏唱中。

有的国家明确了几种类型的演奏方式。例如,《摩尔多瓦国歌法》第二条规定,摩尔多瓦国歌以管弦乐和声乐的形式演唱。允许使用录音。在歌唱时,以国家语言演唱国歌,完全按照附件1提供的文本。《亚美尼亚国歌法》第二条规定,国歌是庄严的音乐,按照本法规定的礼仪演奏。国歌可以以声乐、器乐、乐队、合唱和乐队合唱的形式演奏。国歌应按照本法附件规定的音乐版本演奏。《阿塞拜疆国歌使用法》第6.2条规定,阿塞拜疆共和国国歌由管弦乐队、合唱团或管弦乐队合唱团,或其他声乐方法或乐器,以及使用录音设备,按照国歌的音乐(乐谱)完整演奏。《智利国歌歌词和音乐的官方文本》规定了国歌演奏的速度、调性等内容,明确了管弦乐、管乐两种不同类型的版本。《巴拿马国家象征法》第八条规定,国歌有三个正式版本:钢琴和声乐、管乐和打击乐,以及带或不带声乐合唱的交响乐。然而,根据需要和可用的资源,可能会有其他工具的版本,这些版本必须在所有方面都符合官方标准。

有的国家还对唱国歌作了规定。例如,《立陶宛国歌法》第四条规定,立陶宛国歌可以由合唱团演唱,也可以由合唱团在管弦乐队伴奏下演唱,或者由独唱者在管弦乐队伴奏下演唱,或者由管弦乐队演唱。可以使用立陶宛国歌的录音。本条并不意味着不鼓励所有在场的人唱国歌。

有的国家规定了可以播放国歌。《塔吉克斯坦国歌条例》第十条规定,塔吉克斯坦国歌由管弦乐队、合唱团、合唱团和管弦乐队、其他声乐和器乐乐团演奏。在一些场合,可以播放国歌。

（二）俄罗斯国歌的奏唱方式

《俄罗斯国歌法》第二条规定,俄罗斯联邦国歌可以在管弦乐、合唱、交响乐、歌剧或者其他演奏形式中使用。为此,可以使用录音、录像以及电视和无线电设备。在总统规定的情形下以及按照总统规定的程序,允许在其他音乐作品和其他艺术作品中使用国歌。《俄罗斯国歌奏唱准则》规定,器乐、声乐或声乐加乐器的国歌演绎是同等的。在所有正式场合,国歌可以带歌词或不带歌词演奏。当唱国歌时,通常是完整地唱(共三节,每节后重复副歌)。当演奏无歌词国歌时,只演奏第一节和副歌,不演奏第两节或第三节无歌词国歌。

二、奏唱国歌的特殊要求

一些国家根据本国国歌的不同形式,明确了不同的演奏的具体要求。例如,《巴西国家象征法》第二十四条规定,国歌的演奏应遵守下列规定:(1)应当以等于每分钟 120 个四分音符的节拍速度进行;(2)对于简单的器乐演奏,降 B 调是强制性的;(3)在简单的器乐或声乐演奏的情况下,应完整地演奏或演唱国歌,不得重复;(4)为了军事仪式的专门目的,在向共和国总统敬礼时,根据具体规定,只演奏前奏和尾奏。

《印度国歌相关命令》规定,当国歌由乐队演奏时,国歌前会有鼓声,以帮助观众知道国歌即将演奏,除非有其他具体的迹象表明国歌即将演奏,如在演奏国歌前响起号角,或在国歌的伴奏下敬酒,或在国歌构成仪仗队的仪式环节时。在行进中,前奏的鼓声持续时间为慢速行进的 7 节拍。鼓声开始时要缓慢,尽可能提高音量,然后逐渐减弱到原来的柔和,但直到第 7 个节拍时仍可听到。然后,在开始奏唱国歌之前,要注意停一个节拍。

《白俄罗斯国家象征法》第十一条规定,白俄罗斯共和国国歌是一部音乐和诗歌作品,可以在本法和其他法律规定的情况下奏唱。白俄罗斯共和国国歌可以用管弦乐、合唱、管弦乐-合唱、器乐或声乐-器乐形式演奏。这种情况下,可以使用音频和视频记录以及电视和无线电广播的手段。如果是声乐或声乐加器乐的版本,白俄罗斯共和国国歌应全文唱完,在器乐演奏的情况下,允许部分演奏——主歌和副歌演奏一次。

《拉脱维亚国歌编曲和录音办法》对一些国歌奏唱的调式作了规定,如第三条规定,交响乐团演奏时用降 C 大调;铜管乐队演奏时用 C 大调;钢琴演奏必须用 B 大调等。

《东帝汶国家象征法》第十九条规定,国歌的奏唱应遵守以下规定:(1)以相当于 2/4 的四分音符的节拍进行表演。(2)用简单的器乐演奏必须采用 C 大调。(3)采用演唱方式的以齐声进行。(4)采用简单的器乐方式演奏,应当对音乐进行完整的诠释,但不重复。(5)采用声乐方式奏唱,国歌所有内容都需要唱。(6)在向共和国总统敬礼时,为了军事仪式的专门目的,根据具体规定,只奏唱引子和最后的和弦。

在新西兰,文化和传统部官方网站提供了不同类型的乐谱,包括 A 大调、B 大调、C 大调、D 大调、F 大调等 12 个调式的用钢琴演奏国歌的曲谱。新西兰政府推荐集体演唱时采用 G 大调。新西兰政府发布的国歌曲谱的注释中还解释:钢琴曲伴奏的 G 大调应当经常用于集体演唱或者公共活动中。但是,如果在合唱团或者音乐会中,采用上述调式可能是声音过高,许多人发现较低的音调(C 大调或 D 大调)更容易合唱,因此新西兰政府也提供了上述调式的国歌钢琴曲谱。

三、官方录音版本

为了维护国歌的尊严,应当由国家审定国歌标准演奏曲谱,录制国歌官方录音版本,并以一定形式发布。我国国歌法第十条第四款规定,国歌标准演奏曲谱、国歌官方录音版本由国务院确定的部门组织审定、录制,并在中国人大网和中国政府网上发布。"国歌标准演奏曲谱",特指为在正式场合规范国歌演奏,维护国歌的尊严,由国务院确定的部门组织审定的、专门编配用于器乐演奏的国歌曲谱。根据实际需要,"国歌标准演奏曲谱"应包括管乐队曲谱、管弦乐队曲谱和钢琴谱等。"国歌官方录音版本",特指由国务院确定的部门组织录制国歌的音频资料。"国歌官方录音版本"应当包括演奏版本(无人声)、演唱版本(有人声),演奏版本也可以包括管乐、管弦乐等演奏的国歌录音版本。

在新西兰,新西兰教育部官方网站刊载的国歌录音版本分为成人版、儿童版,奏唱的版本包括:合唱版、独唱版、配乐版。在新西兰政府《上帝保卫新西兰》乐谱的页面指出,建议公众以 G 大调演唱国歌,以每分钟 108 次的速度(BPM)进行。为了帮助那些希望在他们选择合适的调子上有一个伴奏,该部提供了 1979 年的钢琴谱编排的录音。这个钢琴独奏版本在两节录音之间调高了一个半音,以每分钟 96 拍的速度演奏。

第二节　国歌的编排及使用

国歌是一种音乐,在政治社会生活中,在特定场合是否可以根据特殊场景结合国歌的特色开展创作,不同国家有着不同的态度。

一、国歌的编排

在音乐中,音乐编排(musical arrangement)是对一段原创音乐作品的重新创作,以便可以通过不同的乐器或声音组合来演奏。原创作品可能是独奏乐器或声乐作品,也可能是管弦乐或合唱作品。音乐编排也称编曲,通说认为,编曲与配器的主要区别是:编曲是在不影响原曲主要旋律和内容的情况下对乐曲的表现形式做了更多的拓展。配器是给一段主旋律配上多声部伴奏的总谱的过程。也有研究认为,编曲也包括了配器。[1] 相对而言,编曲更具有创造性。

在国歌法律意义上,编排不同于改编。改编是修改国歌的歌词或者曲谱,而编排是在国歌歌词、旋律基础上的再创造。各国法律通常禁止改编国歌,但是对于能否依据国歌再次编曲,各国法律规定情况不一。

对于依托国歌能否进行编排,有以下两种情况。

一是禁止未经允许的编排。为了维护国歌的尊严,个别国家明确国歌演奏的版本,明确官方的配器版本。例如,《巴西国家象征法》第三十四条规定,除阿尔贝托·内波穆切诺的声乐编排的国歌外,禁止演奏任何其他声乐改编的国歌;同样,也不允许演奏未经共和国总统与教育和文化部协商后授权的国歌的器乐艺术改编作品。

二是允许编排。例如,《新加坡国徽、国旗和国歌规则》第十三条规定,(1)任何演奏或演唱国歌的人都应根据附表三中的正式编排或第二款所允许的任何其他安排演奏或演唱国歌。(2)国歌可以以任何符合国歌应有尊严的方式重新编排,但必须符合以下条件:(a)国歌不得被纳入任何其他作品或混合曲目;以及(b)国歌的每一种编曲都应准确反映国歌的完整曲调和完整的官方歌词。

---

① 吴中杰编著:《编曲的艺术》,南海出版公司 2018 年版,第 3 页。

二、国歌编排的典型案例

有的国家对国歌的歌词、曲调进行编排作了禁止性规定。例如,《巴西国家象征法》规定,必须遵守演奏国歌的礼节,严禁对国歌进行任何不尊重的编排。巴西国歌是阿尔贝托·内波穆切诺大师编排的。因此,不允许将国歌作为常规歌曲来表现,改变歌词、音符、音调和节奏。例如,以放克、桑巴等形式呈现国歌。

在巴西,2011年视频网站上的视频显示,六名身着制服的士兵在南里奥格兰德州的第三战斗工程连内唱起了放克版的国歌。[①] 第七名士兵播放了音乐,另一名士兵用自己的手机拍摄了这一幕。该记录文件被连队的其他士兵看到,第九名士兵要求一名文职同事在互联网上公布该视频。随后该视频就成了头条新闻,并被起诉到军事法庭,所有参与的人都被开除出了军队。

2013年5月7日,巴西高级军事法庭确认了对在军营内随着放克舞的节奏唱国歌的前士兵的定罪。这些青年当时在军队中犯了《军事刑法典》第一百六十一条规定的冒犯国家象征的罪行,被判处1年监禁,刑期转为社区服务。《巴西国家象征法》(第5.700/1971号)法律规定:严禁对国歌进行任何声乐编排,除了阿尔贝托·内波穆切诺的作品。不允许执行未经共和国总统在听取教育和文化部意见后授权的国歌器乐艺术编排。按照法律规定,应当怀着巨大的敬意唱国歌,在任何情况下,都不应该用不同的节奏唱国歌,或用一些模仿的方式唱国歌。这种行为是错误的,是会受到惩罚的。《军事刑法典》规定,军队的人员在部队面前或在受军事管理的地方,实施了侮辱国家象征的行为,处以1年至2年的拘禁。

高级军事法庭认为,国歌是国家的象征,按照《巴西国歌象征法》的规定,军人有义务尊重它。士兵演奏放克版国歌的行为存在恶意,因为军事人员不仅表演了修改过的国歌版本,而且还在所有参与者的许可下编排和拍摄了这一行动。士兵在放克音乐背景下唱国歌的方式是一种不尊重和令人愤怒的行为。[②]

三、国歌的引用

对于是否允许国歌在其他音乐作品中引用,不同的国家有不同的规定方式。一是允许引用国歌。例如,《俄罗斯国歌法》第八条规定,在俄罗斯联邦总

---

① 放克音乐是灵魂乐、灵魂爵士乐和节奏蓝调融合成一种有节奏的、适合跳舞的音乐形式。

② Desrespeito com o Hino Nacional-versão Funk, Blogspot (May. 20, 2022), https://disseminadora. blogspot. com/2011/05/desrespeito-com-o-hino-nacional-versao. html.

统规定的情形下以及按照俄罗斯联邦总统规定的程序,允许在其他音乐作品和其他艺术作品中使用俄罗斯联邦国歌。拉脱维亚内阁制定的《国歌乐谱和录音制作规则》第四条中规定,应允许使用和复制国歌(或其片段),或仅以引文、装饰或类似形式使用和复制国歌(或其片段)的旋律,作为独立作品的元素或作为音乐引子。但不得损害国歌的尊严。①

二是不允许引用国歌。例如,《新加坡国徽、国旗和国歌规则》第十三条规定:(1)任何演奏或演唱国歌的人都应根据附表三中的正式编排或第二款所允许的任何其他安排演奏或演唱国歌。(2)国歌可以以任何符合国歌应有尊严的方式重新编排,但必须符合以下条件:(a)国歌不得被纳入任何其他作品或混合曲目;以及(b)国歌的每一种编曲都应准确反映国歌的完整曲调和完整的官方歌词。(3)任何演唱国歌的人——(a)均应遵循附表三中的正式歌词;以及(b)不得演唱这些歌词的任何译文。

【案例】阿根廷国歌的艺术创作案②

2020年5月25日,在阿根廷,圣达菲州州长奥马尔·佩罗蒂以官方的身份参加了五月革命211周年的官方仪式上的一项活动。在演奏国歌环节,艺术家演奏阿根廷国歌时,改变了两个词。"y los libres del mundo responden"中,阳性冠词"los"被替换为阴性冠词"las";在最后唱到"o juremos con gloria morir"(或让我们用荣耀发誓去死)时,动词"morir"(死)被替换为"vivir"(生)。

这一变化受到关注,因为是在该州长、副州长和地方当局在场的情况下唱出来的。媒体以"论战"或"女权主义口号下的变革"的名义报道了这一消息,与此相关的是:一名律师向法院提出了刑事指控。

几日后,圣菲第二联邦检察官向法官提交了一份答辩,要求驳回该陈述,认为"无论如何都不能认为演奏的改变成为一次暴行""他们也没有冒犯国歌的尊严,因为如果我们评估一下被质疑行为发生的背景,甚至不存在对它的潜在蔑视"。

对于是否构成侮辱行为,律师圣地亚哥·塔马尼奥内(Santiago Tamagnone)以州长佩罗蒂为被告提交起诉状,认为在该行为中发生的事情"显然符合对国歌的侮辱行为,不应该不受惩罚"。律师提到了《阿根廷刑法典》第二百二十二条,该条规定"凡公开侮辱国旗、国徽或国歌者,将被判处1年至4年监禁",特别是"在官方行为中把伪造的国歌当作国歌"。

① Kārtība, kādā tiražējamas Latvijas valsts himnas notis un skaņu ieraksti, Latvijas Vēstnesis (janvārī. 12, 2022), https://likumi.lv/ta/id/20805-kartiba-kada-tirazejamas-latvijas-valsts-himnas-notis-un-skanu-ieraksti.

② Desestiman denuncia penal por ultraje contra el Himno Nacional, El Litoral (Jueves. 15, 2021), https://www.ellitoral.com/sucesos/desestiman-denuncia-penal-ultraje-himno-nacional_0_RGucEr83rd.html.

律师指出，自 1813 年大会以来，"国歌的歌词具有宪法地位"，从那时起，"只有制宪大会才能修改它们"。最后，他强调，"有关国歌的事情不属于任何省级当局的职权范围"。

对此，检察官罗德里格斯解释说，歌词的改变并不是随意的变化，而是歌唱者有意地修改了歌词，是"考虑到最近通过的《自愿中断妊娠法》，将女性纳入国歌歌词中；另外，因为'活'字涉及面对新冠肺炎疫情造成的大流行，对全人类渴望的内在期待"。换句话说，"在这种情况下，我们面对的是一个缺乏刑事法律意义的行为"。

"在行使言论自由和促进艺术创作的领域，压制性法律是没有地位的，而当对国歌的解释被用来表明历史上的性别不平等和要求行使完全的公民权时，更是如此，这也考虑到了尊重多样性，符合阿根廷国家在这方面承担的国际义务。"相反，"替换这两个词构成了一种尝试，使人看到歌曲中使用的男性性别语言使女性作为法律主体被边缘化，这在阿根廷社会中继续作为一种文化习惯被复制"。

最后，检察官认为，需要消除促进和维持性别不平等和对妇女的权力关系的社会文化模式，这应被视为是与《阿根廷刑法典》第二百二十二条具有相同法律地位的法律规定。

根据检察官的意见，这已经不是第一次"流行音乐家的国歌版本被保守人士认为是对国家象征完整性的攻击"。

第六章　国歌的监督管理

第一节　国歌的监管体系

一、国歌的监管主体

根据已经收集到的国家的法律规定,国歌的监督主体主要包括国家元首、政府首脑。对于不同的监管主体,法律规定其应采取不同的监管方式。

一是笼统规定。有的国家主要明确监管主体。例如,《奥地利国家象征法》第十条规定,联邦内政部长应受托执行本联邦法第八节的规定(行政处罚权),但其余部分应受托由联邦政府执行。《摩尔多瓦国歌法》第十一条规定,履行本条例的责任在于政府(以总理的名义),以及举办这些活动的中央和地方公共行政专门机关、企业、组织的负责人。

二是具体规定。有的国家进一步细化监管主体的职责权限。例如,《白俄罗斯国家象征法》第十六条规定,对本法遵守情况的监管应通过以下方式进行:由国家机构、其他组织的负责人对相关的国家机构、其他组织监管;由外交部对白俄罗斯共和国的外交使团(包括外交使团团长的住所)和领事机构的领土上监管。《津巴布韦国歌法》第五条规定:(1)总统可以制定条例,规定唱国歌的场合、唱国歌的人员和唱国歌的方式,禁止、控制或限制对国歌的使用方式。(2)第一款规定的条例可以规定对违反行为的处罚。但这种处罚不得超过六级罚款或六个月的监禁,或同时处以罚款和监禁。《塔吉克斯坦国歌条例》第十八条规定,本条例的严格执行由国家元首和社会团体、企业事业单位的负责人监督。在升起国旗的情况下,在演奏国歌时,相关机构和负责官员也受托执行和控制其遵守的程序。侮辱国歌及其违反者将被追究法律责任。

二、国歌的具体监督管理制度

国歌作为爱国主义的重要载体,日常用于爱国主义活动。一些国家的法律明确国歌等用于爱国主义教育活动的主管单位。例如,《多米尼加国家象征法》第四十七条规定了国家官方机构,以及多米尼加历史学院、杜阿尔蒂亚诺研究所和爱国主义庆祝活动常设委员会应组织和实施旨在正确使用爱国主义象征的教育活动。一些国家进一步明确了具体监管制度主要有以下类型。

一是编配乐谱。国歌法律往往规定国歌的歌词和曲谱,但是该曲谱只适合演唱、单个乐器演奏,不适合管弦乐、交响乐等方式演奏。因此,还需要将国歌乐谱配器,这也需要相关的配器主体。一些国家的法律对此作了规定。《波兰国徽、国色和国歌以及国家印章法》第十二条规定,文化艺术部部长批准以下奏唱方式国歌的配器文本:合唱、器乐、器乐和声乐合奏。《拉脱维亚国歌法》第六条规定,拉脱维亚国歌乐谱和录音的制作程序由内阁规定。1999年拉脱维亚内阁制定了《国歌乐谱和录音制作规则》,明确为国歌编排乐谱和录制国歌音乐时,国歌的文字和音乐必须与《关于拉脱维亚国歌》法律批准的文字和音乐相对应。该规则还明确了交响乐、铜管乐、合唱团、钢琴、管风琴不同的配乐方式。出版商应对国歌的音乐或录音的艺术和技术质量负责。严禁复制质量差或有技术缺陷的录音。《巴西国家象征法》第四十一条规定,教育和文化部应制作国歌所有乐谱的正式定本,并促进将国歌的器乐和声乐演奏以及歌词的朗诵录制成光盘。

二是国歌的录制。例如,《多米尼加国家象征法》第三十六条规定,记录国歌的要求。任何有兴趣为商业发行或作为社会贡献而录制国歌、制作新版本的个人或实体,只能在尊重法律规定的歌词和音乐的情况下进行录制,不得改变其旋律和内容。

三是国歌使用监管。对于国歌用于商业的,一些国家明确规定由市场监督部门负责监管。《斯洛文尼亚国徽、国旗和国歌法》第二十条第三款规定,国歌不得为商业广告或服务品牌的目的而演奏。第二十五条中规定,本法第二十条第三款规定的执行情况应由市场监督部门负责监督。

四是国歌标准版本保持。个别国家的国歌法还专门规定了国歌原始版本或者标准版本的保存。《克罗地亚国徽、国旗和国歌以及总统旗帜和绶带法》第二十条规定,国歌的原始文本和乐谱应保存在克罗地亚共和国议会大厦。《塞尔维亚国徽、国旗和国歌的特征和使用法》第九条规定,塞尔维亚国旗、国徽原件以及国歌的音乐和曲谱保存在政府总秘书处。《巴拿马国家象征法》第八条规定,国歌副本由当时的政府秘书签署并认证,保存在政府部门的档案馆和巴拿马历史博物馆中。第九条第三款规定,指挥乐谱、乐器乐谱和合唱乐谱的副本应保存在巴拿马历史博物馆、各国家机构的主席以及教育部和内政部的高级办公室。

从逻辑上看,国歌的具体监管制度应当包括上述内容,但是在国歌立法实践中,很多国家仅规定上述制度的一项或者几项制度,其可能的原因在于国歌作为无形的音乐作品,不似国旗这样的实物更加适用于具体的监管。在实践中,对于国歌曲谱的编配、标准版本的保存等,很多国家工作人员仍然存在认识不到位的情况。因此,众多综合因素导致了国歌的监管制度较国旗少一些。

第二节　国歌的教育宣传

国歌是一个国家主权、团结和公民凝聚力的象征,也是国家主权的重要标志。国歌往往反映了国家的历史,成为连接现在与过去的桥梁,也是对未来的愿景。对国歌的尊重和掌握正确使用基本知识的程度,是社会中一般文化和政治文化的指标。正确使用国家象征是培育公民爱国意识的一个重要途径。通过教育宣传,培养对国歌的尊重和热爱,进而增强公民的国家意识。

一、国歌教育宣传的必要性

"音乐可以组织和协调社会成员的意志行为,传达与交流社会成员的思想感情,从政治态度、伦理道德等方面对人产生影响,激发起一种潜移默化的力量,起到'善民心''移风俗'的教化作用。"① 在全球化的冲击下,每个国家都逐渐认识到加强民族认同价值的重要性,作为独立主权国家,都希望充分保留和深化本国的历史文化现实,而通过国歌等国家象征开展教育宣传是其中的必要保障。从国家观念出发,为国家服务,教育机构不仅是教育和教学的中心,也是国家现代化的重要代表人。通过教育机构加强国歌宣传教育,促进青少年铭记本国丰富灿烂的历史文化传统,使作为人类不可否认的道德、文化和科学遗产的民族价值观得以延续。

目前,各国普遍重视中小学唱国歌。例如,加拿大一学者研究部分中学合唱国歌的情况,分析如何加强中小学唱国歌。研究对来自加拿大六个省的 12 所中学的 275 名学生进行了分析。学生们用英语、法语或两种语言的组合唱国歌《哦!加拿大》,随后完成了一份问卷调查。结果表明,很少有学生能完美地唱好国歌。尽管学生记住歌词的准确率明显高于记住旋律,只有 67% 的人被认为熟悉歌词,而只有 46% 的人被认为熟悉旋律。这些糟糕结果的可能原因包括学生在中学唱国歌的频率较少,学生在中学主要是在参与集体活动中共同演唱国歌,而在小学

---

① 曹理、何工:《音乐学科教育学》,首都师范大学出版社 2000 年版,第 28 页。

时,3/4 的学生由专门的任课教师负责讲授国歌。问卷调查表明,应当更加重视帮助合唱团成员准确地唱国歌,在中学提供更多的机会让学生唱国歌,并在课程中更加注重教授学生国歌的英文和法文版本。[①]

二、国歌的教育

为促进学生性格的形成和公民身份的养成,很多国家有意识地通过国家象征强化学生审美、道德和公民价值观,并为其提供身心平衡的发展。近年来的变化表明,很多国家对国家象征教育方面的立法日益重视。在很大程度上,立法的变化使普通公民也可以更广泛地使用国旗、国歌和国徽。几乎所有教育机构都要求开展国歌教育。随着时间的推移,对国家象征的尊重会增加。各国法律中对国歌教育的内容规定如下。

一是要求课本中使用国歌文本。例如,《罗马尼亚公共机构和组织升挂国旗、奏唱国歌和使用有国徽的印章的法律》第十二条规定,在字母课本、小学阅读课本、罗马尼亚语言文字课本、历史课本和少数民族母语课本中,应印上附件 3 规定的罗马尼亚国歌文本。《摩尔多瓦国歌法》第七条规定,摩尔多瓦共和国国歌的文本印在字母表的第 1 页。《阿塞拜疆国歌使用法》第七条规定,阿塞拜疆共和国国歌的文本和音乐(乐谱)印在字母书的第 1 页。

二是明确学校活动仪式上使用国歌。例如,《摩尔多瓦国歌法》第七条规定,经本法第十一条所述人员授权,也可在以下场合唱摩尔多瓦共和国国歌:在所有教育机构的开学活动中,以及在其他庄严的活动中。《巴西国家象征法》第二十五条规定了在升起国旗时,特别是在公立或私立学校,在学年期间,应当每周至少一次庄严地升国旗,奏唱国歌。

三是明确学校第一节课教授国歌。例如,《阿塞拜疆国歌使用法》第四条规定,国家对阿塞拜疆共和国国歌的职责如下:(1)在公众中广泛宣传国歌的性质和重要性,并开展教育;(2)本着尊重国歌的精神教育年轻人和学生。第七条中规定,在所有教育机构中,新学年的第一节课致力于学习国歌以及其他国家象征。《巴西国家象征法》第三十九条规定,所有的公立或私立教育机构,其一年级和二年级都必须教授国旗的设计和含义,以及学习唱国歌。在公立和私立小学,每周必须演奏一次国歌。

《多米尼加国家象征法》第四十五条规定,国歌和其他爱国主义象征必须纳入全国公立和私立中小学的课程中。第四十六条规定,公立学校和私立学校的上

---

① Mary Copland Kennedy & Susan Carol Guerrini, *Patriotism, nationalism, and national identity in music education：‘O Canada,’ how well do we know thee?*, International Journal of Music Education, Vol 31：1, pp. 78-90.

午、下午和晚上的课程开始前,必须演唱国歌或播放国歌。

四是显著位置张贴国歌文本。例如,《哈萨克斯坦国家象征法》第十三条规定:(1)哈萨克斯坦共和国公民以及共和国境内的人员有义务尊重国家象征。(2)为了加强公民意识和爱国主义教育,强化对祖国的热爱,培养对国家象征的尊重,以及对其性质和意义的理解,研究这些象征纳入普通中等和初级职业教育、中等和高等职业教育机构的基础教育计划。在实施普通中等和初等职业教育、中等和高等职业教育计划的教育机构中,在指定的显著位置处长期设置国旗、国徽或其图像和国歌文本。

五是开展国歌相关活动。例如,《多米尼加国家象征法》第十六条规定,教育工作者和家长有义务促进对国家象征的尊崇。至少每月应举行一次活动,在活动中,最优秀的学生将升起国旗,而学生群体则唱国歌,以激发爱国精神。《巴西国家象征法》第四十条规定,任何人如果没有表现出对国歌的了解,就不得被录用为公职人员。

2012年11月,意大利议会通过《关于在"公民和宪法"领域获得知识和技能以及在学校教授马梅利国歌的规则》,明确从2012—2013学年开始,在各级学校中,作为旨在获得"公民和宪法"领域知识和技能活动的一部分,应组织教学活动、倡议和庆祝会议,以告知和激发对复兴运动的事件和意义、导致国家统一、选择国歌和国旗的背景以及批准宪法事件的反思,同时考虑欧洲历史的演变。在上述活动中,应当提供国歌及其历史和理想基础的教学。①

葡萄牙教育部制定的《基础教育第一阶段学校使用国旗和国歌规则》第七条规定,小学教师应教学生唱国歌,并使他们认识和了解国歌的歌词。第八条规定,在学校举行的所有正式仪式上都应唱国歌。第九条规定,唱国歌时,应以庄重、专注的姿势站立,如果是在国旗前唱,在场的人应直接、恭敬地面向国旗。第十条规定,为了执行上述第七条、第八条和第九条的规定,地区教育局应向各自地区的小学分发一份小册子,解释国旗和国歌的含义,并附有国歌的歌词和乐谱,其数量与注册学生的人数相当,这些都应放置在学生可以接触到的教室里。

2013年12月21日,俄罗斯联邦总统签署通过关于对《俄罗斯国旗法》第四条和第六条以及《俄罗斯国歌法》第三条修改的法案,对国歌法进行如下修改,在应当奏唱国歌的情形中增加以下内容:在一般的教育机构和专业教育机构,无论其所有制形式如何,在新学年当天的第一节课之前,以及在上述教育组织

---

① Norme sull'acquisizione di conoscenze e competenze in materia di《Cittadinanza e Costituzione》e sull'insegnamentodell'inno di Mameli nelle scuole, Senato della Repubblica(27 maggio 2022), https://www.senato.it/japp/bgt/showdoc/16/DDLMESS/0/683269/index.html? part = ddlmess_ddlmess1-articolato_articolato1.

专门为国家和市政假日举行的庄严会议期间应奏唱国歌。此外,在"知识日"的第一节课前,以及在教育机构专门为国家和市政节日举行的庆祝活动中,必须播放俄罗斯国歌。①

例如,《玻利维亚国家象征法》第二十条规定了玻利维亚国歌日。(1)兹将每年的 11 月 18 日定为玻利维亚国歌日,并应给予特别荣誉,以纪念其在 1845 年首次唱响的日子。(2)主要的致敬仪式将于中午 12 时在拉巴斯市的穆里略广场举行,包括由陆军军事学院的学员将原版乐谱装入玻璃器皿中,在唱玻利维亚国歌时,在政府宫前展出。(3)同样,在同一日期和时间,全国各省和市政府应在每个城市或镇中心的主要广场领导和组织一次公开的庄严活动,由当地最高政府当局负责人和执法人员出席,以纪念国歌。(4)这一活动应包括停止公共活动 5 分钟,以便升起国旗,唱起国歌,发表官方讲话和其他官方节目的简短片段。(5)在同一日期和时间,电台和电视台应中断其节目,播放国歌。

《墨西哥国徽、国旗和国歌法》第四十六条规定,所有基础教育学校都必须教授国歌。每年,《墨西哥普通教育法》中规定的教育主管部门应召集儿童合唱团进行国歌演唱比赛,国家教育系统的基础教育学生应参与其中。

三、国歌的宣传

对于国歌的宣传,很多国家的法律规定,电视广播渠道应在固定的时间播放国歌。例如,《亚美尼亚国歌法》第四条规定,电视和广播公司使用亚美尼亚共和国国歌。(1)亚美尼亚共和国境内的所有电视台和广播电台每天都应播放亚美尼亚共和国国歌,无论其所有权形式如何:(a)播出前和播出结束时;(b)早上 6 时和 12 时,如果是 24 小时广播;(c)除夕夜,埃里温共和国广场的时钟节拍过后。(2)亚美尼亚共和国国歌的演奏可以通过录音和录像的方式为广播媒体录制和传输。《摩尔多瓦国歌法》第六条规定,摩尔多瓦共和国国歌将由国家公司"Teleradio-Moldova"的广播和电视台播放。(1)在广播的开始和结束时;(2)在除夕夜,在时钟宣布新的一年开始之后。《白俄罗斯国家象征法》第十二条规定,白俄罗斯共和国的国歌由国家电视和广播公司在以下时间播放:每天在广播开始和结束前,以及在全天候广播时的 6 时和 24 时。在除夕夜 24 时的钟声之后。《阿塞拜疆共和国国歌使用法》第四条规定,国家对阿塞拜疆共和国国歌的职责包括在公众中广泛宣传阿塞拜疆共和国国歌的本质和重要性,并对其进行教育;第七条中规定,根据本法第 6.2 条规定的程序,阿塞拜疆共和

---

① Маргарита Горовцова. Что должен знать каждый россиянин: государственная символика и правила ее использования. 25 декабря 2013. https://www.garant.ru/article/516320/.

国国歌每天早晨在阿塞拜疆共和国电视和无线电广播开始时播放。

在巴拿马,在庄严和正式的国家仪式上应演奏国歌。没有铜管乐队的事实并不能免除国歌的演唱;可以在不改变国歌官方性质的情况下,用无伴奏或单一乐器进行演唱。在巴拿马,在国家领土上产生信号的电视台、广播电台和互联网新闻系统都有义务在早上6时和播放结束时播放国歌的歌词和音乐。不间断运营的电视台和广播电台必须在早上6时暂时停止正常节目,以便播放国歌的歌词和音乐。在巴拿马与哥伦比亚分离、从西班牙独立的周年纪念活动以及其他全国性的公民活动中,在共和国总统就职时,以及在任何其他具有特殊性质的文化、科学或体育活动中,都必须唱国歌,并配上国歌的歌词和音乐。①

《多米尼加国家象征法》第三十二条规定,国家广播电台和电视台将在以下日期的12时播放任何版本的国歌,否则将违反本法:(1)1月26日,开国元勋杜阿尔特诞辰日。(2)2月27日,国家独立和国旗日。(3)8月16日,恢复独立日。(4)11月6日,宪法日。位于边境地区的广播电台和电视台,包括巴霍鲁科省、圣地亚哥·罗德里格斯省、蒙特克里斯蒂省、佩德纳莱斯省、达哈翁省、独立省和艾利斯皮亚省,应在其日常节目中至少播放两条不少于30秒的国歌,表达多米尼加爱国主义象征和价值观的信息。第三十二条第二款规定,国家纪念日常设委员会应负责记录本条第一款规定的关于爱国主义象征和价值观的信息。《哥伦比亚国旗、国徽和国歌法》第十二条规定,只有在强化民族主义意识和增强爱国主义价值观时,爱国主义象征才能作为一种宣传手段。第十四条中规定,国内所有的教育机构都有义务拥有国旗和国徽,这些国旗和国徽应以有尊严的方式保存在主要教室或礼堂中。

此外,一些国家还通过明确国歌日加强宣传。2012年11月,意大利议会通过《关于在"公民和宪法"领域获得知识和技能以及在学校教授马梅利国歌的规则》,明确共和国承认3月17日,即1861年在都灵宣布意大利统一的日子为"民族团结日、宪法日、国歌日和国旗日",以便在广泛的教育框架内回顾和促进公民的价值观,以及通过国家纪念和公民记忆重申、巩固民族特性。

第三节 国歌的知识产权

知识产权主要的三种类型是著作权、专利权和商标权。各国对于国歌的知

---

① Himno Nacional, Mingob. Gob (4 ottobre 2022), https://www.mingob.gob.pa/simbolosdelanacion/himno-nacional/.

识产权保护一般是禁止用于商标、专利。很多国家的法律对国旗、国歌、国徽、国家名称等国家象征的知识产权作了规定。有些国家对于国家象征的知识产权范围保护得较宽，包括商标权、版权、专利权、设计权等权利，如马来西亚、印度、菲律宾、特立尼达和多巴哥、新西兰等。也有一些国家主要保护国家象征的商标权，如德国、加拿大等。就国歌的著作权而言，基于各国历史文化、政治传统等因素，情况较为复杂。例如，《巴拿马国家象征法》第八条明确了国歌的音乐、歌词的作者，相当于明确了国歌音乐、歌词作者的署名权。《格林纳达国家象征和国歌法》第三条规定，为避免争论，特此声明，国歌的歌词和音乐以及国徽的设计的版权永久授予王室(the Crown)。

一、国歌的著作权

国歌通常由个人创作，经广泛传播并经国家认可之后成为国歌，也有一些国家的国歌通过公开征集，并经国家正式认可确定。每一种情形下，国歌是否具有著作权还需要根据该国法律进行确定。世界很多国家没有对国歌的著作权作出法律规定，如美国、土耳其、爱尔兰等。也有一些国家确定了国歌的著作权，如加拿大、法国等。通常情况下，国歌著作权有以下三种情况。

一是国歌著作权属于国家。例如，加拿大、澳大利亚规定了国歌的著作权，但澳大利亚政府宣称拥有国歌歌词的著作权，也享有国歌曲谱特殊使用的权利。作为国歌著作权的拥有者，澳大利亚政府允许社会公众在非商业目的的场合免费使用。对于以非商业目的的国歌使用、演奏或者重新录制，不需要获得许可；但如有商业目的，须向政府申请许可。

二是国歌著作权进入公共领域。有的国家通过政府购买国歌的著作权，使国歌进入公共领域。新西兰没有国歌法，知识产权法律也没有对其进行特殊规定。1934年，新西兰政府从私人公司手中购买了《天佑新西兰》的版权。该歌曲在1940年被新西兰政府定为国家歌曲(National Song)，1977年经英国女王同意后被正式定为国歌(National Anthem)。《天佑新西兰》在1977年后成为公有财产，一般情况下公众使用国歌没有著作权限制。但国歌的特殊使用以及录音将受到版权限制。对于商业上的重复使用，必须得到权利人许可。

有的国家通过中央政府明确，国歌的歌词和曲谱没有著作权，属于公共领域范畴。加拿大政府则明确，由于国歌《哦！加拿大》和皇家国歌《天佑女王》均属于公共领域，可以在未经政府许可的情况下，用于商业用途。加拿大政府还认为，由于《加拿大国歌法》只为国歌设定旋律，国歌的旋律和歌词没有著作权，音乐家可以根据自己的需要为国歌自由编排乐谱。但是，按照著作权法，可以对旋律的编排进行著作权保护。

有的国家未确认国歌的著作权,国歌著作权到期后自动进入公共领域。例如,爱尔兰没有法律针对国歌著作权作出规定。爱尔兰国歌《战士之歌》在2012年国歌创作者的著作权到期后,该国对是否专门将国歌纳入著作权制作领域发生争议,有个别议员提议制定国歌著作权的相关议案,但响应者寥寥,最终没有通过专门针对国歌著作权的规定。

三是明确不受著作权保护。一些国家明确国歌不受本国著作权法的保护。例如,《关于使用阿塞拜疆共和国国歌的规则》第五条规定,根据阿塞拜疆共和国《著作权及相关权法》,国家象征不受著作权保护。阿塞拜疆保护国歌免受非法使用和其他损害行为。

二、国歌的"邻接权"

在我国,通说认为,邻接权是指与著作权相邻近的权利,是指作品传播者对其传播作品过程中所作出的创造性劳动和投资所享有的权利。一旦音乐被确定为国歌,与国歌直接相关的财产权利可能受到限制。实践中,对于国歌是否具有邻接权还具有争议。

我国著作权法为录音制作者单独设立了邻接权。与著作权不同,邻接权仅包含许可他人复制、发行、出租、通过信息网络向公众传播并获得报酬的权利。邻接权保护的是传播者的传播行为,上述权利是著作权的财产相关权利。在美国,美国版权法中的复制权、表演权和出版权等财产性权利与我国的邻接权相似。在美国司法实践中,有的观点认为,在美国,当国歌在电视转播的全国足球联盟(National Football League,简称 NFL)比赛中被演唱、广播或录制时,NFL 拥有该特定表演的复制权、表演权和出版权。[①] 表演权是版权人控制作品公开展示的专有权利,可以是现场表演,也可以是通过广播,还可以是移动图像或录音。复制权是指从创作者或出版商那里获得的录制和发行其作品的权利。出版权是对录音的知识产权,这些权利的拥有者可以控制在哪里以及如何获得或播放录音。如果出现上述情况,NFL 等组织是否具有相关权利,还是需要根据各国法律规定来确定。

相关组织能否主张上述权利,可以分为不同情况进行分析。

一是国歌不适用著作权法。在很多国家,国家象征不适用著作权,涉及国家象征的邻接权则依赖于著作权,它是从著作权邻接而来的一种权利。邻接权当中始终包含着著作权,行使邻接权时必然涉及著作权。因此,上述依据著作权法而

---

① Anthony Prusak. Does Playing the National Anthem at an Event Require Permission? https://www.pcma.org/does-playing-national-anthem-event-require-permission/.

存在的权利也不适用于国家象征,这就从根本上否认了有些组织声称的权利。

二是国歌著作权属于国家。在个别国家,法律规定了国家象征的著作权属于国家,这种情况下,著作权法可能适用于国家象征,如果有关组织录制的国歌的相关视频主张上述权利,首先要经过版权人的允许。

三是进入公共领域国歌的著作权。还有一些国家没有对国歌的著作权进行明确规定,只是在实践中,国歌的著作权进入了公共领域,对于进入公共领域的相关的权利的处理,还是存在模糊地带。但是一般情况下,很多国家也不支持对于国歌相关的"邻接权"主张权利。如在新西兰,国歌的著作权进入公共领域,新西兰政府网站明确,使用国歌《天佑新西兰》没有著作权限制,因其进入了公共领域。但是,著作权确实适用于国歌的特定编排和录音,包括在政府官方网站刊载的音乐文件页面上找到的 MP3 格式。对于商业再使用,将需要权利人的许可。因此,虽然国歌歌词没有著作权,但是用特定方式编曲演奏的版本具有著作权。

二、国歌知识产权域外保护的争议

2022 年,俄罗斯博主尤里·霍万斯基(Yuri Hovansky)于 1 月 24 日表示,他在 YouTube 上发布带有俄罗斯国歌的视频时,平台警告称该视频似乎包含"有争议的内容",他可能因此遭遇版权问题。

但是根据俄罗斯现行法律,俄罗斯国歌是其国家象征,所以国歌旋律和歌词的版权都是公开的。霍万斯基称 YouTube 告诉他,俄罗斯国歌的版权所有者是美国公司——Broadcast Music Inc(BMI)。1 月 29 日,俄罗斯通信、信息技术和媒体监督局(Roskomnadzor)发表声明,敦促谷歌取消这一限制,以允许用户在其视频中使用俄罗斯国歌。该声明表示,谷歌先前的行为是对该国公民的公然无礼和不尊重。同日,谷歌答应了俄方的要求。经审查,他们认定 BMI 公司的有关限制规定不合理。

但不久后,俄罗斯国有新闻频道 Rossiya-24 上传除夕夜在电视节目上播放的视频(包含国歌)时,又收到了侵犯版权的投诉。据俄罗斯 Meduza 新闻网报道,这一次并不是 BMI 公司,而是另外两家美国公司在"声明版权",俄罗斯媒体批评称,YouTube 实际上正在试图让数字抢劫和盗版合法化,并鼓励这种行为。这表明美国互联网巨头们相信,他们不仅有权处置其用户的账户,而且有权去控制与他们无关的文化和历史遗产。①

---

① 观察者网:《俄罗斯人使用自家国歌,被美国公司告侵权了?》,载百度百家号,https://baijiahao. baidu. com/s? id = 1690754844270449039&wfr = spider&for = pc。

在大部分国家,国歌是国家象征,不属于版权法律保护的范围。根据《俄罗斯民法典》第一千二百五十九条的规定,俄罗斯联邦国歌是国家象征,不具有版权对象的所有特征。国歌的著作权人及其继承人不享有俄罗斯民法典规定的知识产权权利,包括:(1)对作品的专有权利,包括翻译或以其他方式处理作品的权利;(2)作品中的个人非财产权利(如姓名权、完整权、披露权、撤销权);(3)与作品有关的其他权利(如官方作品获得报酬的权利、在视听作品中使用音乐作品获得报酬的权利)。因此,使用俄罗斯国歌,无须与音乐权利管理组织集体签订许可协议,并且不用支付报酬。立法者这样做是为了让国歌可以免费使用,以实现其特殊目的。由于在外国领土上非官方使用俄罗斯联邦国歌的情况更加复杂,考虑到俄罗斯联邦国歌可以在外国领土上非正式地演奏,但是一国的国家象征法律、知识产权法律往往只适用于本国,只有通过外国立法,才能将本国国歌排除在其他国家版权法保护对象之外。俄罗斯法律没有规定将外国国歌排除在版权对象的范围之外,其他国家的立法似乎也是同样的做法。

在国家象征的知识产权方面,国歌版权(著作权)与工业知识产权有所不同。在版权方面,《保护工业产权巴黎公约》第六条之三规定,本联盟各国同意,对未经主管机关许可,而将本联盟国家的国徽、国旗和其他国家的徽记、各该国用以表明监督和保证的官方符号和检验印章,以及从徽章学的观点看来的任何仿制用作商标或商标的组成部分,拒绝注册或使其注册无效,并采取适当措施禁止使用。该规定为各国相互保护其他国家的国旗、国徽和其他国家徽记的版权提供了国际法依据,通常各国也在版权相关法律中作了同等规定。《伯尔尼保护文学和艺术作品公约》涉及文学和艺术作品所享权利的保护,但是没有对国歌所享有的版权在国际上进行保护作规定。这给国际间保护他国的国歌版权带来了不便。

当然,在俄罗斯联邦境内举行有外国元首参加的官方活动时,权利管理组织集体不得在公开演奏该国国歌期间收取报酬。但是,当在俄罗斯联邦境内的音乐会和其他非官方活动中使用此类歌曲时,权利管理组织可以集体向外国版权所有者收取、分发和支付报酬。也就是说,这些继承人在外国领土上使用俄罗斯国歌时的版权完全有效,但在这些国家领土上正式使用国歌的情况除外。

第七章　法律责任

第一节　行政法律责任

一、国歌法律责任的总体情况

世界范围内,在22部国歌法中,8部法律没有规定刑事责任[美国、加拿大、西班牙、摩尔多瓦、莫桑比克、刚果(布)、汤加、也门];5部法律笼统规定了承担法律责任(俄罗斯、乌克兰、塔吉克斯坦、亚美尼亚、阿塞拜疆);3部法律规定了行政法律责任(拉脱维亚、立陶宛、埃塞俄比亚);5部法律规定了刑事责任(马来西亚、缅甸、津巴布韦、赞比亚、卢旺达);1部法律规定了行政法律责任、刑事法律责任(中国)。

在70部国家象征法律中有44部法律涉及国歌。在这44部国家象征法律中,13部法律没有规定法律责任(阿尔巴尼亚、波兰、捷克、罗马尼亚、东帝汶、吉尔吉斯斯坦、巴拉圭、安哥拉、博茨瓦纳、格鲁吉亚、北马其顿、圣基茨和尼维斯、基里巴斯);2部法律笼统规定了法律责任(白俄罗斯、哈萨克斯坦);3部法律规定了行政法律责任(斯洛伐克、巴拿马、委内瑞拉);18部法律规定了刑事法律责任(新加坡、巴巴多斯、毛里求斯、巴布亚新几内亚、塞尔维亚、斯洛文尼亚、黑山、克罗地亚、菲律宾、多米尼加、玻利维亚、肯尼亚、纳米比亚、瑙鲁、萨摩亚、塞舌尔、印尼、埃及);7部法律规定了行政法律责任、刑事法律责任(古巴、以色列、蒙古、哥伦比亚、尼加拉瓜、巴西、萨尔多瓦);1部法律规定了民事法律责任、行政法律责任、刑事法律责任(墨西哥)。

通过上述的数据可以看出,22部国歌法和涉及国歌的44部国家象征法中,共有21部法律没有规定法律责任,45部法律规定了法律责任。可见,相对于很多国家规定了国旗法律责任,规定国歌法律责任的较少。

与国旗的行政法律责任类似,涉及国歌的行政法律责任主要是行政处罚。为了便于将行政法律责任与刑事法律责任相区分,本书将国歌法律责任涉及自由罚的归入刑事法律责任,行政处罚类型主要是金钱罚、资格罚。

二、承担行政法律责任行为构成要件

按照行政法学的基本原理,违法行为主体必须是行政主体,行为人负有相关的法定义务,行为人具有不履行法定义务的行为且行为人主观上有过错。在涉及国歌的行政法律责任中,行为人实施行为时所持的心理状态,包括故意和过失两种。一般情况下,承担法律责任的前提是主观上故意。

(一)行为主体

在行为主体上,涉及国歌行政法律责任的主体一般是自然人。在个别情况下,涉及国家机关、组织,具体情况如下。

一是国家机关及其工作人员、国有企业等。例如,《菲律宾国旗和纹章法典》第三十九条规定,任何国家、地方政府的公务人员和雇员,以及任何政府相关的机构和组织,包括政府拥有或者控制的公司、悬挂国旗的任何私有公司、法人机构以及政府学术性机构,均必须据此严格遵守演奏国歌的规定,未遵守该法的将给予行政处分。

二是国歌录制商。例如,1999年拉脱维亚内阁制定《国歌乐谱和录音制作规则》,明确为国歌编排乐谱和录制国歌音乐时,国歌的文字和音乐必须与《拉脱维亚国歌法》批准的文字和音乐相对应。明确了交响乐、铜管乐、合唱团、钢琴、管风琴不同的编排方式。出版商应对国歌的音乐或录音的艺术和技术质量负责。严禁复制质量差或有技术缺陷的录音。

三是公共集会的负责人。例如,《克罗地亚国徽、国旗和国歌以及总统旗帜和绶带法》第十九条规定,国歌可以在官方的庆祝活动、政治聚会和其他节日活动中奏唱。不得以侮辱克罗地亚共和国名誉和尊严的方式和情况下奏唱国歌。第二十七条中规定,违反本法第十九条的规定,播放克罗地亚国歌的,将被处以5000库纳至25000库纳的罚款。如果上述罪行发生在公共集会上,负责组织集会的人应被处以1000库纳至5000库纳的罚款。

(二)行为类型

一是不尊重国歌的行为。例如,《立陶宛国歌法》第六条规定,公开不尊重立陶宛国歌的行为将根据法律规定的程序受到惩罚。

二是未按规定播放国歌。例如,《巴拿马国家象征法》第三十条第二款规定,不间断运营的电视台和广播电台必须在早上6时暂时停止正常节目,以便播放国歌。第四十条规定,违反第三十条第二款规定的,由管理公共服务活动的主管部门处罚,罚款1000巴波亚至5000巴波亚。政府当局可依职权或根据投诉启动调查。

三是侮辱国歌的行为。一些法律规定,在不构成刑事犯罪的情况下,对于侮辱国歌的行为,须承担一定的行政法律责任。2000 年俄罗斯制定了国歌法,其中第九条规定,违反本联邦宪法性法律演奏和使用国歌,以及侮辱国歌,根据法律追究相应责任。《俄罗斯联邦行政违法法典》规定,侮辱国歌可以被罚 3 个月工资或收入的 100—300 倍,或限制 2 年以下自由、监禁 3—6 个月、1 年以下有期徒刑。由于该处罚较轻,对亵渎国歌的行为惩罚力度不大,有许多俄罗斯杜马议员多次提出对亵渎国歌者加重刑事处罚的法案,但尚未成功。

（三）处罚主体

各国普遍明确由治安部门负责国歌相关的行政处罚。例如,《拉脱维亚国歌法》第七条规定,对拉脱维亚国歌严重不尊重的,处以最高 140 单位的罚款。第八条规定,对本法第七条规定的违法行为的行政违法诉讼,由国家警察局、市警察局、地方政府行政委员会或者分组委员会进行。

第二节　刑事法律责任

从各国情况来看,因侮辱国歌承担刑事法律责任的要件往往是一致的,如在行为主体上,通常是自然人,涉及少数特定行为的,责任主体涉及企业、机关的负责人。例如,《菲律宾国旗和纹章法典》规定,任何违反本法规定的自然人或法人将被判有罪,由法院自由裁量单处或者并处 5000 比索至 20000 比索的罚金、2 年以内监禁。对于再犯和累犯,必须并处罚金和监禁。法人违反本法规定,其董事长或总经理应承担责任。在主观要素上是直接故意;在行为对象上,一般是侮辱本国国歌。但是侮辱国歌的行为方式上,各国规定有所不同。

一、承担刑事法律责任的行为类型

各国法律中明确承担刑事法律责任的行为主要有以下类型。

一是规定不尊重国歌的行为。例如,《马来西亚国歌法》第八条第一款规定:(1)每当播放或演唱国歌、播放缩略版或简短版国歌时,所有在场人员均应站立以示尊重,除非在广播过程中播放、演唱国歌,或作为广播或新闻节目的一部分。(2)任何人在任何公共场所故意不尊重国歌,将被处以不超过 100 令吉的罚款或不超过 1 个月的监禁。(3)就本条而言,如果没有良好和充分的理由而不遵守第一款的规定,以及任何有可能降低国歌在公众心目中威望的行为或不作为,均构成不尊重,可以无证逮捕。第九条规定,任何警察都可以在没有逮捕令的情况下逮捕任何在他看来违反第八条规定的人,除非该人提供他的姓名和地址,并使该警察确信他将适当地回应任何传票或其他将对他采取的程序。

《瑙鲁国歌、国徽和国旗保护法》第七条规定了不尊重国歌的行为:(1)任何人都不得:(a)以任何语言、行为、行动或书面形式不尊重或侮辱国歌;或(b)在公共场所演唱或演奏国歌时,以任何语言、行为或行动表示不敬。(2)任何违反第(1)款的人都是犯罪,一经定罪,可处以不超过10万澳元的罚款或不超过5年的监禁,或同时处以罚款和监禁。

《卢旺达国歌法》第八条规定,任何故意不尊重或亵渎国歌的行为都是一种犯罪行为。一经定罪,将被判处1年以上2年以下的监禁,并处以100万卢旺达法郎和不超过200万卢旺达法郎的罚款,或只处以其中一种刑罚。

二是规定侮辱、蔑视、嘲弄国歌的行为。例如,《赞比亚国歌法》第三条规定,任何人有任何意图侮辱、蔑视或嘲弄国歌的行为,即属犯罪,一经定罪,可处以不超过5000单位的罚款或不超过2年的监禁,或二者并处。《津巴布韦国歌法》第四条第一款规定,任何人有(a)侮辱或嘲笑国歌的;或(b)作出任何可能使国歌受到蔑视或嘲笑的行为即属犯罪,可处以不超过六级的罚款或不超过1年的监禁,或并处罚款和监禁。第二款规定,对于第一款(b)项下的指控,如果被告人能够证明他不知道、也没有理由相信他的行为有可能使国歌受到蔑视或嘲弄,则可作为辩护理由。

三是故意阻止唱国歌的行为。例如,《印度防止侮辱国家荣誉法》第三条规定,凡是故意阻止唱印度国歌,或对唱国歌的任何集会造成干扰,将被处以刑期可长达3年的监禁,或罚款,或两者兼施。第3A条规定,如果再次被判定犯有任何此类罪行,则应就第二次及以后的每一次犯罪,判处不少于1年的监禁。

四是故意改变国歌。例如,《新加坡国徽、国歌和国旗规则》第十四条中规定,对任何有意不按照官方安排奏唱国歌、不跟随官方的歌词、歌唱任何改动版本的行为,没有合理理由奏唱国歌时不起立致敬的,将被起诉有罪,并最高处以1000新加坡元罚金。《多米尼加国家象征法》第三十七条规定,以下被认为是对国歌的侮辱:(1)改变其歌词和节奏;(2)在播放时跳舞;(3)把国歌改编成舞曲;(4)在本法第十九条所列属人员之外的葬礼上演唱、演奏国歌。第三十九条规定,侮辱国家象征的人,处以1—3个月的监禁和公共部门5—20倍最低工资的罚款。

五是将国歌用于商业行为。例如,《瑙鲁国歌、国徽和国旗保护法》第六条规定,未经部长事先书面批准,任何人不得将国歌包括歌词用于以下情形:

（1）在任何商标、口号或标志中使用；（2）用于任何广告目的；（3）用于任何商业目的。任何违反上述规定的都是犯罪，一经定罪，可处以不超过 10 万澳元的罚款或不超过 5 年的监禁，或同时处以罚款和监禁。

二、刑罚类型

一些国家和地区则具体规定了侮辱国歌应承担的刑事法律责任。对侮辱国歌的违法行为，大部分国家是处以相对较轻的罚金、3 年以内的监禁。例如，《印度防止侮辱国家荣誉法》规定，任何有意阻止奏唱国歌或者在任何集会奏唱国歌时引起混乱的人，单处或者并处罚金、3 年以内监禁。《多米尼加国家象征法》第三十八条规定，对不尊重爱国主义象征的行为进行处罚。对国旗、国徽或国歌有不敬行为的人，将被处以 15—30 天的监禁和公共部门最低工资 1—5 倍的罚款。第三十九条规定了对侮辱国家象征的处罚。侮辱任何国家象征的人，将被处以 1—3 个月的监禁和公共部门 5—20 倍最低工资的罚款。第四十条规定了累犯的法律责任。对国家象征不敬或暴行的累犯将受到本法第三十八条和第三十九条规定的 2 倍处罚。第四十二条规定了主管法院。治安法院是主管法院，负责审理违反本法的行为，并因此适用既定的惩罚措施。

少数国家规定的处罚较重，如《瑙鲁国歌、国徽和国旗保护法》第七条规定，不尊重国歌的行为一经定罪，可处以不超过 10 万澳元的罚款或不超过 5 年的监禁，或同时处以罚款和监禁。

三、部分国家实践

从各国法律规定的情况看，少数国家，如美国、英国、爱尔兰等未将侮辱国歌定罪，大部分国家将侮辱国歌定罪。例如，在法国，在官方组织的集体活动中，在示威期间严重侮辱国歌将被处以最高 7500 欧元的罚款和最高 6 个月的监禁。在意大利、墨西哥，对于侮辱国旗和其他国家象征的行为，将处以非常明确的罚款，而在吉尔吉斯斯坦和许多其他（不仅是亚洲）国家，违规者将可能被处以真正的监禁。

从世界各国国歌相关司法实践来看，相对于国旗、国徽，因涉及国歌而承担刑事法律责任的案例总体上较少，且相关案例非常具有敏感性、政治性。一旦出现相关案例，往往引起国内国际关注。实践中，因涉及国歌而承担刑事法律责任的有两种行为：一是擅自修改国歌歌词，包括演唱修改后的国歌歌词，特别是修改成带有侮辱性的歌词；二是擅自改编国歌的曲调，给国歌曲调带来重大变化。

（一）美国

《美国法典》第三十六编第三章第三百零一条中规定了国歌的内容和奏唱国歌的礼仪，但未明确违反相关规定应当承担的法律责任。虽然在联邦层面未作规定，但有的州作出了规定，如《美国马萨诸塞州法典》第二百六十四章第九节规定，在任何公众场地，如博物馆、电影院、餐厅或者咖啡厅，或者任何公共娱乐场所，演奏、歌唱或者演出《星条旗之歌》（美国国歌）的人，损害其节奏，或者进行任何修改或者添加的行为；或者将其作为任何其他歌曲的一部分，或者作为舞曲，或者对其混合，或者截取的行为，将处以最高100美元的罚金。

由于联邦层面未作规定，而各州规定的处罚又较轻，这致使国歌奏唱、使用国歌过程中的不当行为多受到道义的谴责，很少受到法律制裁。例如，根据《美国法典》第三十六编第三章第三百零一条的规定，演奏国歌时在场所有人员都应当面朝音乐方向，必须右手抚左胸立正。而在2007年夏天，美国民主党总统提名参选人奥巴马出席活动，当播放国歌时，奥巴马双手交叠。该行为仅被质疑不够爱国，但未受到任何法律制裁。又如2016年9月，美国运动员卡佩尼克为了抗议警察对黑人的不公，拒绝在奏国歌时起立，事后引起广泛争议。

实际上，美国法律没有就侮辱国歌规定法律责任，其中一个重要原因是美国联邦最高法院已经就同为国家象征的国旗作出判决，为对待国歌提供了参考。任何惩罚蔑视国旗的立法（特别是1968年的《国旗保护法》）都是违宪的，因为它侵犯了宪法第一修正案所保护的言论自由（在1989年的得克萨斯诉约翰逊案和1990年的美国诉艾希曼案中，美国联邦最高法院都作出了判决）。

（二）法国

《法国宪法》第二条第二款规定，法国国歌为《马赛曲》。但一直没有制定专门的国歌法，没有侮辱国歌的刑法规定。进入21世纪后，法国侮辱国歌的事例得到越来越多的关注。2001年10月6日，在法兰西大球场举行的法国与阿尔及利亚比赛中，奏唱国歌时，一些公众吹起了口哨。然后，在2002年春天，一些科西嘉支持者在法国杯决赛期间奏唱国歌时再次吹口哨，激起了总统的愤怒。因为公众场合侮辱国歌的行为有增加趋势，2003年3月18日，《法国刑法典》增加了第433-5-1条，规定在公共机构管理或者组织的集会活动中侮辱国歌或国旗的行为将处以7500欧元罚金，当该行为是集体行为时，将处以6个月监禁和7500欧元罚金。虽然该规定被质疑为损害言论自由，但是法国宪法委员会认为惩罚与侮辱行为之间没有明显的不相称。

近年来，影响较大的是2008年侮辱国歌事件。2008年10月14日，法国队和突尼斯队在巴黎举行的一场足球赛中，由于《马赛曲》受到突尼斯球迷一片嘘声,80%接受《巴黎人报》调查的法国人感觉自尊心受到了伤害和侮辱。为此,两名法国部长因没有离开球场以示抗议,受到本国政府的责备。时任总统尼古拉·萨科齐召见了相关负责人,要求他们必须说明如何避免这类事件再次发生。时任总理弗朗索瓦·菲永要求采取严厉的预防措施,如果《马赛曲》再遭到嘘声,必须立即取消整场比赛。时任内政部部长米谢勒·阿利奥-马里表示,被镜头拍下来的《马赛曲》起哄者将被追究法律责任。

在现实中,上述规定明确在公共机构管理或者组织的集会活动中侮辱国歌,使得因侮辱国歌而定罪的案件较少,即使是起诉到法院的罪行也很少受到惩罚。

第三编

国徽法律制度比较

第一章　比较概述

第一节　国徽法律制度的历史演变和主要内容

国徽是代表国家的徽章、纹章,是重要的国家和民族象征之一。国徽象征着国家的主权、民族的统一,能激发民族自豪感。同时,国徽也往往强调国家的基本价值观、保护祖国的历史文化特征、以及象征民族团结。[①] 世界上大多数国家均有其法律规定或约定俗成的国徽图案。正确使用国徽,是各国维护其国家和民族尊严、增强国民国家观念、弘扬爱国主义精神的重要手段和有力保障。随着国徽制度的日益成熟,国徽法治化成为国徽发展的历史性飞跃。如果没有法律确定国徽的性质和地位,国徽仅仅是一幅美丽的图画、独特的标志。将国徽法治化的一种重要意义在于赋予国徽一种强制性的法律地位,使得法定化的国徽而非其他徽章强制性地运用于重要的政治场合。国徽作为主权的象征得以创设、使用,又通过法律的方式得以进一步规范化、制度化。

一、国徽法的起源与发展

12 世纪,欧洲纹章文化兴起,欧洲一些王室开始使用纹章,并将纹章用于王室的信笺等物品。例如,法国王室采用了百合花作为王室纹章。1376 年,查理五世颁布法令,规定金底三朵金色百合花盾徽为法国王室纹章。[②]

在欧洲王室中,国徽发展的早期,国徽和王室纹章通常是没有区分的。王室纹章往往是通过王室命令确定,而国徽的诞生是随着近现代意义国家的诞生而出现的。18 世纪以来,随着欧洲、美洲独立运动的开始,新兴独立国家开始仿照欧洲王室纹章制定国徽,而当时设计确定国徽的主要目的是用于国玺或者国

---

① Manuel Patricio Vergara-Rojas, Los emblemas nacionales: regulación, problemas y propuestas, Revista de derecho(Coquimbo), Vol. 28,3266,2021.

② 林纯洁:《纹章的神话与迁移:英法王室纹章的渊源及其对加拿大国徽的影响》,载林纯洁主编:《欧美纹章文化研究》,武汉大学出版社 2019 年版,第 120 页。

家印章。随着国徽图案愈加精美、寓意愈加丰富,其被越来越多地运用于国家政治社会生活的方方面面。

1782年6月20日,美国国会通过决议,确立了美国国玺(Great Seal of the United States,也翻译为"大印章"),决议的内容是描述大印章图案的文字。① 除了国会批准的描述外,主要设计者查尔斯·汤姆森还提交了一些关于图案设计象征意义的简短评论,这是对国玺意义的唯一官方解释。国玺最初是用来作为印章用途的,但是国玺正面图案具有丰富的意义,国玺正面图案的内容逐渐成为美国的主要国家象征。

在法国,中世纪的国徽是蔚蓝土地上的金色百合花。金色百合花被不间断地使用了近6个世纪(1211—1792年)。当时的国徽是法国国王的徽章。自1870年9月4日起,法国国徽不再是任何法律文本的主题。但是在部分国家文件中对国家纹章有所规定。1880年4月30日,法国总理、外交部长签署命令,"在大使馆、公使馆或领事馆的门上放置国家纹章,官方印章也需要包括国家纹章,并加上法兰西共和国的外文字母"。当时的国家纹章主要适用于外交场合,可以认为是法国较早的国家纹章。

在南美洲,1804年1月1日海地宣布独立,该国于1807年首次确立了本国国徽。在墨西哥独立战争期间,1815年墨西哥当局通过了关于国徽的法律,明确了制定国徽的理由和目的、国徽的构成和主要用途。当时,墨西哥最高议会希望引入主权政府标志的国际惯例,并改革古老的纹章,以便后者可以作为一个独特的标志。国徽图案构成国玺,用它来授权批准法律,代表国家全权代表和其他外交部长的权力,用来表明各种雇员的派遣。②

在秘鲁,秘鲁国徽的第一个版本由何塞·德·圣马丁将军设计,并于1821年10月21日获得法令批准。1825年2月25日,秘鲁制宪会议宣布了一项定义国家象征的法律,区分国徽、国旗、国家印章、商船旗不同的图案构成。

20世纪后,各国通过法律进一步确定了国徽的使用管理制度。1948年意大利通过总统法令规定国徽式样,德国于1950年颁布《关于联邦徽章和联邦之鹰的公告》和《联邦公章管理规定》,规定了国徽的样式和联邦各部门公章上的国徽样式。1980年3月31日,苏联最高苏维埃主席团批准了《苏联国徽法》。

21世纪以来,关于国徽使用管理制度的法律也日益增加。2000年12月,俄罗斯制定国徽法。印度2005年制定《印度国徽(禁止不合理使用)法》、2007年制定《印度国徽(使用管理)法》,详细规定了国徽图案的使用和管理制度。

---

① Whitman H. Ridgway, *A Century of Lawmaking for a New Nation: U. S. Congressional Documents and Debates*, 1774-1875, Journals of the Continental Congress, Vol. 22, pp. 338-339.

② Ernesto Lemoine(1987). Insurgencia y República Federal 1808 a 1824. México: Miguel Ángel Porrúa S. A. p. 293.

2005 年南非政府印发《南非国徽标识指南》。印尼于 2009 年颁布了关于国旗、国语、国徽和国歌的第 24 号令,对国徽使用场合和国徽悬挂要求作出规定。

二、世界各国立法整体情况

大部分国家高度重视本国国徽的地位和作用,制定法律法规,严格国徽使用,维护国徽尊严。根据收集到的资料,目前全世界共有国徽法 22 部,还有 70 部国家象征法律规定国徽。很多国家通过制定法律、法规体系化规范国徽。例如,西班牙根据宪法制定《西班牙国徽法令》,并以行政法规方式规定国徽的图案、规格和基本使用要求。墨西哥于 1984 年颁布实施《墨西哥国徽、国旗与国歌法》,阐明国徽的国家象征地位,明确了国徽图案的使用和监管。《韩国国徽规定》明确了国徽的使用场合、规格等。

部分国家拥有正式国徽,但未制定专门国徽使用规定。沙特未制定有关国徽的专门法规,仅在《沙特治国基本法》中提及国徽式样。意大利国徽式样由 1948 年总统法令规定,迄今为止未出台成文使用办法。巴西通过一系列法律法令对国徽制法作出规定。澳大利亚对国徽的使用无专门性法规,具体使用规范和惯例做法以总理和内阁部公布的《澳大利亚国徽使用指南》为准。

还有一些国家无所谓正式的国徽,亦无专门国徽规定。如英国的英王徽具有国徽的意义,但尚无法律正式明确其地位性质和使用管理规则;日本通常将皇室家徽作为国徽使用;土耳其迄今为止无法律规定的国徽,实际操作中常以国徽中的星月图案作为国徽使用。

三、国徽的地位和性质

国徽是国家主权的象征得到广泛认同,一些学者还从多个角度界定国徽的性质和地位,如国徽"表达国家主权",国徽是"主权和国际承认的外部标志",国徽是"国家权力合法化的第一和唯一手段"等。[①] 很多国家通过宪法和法律明确国徽的地位和性质。国徽的地位和性质被法定化,有助于规范化、系统化国徽的整体性统合功能,对建设法治国家具有重要的象征意义。很多国家的国徽法、国家象征法在第一条或者前几条明确规定,国徽是国家的象征,但是在具体表述和定义方式上有很大区别。

一是明确为国家象征。例如,《保加利亚国徽法》第一条规定,保加利亚共

---

① Безруков Андрей Вадимович. К вопросу о функциональном назначении герба. Наука. Общество. Государство. 2019. Т. 7, № 2 (26).

和国国徽是象征保加利亚人民和国家独立和主权的国家象征。《亚美尼亚国徽法》第二条规定,亚美尼亚共和国国徽是亚美尼亚共和国的国家象征之一。

二是明确为国家主权象征。例如,《塔吉克斯坦国徽条例》第一条规定,塔吉克斯坦共和国国徽是塔吉克斯坦国家主权的象征。

三是明确为官方象征。例如,《摩尔多瓦国徽法》第一条规定,摩尔多瓦共和国国徽是摩尔多瓦共和国主权、独立、统一和不可分割的重要官方象征。

此外,有的国家的法律则进一步丰富了国徽象征的内涵。例如,《朝鲜国徽法》第二条规定,朝鲜国徽是国家尊严、主权、不可战胜的力量和繁荣的象征。国家公共机关、企业、组织和公民应以尊重的态度对待和保护国徽。《乌兹别克斯坦国徽法》第二条规定,乌兹别克斯坦国徽是乌兹别克斯坦共和国独立的象征。

有的国家进一步规定了涉及国徽的法定义务。《摩尔多瓦国徽法》第三条规定:(1)摩尔多瓦共和国公民和在摩尔多瓦共和国境内的外国人有义务对国徽表示尊重,不做任何冒犯国徽的行为。(2)公共机构的负责人、外交使团和领事机构的负责人、使用或复制国徽的法人实体和自然人有义务确保国徽的正确使用、尊严和完整。(3)违反本法规定使用国徽,以及通过玷污、刻画、涂抹物品、焚烧、撕毁、损坏、擅自拆除、践踏或其他违反国徽的行为亵渎国徽,应承担法律规定的违规或刑事责任。(4)磨损或损坏国徽的更换和销毁应以一种隆重的方式进行。(5)4 月 27 日是摩尔多瓦共和国国徽日,庆祝国徽诞生。

第二节　国徽法律制度的宪法依据比较

基于《世界各国宪法》的统计,已有 106 个国家的宪法明确规定了国徽,约占 193 个联合国会员国总数的 55%。

一、各国宪法关于国徽规定的要素

各国宪法对国徽的规定普遍较为简洁,直接明确国徽由法律规定,或者明确国徽的构成。

(一)关于国徽的图案

一是明确描述国徽的基本图案样式。例如,《斯洛文尼亚宪法》第六条规定,斯洛文尼亚的国徽是盾徽。在蓝色背景下,盾中部的白色图案象征着特里格拉夫山,其下两条波浪形的蓝色线条象征着海洋和河流,其上三个金色的六角星组成一个倒三角形。盾被饰以红边。国徽是根据一套几何和色彩学要求设计的。①

二是明确国徽的基本图案样式由法律规定。例如,《捷克宪法》第十四条规定:"一、捷克共和国的国家象征物是大小国徽、国色、国旗、共和国总统旗、国玺和国歌。二、捷克共和国的国家象征物及其使用由法律规定。"

三是规定国徽的图案样式由附件规定。例如,《安哥拉宪法》第十八条规定,国徽在宪法附件中描述。《圭亚那宪法》第五条规定,国家的国徽是本宪法生效时正在使用的国徽。在附件二中具体阐述。

四是宪法条文明确国徽的图案。例如,《缅甸宪法》在宪法正文中具体呈现国徽的图案。

（二）关于国徽的使用规则

一是规定国徽使用的基本规则由法律规定。例如,《俄罗斯宪法》第七十条第一款规定,俄罗斯联邦的国旗、国徽和国歌,对它们的描述以及它们的正式使用程序,均由联邦宪法性法律予以规定。

二是明确规定国徽的主要使用规则。例如,《冈比亚宪法》第二条规定,国徽应由议会在本宪法生效前通过法律从现有的备选标志中确定,其他类似的标志也应由议会通过法律规定。国徽只能用于国家事务,除了冈比亚政府和根据议会法律授权的个人之外,任何组织和个人不得使用国徽及与其类似的图案。

（三）关于国徽的象征意义

一是规定国徽是国家的象征。例如,《巴西宪法》第十三条规定,国旗、国歌、国徽和国玺是巴西联邦共和国的象征。《智利宪法》第二条规定,共和国国旗、国徽、国歌是国家的象征。

二是规定国徽的象征意义。例如,《莫桑比克宪法》第二百九十八条规定:"1. 莫桑比克共和国国徽绘有一幅莫桑比克地图,地图上中心为一本书、一支步枪和一把锄头,分别代表教育、国防和警惕,以及农民和农业生产。2. 地图下方是蓝色海洋。3. 地图中心是一轮初升的太阳,象征着对新生活的建设。4. 太阳周边是齿轮,象征工人和工业。5. 环绕齿轮的是甘蔗和玉米,象征着农业财富。6. 中心顶部是一颗五角星,象征莫桑比克人民的国际主义精神。7. 底部的红色饰带上标有莫桑比克共和国字样。"

（四）关于国徽的确立

一是明确国徽的确定主体。例如,《伯利兹宪法》第一百二十二条规定,伯

---

① 本节中各国宪法的规定均引自《世界各国宪法》编辑委员会编译:《世界各国宪法》(亚洲卷、欧洲卷、美洲大洋洲卷、非洲卷),中国检察出版社 2012 年版。

利兹的国家象征应由国民议会规定。

二是明确国徽的确定主体和程序。例如,《乌克兰宪法》第二十条规定,乌克兰国家象征的描述和乌克兰国家象征的使用程序,均由法律予以规定。上述法律,由乌克兰最高拉达以其全体代表的 2/3 多数予以通过。

二、宪法规定的基本模式

关于国徽的基本模式,除了没有规定国徽的尺度比例之外,其他均有单独规定,同时,还有一些法律进行了组合规定。

一是规定国徽的具体样式由法律规定。例如,《乌克兰宪法》第二十条规定,乌克兰的大国徽,由乌克兰最高拉达以其全体代表的 2/3 多数通过的法律予以规定。该法律在制定过程中,应当注意到乌克兰小国徽和扎波罗热军徽的元素。乌克兰大国徽的主要图案,是弗拉基米尔大公国的标志(乌克兰小国徽)。

二是规定国徽的基本图案样式,并明确使用规则由法律规定。例如,《蒙古宪法》第十二条规定,国徽以圣洁的白莲为座,以万寿纹章为边,以象征长生天的圆形蓝色为底。国徽的中央绘有体现蒙古国独立、主权和精神,彼此结为一体的金色索云博和宝骏马。国徽边缘的顶端和底端依次绘有象征过去、现在、未来三个时代的如意宝和代表大地的绿色山岳纹章、蕴含永世昌盛的吉祥时轮。时轮以哈达作绶。国家象征物的使用规则由法律规定。

三是规定国徽的基本图案样式,并明确图案样式和使用规则由法律规定。例如,《斯洛伐克宪法》第八条规定,斯洛伐克共和国国徽是一个红色的早期哥特式盾徽,盾面中心竖立着银色双十字标志,以及微微凸起的三座蓝色山峰。关于国家象征的细节及其运用应由法律规定。

三、我国宪法关于国徽的规定

国徽是现代国家的必要性的象征之一。宪法关于国徽的规定是国徽法律制度的基础,使国徽成为宪法和法律规定的独立对象,也有助于加强系统的宪法秩序。我国 1954 年宪法第一百零五条规定,中华人民共和国国徽,中间是五星照耀下的天安门,周围是谷穗和齿轮。此后我国历部宪法均沿用了上述规定(表述中的个别文字略有不同)。为什么当时的宪法规定得较为简洁,没有涉及国徽的象征意义、使用规则等内容?如前述我国 1954 年宪法关于国旗表述简洁的原因相同,当时大部分国家宪法关于国旗、国徽的规定方式都比较简洁,我国也采用了同样的方式。

第二章 国徽的构成

第一节　国徽的图案

一般认为图案主要由以下几个要素构成:图形、颜色、比例。在实际使用过程中,还应包括尺寸。就国徽而言,国徽图案的构成是指国徽图案物本身的构成要素,包括图形、颜色。图形是指在一个二维空间中可以用轮廓划分出若干的空间形状,描画出物体的轮廓、形状或外部的界限。国徽图案的图形是指图案内部的构成部分。

一、国徽图案概述

进入现代社会以来,纹章在现代世界蓬勃发展,机构、公司和个人通常使用徽章作为视觉识别工具。共和国取代君主制成为主流,同时君主纹章也开始演变为国家纹章。在这个过程中,一些西欧国家保留国徽的君主制特征,主要是对现存传统的某种致敬,如比利时、英国、列支敦士登、卢森堡和摩纳哥等君主立宪国家。这些国家的国徽带有王室贵族特有的标志,是基督教时代和欧洲中世纪文化的产物,继承了本国古代世界的遗产,吸收了来自东方的古代元素。还有一些国家,随着时间的推移,国徽已经失去了其原有的制度基础,在动荡的历史事件中,已经转变为蕴含完全不同象征意义的国徽,如意大利、法国。国徽图案是国徽意义的重要依托。根据纹章学,纹章由盾牌、头盔、羽饰、斗篷和饰环在内的几部分组成。① 而国徽图案起源于纹章,比纹章更加灵活多变。通常而言,国徽图案具有以下特征:一是具有民族、国家特色。国徽不仅是一种独立的符号类型,还是历史进程中独立的社会文化组成部分。国徽的图案必须充分体现本国特色。二是简洁鲜明、形体简洁、形象明朗,使国徽图案具有一定的通用性。三是图案优美精致,符合美学原理,使国徽图案的符号形式符合本民族

---

① ［英］斯莱特:《纹章插图百科:探讨纹章的世界历史及其当代应用的权威指南》,王心洁等译,汕头大学出版社 2009 年版,第 53 页。

对美的共同感知。国徽图案具备以上特色有利于国徽易于识别、理解和记忆，富有感染力。

一些国家对国徽图案的寓意作了专门解释。例如，1919 年 5 月 8 日，奥地利共和国颁布了国徽，其图案说明包括：翅膀张开的单头红舌黑鹰，黑鹰胸前是红白红条纹盾徽，头顶是城墙王冠，城墙有三个城垛；右爪持刀刃向内的金色镰刀；左爪持金色铁锤。奥地利政府官方专门发布了对新国徽的解释："鹰是主要的国家标志。美国、墨西哥、波兰都使用了鹰纹。把鹰作为王朝的象征，是一种偏见。鹰起源于古罗马军团的标志，象征着国家的主权。黑鹰胸前所佩戴的红白红条纹纹章，不是统治家族的盾徽，也不是巴本堡家族的，而是在巴本堡时代形成的奥地利的标志，在贵族使用之前，就已经很流行了。鹰上面有镰刀、铁锤和城墙王冠，这三种象征物在纹章学上是常用的，分开运用，不会让人讨厌。"[1]

有的国家在国徽相关法律中直接明确了国徽图案的图形和颜色的法律地位。例如，《保加利亚国徽法》第二条第二款规定，附件中列出的国徽的图形和颜色表示，应构成本法的一个组成部分。新西兰国徽于 1911 年通过并于 1956 年修订，将新西兰标识为一个双文化形象，一侧是欧洲女性形象，另一侧是毛利人形象。盾牌中央的符号代表新西兰的贸易、农业和工业。蕨类植物是国家地位的流行象征，而皇冠则提醒人们该国是君主立宪制国家。《危地马拉国旗国徽管理法》第三条规定：白色代表纯洁、和平、正直、坚定和光明；蓝色表示力量、正义、真理和忠诚。国徽上面符号所代表的含义如下：剑象征着正义和主权；月桂树枝象征着胜利；羊皮纸象征着祖国诞生日期的不朽；而格查尔鸟是自由的最高象征。

有的国家的国徽区分正反面。例如，巴拉圭是拉丁美洲唯一拥有正面和反面不同国徽图案的国家。巴拉圭的国徽代表着力量、斗争、勇气和希望。正面代表着希望、指导和尊严，反面代表着勇气、胜利和力量，虽然它们是彼此的对立面，但也正是这两个，也只有这两个，代表着整个国徽，代表着一个国家的历史和愿景、战斗历史、智慧、勇敢，最终代表着独立和自由。

二、国徽图案的主要类型

国徽往往设计得较为精美，在一些特殊场合，印刷、制作时较为不便，为此一些国家也专门设计了简化版的国徽图案，并将完整版与简化版进行了区分。

---

① 林纯洁：《从普世帝国到民族国家：奥地利纹章中的政治理念与权力符号》，载林纯洁主编：《欧美纹章文化研究》，武汉大学出版社 2019 年版，第 83—84 页。

一是区分完整版国徽、简化版国徽。

例如,《巴布亚新几内亚国旗和国徽使用规则》第二十一条、第二十二条规定,出于印刷或复制的需要,可以使用简化或风格化的国徽形式,并在规则中附录了已获批准使用的风格化国徽图案。此外,第二十一条规定,如有必要,为了识别国徽,可以在国徽正下方的浅弧中印上"巴布亚新几内亚"字样。

二是区分大国徽、小国徽。

在一些国家根据用途、颜色等进行区分,将国徽分为大国徽、小国徽。例如,在列支敦士登,有大国徽和小国徽之分。大型国徽对应于列支敦士登王室的徽章。它是列支敦士登公国的国徽,用于印章和邮票以及官方标志和印刷品。小型国徽用于印章、邮票、官方印刷品、城镇标志、机动车牌照,用于识别飞机、船只以及州警察、消防队员、邮政工作人员。国徽使用权属于王室成员和国家机关。如果符合国家利益,政府还可以授权私人使用国徽。列支敦士登王室、国家机关、办公室和国家机构(公法机构和基金会)的所有成员都有权佩戴和使用国徽。

在爱沙尼亚,《爱沙尼亚国徽法》规定,国徽有两种形式:大国徽和小国徽。大小国徽的主要用途有所不同:大国徽所适用的情形更高、更加正式。

大国徽被用作设计元素或防伪特征时用于以下情形:(1)用于议会的法律、决议、声明和信函,共和国总统的法令、决议和指示以及总统发布的其他文件,并可用于总统发布的其他出版物;(2)最高法院的决定;(3)加入或退出国际协定的通知书、国际协定的批准书和国际协定的封面;(4)爱沙尼亚共和国特命全权大使在国际交流中使用的文件和邀请函;(5)依据法律或在共和国政府依法确定的情况下颁发的身份证件,证明公民身份、婚姻状况、教育、职位和职业的文件;(6)有价证券、邮票、硬币和纸币。

大国徽用作设计元素的情形包括:(1)在共和国总统的官邸、办公场所和车辆上。(2)在国会大厦和共和国政府永久所在地的建筑物上,在国会和政府的客厅,在国会和政府的办公室和这些机构发行的任何出版物上。在共和国总统、议会和共和国政府的网页上。(3)在表明爱沙尼亚共和国外国使团和由爱沙尼亚共和国名誉领事领导的领事馆所在地的标志上。(4)在最高法院和其他法院的建筑物、标志以及法庭上。(5)在统计办公室的礼堂。(6)在共和国总统的旗帜和飘带上。(7)在历史悠久的军事单位双面旗帜上,在带有国旗颜色的一面。(8)在共和国政府提供的情况下,国防军成员的制服以及官员的正式着装和制服。(9)法官和检察官的正式着装。(10)在爱沙尼亚共和国公报上。(11)在法律规定的情况下或根据法律规定的情况下,国家奖励和此类奖励的证书。(12)在边境检查站和指定爱沙尼亚国界的主要边界标志上。大国徽被用作印章的一个元素:(1)在国玺中;(2)在共和国总统印章上。

较小的国徽被用作议会、总理、共和国政府、最高法院、其他法院、大法官、总理府;议会、政府办公室、国家审计署、共和国总统办公室、爱沙尼亚银行、国防军司令、各部委、其他政府机构,以及任何行使政府权力的机构或个人签发的文件上的设计元素或防伪特征,并可用于这些机构、团体或个人发行的任何出版物。

较小的国徽可以用作以下内容的设计元素:(1)在本法所列政府机构和组织、行使政府权力的个人常设席位的建筑物、标志上;(2)在国防军司令和爱沙尼亚海军司令的旗帜上;(3)爱沙尼亚国家队的服装;(4)有价证券、邮票、硬币和纸币;(5)在法律规定的情况下或根据法律规定的情况下,国家奖励和该等奖励的证书。

较小的国徽用作印章的一个元素的情形包括:(1)在本节第一小节中列出的政府机构和行使政府权力的机构或个人的印章上;(2)在地方当局的印章上。

三是区分大国徽、中国徽、小国徽。

一些国家将国徽图案细分为三种情形。例如,《卢森堡国家象征法》第一条规定,卢森堡公国的国徽分为三个类型:小国徽、中国徽、大国徽。《拉脱维亚国徽法》也将国徽区分为三种类型,即大国徽、小国徽、扩展的小国徽,并在国徽法中明确每一种类型国徽的用途。

除了将国徽区分不同颜色进行分别使用外,有的国家还规定了国徽图案的简易使用、省略纹章上的文字等。例如,特立尼达和多巴哥国徽中的盾形纹章可以单独使用,用于名片和微型宣传品,以及用于压花、烫金或雕刻等。在字体会变得难以辨认的情况下,国徽上的文字也可以省略。

大多数国家为了方便公众查阅国徽图案,在官方网站刊载了国徽图案的电子版本。很多国家在其官方网站刊载了权威颁布的国徽图案,如拉脱维亚刊载了用于制作的大型图片的 jpg 及 pdf 版本;用于网络的 gif、png 及 jpg 三种不同电子版本。

第二节　国徽图案的颜色

国徽的颜色不仅是一种装饰手段,还能够反映国徽制定者所倡导的信仰、目标。不同的颜色具有不同的寓意。对于国徽颜色的关注就是对国徽本身所具有的寓意的关注。

一、国徽的颜色概述

颜色及其组合是纹章最重要的元素。国徽的颜色是国徽图案的重要组成部分,是国徽作为国家象征的重要特征之一。大多数国家国徽的颜色由法律法规规定。各国常运用国徽不同的颜色表达不同的寓意,因此各国国徽图案一般为彩色。

在纹章符号系统诞生之时,以及在此之后很久一段时间,设计、制作纹章的一个重要原则就是在远处易于区分和识别。因此,必须对颜色的使用以及颜色本身设定一定的要求。必须选择能够清楚地区分彼此的颜色,并且每种颜色都有其干净、明亮的色调。

在纹章学中,纹章颜色没有任何价值顺序,它们都是平等的。不同的是,颜色的受欢迎程度存在差异,尤其是颜色组合,明显因国家而异,并且很多时候源自国徽或国旗的颜色更加令人喜爱。在纹章学中,同样的语言定义的颜色必须是一致的,如蓝色在所有纹章中必须是相同的蓝色,但它不能被定义为蓝色以外的任何东西。因此,每种纹章颜色都有一个单一的名称,可以在所有情况下使用。严谨的纹章学不接受使用细微差别,如作为背景的盾牌被描绘成红色,这意味着祖国的捍卫者以维护独立的名义在与外部敌人的无数次战斗中流下的鲜血。

大部分国家的国徽为彩色,但实践中为方便使用,一些国家还明确了黑白色、简化版本图样及其使用范围。例如,《俄罗斯国徽法》第一条、第二条规定,国徽图案以彩色、彩色和黑白色、不带盾形(以具有本联邦宪法性法律第一条所述特点的双头鹰为主要形象)样式进行印制。第四条规定了带有三种样式的公文各自应用的政府机构范围。《澳大利亚国徽信息和指南》第二节规定,国徽三种不同的版本,即彩色版本、常规版本(黑白色)、简化版本(黑白色)用于不同的目的。《巴拉圭国旗、国徽和国玺的使用和设计法令》第八条规定,国徽和国玺(国家印章)可以在任何类型的载体上以黑色或彩色印刷,无论是否浮雕。

二、国徽颜色的法律定义

颜色按照不同定义方法,可以采用不同的颜色标准。为了方便公众识别,准确界定国徽的颜色,需要明确国徽颜色的具体界定标准。

在早期,关于颜色的定义并不是十分清晰,但是人们早就认识到同一种颜色运用到纹章设计中也会存在差异。为了区分颜色带来的混淆,精确色彩配比,人们创造出色卡系统得以用来区分色彩。色卡是自然界存在的颜色在某种材质上的体现,用于色彩选择、比对、沟通,是色彩实现在一定范围内统一标准的工具。目前,彩通(Pantone)色卡是国际通用色卡,广泛用于纺织、服装、摄影、印刷、包装行业。彩通色卡在很多国家的国徽法律法规中明确使用,用以明确具体的色彩。

在西班牙,法律采用纹章形式图描述了西班牙国徽图案。为采用适当的图形表达方式,以供公共组织和公民使用,西班牙法令从技术上规定了西班牙国徽的颜色,采用 CIELAB 颜色标准国际体系规定的西班牙国徽颜色;并且明确了颜色标准 CIELAB 与 CIE - 1931 的对应关系。①

在卢森堡,《卢森堡国旗、内陆航运和航空旗帜的颜色组成条例》第一条规定,国旗的颜色定义如下:红色对应 Pantone 032C 标准,蓝色对应 Pantone 299C 标准。第二条规定,内陆航行和航空旗的颜色定义如下:红色对应 Pantone 032C 标准,蓝色对应 Pantone 299C 标准,黄色对应 Pantone 116C 标准。第三条规定,总理、国务部长负责执行本条例。

在拉脱维亚,对于国徽颜色的界定更加精细化,区分不同情形,确定不同的颜色标准。2019 年 12 月 10 日,拉脱维亚政府通过关于国徽、历史文化地区纹章颜色和图形条例,对不同情况下国徽颜色的标准进行了不同的界定。

一是国徽颜色标准采用彩通或者印刷四分色模式(CMYK)标准,具体如下:(1)黑色——Pantone BlackC 或 CMYK 0/0/0/100。(2)红色——Pantone 186C 或 CMYK 0/100/81/4。(3)银色——Pantone 877C 或 CMYK 0/0/0/27。(4)绿色——Pantone 341C 或 CMYK 100/0/67/29。(5)金色——Pantone 873C 或 CMYK 0/32/100/9。(6)蓝色——Pantone 286C 或 CMYK 100/66/0/2。如果由于技术或财务原因,无法使用 Pantone 颜色,则应使用 CMYK 四色标准进行多图表示。

二是在电子媒体(如网络)上展示国徽时,可以使用上述颜色的色调相对应的三原色模式(RGB),具体颜色标准如下:(1)黑色——RGB 0/0/0。(2)红色——RGB 204/32/48。(3)银色——RGB 195/196/198。(4)绿色——RGB 0/124/90。(5)金色——RGB 211/142/0。(6)蓝色——RGB 19/73/145。

三是如果国徽是用本条例第二款或第四款以外的材料或技术(如织物、陶瓷)描绘的,并且由于技术工艺或基础材料的特点,不可能使用本条例第二款所指的彩通色调,则用于描绘的色调应尽可能通过视觉对比与本条例第二款所指的彩通色调一致。银色可以被视觉上与 Pantone4C 冷灰色相匹配的色相取代。金色可以用视觉上等同于 Pantone131C 的颜色阴影来代替。

四是在描绘国徽时,不允许使用与本条例上述所述颜色不一致的色调,也不允许将国徽的彩色图像转化为黑白图像,除非国家纹章委员会根据《拉脱维亚国徽法》就描绘国徽时允许的偏差发表了意见。

---

① Real Decreto 2267/1982, de 3 de septiembre, por el que se especifican técnicamente los colores del Escudo de España. https://noticias. juridicas. com/base_datos/Admin/rd2267-1982. html.

五是国徽可以用单色轮廓或凹版印刷(浮雕)的方式描绘,以确保国徽的清晰可见。

六是当国徽作为安全要素或作为保护文件不被伪造的安全要素的一部分(如全息图、电影图或水印)被展示时,可免除第四条、第五条明确的条件。[①]

三、不同国徽颜色用途的区分

颜色设计在纹章中起着重要的作用,是传达象征语言特定含义的最佳手段。根据实践情况,在国徽图案实际使用过程中,国徽图案的颜色允许略有变化。这一点也得到了很多国家法律的承认。为方便国徽图案在特殊情况下的使用,一些国家在法律法规中还明确了黑白色、单色的国徽图案样式及其使用范围。

一是规定国徽颜色,没有对用途作具体区分。例如,《朝鲜国徽法》第八条规定,朝鲜国徽的主要颜色是红色、蓝色、白色、黄色、黑色、淡粉色、黄土色和黄草色。有些颜色是通过在主色上添加其他颜色而制成的。国徽各部分的颜色,应当符合本法附件三的规定。第十条规定,制作国徽的机构和公司必须按照既定的标准、颜色和生产图纸制作。如有必要,可以用一种颜色制作纹章。《摩尔多瓦国徽法》第二条规定:(1)国徽的标准图形图像,采用纹章的彩色、黑白轮廓和黑白阴影版本(载于附件)。(2)复制的国徽图像,无论其尺寸如何,都必须与标准图形图像的比例完全一致。(3)在制作和复制国徽时遵守颜色色调的技术建议与2010年9月17日关于摩尔多瓦共和国国旗的第217号法律附件2中规定的建议一致。(4)国徽可以以任何视觉上可感知的方式制作,由任何不冒犯它的材料制成。

二是明确规定彩色、黑白色、单色的不同用途。例如,《俄罗斯国徽法》规定:(1)国徽彩色样式用于以下公文用纸:联邦宪法性法律和联邦法律;总统命令和指示;联邦委员会决议;国家杜马决议;联邦政府命令和指示;联邦宪法法院判决;联邦最高法院判决等。(2)国徽黑白样式用于以下公文用纸:总统办公厅;总统驻联邦区全权代表;联邦行政机关;联邦总检察院;联邦调查委员会;联邦最高法院。(3)不带盾纹的国徽黑白样式用于以下公文用纸:跨部门保护国家机密委员会;总统直属机关、组织和机构;联邦政府直属机关、组织和机构;联邦法院;联邦检察机关。《澳大利亚国徽信息和指南》规定,国徽三种不同的版

---

① Noteikumi par Latvijas valsts ģerboņa un Vidzemes, Latgales, Kurzemes un Zemgales ģerboņu heraldisko krāsu toņiem un grafiskajiem apzīmējumiem, Likumi. lv (janvārī. 12, 2022), https://likumi. lv/ta/id/311338-noteikumi-par-latvijas-valsts-gerbona-un-vidzemes-latgales-kurzemes-un-zemgales-gerbonu-heraldisko-krasu-toni-em-un-grafiskajiem-apzimejumiem.

本,即彩色版本、常规版本(黑白色)、简化版本(黑白色)用于不同的目的。澳大利亚政府可使用常规版本。在美国,法律没有明确国徽及其图案使用的场合,实践中国徽以彩色形式展示在美国所有驻外使领馆大门处。国徽也可以以黑白颜色出现,也可以以印刷、雕刻、蚀刻、展示、覆盖、镶嵌等其他合适方式在相关物品上使用,其颜色可以根据物品的不同而有所区别。《亚美尼亚国旗法》第四条规定了亚美尼亚共和国国徽图像彩色、单色的不同用途。亚美尼亚共和国国徽的彩色图像使用主体较多。单色图像用于亚美尼亚共和国公民的护照、其他身份证件和地方政府、地方自治机构的印章上。

三是区分彩色、黑白色。例如,《爱沙尼亚国徽法》附件明确了彩色和黑白两种形式的国徽图案,用彩通颜色系统描述了国徽图案颜色的型号。《乌兹别克斯坦国徽法》第一条规定,乌兹别克斯坦共和国国徽有彩色和黑白色式样。第五条规定,乌兹别克斯坦共和国国徽的重复图像,无论大小,都必须与本法所附的彩色和黑白色式样完全一致。《白俄罗斯国家象征法》第九条第二款规定,白俄罗斯国徽可以以多色、双色和单色(银色和金色)图像复制。放置白俄罗斯国徽的多色、双色和单色(银色和金色)图像的情况由法律确定。

四是区分彩色、黑白和三维图像。例如,《塔吉克斯坦国徽条例》第三条规定,复制的塔吉克斯坦国徽图像,无论大小,必须始终完全符合本条例所附国徽的彩色、黑白和三维图像标准。

五是规定不同的彩色图案类型,明确不同的用途。例如,《立陶宛国徽和其他旗帜法》在附件中附录了标准的彩色国徽图案,同时刊载了改编或者简化的六种国徽图案:轮廓型国徽图案、在深色背景上以浅色打印的国徽图案、以红色打印时的图案、公共机构表格和许可证使用的国徽图案、去掉国徽外形的图案、用于邮票的圆形国徽图案。这些图案主要根据用途以及打印制作时的背景,作了不同的国徽设计,确保国徽图案用在不同材质时,仍然能够清晰地展示。

此外,有的国家规定了具体的颜色使用要求。例如,《澳大利亚国徽信息和指南》规定,传统的和非写实的国徽应该只用单色复制,而不是全色,但可以用白底黑字以外的颜色复制。颜色的使用不应损害国徽的尊严。国徽图案不应以淡色的形式出现在浅色背景上,也不应以深色的形式出现在深色背景上。在某一特定产品上使用白底黑字的国徽并不排除在其他产品上使用不同颜色的国徽图案。非写实的版本(Stylised Version)适合在正式的文具上使用金属色的油墨进行复制。

在我国,国徽法所附的《中华人民共和国国徽图案制作说明》明确国徽中的"红为正红(同于国旗)""金为大赤金(淡色而有光泽之金)"。国家标准《国徽》对悬挂用的国徽徽面色度数据作了规定。但是实践中存在着单色、黑白色及其他颜色使用的国徽图案,有些使用情形是由于使用介质所限不得不使用,对于这种情况可以借鉴其他国家规定,对不同介质使用国徽图案的颜色作不同的规定。

第三节　国徽的尺寸

国徽的尺寸涉及国徽与外部实物的对比关系,是国徽实物呈现的大小。国徽尺寸是国徽实际制作过程中需要考虑的问题。各国国徽制作说明对国徽组成部分的图案、比例作出了规定,但是悬挂使用的国徽尺寸,需要根据实际情况确定。各国对于国徽尺寸的规定主要有以下类型。

一是规定通用的国徽规格,还规定非通用规格相关事项。例如,《朝鲜国徽法》第六条规定,国徽按大小分为六种,其标准依该法附件二。《朝鲜国徽法》第七条规定,将国徽雕刻或印刷、造型、装饰在公众建筑物等处,经最高人民会议常任委员会、内阁或地方人民委员会批准,可以改变其大小。《韩国国徽规则》第二条规定,国徽尺寸可以根据需要扩大或者缩小。

二是按照不同用途明确不同尺寸。例如,《列支敦士登国徽法》第八条第一款规定,官方椭圆形国徽用于识别列支敦士登公国驻外外交和领事代表机构的所在地。“列支敦士登公国”的字样被置于国徽之上,外交和领事代表机构的名称被置于国徽之下。第二款规定,椭圆形的官方盾牌也是在边境口岸标记国家边界的标志。“列支敦士登公国”的字样被放在国徽的上方。第三款规定,椭圆形官方国徽的尺寸为:(a)用于标记外交和领事代表机构所在地:椭圆形的纵向直径为 60 厘米、横截面直径为 51 厘米。(b)用于标记国家边界:椭圆形的纵向直径为 80 厘米、横截面直径为 69 厘米。

《澳大利亚国徽信息和指南》规定,在官方用途中,文具和大型物品上国徽的最小宽度应为 20 毫米。在诸如姓名徽章和身份证等物品上,如果可以不遵守这一规定,国徽的宽度可以改变,但必须保持可识别性。国徽设计程序和使用手册最初由国家标志委员会编写,经 2017 年 12 月 22 日第 337 号行政令批准。

第三章 国徽的使用情形

第一节 国徽的基本使用情形

国徽是一个特别重要的标志,是国家地位、主权和国家权力的象征。国徽体现政治理念,在维护社会政治秩序方面具有倡导、巩固作用。"国家象征的使用赋予政治主体的所有行动以意义,这些象征的定期'公开'确保了现有社会政治制度的稳定。"①国徽作为国家权力的象征,分别标志着国家机构的活动和这种活动的结果(如体现在公报、文件中)。国徽的使用是国徽发挥象征作用的最主要途径。国徽的基本使用情形涉及国徽的使用方式、使用主体、使用模式。

一、国徽的使用方式

国徽的使用方式,包括国徽实物的悬挂、摆放以及国徽图案的使用等。国徽实物主要用于建筑物外悬挂,小型的国徽也可以用于会议室、办公室摆放。国徽图案的使用也较为广泛,用于国家机关的证明文件、工作证件等。例如,《爱沙尼亚国徽法》第五条规定了国徽的使用方式。(1)在本法规定的情况下,国徽可作为以下内容使用:设计元素、安全特征、印章元素。(2)国徽可以作为本法第四条规定的彩色或黑白图像使用。黑色也可以用其他颜色代替。根据制作图像的材料,国徽可以是单色的或压印的。(3)当国徽被用作根据《爱沙尼亚身份证件法》颁发的身份证件的设计元素或安全特征时,可以不同于本条第二项规定的风格化图像。

二、国徽的使用主体

国徽通常由国家机构及其公职人员在官方场合使用。如果出现带有国徽

---

① Бабайцев Андрей Владимирович. Архетипические основания и тотемистические мотивы современной государственной символики. ОБЩЕСТВЕННЫЕ НАУКИ. 2008. № 5. С. 10.

图案的物品,往往被认为属于国家机构或者得到其认可。因此,在大部分国家,需要经批准,国徽才能用于商品。只有少数国家可以不经批准用于商品。在国际上,国徽商业用途的立法例主要分为以下几种类型:《冰岛国旗和国徽法》第十二条规定,冰岛的国徽是国家机构的标识,只有国家机构被允许使用国徽。《巴布亚新几内亚国旗和国徽使用规则》第二十条规定了国徽使用的一般规则:(1)除官方用途外,通常不得使用国徽。其他用途的申请应向首相署提出。(2)国徽将用于国家的所有官方目的,以及在习惯上使用国旗或国徽的所有场合和目的。

三、国徽的使用模式

从起源看,来源于王室纹章的国徽通常用于国家机构的传统一直延续到现在。至今,作为国家象征的国徽及其图案也主要由国家机构使用。国徽作为国家象征,是 种确认来自其国家机构和官员的行为和文件的手段。从各国法律规定情况看,对于国家机构内部如何使用国徽图案,很少有国家通过法律进行具体规定,往往是通过内部规范性文件规定。一般规定模式是允许国家机构使用,具体谁批准、谁监督等内容,鲜有涉及。从不同的使用类型上看,法律作出了不同的使用授权模式。

(一)法定使用

法定使用是指法律明确规定特定国家机构主体以具体的使用方式使用国徽,如规定悬挂国徽的具体机关、明确可以在其印章上印有国徽的组织名单。从法律规定的情况看,法定范围根据使用范围大小主要有两种情形。

一是范围较窄。例如,印度规定,国徽图案不能被私人和商业使用,只允许法律规定的用途和中央及各邦政府机关使用。《南非国徽标识指南》规定,除总统、副总统,各部部长、副部长,大使及高级专员、驻外机构以及中央政府各部委,其他机构和公民不得使用国徽;将国徽视为国家的专有权利,通过《南非商标法》《南非产品标识法》《南非纹章法》《南非著作权法》等法律给予全方位保护。

二是范围较广。例如,《拉脱维亚国徽法》第七条规定,所有其他国家机构、没有自己纹章的市镇、市镇机构和其他公共机构,以及私人在执行国家行政部门委托的任务时制作的文件中都有权使用小国徽。《澳大利亚国徽信息和指南》第3.1条规定,澳大利亚政府部门和机构、法定和非法定机构、议会以及联邦法院和法庭均使用国徽。参议员和联邦议员在履行其议员职责时可以使用国徽。《新加坡国徽、国旗和国歌规则》第三条中规定,本规则不禁止:(1)任何政府部门在政府拥有、由一个或多个政府部门占用的任何建筑物上面或里面展示国徽;或者(2)任何政府部门或任何公职人员为政府目的而制作或委托制作的任何文字、材料或物品上使用或运用国徽。《拉脱维亚国徽法》第六条规定,以下主体有权使用扩展的小国徽:(1)由内阁、内阁成员或部长授权或监督的机构。(2)区域法院、区域行政法院、城市法院、城市行政法院。(3)民事登记处。(4)检察官办公室。(5)公证员。(6)负责宣誓的法警。(7)选举委员会。(8)公法自治主体。(9)负责认证的监护法庭。

在司法实践中,有的国家还对法律规定的国徽使用的内涵进行了界定。2014 年 1 月 22 日,俄罗斯联邦宪法法院在关于拒绝受理公民戈里切娃·安吉丽娜·瓦伦迪诺夫娜根据《俄罗斯联邦行政犯罪法》第十七条提出的侵犯其宪法权利申诉的第 67 - О 号裁决中,将《俄罗斯国徽法》中的"使用"界定为法律规定的某些主体使用俄罗斯联邦国徽,以表示其隶属国家机构,在与外部实体的关系中确认官方地位,以及表示其活动的国家重要性的行为。[①]

(二)授权使用

国家机构及其官员的活动对国家具有重要意义,允许国家机构自行决定使用国徽的范围并不超出立法者的自由裁量权,也不能视为侵犯公民的宪法权利和自由。国徽法规定可以包括地方当局以及被赋予"某些国家权力"的组织和机构,可以在其办公物品等其他用品上使用国徽及其图案。国家元首、政府首脑可以采用命令、决定的方式授权一些重要的组织可以使用国家标志。

在俄罗斯,《俄罗斯国徽法》规定必须和允许使用国徽的情形。在法律没有规定的情况下使用国徽,也可以由俄罗斯联邦总统通过适当的总统令作出决定。俄罗斯总统可以通过授权允许具有国家重要性的组织和个人使用国徽。近年来,俄罗斯总统先后发布总统令,明确联邦治安官的信笺和印章上可以使用国徽、公证人可以使用国徽图案、公共组织"俄罗斯足球联盟"有权使用国徽、俄罗斯体育队在参加国际比赛时可在团体和其他官方制服上印有国徽、通用电子卡上可以使用国徽。

(三)批准使用

很多国家明确了经过批准的情形可以使用国徽。

[①] Об отказе в принятии к рассмотрению жалобы гражданки Горячевой Ангелины Валентиновны на нарушение ее конституционных прав статьей 17. 10 Кодекса Российской Федерации об административных правонарушениях》:определение Конституционного Суда РФ от 22. 01. 2014 № 67-О / Сайт《Законы, кодексы, нормативные и судебные акты》[Электронный ресурс]. — Режим доступа: http://legalacts. ru/doc/opredelenie-konstitutsionnogo-suda-rf-ot-22012014-n-67-o-ob/ / (дата обращения 17. 07. 2022).

在美国,国务院在其网站专门明确,未经书面许可,不得使用或者复制美国大徽章图案(美国大徽章图案作为美国国徽使用)。美国国务院的政策一贯是不鼓励使用大徽章图案,除非使用于政府目的或教育目的。除官方使用外,美国国务院也不会向其他使用提供大徽章图案。此外,《美国法典》在第十八编第一章第三十三节第七百一十三条还明确了不当使用国徽应承担法律责任的情形。

《新西兰旗帜、标志和名称保护法》规定,在法律规定、政府事前书面批准、英国王室官员在履行官方职务过程中三种情形下,公民和组织可使用国徽。但任何人违反本法规定,以让人相信得到政府的批准、认同、支持的方式,悬挂、展示或其他方式使用国徽图案,构成犯罪。个人处以 5000 元以下罚款;组织处以 50000 元以下罚款,持续犯罪的,每天增加 5000 元以下罚款。实践中,在一些国家活动场合,如英国王室访问、禧年庆祝活动,公民和组织都可以临时展示国徽图案。

《马耳他国徽和印章法》第三条规定,未经总理书面授权,或不符合本法规定的条件下,任何人不得使用马耳他国徽或任何仿制品。

《保加利亚国徽法》第三条第二款规定,在其他地方描绘保加利亚共和国的国徽,以及在徽章、纪念章等方面复制国徽的元素,须通过部长会议的法令明确。

在德国,国徽的使用对官方与民间进行了严格区分,联邦机构及工作人员在很多情形下可以使用国徽,联邦机构及工作人员名片、信函、赠礼均有国徽标识;地方政府、个人、公司及组织若使用国徽,应提前向德国联邦行政管理局提出申请。

第二节　国家机构使用国徽的情形

一、使用国徽的主体维度

(一)可以使用国徽的主体

在国家机构使用国家象征的情形中,国徽法可以从不同维度进行规定,一般从主体维度,授予一定国家机构广泛的使用权。使用主体主要包括国家元首、政府首脑、立法机构负责人、最高司法机关负责人,还包括立法机关、政府机关、司法机关以及驻外机关等。一些国家还规定了可以使用国徽的特殊主体。

例如,《拉脱维亚国徽法》第五条规定,由本条第一款提及的官员领导的合议机构也可以使用国家大徽章。此外,部分国家还规定了一些特殊组织可以使用国徽。

一是特殊研究机构、国有企业。一些国家规定特定的研究机构、国有企业可以使用国徽。例如,《奥地利国家象征法》第四条规定:(1)悬挂联邦国徽的权利也应赋予高等教育的大学和学院,包括其研究所、学院、系和专门的大学机构,只要它们具有有限的法律人格,或者是国家垄断企业的管理部门。(2)公法规定的公司、根据法律有权或根据法律规定行使行政行为的法人和自然人,可以使用国徽。

二是公证人。公证人是根据当事人的申请,依法证明法律行为、有法律意义的文书和事实的真实性、合法性的人员。公证人员的性质在各国有所不同。一些国家规定公证人可以使用国徽。例如,《多米尼加国家象征法》第二十七条规定,公证员可以使用国徽。公证人应在其橡胶印章或干式印章的中央使用国徽。国徽图案应在用于认证的纸张的上方使用。

在白俄罗斯,2015年6月,白俄罗斯议会两院通过关于修改2004年国家象征法修正案。修正案增加允许公证机构可以使用国徽图案等。随后,按白俄罗斯宪法程序法,提交白俄罗斯宪法法院进行审查。2015年6月30日,白俄罗斯宪法法院经审理后认为,考虑到公证机构某些权力的公共性质及其对国家保障公民权利和自由的重要性,立法者允许在公证机构的印章上使用国徽图案是可以的。①

(二)不得使用国徽的主体

一些国家在法律法规中明确了不能使用国徽的主体。

在印度,2005年《印度国徽(禁止不当使用)法》规定,国徽的使用受到管制和限制,禁止任何私人或组织使用国徽。2007年,印度政府颁布了《印度国徽(使用管理)规则》,明确规定了可以在其公章、文具、车辆、公共建筑和其他用途上使用国徽的范围。该规则第十条规定,任何个人(包括前政府官员,如前部长、前议会议员、前立法议会议员、前政府官员),以及委员会、公共部门企业、银行、市政委员会、乡村自治主体、非政府组织、大学,除了根据法律、规则授权之外,不得以任何方式使用国徽。

在白俄罗斯,2015年6月,白俄罗斯议会两院通过的关于修改2004年国家象征法修正案规定"禁止非政府组织的信笺和印章使用国徽图案,除非白俄罗斯共和国总统另有规定"。白俄罗斯宪法法院认为,国徽是国家权力的象征,表

---

① 参见白俄罗斯宪法法院网站:http://www.kc.gov.by/document-40273.

示国家机关或公共权力机构的权力行使。非政府组织人员不具有公务员身份，其活动是在自治和自筹的条件下进行的，仅参与一些重要的国家行动。基于此，宪法法院认为，该项规定是合宪的。

二、使用国徽的载体维度

在法律领域，国徽承担着赋予法律意义的重任：在特定物品上使用国徽表达了具有法律意义的信息，使文件具有官方性和合法性。国徽是国家权力及其政治、行政和领土隶属关系的形象化。国徽表明国家权力、标识国家机构。同时，国徽也用于国际组织中识别特定国家。国家机构在印章、证件、货币等物品上使用国徽图案，表明在特定法律关系中，国家所具有的优先地位。因此，与纹章广泛用于办公用品、生活用品的功能相同，国徽也可以用于办公用品。各国国徽法中通常同时从载体维度对各种使用国徽的类型作了规定。

（一）国家对外文书

一国的国家对外文书通常可以使用国徽图案。例如，美国国徽印章由国务院管理，每年会印在 2000—3000 份文件上，通常包括由总统和国务卿签署的条约、公报等国际协议文书，以及装有驻外大使国书和召回书、总统致外国政府首脑信笺的信封。韩国规定国徽可以徽章或钢印形式用于对外公文。墨西哥官方机构出具的外交文书可印有国徽图案。

（二）官方文件和出版物

官方文件和出版物为了显示其来源或者权威性，可以使用国徽图案。例如，《列支敦士登国徽法》第九条规定，在官方印刷品上使用大国徽和小国徽，正式印刷品的形式、尺寸和设计须经人事组织办公室批准。

在澳大利亚，《澳大利亚国徽信息和指南》第 3.3 条规定了国徽在正式文件和出版物上的位置。国徽在一份文件中只应出现一次。国徽应始终高于其他图像和图形元素的突出地位。在可能的情况下，国徽应放在其出现的物品的顶部，其他标志、文字或图像不应放在物品的上方或左侧。国徽不应该被印上文字或图像。国徽不应作为装饰、艺术元素或水印使用，如在出版物、展示或介绍中。对于手册和临时性传播方式，如电视和印刷广告，国徽可以酌情放在合适的地方。某些文件不需要使用国徽：（1）部门或机构内部使用的文具、表格和印刷品。（2）联邦与其他州或地区政府共同编写的文件或宣传材料。但是，在联合项目中所有地方政府同意的情况下，所有参与者的纹章都可以在文件中显示。（3）为外国读者准备的展示整个澳大利亚观点的文件。（4）联邦贸易企业的文件和文具不得在市场运作的材料上使用国徽。(5)作为联邦代理人的私人只有在得到授权的情况下才可以使用。不得在带有政治标志的材料上使用国徽。

《澳大利亚国徽信息和指南》规定了国徽在教育出版物中的使用。出版商可以申请在教育出版物和媒体中复制1908年和1912年的国徽。申请将根据具体情况予以考虑。申请应直接提交给首相和内阁部荣誉、标志和领土处,并附上描述该徽章的文字和插图。在获得许可之前,必须看到这些内容。出版商必须在文本的结尾处写上以下文字:"首相和内阁部允许复制国徽。"在国徽上方或附近不应放置任何有损其尊严的材料。国徽不得出现在书籍的封面或封套上,不得以可能导致读者相信该材料属于澳大利亚的方式展示,也不得导致读者相信该材料来自澳大利亚政府或得到了澳大利亚政府的认可。

《挪威政府印刷品上使用国徽指南》规定,国徽可以出现在政府的印刷品和文件上,只要位于合适的地方。因此,该国徽可以印刷在书籍、小册子和海报等上。由国家发布,带有一定的官方内容,如国家日历、挪威官方统计数据,具有法律效力的文件、护照等,可以使用国徽。

《特立尼达和多巴哥国家认同指南》规定,政府各部委和机构的出版物都必须在背面印上国徽和"特立尼达和多巴哥共和国政府"的文字,以及部委的名称和网站。出版物背面的国徽垂直直径必须与小册子、书籍、指南、手册等的底端到国徽图案之间的距离相等。

(三)证件证照

通常情况下,官方证照使用国徽的目的是证明一个国家或一个组织,已经检查出某些产品符合特定的标准或具有一定的质量水平的产品而颁发证件证照。有了国家背景的支持,一些国家机关主导支持的证件证照可以使用国徽图案。例如,《玻利维亚国家象征法》第二十六条规定,国徽应专门用于官方公共机构的税票、债券、纸币、硬币、身份证、护照、证书、封面和其他国家官方发行的彩色或黑白表现形式上。相关文件必须在顶部的中心位置印有国徽,并在国徽下方用大写字母标明"玻利维亚共和国"。

一些国家规定,学历学位证书使用国徽。例如,《拉脱维亚国徽法》第八条规定,根据规范性法规,国徽应在国家承认的文凭、证书或证明中使用,以证明获得了科学学位、相关的教育水平或在认可的教育方案下的资格水平。

(四)办公用品

对于国徽用于办公用品,往往在国徽法律制度中作原则性规定,在具体的规范性文件、政府指南中作进一步规定。

（1）信件。根据传统的礼仪,用于纯粹的社会通信的纸张可以在中央上方或左上角雕刻、压印或印上纹章。通常情况下,这种纹章是以单色显示的。政府机构、企业、大学和其他法人团体可以在其官方信纸上描绘其公司的纹章。例如,在挪威,从 1976 年起,无论是在中央行政机关还是下属机构国家机关和机构的信笺上都可以使用国徽。但是,国徽不得使用在普通信笺上。

例如,《哥伦比亚国旗、国徽和国歌法》第十二条规定,国徽只能用在总统旗帜、军旗,以及严格意义上官方事务的信纸、信封和其他地方,只要符合庄重性、严肃性和尊重的条件即可。

（2）名片。部分国家将国徽应用于公职人员的公务名片上,如德国、南非、埃及、印度、意大利、墨西哥、阿根廷等。例如,在印度,总统、副总统、总理、副总理、各邦邦长和副邦长、议会机构和官员、法院机构和官员、选举委员会及其官员、中央政府部门、各邦首席部长和部长、各邦议会和立法机关成员、各邦政府部门及其官员等可在其名片上使用国徽图案。

例如,《玻利维亚国家象征法》第二十六条规定,所有公共机构的主管部门和宪法承认的私人机构的最高代表都可以在名片中使用国徽。《特立尼达和多巴哥国家认同指南》明确,官方名片可以使用国徽,可以设计成横向或纵向格式,标准尺寸为 3.5 英寸 × 2 英寸。国徽图案的最小尺寸必须是 20 毫米 × 20毫米。官方名片必须有以下信息:机构、名称、职务、机构地址、电话、传真、手机号码。

（五）货币

货币使用国徽图案是国际惯例。很多国家的国徽法律法规规定了国徽图案可以使用于货币,如中国、韩国、摩尔多瓦等。例如,《摩尔多瓦国徽法》第六条规定,国徽的轮廓图像复制在本国货币、国家银行发行的其他货币标志上。

（六）电子文件

目前有关国徽图案在网络空间的使用主要集中在国家公共机构网站,未涉及新媒体的应用。例如,印度政府网站使用国徽图案,意大利公共机构的网站使用国徽图案,澳大利亚与行使联邦职能相关的网站使用国徽图案。例如,《澳大利亚国徽信息和指南》第 3.4 条规定,由联邦或代表联邦出版的电子媒体应带有国徽的图像,以表明其权威和来源。国徽应放在显要的位置,并准确复制,其大小应能清楚地识别。将国徽置于显要位置的准则适用于网页等电子文件。澳大利亚政府信息管理办公室负责澳大利亚政府在网络环境中的品牌建设,并负责监督上述事项。

（七）服饰

一些国家明确，国徽可以用于服饰。例如，《多米尼加国家象征法》第二十六条规定，国防部成员，除部长、副部长、武装部队司令外，国家警察成员，除局长和副局长外，应只在其服装和制服上使用国徽。《澳大利亚国徽信息和指南》第3.6条规定，国徽可用于澳大利亚国防军和其他联邦机构成员的制服上。该机构的名称应出现在国徽图案的下方。国徽图案可以直接绣在制服上，缝在衣服上，或以金属徽章或铭牌的形式出现。在巴拿马，允许在胸针、翻领、领带上使用带有国徽和国旗的图案，但这些图案必须是独立的，并符合法律及其手册的规定。粘贴位置有两种：一是在夹克衫的左翻领或衬衫和裙子的左领口处；二是在领带上或领巾上的心脏位置处，只要是该处没有其他图案。

（八）交通工具

在大部分国家，重要国家领导人和特定人员的交通工具上往往使用国旗，也有一些国家规定交通工具上使用国徽图案。《印度国徽（使用管理）规则》（2007年）第六条规定，在车辆上使用国徽，应只限于附表二中规定的部门。第一部分规定，可在其汽车上展示国徽的宪法当局和其他要人：（1）总统府的汽车，当以下政要或其配偶乘坐这些车辆时。（a）总统；（b）来访的外国元首；（c）来访的外国副总统或同等地位的贵宾；（d）来访的外国政府首脑或具有同等地位的政要，如外国王储或公主；（e）继总统的汽车之后的备用汽车。（2）副总统或其配偶乘坐的副总统的汽车。（3）印度外交使团团长在其委派国使用的汽车和其他交通工具。（4）印度驻外参赞团团长在其委派国使用的汽车和其他交通工具。（5）外交部礼宾司为访问印度的内阁部长及以上级别的外国政要和派驻印度的大使在礼仪场合执勤时使用的汽车。第二部分规定，可在其汽车上的三角形金属牌上展示阿育王查克拉（这是国徽的一部分）的机构：（1）总理和联邦部长、人民院议长和副议长、联邦院副主席在印度境内出行时的汽车。（2）印度首席大法官和最高法院法官的汽车，以及高等法院首席法官和法官在其各自领土内的汽车。（3）各邦内阁部长、各邦议会议长和副议长、拥有立法机构的联邦领土部长（副部长除外）的汽车。以及中央直辖区立法机构的议长和副议长，当他们在本邦或中央直辖区（视情况而定）内出行时（如果上述标志被该邦、联邦区采用，或被纳入该邦、联邦区的标志中）。

《多米尼加国家象征法》第二十六条规定，共和国总统官方使用的车辆将在其银色的车牌上印有金属国徽，颜色根据共和国宪法第三十二条的规定确定。共和国参议院、众议院、最高法院和宪法法院的主席应在其公务用车上使用印有共和国国徽的车牌，车牌为金属材质，颜色为宪法规定。

三、政府识别系统使用国徽及其争议

在商业活动中,市场竞争广泛深入地存在。因此,采取鲜明的视觉识别,使其与特定标志相联系并被识别是商业活动普遍采取的行为之一。但是,对于公共机构而言,不存在这种情况。国徽是国家的象征,使用国徽图案可以使公众清晰明确所见事物与公共机构的关系。在很多国家,在视觉识别中使用国徽成为公共行政部门的一项特权,但并不是每个公共机构都使用带有国徽图案的视觉识别设计。从实践来看,为了方便公众识别,公共机构必须在其视觉形象上保持一致。公共机构的视觉识别设计每个组成部分都是公共机构整体的重要组成部分。

在公共管理中引入统一的、带有国徽图案的视觉识别系统,将使公共行政更简单、更易于理解,也有助于减少公共行政中的行政负担和官僚主义。第二次世界大战后,荷兰政府所有独立部门的信纸都印有国家纹章的变体。然而,从 20 世纪 70 年代起,各部委希望将自己与其他部委区分开来。早期 ,他们都选择了自己的视觉标识。① 2007 年,鲍肯内德四世内阁决定通过为整个国家政府引入单一的风格来结束分散的视觉标识。历史悠久的国徽在新标识的设计中卷土重来。2007 年 7 月 4 日,部长会议决定,所有直接由内阁负责的组织都应使用国家标志和相应的内部风格。2008 年,所谓的视觉识别系统 Rijkslogo 被引入。识别系统的核心是描绘了中央政府的风格化纹章,政府的官方文件可以通过相同的设计来识别。

近年来,拉脱维亚也开始采用统一的视觉标识系统。《拉脱维亚国徽法》修正案规定,自 2015 年 1 月 1 日起,公共行政部门必须采用统一的、以拉脱维亚国徽为中心的视觉标识。修正案规定公共当局将不再被允许使用形式各异的标志或图形标记,但法律规定的例外情况除外。《拉脱维亚国徽法》中规定的机构和官员将被允许在其视觉识别中使用各自的国徽——大型、中型或小型,如在其网站、名片、资料、印刷品、荣誉证书上,以及机构的建筑物、办公场所、活动和其他地方,但不允许使用其他图形符号。《拉脱维亚国徽法》修正案还规定了在特殊情况下不得在机构的视觉识别中使用国徽。这些机构包括:独立机构、博物馆、图书馆、科研机构、医疗机构、教育机构、内政部系统的机构(该例外不适用于内政部本身)、监狱管理局、总检察长办公室、预防和打击腐败局、国家武装部队。

---

① 　Deze pagina gaat over: het Volkslied, Saluutschoten, Wapens, Aanspreektitels en de Vlaginstructie, Koningsfan. nl(29 september 2022),https://www. koningsfan. nl/protocol. html.

2010 年,智利总统要求政府采用专门的政府标志,政府标志的图案包括国徽的设计元素,但有所不同。在部分国家机构、公共服务部门和国家其他实体的门牌上,国徽在一夜之间被政府标志取代。这引起了一些争议,一些人认为这影响了"爱国主义和制度价值",并导致了混乱,还导致了大量的资源支出。最后,有关人员要求审计长确定这是否违反了《智利宪法》第二条(该条规定国旗、国徽和国歌是国家象征),是否违反了《智利最高宪章》第六条和第七条的总统权限的规定,争议被提交给智利审计委员会(智利共和国总审计委员会是独立于政府和其他权力机关的国家最高审计机构,其主要职能是监察国有资产、审计公共财政和调查涉及公共部门的经济案件)。审计长办公室认为总统有权采取该行为,总统的监管权力包括所有不属于法律领域的事项。审计长办公室指出:首先,政府标志是代表以国家元首为首的行政权力的活动,这些活动是在各部委的配合下开展的,直接执行公共服务,以满足集体需求。其次,鉴于这些政府标志独特表达方式的本质,根据法律规定,采纳政府标志将符合《智利最高宪章》中总统权力的规定,因为归根结底,这是一种政府的识别形式,与作为国家官方象征不同。因此,审计长办公室认为在法律上没有异议,也不认为创造政府标志有任何不妥之处,并就国家的代表(根据宪法第二条所规定的元素)与行政部门的代表进行了区分。审计长办公室还明确指出,政府标志中可以添加指代国家象征的元素。①

但是对于政府机构使用政府识别系统代替国徽也引起了学者的质疑。有的学者认为,大多数国家机构取消带有国徽的办公用品等,这种情况会削弱民族精神,也是对国徽的一种冒犯。② 有的学者认为,国家机构采用形式各异的不同视觉标识很容易造成混淆,特别是一些国家机构的图形标志在很大程度上是不专业的设计时。也有的学者认为,代表民族(以及国家)的符号被重新制定,以代表执政政府的活动,造成了这两个象征之间的共存问题,取代了国徽。③ 实际上,在当今图像标志发挥重要作用的时代,尽管设计政府标志的功能与国徽不同,其目的不是取代传统的国家象征,但这种象征在某种程度上确实可能引起国家象征体系的混乱,削弱传统国家象征在整个国家象征体系中的最高地位,也可能影响国家象征的权威。

---

① Potestad reglamentaria, símbolo de gobierno, Dictamen N° 43. 977 (Contraloría General de la República 04 de agosto de 2010). Recuperado de https://bit. ly/3qynE7s.

② Dice no usar Escudo Nacional es anarquía. https://www. elcaribe. com. do/destacado/dice-no-usar-escudo-nacional-es-anarquia/.

③ Vergara-Rojas, Manuel Patricio. (2021). Los emblemas nacionales: regulación, problemas y propuestas. Revista de derecho (Coquimbo) ,28 ,5. Epub 05 de febrero de 2021.

第三节　国家机构印章使用国徽

现代国家的国徽来源于中世纪欧洲王室的徽章、纹章。与中世纪欧洲王室将其徽章用于其认可的文件上的功能相似，其也作为印章印在相关文书上，表示国家权力对相关内容的认可或者表示文件的真实性，并赋予相关文书法律效力。同时，印章也表明文件属于某个组织，有助于识别所有者。一些国家的法律明确作出规定，只有法定和经过批准的特定机构的印章才可以使用国徽图案。例如，《俄罗斯国徽法》规定，联邦国家权力机关，其他国家机关、组织和机构，具有独立国家权力职能的任何所有权形式的机关、组织和机构，以及国家民事登记机关印章上，印刻国徽。

一、基本情况

国徽图案用于国家机构的印章是国徽图案的常见用途。很多国家在国徽相关法律中对此予以专门规定。国徽与国旗、国歌相比，很独特的一项功能是作为印章图案印在相关文书上，表示国家权力对相关内容的认可。各国对于国家机构印章使用国徽采用不同的规定模式。一是转授性规定，明确由法律规定。例如，《保加利亚国徽法》第三条第一款规定，国徽在国玺上描绘应当依据法律规定。《芬兰国徽法》第二条规定，芬兰国徽在国旗和当局印章中的使用单独规定。二是详细规定。一些国家对国徽图案用以印章的形式、用途、规则等作了详细规定。例如，《朝鲜国徽法》第十三条规定了印章用途：在印章上刻国徽的单位，须经最高人民会议常任委员会或内阁批准。第十七条规定，可以在公众机构上刻国徽的机构如下：（1）国防委员会、最高人民会议常任委员会、内阁；（2）内阁委员会、绩效中央机构；（3）地方人民委员会；（4）地方检察院、审判机关、人民安全机关；（5）驻他国代表；（6）最高人民会议常务委员会、内阁批准的国家机关。《爱沙尼亚国徽法》对于国徽用于印章进行了详细规定，爱沙尼亚国徽法将国徽图案用于印章分为：一是大印章，也称为国玺；二是总统印章。《爱沙尼亚国徽法》第十二条规定，共和国总统的印章呈圆形。圆的直径为50毫米，圆的中心是大国徽。圆圈的上缘印有"Vabariigi President"（共和国总统）的字样。

一些国家明确带有国徽印章的基本管理制度，主要内容如下所述。

一是印章制作。一些国家还规定了包含国徽图案印章的制作、审批事宜。如德国内政部颁布《公章制作、官方标志和印刷品上使用联邦鹰准则》第五条规定,联邦行政办公室可以批准生产联邦印章,其中包括使用联邦鹰制作印章。

二是印章管理。一些国家的法律明确作出规定,只有法定和经过批准的特定机构的印章才可以使用国徽图案。例如,《俄罗斯国徽法》第四条规定,联邦国家权力机关,其他国家机关、组织和机构,具有独立国家权力职能的任何所有权形式的机关、组织和机构,以及国家民事登记机关印章上,印刻国徽。《爱沙尼亚国徽法》第十三条规定,共和国总统的印章在共和国总统办公室保存。每次使用共和国总统的印章都要写一份报告。

三是印章收回。为了防止带有国徽图案的印章样式完全一致可能带来的混淆,禁止重复使用印有国徽的已撤销印章。《爱沙尼亚国徽法》第二十条规定,如果印有国徽的印章与已被撤销的印章无法区分,则不得使用该印章。

二、部分国家印章管理制度

(一)爱沙尼亚国家机构印章的使用管理制度①

爱沙尼亚通过国徽法建立了较为完善的印章使用管理制度。《爱沙尼亚国徽法》第十四条规定:(1)国家机构、行使国家权力的机构或个人的印章形状为圆形。(2)如果是总统、总理、共和国政府、最高法院、大法官、议会办公室、政府办公室、国家审计局、共和国总统办公室、爱沙尼亚银行、国防军司令和各部委的印章,圆的直径为 50 毫米,圆心显示小国徽。圆圈的上缘印有相关国家机构、行使国家权力的机构或个人的名称,以及一个标识,使之有可能将该印章与印有相同文字的印章区分开来,以及与已被撤销或将来会被登记的印章相区别。(3)国家机构和未列入本条第二款的行使国家权力的机构或人员的印章圆圈直径为 35 毫米,圆圈中心显示较小的国徽。圆圈的上缘印有相关国家机构或行使国家权力的机构或个人的名称,以及一个能将该印章与印有相同文字、已被撤销或将来要登记的印章区分开来的标识。

《爱沙尼亚国徽法》第十五条规定,地方当局的机构和法人或自然人只有在履行法律赋予的或基于法律的国家职能时,才能使用印有小国徽的印章。

关于政府机构持有印章的规则。《爱沙尼亚国徽法》第十六条规定:(1)一个国家机构可以持有一枚印有该机构名称和国徽的印章。(2)如果由于该机构的工作性质,多名官员需要使用印有该机构名称和国徽的印章,并且该机构的

① 参见《爱沙尼亚国徽法》官方翻译英文版,爱沙尼亚司法部法律法规数据库官方网站,https://www.riigiteataja.ee/en/eli/508112013001/consolide,访问日期:2022 年 5 月 22 日。

章程或文书业务规则中规定了相应的授权,该机构可以持有一个以上印有该机构名称和国徽的印章。(3)国家机构的下属单位、官员可以持有印有该机构名称、下属单位或官员名称和国徽的印章,条件是该国家机构的下属单位、官员履行法律或共和国政府条例或根据法律颁布的部长条例赋予该单位、官员的行政职能。

关于印章的语言。《爱沙尼亚国徽法》第十七条规定:(1)显示国徽的印章上的文字为爱沙尼亚语。(2)国家机构或从事国际通信机构的印章,除了爱沙尼亚语的文字外,还可以包括外语的文字。

关于带有国徽的印章和文件表格的登记。《爱沙尼亚国徽法》第十八条规定:(1)在使用带有国徽的印章之前,必须在政府办公室登记。(2)政府办公室在收到印有国徽的印章的注册申请后,将在10个工作日内进行审查。(3)在以下情况下,带有国徽的印章注册将被拒绝:①根据爱沙尼亚国徽法,申请人无权持有带有国徽的印章;②印章不符合《爱沙尼亚国徽法》和《关于批准爱沙尼亚共和国国旗和盾形纹章参考图像的法律》的要求。(4)有权使用印有国徽的印章的国家机构和个人提交印有国徽、其他具有国家重要性的安全特征的文件样本和显示国徽的印章样本,以便在相应的国家登记册上登记。

关于带有国徽的印章的撤销。《爱沙尼亚国徽法》第十九条规定:(1)在下列情况下,印有国徽的印章由印章的合法拥有者撤销:①印章中显示的文字信息已经过时;②印章不在合法持有者手中,而官员、机构或团体的印章有可能被非法使用,造成对国家和个人权利的损害;③该机构或个人的活动被终止。(2)政府办公室将被告知终止使用印有国徽的印章,并在收到信息后的3个工作日内在登记簿上作出相应的记录。

关于带有国徽的印章和文件表格的保管和销毁。《爱沙尼亚国徽法》第二十一条规定:(1)带有国徽的印章被保存在一个上锁的防火储存设施(防火保险箱)中,其保管责任由机构或团体的负责人和该负责人指定的机构雇员承担,或由已在本法第18(4)条规定的国家登记册中输入相应信息的人承担。(2)带有国徽和防伪特征的文件表格的储存方式应防止其被破坏或落入未经授权的人手中,并保存有关这些表格的记录。储存带有国徽的文件表格的具体程序在该机构的文书业务规则中规定。(3)在国家机构、行使国家权力的机构或个人终止活动的情况下,安排终止活动的机构将印章和任何带有国徽的文件表格转交给档案馆或安排销毁。(4)销毁损坏或失效的印章和带有国徽的文件表格的方式由国家机构的负责人决定。

（二）美国总统印章制度

在美国,"所有大印章及其设计,或徽章的使用都是官方的。通常私人、非官方使用请求需要到国务院申请。大印章的盖印必须由法律规定,且印章使用不能用于为了展示、在纪念品、样品上"①。此外,美国还专门为美国总统设计了带有国徽图案的印章。

美国总统的印章是总统职位的象征,用于标记总统与美国国会和其他政府成员的通信。印章的中心设计包括美国国玺——该国的国家象征。印章的周围写着"美国总统的印章"。1972 年美国总统发布第 11649 号行政命令《美国总统和副总统的印章管理条例》,规定以下关于美国总统和副总统印章使用的规则。

第一条规定,除法律另有规定外,为公众所知的美国总统或副总统的印章或纹章,或其任何肖像或其主要部分的制造、复制、销售或购买转售,只允许用于以下用途:(a)由美国总统或副总统使用;(b)在百科全书、字典、书籍、期刊、小册子等中使用,涉及对印章、盾徽、纹章学或总统或副总统的描述、历史;(c)在图书馆、博物馆或教育设施中使用,与印章、盾徽、纹章学或总统或副总统的描述、展览有关;(d)在为存放前任总统或副总统的文件或物品而建立的图书馆、博物馆或档案馆中作为建筑装饰使用;(e)在前总统或副总统的纪念碑上使用;(f)以摄影或电子视觉复制的方式用于图片、动态图片或善意的新闻内容的电视广播;(g)经总统顾问书面授权,用于特殊的历史、教育或新闻价值的其他用途。

第二条规定,除本命令规定或法律另有规定外,禁止制造、复制、销售或为转售而购买总统或副总统的印章,或其任何肖像或其主要部分,单独或附属于任何制造或销售的物品。②

第四节 个人使用国徽

一、个人使用的情形

个人使用国徽及其图案分为两种情况:一是个人使用国家机构制作的带有国徽图案的证照证件、物品等;二是个人在工作、生活中的办公用品、生活用品中使用、摆放国徽及其图案。

---

① The Great Seal of the United States. Published by the United States Department of State · Bureau of Public Affairs · Office of Public Communication · Washington, DC · September 1996. p. 22.

② Regulations Governing Seals of President and Vice President of United States. Feb. 16, 1972, 37 F. R. 3625, as amended by Ex. Ord. No. 11916, May 28, 1976, 41 F. R. 22031.

针对第一种情况,一些国家作了规定,如《澳大利亚国徽信息和指南》规定,国徽可用于澳大利亚货币和硬币上,并作为澳大利亚荣誉徽章的一个元素。私人有权使用国徽或带有国徽图案的物品(奖项、荣誉徽章、徽记、徽章、旗帜等),条件是国徽的使用不会误解使用者的法律地位(如公共管理部门的成员),并保证对国徽的适当尊重。

如果个人在工作、生活中使用国徽图案的情形,可能给人带来误解,则不适宜使用。根据各国法律规定情况,对于个人能否使用国徽,主要分为三种类型:一是法定外不允许使用,如《哈萨克斯坦国家象征法》第六条规定,严禁将哈萨克斯坦共和国国徽的形象用于非国家组织及其行政人员的表格、印章和其他此类必需品上,但本宪法法律规定的情况除外。二是仅许可可以使用,如在巴哈马,所有希望在巴哈马生产、分销、销售或进口的任何物品上使用国徽的,必须获得国家安全部长的书面许可。当然必须指出的是,在政府建筑物上展示或使用国徽不需要许可。三是允许尊重的前提下使用,如俄罗斯为激发民众爱国热情,明确规定社会团体、企业、机关、组织举办的大型活动或家庭活动可使用国徽;俄土小的国际性经贸、文化、体育活动根据管理和实际需要使用国徽。印尼规定,在国外执行国家任务的政府官员或印尼公民徽章标识等可带有国徽图案。通过立法明确在尊重国徽的前提下,最大限度地扩大公民和组织使用国徽的可能性,使得在大众公共活动(体育比赛、政党代表大会、公益活动等)可以使用国徽,或将其用于制作纪念品和其他产品,将有助于促进国徽的普及,增加国徽在公众中的影响力,也有助于推广和改善一国国家形象。

二、拉脱维亚案例

近年来,一些国家转变了对于个人使用国徽的态度,其中,拉脱维亚的转变具有典型性。

拉脱维亚的国徽最常出现在拉脱维亚的欧元硬币上,也被广泛用于国家机构的官方文件设计中。但在历史上,拉脱维亚经历了国徽图案使用由严格控制到放松管制的历程。1998 年制定国徽法时,第十条规定,企业(公司)、股份制(合作)社、公共组织和个人不得使用国徽及其基本要素。2002 年修改国徽法,放宽允许个人、法人、协会可以使用国徽的图案。2002 年修改的《拉脱维亚国徽法》第十条规定:(1)私营企业(公司)、股份制(合作)社、公共组织、个人及其协会无权使用国徽;(2)个人和法人或其协会有权使用国徽的图像,保证对其给予应有的尊重,但对使用者的法律地位产生误导的情况除外。

但实践中,个人使用国徽的情况存在必要性和复杂性,除国徽出现在面向游客的纪念品摊位之外,大多出现在体育赛事中作为球迷商品上。2012 年拉脱维亚进一步放宽国徽及其图案的使用。《拉脱维亚国徽法》第十条修改为："(1)个人有权使用国徽或带有国徽的物品,但使用国徽不能误导使用者的法律地位,并且通过使用国徽或带有国徽的物品保证对国徽的适当尊重。(2)带有国徽的物品应按照《国徽法》规定的程序进行批准。"拉脱维亚国徽法的修改,明确只要不误导使用者的法律地位,私人可以自由使用国徽和印有国徽的物品。

《拉脱维亚国徽法》还规定,国徽可以以任何视觉上可感知的形式使用,只需符合法律中包含的描述并与法律附录中提供的图像一致。国家纹章委员会对国徽的表现是否符合法律规定出具意见。在实践中,国家纹章委员会创建并维护一个关于国徽和国徽设计基本原则的信息材料数据库,并确保公众能够获得这些材料。

在公共行政中使用国徽受到《拉脱维亚国徽法》的严格限制。拉脱维亚的国徽分为大、中、小三种。个人有权使用国徽或其图案,前提是国徽的使用不会误导用户的法律地位并保证对国徽的应有尊重。如果带有国徽的物品作为纪念品分发,必须事先获得国家纹章委员会的批准。《拉脱维亚国徽法》修改后,在实践中,很少有与使用国徽有关的违规行为。

【案例1】美国进口商品徽标与国徽相似案[①]

《美国法典》第十八编第713(a)款规定:为传达或者有理由认为传达了得到美国政府及其部门、机构或组织赞助或批准的错误目的,通过任何广告、海报、通函、书籍、小册子或其他出版物,或者在公开会议场合、戏剧、电影、电视转播,或者在任何建筑物、纪念碑或地点,故意展示美国大印章(国徽图案)、美国总统或副总统印章、美国参议院印章或美国众议院印章的任何印刷或其他相似物,应处以罚款或不超过6个月的监禁,或两者并处。

2003年伊利诺伊州莱蒙特的太平洋雪茄公司从菲律宾和多米尼加共和国进口雪茄,包装盒印有由圆形图案组成的徽标,圆环内出现美国大印章的图案,圆环外出现"太平洋雪茄"字样。美国海关和边境保护局以雪茄包装上的徽标与国徽(美国大印章)相似,拒绝其进入美国。

太平洋雪茄公司向美国国际贸易法院起诉美国政府。太平洋雪茄公司认为,其雪茄徽标与美国大印章在颜色方面存在差异,其整体图案搭配与美国大印章也不相同。《美国法典》第十八编第713(a)款的目的是防止传达错误信息,但是雪茄徽标没有传达得到美国政府赞助或者批准的错误信息。美国商标法规定不得注册带有美国国旗、国徽等图案的商标,该规定的实际目的是允许公众自由使用这些图案。

---

① Pacific Cigar, Co. v. U.S.,350 F. Supp. 2d 1248(Ct. Int'l Trade 2004).

美国国际贸易法院经审理后认为，虽然太平洋公司雪茄徽标与美国国徽颜色、个别图案存在差异，但是雪茄徽标包含了美国国徽的所有特殊性和细节，已经构成了对国徽图案的使用。虽然雪茄徽标出现相似的国徽图案，图案外圈添加"太平洋雪茄"一词并不能削弱其被认为是美国国徽的总体印象，该徽标还是传达了获得政府认可或者赞助的信息。本案没有涉及商标，不适用商标法。最后，美国国际贸易委员会裁决美国太平洋雪茄公司包装图案使用了国徽图案，违反了《美国法典》第十八编第713(a)款规定。

【案例2】瑞士销售带有国徽徽章的纪念品案

1931年《瑞士保护国徽和其他公共标志法》第二条第一款中规定，禁止出于商业目的，在销售的商品及其包装上使用国徽图案，特别是将国徽作为商标使用。第三条第一款中规定，包括国徽在内的国家标志可以粘贴在商业标志、通知、手册或商业文件上，或以第二条第一款未涵盖的其他方式使用，但前提是该使用不得损害良好社会道德。第九条中规定，违反第二条至第七条规定带有国徽图案的物品不得出售或者持有，也不得以其他方式进入市场。瑞士公民罗杰·皮特经营纪念品生意。1955年秋，他从米兰购买了420个镀金或者瓷釉的国徽徽章，并在日内瓦将徽章焊接在打火机、勺子等纪念品上销售。后来，皮特的行为被检察机构起诉到所在地的洛桑区治安法庭。

治安法庭认为，进口在外国制造的国徽的行为不属于法律处罚的范围，但出售并在本地焊接国徽徽章的行为违反了《瑞士保护国徽和其他公共标志法》第三条、第九条的规定。随后该案上诉至该地州法院，高等法院在1957年维持了一审法院的判决。

皮特上诉至瑞士联邦法院，并被受理。瑞士联邦法院经审理认为，所涉国徽徽章不是贴在商业标志、通知、手册或商业文件上，而是焊接在打火机、勺子等上，也就是说，焊接在打算作为商品流通的产品上。根据1931年《瑞士保护国徽和其他公共标志法》的规定，一旦商品或商品的包装上带有国徽及其图案"用于商业目的"，就属于第二条规定的范围。关于"用于商业目的"一词的含义，立法机构在制定《瑞士保护国徽和其他公共标志法》时解释为："通过将禁止用途限制为商业目的，我们希望防止将禁止范围扩大到纯粹用于装饰目的，例如用于装饰实用性的艺术品上，包括高脚杯、杯子等。"在这种情况下，打火机、勺子上的国徽徽章显然用于装饰。但是它们同时也用于商业目的，它们有助于所装饰物品的销售。因此，它们具有双重功能，并且同样适用于"打算作为商品流通的产品"的情形。但是，"用于商业目的"一词已规定在本条已缩小范围。为了确保它们具有这种效果，必须承认，从将国徽徽章粘贴到装饰性物品的那一刻起，它们就摆脱了对第二条禁令的规定，即使它们必将促进商品的销售。因此，可以得出结论，上述法律主要规定的涉及将防止国徽作为生产或者商业使用,这符合立法者的意图。此外,检察官并不主张禁止纪念品使用国徽徽章。出于上述原因,瑞士最高法院撤销州法院判决,并将案件退还给州政府,以便后者可以释放被告。[①]

第五节　国徽的禁止使用情形

国徽作为一种特殊符号的视觉表示,是人为赋予其特殊意义。国徽只有在使用过程中,才能真正发挥其价值,但也正是在使用过程中,其蕴含的意义得以产生、传递。当用于不同的情形、环境时,不同的观察者有不同的解读,国徽也可以传递不同的意义。良好的展示有利于体现对国徽的尊重,有利于培养国家认同;而不良的展示可能损害国徽的尊严,不利于促进群众的团结。如何在不同的情形、环境中展示成为国徽使用时的必要考虑因素。经过长期的实践,人们确认国徽出现于不同情形时能够传递不同的意义,进而通过法律明确将能够最大限度传递积极效果使用情形明确为应当使用的情形,而对于可能传递消极、负面的情形明确为国徽使用的禁止情形。

有的国家对国家象征禁止使用情形作了宽泛界定。例如,《爱沙尼亚国徽法》第八条规定,禁止以侮辱的方式使用国徽。有的国家将禁止使用情形作出进一步划分。例如,《多米尼加国家象征法》将禁止使用情形分为两类。第二十八条规定,以下使用被认为是对国徽的不尊敬:(1)违反宪法第三十二条或本法的任何其他规定而使用;(2)以宪法第三十二条规定以外的颜色展示国徽;(3)在商业促销活动中使用国徽以获取利益。第二十九条规定,以下行为被认为是对国徽的亵渎:(1)在公共场合以任何方式毁坏;(2)扔至地面,以示蔑视;(3)故意将其从纪念碑和公共建筑中移除;(4)在任何情况下亵渎。

该法还对两种不同的情形规定了不同的法律责任。《多米尼加国家象征法》第三十八条规定,对国旗、国徽或国歌有不敬行为的人,将被处以 15—30 天的监禁和公共部门最低工资 1—5 倍的罚款。第三十九条规定,侮辱国家象征的,将被处以 1—3 个月的监禁和 5—20 倍公共部门最低工资的罚款。

一、不得用于不适当方式

(一)不得使用破损、污损或者不合规格的国徽

各国通常不允许使用破损、污损或者不合规格的国徽。2015 年 6 月,白俄

---

① BGE 83 IV 108 S. 108. 参见瑞士联邦最高法院网站:https://www.bger.ch.

罗斯议会两院通过关于修改 2004 年国家象征法修正案。修正案规定,不允许
升挂或者使用不能使用的国旗;已经毁损的国旗必须销毁。白俄罗斯宪法法院
认为,该规定与国旗的宪法法律地位相对应,这是白俄罗斯共和国作为主权国
家的象征(宪法第十九条)。禁止使用损坏的国旗的目的是在国家工作人员和
公民中发展对国家象征的尊重。在这方面,宪法法院提请立法机构和执法机关
注意以下事实:在确定销毁损坏的国旗的程序时,以及在将来采取适当措施销
毁国旗时,必须充分尊重国旗。① 《朝鲜国徽法》第二十条规定,机关、企业、组
织和公民不得使用不符合标准的国徽。我国国徽法第十四条也规定不得悬挂
破损、污损或者不合规格的国徽。

（二）禁止改变国徽

在国徽图案上涂画、添加内容等改变国徽的行为,构成以不适当方式使用
国徽。例如,《亚美尼亚国徽法》第二条规定,禁止以下情形使用国徽:(1)改变
本法规定的亚美尼亚共和国国徽形象、结构和颜色,但本法规定的一次性使用
的情况除外;(2)将本法第二条第二部分定义的亚美尼亚共和国国徽图像或其
组成部分的副本用于其他国徽、徽章或符号。《澳大利亚国徽信息和指南》第三
节中规定,必须以充满尊重和敬意的方式使用国徽,不得让位于与国徽临近的
其他徽标,不得将国徽用于装饰或艺术元素,不得在国徽上加印文字或图案。
国徽的尊严不得因临近的标志或符号而受损害。

二、不适当用途

（一）国徽不得用于日常生活用品

国徽是国家的象征,用于庄重场合,不能肆意用于个人日常生活用途,损害
国徽的尊严。例如,《澳大利亚国徽信息和指南》明确,国徽及其图案不得用于
日常用品、纪念品、商品。也有的国家进一步明确不适当的生活用途。《玻利维
亚国家象征法》第四十二条规定,除武装部队、警察和国家体育代表外,禁止将
国家象征作为配件、垫子、衣服或制服的一部分,或其任何其他不尊重的用途。

也有的国家法律法规明确,国徽及其图案可以用于日常生活、工作用途,如
《瑞士国徽和其他公共标志保护法》第八条规定,联邦国徽可以用于:"(1)作为词
典、参考书、科学作品或类似作品中的插图;(2)用于装饰节日和活动;(3)用于装
饰工艺美术品,例如杯子、彩色玻璃以及用于节日和活动的纪念币。"

---

① 　参见白俄罗斯宪法法院网站:http://www.kc.gov.by/document-40273.

我国国徽法第十三条中规定,国徽及其图案不得用于日常用品、日常生活的陈设布置。日常用品是指公民日常使用的物品,比较广泛,通常包括:家居用品、洗漱用品、厨房用品、装饰用品、化妆用品、床上用品等。日常生活的陈设布置通常是指家庭室内陈设,包括家具、灯光、室内织物、装饰工艺品、字画、家用电器、盆景、插花、挂物、室内装修以及色彩等内容。

(二)禁止用于注册知识产权

绝大多数国家通过法律禁止公民、其他组织注册包含国徽图案的商标、设计、专利等,如印度、马来西亚、爱沙尼亚、摩尔多瓦等。《印度禁止不当使用国家标志和国名法》第四条规定,任何政府机构不得允许注册包含国家标志或国名的商标或设计,不得给包含国家标志或国名的发明授予专利。《印度国徽(禁止不当使用)法》第五条规定,(1)尽管此前生效的任何其他法律有任何规定,任何主管当局都不得:(a)注册带有该标志的商标或设计;或(b)就带有该标志的发明授予专利权。(2)如果主管当局对任何标志是否为附表中所指明的国徽或其有损形象的模仿产生疑问,则主管当局应将该问题提交给中央政府,中央政府对此的决定为最终决定。《朝鲜国徽法》第二十一条规定,机关、企业、团体和公民不得将国徽作为商标等,进行有损国徽尊严的行为。《马来西亚禁止不当使用国家标志和名称法》第三条规定,未经许可,任何人不得在任何专利、商标或者设计的名义中使用国家标志。第四条中规定,任何政府机构不得允许注册包含国家标志的名称、绘图、照片以及其他图案形式的商标或设计,不得给任何包含国家标志及其名称的发明授予专利。

(三)不得用于商业广告

一些国家还专门明确,国徽图案不得用于商业广告。例如,《乌兹别克斯坦国徽法》第五条规定,不得将国徽的元素包含在非政府组织的文件或广告材料中。不得出于商业目的使用带有国徽图像的标志。非政府非营利组织的标志不得与国徽相似。

(四)未经许可,不得使用国徽及其有损形象的模仿品

与国徽相似的物品,可能导致其他人误解为国徽,也是属于禁止使用情形的。例如,《印度国徽(禁止不当使用)法》第三条规定,禁止不适当地使用国徽。不管当时生效的其他法律有何规定,未经中央政府或其授权的政府官员事先许可,任何人不得以任何方式使用国徽或任何有损形象的模仿品,使人认为它与政府有关或是中央政府或邦政府的正式文件(视情况而定)。关于该条的解释:就本条而言,"人"包括中央政府或邦政府的前官员。

（五）不得用于法定情况外的商业用途

一些国家明确规定不允许国家机构之外的组织、个人使用国徽,但经过许可的除外。例如,《澳大利亚国徽信息和指南》第四条规定:未经许可使用国徽可能会违反 2010 年《澳大利亚竞争和消费者法案》、1995 年《澳大利亚商标法》或 1995 年《澳大利亚刑法典》。在本指南规定的授权使用范围之外使用国徽,应当向荣誉、标志和领土处提出申请,以获得在本指南中详细说明的授权使用之外的许可。根据 1956 年《澳大利亚海关(禁止进口)条例》的规定,禁止进口带有国徽的商品。荣誉、象征和领土处会考虑进口此类物品的请求。一般来说,只有那些被授权使用国徽的人,如澳大利亚政府部门和机构,才会获得许可。联邦贸易企业在市场上活动时,其文件和信笺上不得使用国徽。

在荷兰,荷兰王国的纹章(Reich Coat of Arms)和荷兰国王的纹章(Royal Coat of Arms)从 1815 年王国成立时就完全一样了。只有国王可以佩戴王室纹章。获得"皇家命令"称号的公司可以显示相关的皇家纹章,并加上"根据皇家命令,为皇家提供服务的人"的字样。未经允许,不得使用皇家或国家纹章的元素。它可能给人一种印象,即某人是代表国王行事,或得到国王的许可。因此,未经授权不允许描绘与荷兰国王或国家有强烈相似之处的狮子。

在印度,《印度国徽(禁止不当使用)法》第四条规定,任何人不得将国徽用于任何贸易、业务、名称或行业,或用于任何专利的名称,或用于任何商标或设计,除非在规定的情况和条件下使用。

在巴西,要求在体育、文化和经贸等活动中使用国徽须经国家机构审议批准,禁止私营机构使用国徽。

（六）不得作为法定外的其他纹章的元素

国徽作为一种特殊的纹章,国家往往对于国徽的使用采用严格的控制。很多国家通常允许国家机构、特定授权主体使用国徽的图案作为其纹章的基础或者元素,但是对于之外的主体,往往不允许使用。国徽图案不得用于个人和其他组织的纹章、徽章。《俄罗斯国徽法》第八条规定,俄罗斯联邦主体,市政机关,任何所有权形式的社会团体、企业、机构和组织的徽章(纹章标志),不得与俄罗斯联邦国徽相同。俄罗斯联邦国徽不得用作俄罗斯联邦主体、市政机关、社会团体、企业、机构和组织徽章的纹样基础(纹章标志)。《亚美尼亚国徽法》第三条规定,不得仿冒亚美尼亚共和国国徽。亚美尼亚共和国地方自治机构的纹章、组织的标志以及其他标志和纹章必须与国徽不同;不能与国徽混淆。

一些国家还在法律中规定了例外情形。例如,《摩尔多瓦国徽法》第十条规定,禁止使用国徽的情形包括作为地方国家机构单位以及公司和私人单位的徽章、纹章的基础,但国家纹章委员会确定的某些涉及国家利益的情况除外。《拉脱维亚国徽法》第八条规定,本法第五至第七条所述的机构和官员可以按照规范性文件规定的方式,在制服和办公徽章上使用国徽(也作为徽章的组成部分)。《哈萨克斯坦国家象征法》第六条规定,国徽的形象不能作为公共团体和其他组织的纹章基础使用。国徽的形象可用于军队或其他政府服务人员的徽章和制服上,或作为国家奖励的纹章背景的一部分,以及运动员的运动服和其他运动配件。

《白俄罗斯国家象征法》第十条规定,白俄罗斯共和国行政区域单位和领土单位的徽章不能与白俄罗斯共和国的国徽相同。白俄罗斯共和国国徽不能作为白俄罗斯共和国行政领土单位和领土单位徽章的纹章基础。在法律规定的情况下,白俄罗斯共和国国徽的图像可以作为官方纹章符号的元素——国家机构的徽记和徽章。禁止使用白俄罗斯共和国国徽作为以下纹章符号的基础——国家和公共协会、政党、工会、其他公共协会、联盟(协会)、基金会、白俄罗斯公证处、白俄罗斯国家律师协会、白俄罗斯工商会、税务顾问协会、作为非商业组织设立的常设仲裁法庭、私人和组织的纹章。在我国,根据实际需要,2020年我国修改国徽法,增加规定:"国家机关和武装力量的徽章可以将国徽图案作为核心图案。"

例如,2009年2月19日,俄罗斯最高法院在关于是否清算全俄公共组织"国防和法律秩序安全问题学院"的判决中,列明该组织涉及国徽的违法用途包括:该组织将自己定位为具有相关权力的国家机构,但是其实该组织由私人公司负责运营。该组织徽章是以国徽为基础设计的,且未按规定方式登记;该组织颁发的证书上有俄罗斯国徽;该组织印章是以俄罗斯联邦国徽为纹章基础制作的,没有任何标记可以判断该文件是否属于公共组织;该组织粗暴地、系统地使用了国徽,在一些文件封面的第一页使用变形的俄罗斯联邦国徽的图像等。上述规定违反了《俄罗斯国徽法》规定的内容主要包括:(1)俄罗斯联邦国家权力机关,其他国家机关、组织和机构,具有独立国家权力职能的任何所有权形式的机关、组织和机构,以及国家民事登记机关印章上,印刻俄罗斯联邦国徽。(2)俄罗斯联邦国徽不得用作俄罗斯联邦主体、市政机关、社会团体、企业、机构和组织徽章的纹样基础(纹章标志)。① 法院以该组织违反法律规定将国徽用于各种场合,作为支持清算该组织的证据之一。俄罗斯联邦最高法院驳回了该组织的上诉,同意清算该组织。

---

① Определение Кассационной коллегии Верховного Суда РФ от 19 февраля 2009 г. № КАС08-762 / Правовая навигационная система 《Кодексы и законы Российской Федерации》[Электронный ресурс]. — Режим доступа: https://www.zakonrf.info/suddoc/ 01fd7e7bee543c4fa96a48b5f34ed28d/ (дата обращения: 17.07.2022).

（七）不得用于政党政治活动

一些国家规定国徽不得用于政党政治活动、竞选。如果将国徽用于促进形成和维持对某个政治力量或政党吸引力的信息，就构成国徽的滥用。国徽的使用不应该鼓励人们投票给某个候选人，因此国徽使用时也不应该包括具体的名字，至少是现代政治家的名字。例如，《澳大利亚国徽信息和准则》第三节规定，国徽不得用于带有政治性标语的物品上。《玻利维亚国家象征法》第四十二条规定，禁止国徽用于政治或私人宣传。

（八）不得用于欺诈性用途

一些国家明确规定国徽不得用于欺诈性用途。例如，《奥地利国家象征法》第八条规定，禁止以暗示公共权力或者损害国家荣誉的方式使用国徽、国旗图案。《特立尼达和多巴哥国家认同指南》明确，国徽用于非法、欺诈性或不适当的目的是不可接受的用法。

三、不适当场合

不适当场合是指不得将国徽用于有损国徽尊严的场合。实践中主要包括以下场合。一是不适宜的政治场合。例如，《澳大利亚国徽信息和指南》规定，国徽不得与政治标志一起使用。国徽的尊严不应受到任何相邻标志或符号的影响。国徽不应作为装饰或艺术元素使用。不应在国徽上印上文字或图像。二是与商业标志保持明显距离。例如，《德国秩序管理处罚法》对违规使用国徽者处以罚金；在国际体育赛事中，国徽应与赞助商标志、广告语、体育协会标识保持明显距离，不得与烟草制品、酒精饮料、国际奥委会禁止的医药品和政治口号产生任何联系。例如，《玻利维亚国家象征法》第四十二条规定，禁止将国旗、国徽镌刻、书写、绘制或放置在任何种类的标志、肖像或物品之上，同样，它们也被禁止用于政治或私人宣传。

在上述国徽使用的各类禁止情形中，判断是否属于禁止情形的一项重要标准是认定是否相似。对此，各国法律中一般没有对相似作出界定，司法实践中有的对此作了分析。

一是根据事实行为进行判断。例如，《俄罗斯联邦行政违法法典》第 17.10 条规定，违反国旗、国徽或国歌的正式使用程序的行为，应当承担行政责任。俄罗斯法院认为，上述规定首要适用于个人使用文件、印章时包含与国徽图像相同的图像。但是对于与国徽相似的图案，《俄罗斯国徽法》没有规定，鉴于俄罗斯联邦国家象征的特殊使用制度，由于其功能目的，应该从事实出发，即根据行政违法行为的客观方面进行判断。①

二是从纹章学的整体角度出发进行判断。在德国,判断是否构成模仿国徽图案的商标,需要通过可能的相似性或可能带来的混淆进行判断识别。《保护工业产权巴黎公约》明确"模仿"包含"纹章学意义上的模仿"一词,这种模仿不是基于国徽的几何描述,因为国徽的几何描述本质上更为详细。纹章学意义上的模仿,是从更加宏观或者整体角度上考量,不会因为徽章图案以某种方式被固定化或仅使用了一部分而不认为是模仿。②

上述不同国家不同实践中的判断,是从不同角度的分析,但是实质上都是为了更好地合理保护国徽。在国徽法律实践中判断相似程度,应当与商标法、专利法等法律领域判断国徽相似程度相同。在很多国家,判断相似程度的一个重要方面是以图案形成的总体印象为基础的,同时包括图案所使用的商品、服务的同质性等因素。对于国徽而言,如果给予国徽更强的保护程度,则宜适用更加严格的判断标准,在整体判断的基础上,从保护国家象征尊严的角度出发,判断是否相似。

---

① Безруков Андрей Вадимович. Проблемы использования Государственного герба Российской Федерации и субъекта Российской Федерации в материалах судебной практики. Наука. Общество. Государство. 2018. Т. 6, № 3 (23).

② BPatG: Nachahmung eines Hoheitszeichens-Schweizer Kreuz(GRUR-RR 2013,428).

第四章 国徽的使用规则

第一节 单独使用规则

国徽是国家的象征,是一国最高级别的标志。除极个别情况下,应当保持国徽的优先地位。国徽及其图案摆放的位置是实践中需要处理的问题,一些国家在法律中专门作出规定。

一、单独使用时的基本规则

由于国徽单独使用时,所处的环境、媒介、材质等各有不同,一些法律对常见的单独使用国徽的规则作了明确。

一是保持优先位置、庄重方式。使用国徽图案,需要突出国徽的尊严,要以优先位置、庄重的方式使用。使用国徽图案时,应当遵守使用国徽实物同样的规则。例如,《挪威政府印刷品上使用国徽指南》规定,国徽以正确和庄重的方式展现。

二是与国家标准保持一致。例如,《哈萨克斯坦国家象征法》第六条规定,哈萨克斯坦共和国国家象征的形象无论大小都应与国家标准一致。如果国家象征与国家标准不一致,应按照哈萨克斯坦共和国政府确定的方式进行更换和销毁。

三是保持完整性。国徽图案具有鲜明的特色,在使用时必须按照法律法规、命令所明确的图案完整展示。在印度,曾经出现高等法院建筑物上展示的国徽没有完整展示国徽图案的问题,然后被起诉至另一法院。该法院判决高等法院收到判决书之日起三个月内对建筑物上的国徽图案进行修改。[①] 印度国徽是印度政府的官方标志。印度国徽图案由以下内容构成:台基上站立着三只金色的狮子,台基四周有四个守卫四方的守兽,然后下面是格言"唯有真理得胜"

---

① Sri. Kalarkode Venugopalan Nair v. The Registrar(General). Kerala High Court. Nov 25 ,2008. https://www. casemine. com/judgement/in/56095684e4b0149711297fcd.

（satyameva jayate）。印度国徽的设计在《印度国徽（禁止不当使用）法》的附表中规定。高等法院建筑物上的国徽图案缺少了格言的内容，显然是不符合法律规定的。

2019 年 2 月，印度内政部发出《在印章上完整清晰地显示印度的国徽》的通知，就国徽图案的完整性作出规定。① 印度内政部注意到，一些政府办公室使用的带有国徽的公章给人的印象非常模糊不清。因为这些公章被过度使用，直到被磨损。可以注意到，"satyameva jayate"这个词几乎没有出现在印章上。在印章上不清楚地使用印度的国徽，等于违反了 2005 年《印度国徽（禁止不当使用）案》和 2007 年《印度国徽（使用管理）法》。印度内政部还注意到，各政府机构在其文具、出版物、印章、车辆、建筑物、网站等方面使用印度国徽时，往往省略了箴言"satyameva jayate"，而只是描绘了头部的轮廓。值得注意的是，印度的国徽在没有铭文的情况下是不完整的，因为在狮子的轮廓下面刻有"satyameva jayate"（devanagiri 字体）。不完整地展示印度国徽是对上述法案的违反。

此外，被授权使用印度国徽的政府机构必须确保在印章磨损前及时更换，以便在文件上留下清晰准确的印记。政府机构必须将完整的印度国徽描绘出来，并确保不在未经授权的情况下使用印度国徽。

通知还要求采取适当措施，以确保印度国徽在办公用品和车辆上的完整使用，并对不完整展示的相关官员采取严格的措施。

二、部分使用情形下的具体位置

（一）建筑物外部

基于国徽象征国家或者表明政府机构的性质，在政府机构办公建筑物、政府所属建筑物或者具有很强政治性的建筑物上往往悬挂国徽。例如，在俄罗斯，按照《俄罗斯国徽法》的规定，国徽应放在以下建筑物上，以表明俄罗斯联邦国家最高权力机构的地位：总统官邸、联邦委员会、国家杜马、联邦政府、联邦最高法院、联邦最高仲裁法院、境外的联邦外交和其他官方代表机构。国徽也可以放置在上述机构建筑物的外墙上，以便于公民看到。《朝鲜国徽法》第十一条规定，在建筑物上使用国徽的机构必须将国徽悬挂在建筑物的屋顶或正面右侧的中央。《澳大利亚国徽信息和指南》第 3.5 条规定，国徽可以在建筑物上或建筑物内使用。国徽可以被放置在各部门或机构所使用的建筑物外墙的显要位

---

① Advisory regarding complete and clear display of the State Emblem on seals, Ministry of Home Affairs Website(Oct. 2,2021) , https://www. mha. gov. in/documents/national-flag-emblem-anthem.

置,只要国徽的尊严不被任何邻近的标志或符号所影响。国徽可以展示在联邦部门和机构所使用的建筑物的外墙上,无论是否拥有或租用。国徽也可以在室内展示。如果建筑物的外墙包含了国徽,构成了建筑物不可分割的一部分,那么在搬离该建筑物时可以保留国徽。同样,构成建筑物结构一部分的原有标志,在入住时可以保留。《南非共和国国徽企业标识和品牌指南》第1.3.2条规定了国徽的摆放:(1)在建筑物的正面或接待区,占据高能见度的位置点。(2)在国家遗产地的入口处。(3)如果是在公共建筑物上,它应该足够高,以避免受到破坏。(4)如果放在容易拿到的地方,国徽应该是以一种耐用的材料制作,并以防破坏的方式安装。

(二)建筑物内部

为了表明国家工作人员的身份或者其行使的职责,一些法律规定特定人员应在办公室室内放置国徽。在展示国徽的办公室、会议室里,首选位置应是在主席台后面的墙上,在会议室的中央,或在主持者后面的座位上。

例如,《摩尔多瓦国徽法》第四条第一款中规定,国徽必须放置在:(a)当局和公共机构的办公室、领导服务办公室、会议室、礼宾室和庆祝活动室;(b)在教育、科学和文化机构的场所;(c)在国家过境点的办公室、港口、码头、机场、火车站、有国际交通的汽车站,以及摩尔多瓦共和国的边界标志物上;(d)摩尔多瓦共和国驻国际组织的办公机构,根据其内部规定和所在国的法律放置。第四条第二款规定,在第一款(a)至(c)项的办公场所内,国徽应根据建筑特点放置在主立面上:在建筑立面的中间,在主入口的顶部或上方,或从进入建筑的观众的角度看主入口的左侧,高度应能看到其整体。如果办公场所由多座建筑物组成,国徽应放在主要建筑物上。第四条第三款规定,在公共机构负责人的办公室,国徽应放在办公桌后面的墙壁中央,高度应能看到国徽的整体,站在或坐在办公桌前的人不能用头遮住它。第四条第四款规定,如果将国徽置于封闭式建筑群的大门处,或置于建筑物或建筑群前面的外墙板上,则应考虑将国徽置于进入建筑物或建筑群的观众视线中的左侧主入口处,并使其能看到整体。

(三)文件、印刷物

政府文件、印刷物品上使用国徽,在视觉上有利于保持一致性,也有利于凸显政府行为的真实性。

例如,《澳大利亚国徽信息和指南》第三节规定,国徽在同一个文件中只能出现一次。与其他图案和图形元素同时出现时,国徽应居于较高或突出位置。与其他标志同时出现时,国徽应置于最高处,其他文字或图案不得高于国徽。国徽不得与其他文字或图案套印。宣传册、短暂传播(如电视或者印刷广告)出现国徽图案时,须展示得体。国旗和国徽可以一起使用,但国徽应占据显著位置。

《朝鲜国徽法》第十二条规定,将国徽作为官方文件、证明文件或出版物印刷的组织应将其印刷在文件或出版物的顶部或中心。韩国公共行政和安全部制定的《韩国国徽规则》第四条规定,当文件中使用国徽图案时,国徽应置于文件上部的中心位置。

《挪威政府印刷品上使用国徽指南》规定,国徽应以正确和庄重的方式展现。根据纹章规则,国徽通常应该在顶部、左侧或相对于其他图案处于中间。国徽必须相对于文字等尽可能自由地放置,尺寸必须既符合纹章作为国家象征的重要性,又符合图纸必须尽可能清晰的要求。未经外交部特别许可,国徽和王冠不得与有纹章性质的附加物或其他标志一起放置。作为一项规则,国徽和王冠应与不断变化的图形保持一定距离。

（四）其他情形

一些国家还规定了国徽在其他特殊情形下的位置。《特立尼达和多巴哥国家认同指南》规定,当国徽与国家机构名称一起使用时,国家机构名称必须以规定的字体呈现;国家机构的标志不得分散国徽其他强制性设计元素的注意力。当在宣传用的马克杯上使用国徽时,国徽必须单独存在于突出位置。

第二节　同时使用规则

在一些特殊场合,国徽将同时与其他象征、标志并列使用。为了凸显国徽的尊严,在同时使用时必须保持国徽的优先位置。

一、并列使用的规则

（一）国徽和本国其他国家标志并列使用

当国徽与其他徽章并列使用时,其他徽章不得超过国徽图案大小、国徽不得放置在其他徽章之下。例如,《澳大利亚联邦国徽信息和指南》第3.7条规定,澳大利亚国旗和国徽可以一起使用,但要突出国徽的位置。《东帝汶国家象征法》第一条规定,以下为国家象征:国旗、国歌、国徽。国家象征的等级和优先顺序,以及对它们的尊重,按照上述顺序执行。

（二）国徽和本国其他标志并列使用

例如,《白俄罗斯国家象征法》第十条规定,如果国徽和白俄罗斯共和国的行政和领土单位的徽章同时放置,从国徽的角度来看,应放置在另一个徽章的左侧。如果同时放置奇数的国徽,本国国徽应放在中央,如果放置偶数的国徽(超过两个),本国国徽应放在中央的左边。同时放置时,本国国徽不能低于或小于其他国徽。

《摩尔多瓦国徽法》第八条规定了国徽与其他国徽和标志一起使用的规则。(1)在摩尔多瓦共和国境内,只有国家纹章委员会在摩尔多瓦共和国总纹章中正式登记的纹章和其他纹章标志可以公开使用。(2)在摩尔多瓦共和国领土上与其他领土、公司或私人的纹章一起使用时,国徽应占据荣誉位置,从左上方或从上方,其他纹章的直径尺寸不得超过国徽的直径尺寸。(3)与国徽一起使用的纹章和其他注册的纹章标志应占据次要位置,进一步靠右或靠下,并应根据领土、公司或私人等级排序,而那些具有同等尊严的则按字母顺序排列。(4)在摩尔多瓦共和国正式注册或批准的非纹章标志(徽记、标记、缩写等)与国徽和其他纹章一起使用,作为例外,如果它们不损害纹章的尊严,并且不超过上下文中纹章的直径尺寸,它们应置于国徽和其他纹章的次要位置,并应按照第一款规定的方式排列。

在个别国家,为了突出国徽的地位,专门规定国徽不与地方纹章并列。《匈牙利国徽和国旗使用法》第四条规定,在必须使用国徽或者带有国徽图案的印章时,不能同时使用地方机构纹章或者带有地方机构纹章的印章。

(三)国徽与领导人画像并列

"领导人肖像是政党形象的符号,也是政权合法性的象征。"[1]在很多国家,为了增强政治合法性,将国家领导人肖像与国徽同时悬挂于重要政治场所。由于国徽是国家的象征,而国家领导人肖像是领导人的个人代表,国徽与国家领导人肖像同时悬挂时,国徽往往优先于国家领导人肖像。一些国家规定了悬挂国徽与悬挂领导人肖像的位置。例如,《特立尼达和多巴哥国家认同指南》规定了国徽与政府领导人肖像共同使用时的位置。政府成员肖像的展示和定位应按顺时针方向进行,最高级官员从左侧开始,随后的每张肖像都放置在前一张下方1/4位置处。肖像参数应为42厘米×32厘米,每个肖像之间的距离为5厘米。用国旗定位政府成员的肖像。国旗必须放置在图片的左侧,最高级官员从左侧开始。注意:国旗应始终位于讲台前面。如下图所示。

---

① 李军全:《肖像政治:1937—1949年中共节庆中的领导人像》,载《抗日战争研究》2015年第1期,第72页。

二、国徽和其他国家国家象征并列使用

一些国家明确了国徽与外国国徽并列使用时的规则。例如,《亚美尼亚国徽法》第六条规定,在境内,将国徽与外国国徽同时放置,其他国家国徽的尺寸不得超过本国国徽的尺寸。如果国徽与外国国徽同时放置,国徽不得低于外国国徽。如果需要将国徽与外国国徽同时放置,国徽必须放置在给定建筑物的左侧(从面向该建筑物的角度看)。如果同时放置多个国徽,则国徽必须放在它们的中间。如果放置偶数个(超过 2 个)国徽,则国徽必须放置在中心的左侧。

《摩尔多瓦国徽法》第八条规定,其他国家的国徽和摩尔多瓦共和国参加的国际机构的徽章应当根据国际惯例作为国徽使用。他国的国徽或国际组织的徽章在摩尔多瓦共和国境内只能在相应的外交使团和领事机构的驻地,包括使团团长或领事机构的驻地,或在相应的国际组织的驻地使用。作为对上述规定的例外,根据总统、议会、政府或国家纹章委员会的决定,并经持有人同意,其他国家的国家纹章、领土纹章、公司纹章和私人纹章可在境内结合国徽和其他注册纹章使用,用于认知、教学说明。它们应占据国徽的次要位置,在右侧或下方,其线性尺寸不得超过国徽的线性尺寸。

一些国家限定了外国国徽使用的条件。《塞尔维亚国徽、国旗和国歌的展示和使用法》第八条规定,外国国徽或国旗只能与塞尔维亚共和国国徽或国旗一起在塞尔维亚共和国展示,除非经确认的国际条约另有规定。

三、俄罗斯国徽并列使用规则

在俄罗斯,通过国徽法以及国徽使用规则,较为清晰明确地规范了国徽与其他标志并列使用的规则。《俄罗斯国徽法》第九条规定,同时放置俄罗斯联邦国徽和俄罗斯联邦主体、市政机关、社会团体、企业、机构和组织的徽章(纹章标志)时,按面对徽章方向,俄罗斯联邦国徽置于另一徽章(纹章标志)左侧;同时放置单数枚徽章(纹章标志)时,俄罗斯联邦国徽置于中心;同时放置双数枚(超过两枚)徽章时,俄罗斯联邦国徽置于中心左侧。同时放置俄罗斯联邦国徽和其他徽章(纹章标志)时,俄罗斯联邦主体、市政机关、社会团体、企业、机构或组织徽章大小不得超过俄罗斯联邦国徽,且俄罗斯联邦国徽位置不得低于其他徽章(纹章标志)。

必要时,俄罗斯国徽可与其他国徽和徽章(俄罗斯联邦主体、市政当局、联邦行政机构、俄罗斯联邦其他国家机构等的徽章)放在一起。在将俄罗斯联邦国徽与其他国徽和徽章放在一起时,有必要遵守类似于旗帜的位置和从属关系的原则。①

按照《俄罗斯国徽使用规则》,将国徽与其他国徽和标志放在一起时,必须遵守以下要求。

(1)当与另一个标志一起放置时,从面对它们的角度看,国徽位于另一个徽章的左侧。

(2)当同时放置奇数个国徽时,国徽居中,其余国徽视其地位而定(第二个位置在国徽的左侧,第三个位置在它的右边,第四个在第二个位置的左边,第五个在第三个的右边,依次类推)。与其他标志相比,建议将国徽制作成更大的尺寸。

———————————

① О правилах использования Государственного герба Российской Федерации, Департамент государственного протокола Министерство иностранных дел Российской Федерации(13 декабря 2022), https://dgp. mid. ru/stateprotocol/nationalemblem. php.

（3）当同时放置偶数个（多于两个）国徽时，国徽放置在中间的左侧，其余的标志，视其状态而定（第二个位置在国徽的右侧中间，第三个在国徽的左边，第四个在第二个位置的右边，依次类推）。使用此选项，建议将占据第二位的国徽和标志制作成更大的尺寸。

（4）国徽不得置于其他标志之下。如果有相当数量的与其他具有同等地位的标志与国徽并列，它们的位置按字母顺序确定。①

（5）如果国徽位于其他同一等级标志之上，则其位置按字母顺序从左到右确定。

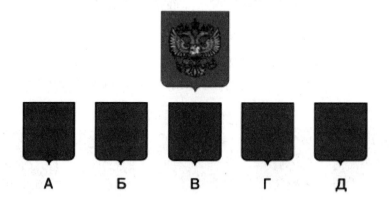

---

① 注：俄罗斯字母前四个的顺序是：А、Б、В、Г。

第五章 国徽的监督管理

第一节 国徽的监管体系

国家象征是国家统一形象的化身,是形成民族自豪感、爱国主义的重要手段,是社会政治文化的一部分。国徽往往较好地反映了一国所特有的物质形象或者所追求的最高价值。国徽需要被公民爱护,同时也需要国家行政机关开展监督。国徽不同于国旗、国歌,其使用始于王室、国家机关,随后逐渐放开。在国徽的功能上,有代表国家、国家机关的作用,对国徽使用、管理的谨慎态度仍然是很多国家国家象征监管政策的重要方面。因此,一般情况下,各国对于国徽及其图案的控制比国旗、国歌更加严格,对于国徽及其图案的生产、使用、许可等各个监管环节均予以规范。

一、国徽的主管部门

(一)中央国家机构的职责

一些国家明确规定了中央国家机构在国徽监督管理中的职责。例如,《印度国徽(禁止不当使用)法》第六条规定了中央政府管理国徽使用的一般权力。(1)中央政府可在其认为必要的情况下制定规则,对中央政府和各邦政府及其组织(包括驻外外交使团)办公室所使用的带有国徽的官方印章进行管理,但须遵守可能规定的限制和条件。(2)在不违反本法规定的情况下,中央政府应有权:(a)通知宪定机构、部长、议会议员、中央政府和邦政府官员在官方办公用品上使用国徽,以及在非官方办公用品上印刷或压印国徽的方法。(b)规定由国徽构成的官方印章的设计。(c)限制在宪定机构、外国政要、中央政府和邦政府部长的车辆上展示国徽。(d)规定在印度的公共建筑物、在国外的印度外交使团和领事馆占用的建筑物上展示国徽的准则。(e)规定为其他各种目的使用国徽的条件,包括为教育目的和武装部队人员使用。(f)采取一切中央政府认为对行使上述权力有必要或有利的事项(包括规定国徽的设计和使用方式)。《保加利亚国徽法》规定,部长会议应受委托执行该法律。《玻利维亚国家象征法》规定,玻利维亚各部负责在其职权范围内传播和推广国家象征。

(二)明确主管部门监督管理

有的国家规定了国徽使用和管理的具体部门。例如,《德国公章制作、官方标志和印刷品上使用联邦鹰准则》第四条规定,只有得到联邦内政部许可,才允许使用国徽和联邦鹰。在美国,所有使用国徽的情形都是官方的,私人或者非官方使用国徽必须向美国联邦政府申请。《美国法典》第十八编第一章第三十三节第七百一十三条中还规定,经任何有授权的美国政府部门或机构投诉,美国司法部长有责任制止违反本条规定使用美国国徽的行为。《澳大利亚国徽信息和准则》规定,本准则授权外的申请使用国徽必须向荣誉、象征和领地部门(澳大利亚总理内阁部下属机构)申请。

有的国家规定由国家元首或政府首脑确定国徽使用、管理的办法。《俄罗斯国徽法》第十条规定,带有俄罗斯联邦国徽的公文用纸、印章及其他物品的制作、使用、保存和销毁办法,由俄罗斯联邦总统规定。《新加坡国徽、国旗和国歌法》第二条规定,总统为规范新加坡国旗、国徽展示、陈列、悬挂或者使用的方式、场合和时间制定相关规则。

在一些国家,历史上形成了家族、机构使用徽章代表本家族、机构的传统习惯。这些国家成立了徽章注册机构,以便公民、组织以及相关机构申请注册各类徽章,如俄罗斯、英国、法国、德国、加拿大、爱尔兰、比利时、西班牙、意大利、波兰、瑞士、瑞典等。有的国家徽章管理机构是官方性质的,如加拿大总督下属的徽章管理局、爱尔兰国家图书馆下属的徽章首席办公室、西班牙司法部任命的徽章管理局;有的是王室所有公司,如英国徽章学院;有的是社会组织,如比利时家谱和徽章王室协会。在一些国家,由官方成立的徽章管理机构在国旗、国徽及其图案管理方面也承担相应的职责,主要是不得允许注册与国旗、国徽相似的徽章图案。

1. 爱尔兰徽章首席办公室。该办公室是爱尔兰官方负责徽章事务的机构,其隶属爱尔兰国家图书馆。该机构最初于1552年成立,一直负责向公民和组织颁发和确认各类徽章,适用的对象包括:所有爱尔兰公民、定居在爱尔兰的个人、爱尔兰的组织,以及与爱尔兰有关联,但其本国无徽章管理机构的外国组织。爱尔兰国徽、各类政府机构的徽章样式均在该组织注册。

2. 南非徽章管理局。根据1962年《南非徽章法》的规定,成立南非徽章管理局负责专门管理徽章图案的注册、认证、保管等相关的职责。个人、组织、政府及其机构都可以在徽章局注册徽章标志。南非的国旗、国徽,各地方的徽章标志必须在该局注册。2000年南非修改国徽后,以国徽图案向徽章局申请注册,徽章局颁发了注册认证通知。《南非徽章法》还规定,徽章局须审查申请注册的徽章是否与国徽、国旗图案类似。

（三）按照各领域进行监管

一些国家对各相关领域监管作了规定。例如,《拉脱维亚国徽法》第十二条规定,本法第五至十条(明确列明可以使用国徽的国家机构名单)所述机构的负责人应负责在其各自机构中遵守本法的要求。警方应监督公共场所遵守本法规定的情况。

二、按照各环节进行监管

（一）国徽的生产、销售

一些国家对国徽的生产、销售环节作了规定。例如,《朝鲜国徽法》第九条规定,国家确定制作国徽的机构和企业。确定制作国徽的机构和企业的工作由内阁或地方人民委员会执行。《朝鲜国徽法》第二十六条规定,国徽制作、使用和管理的统一指导由最高人民会议常任委员会负责。《巴拉圭国旗、国徽和国玺的使用和设计法令》第十一条规定,生产或制造旗帜和其他受爱国主义标志启发的物品,或以任何方式暗示其含义的自然人和法人实体,应遵守现行规范的规定和本行政法中的细节。《哈萨克斯坦国家象征法》第六条规定,国徽不论大小,必须符合国家标准。如果国徽不符合国家标准,将按照政府确定的方式更换和销毁。

实践中,企业在生产、销售中可能出现各种违规情况:一是未经允许制作的情况。例如,企业在没有获得许可证的情况下为当地国家机构制造了描绘国徽的展台和标志。二是制作不符合标准的情况。一般情况下,各国对于国徽的生产会制定专门的国家标准,违反国家标准生产也属于违反法律的规定要求。

例如,在哈萨克斯坦,颁发生产国徽许可证的授权国家机构是工业和贸易部的技术规范和计量委员会。该机构自授权至2007年,总共发放了236份此类许可证。哈萨克斯坦政府随机审计涵盖了约100份许可证文件,在每份文件中都发现了违规行为。特别是在7个许可证案件中,违反了审查许可证申请的时间限制。有20个案件被发现在收取许可费的数额上违反了法律,特别是企业家被收取的金额超过了政府决议规定的10个月计算指数的比率。在49个案件中,尽管存在充分的拒绝理由,但还是发放了许可证。拒绝发放许可证的理由包括:申请人未能提交法律规定的文件,包括所使用的测量仪器和测试设备的验证或计量证明。检查显示,有45份许可证档案缺乏此类证书。有近50

份许可证是由不符合资格要求的申请人获得的。在当地,还发现了在没有获得许可证的情况下制造国徽和描绘国徽的有形物品的事实。① 从哈萨克斯坦国徽生产、销售的检查情况看,虽然国家按照法律规定制定了国徽的生产标准、许可生产的条件和程序等,但是,如果没有相应的监督手段,法律将难以落实,不符合国家标准的国徽依然出现,进而损害国徽的尊严。

在实践中,很多国家还存在这种情况,法律明确了应当使用和可以使用国徽的情形,没有规定公民可以使用国徽。但是在市场上,又有很多销售国徽以及印有国徽图案产品的情况,没有法律限制公民购买带有国徽以及印有国徽图案产品的权利。因此,在自由市场上,这种产品的流通不受任何限制。上述情况的出现,也为国徽法律制度的执行带来了漏洞。

（二）国徽的使用

一些国家对国徽的使用管理作了规定。例如,《朝鲜国徽法》第二十二条、第二十三条、第二十四条等条款规定,为了防止国徽受到损害,使用国徽参加示威、集会的机关、企业、组织和公民,必须对国徽进行保护,使其不被损坏。悬挂、设置国徽的机构应当负责任地管理国徽,并保持其原状。机关、企业、组织和公民使用带有国徽的公章、公文、证明文件和出版物,应当按照规定的程序存放和管理。

实践中,存在使用主体不合法的情况。例如,在哈萨克斯坦,《哈萨克斯坦国家象征法》第六条规定,禁止在非政府组织及其官员的信笺、印章和其他细节上使用哈萨克斯坦共和国国徽的形象,但本法规定的情况除外。《哈萨克斯坦行政犯罪法》第三百一十七条规定了非法使用的责任,但是哈萨克斯坦非政府组织中,非法在信纸、印章和其他必需品上使用国徽的情况实际上很普遍。如有的通过在喷墨打印机上打印国徽图案来制作官方信纸。这类组织事后受到了行政处罚。②

（三）国徽的日常管理

一些国家对国徽的日常管理作了原则性规定。例如,《朝鲜国徽法》第二十七条规定了国徽的生产、使用、管理的监督管理。国徽的生产、使用和管理的监

① Нугманова Э. А. Махметова А. С. Аналитическая справка по конституционному закону Республики Казахстан от 24 января 1996 года №2797 о государственных . Вестник Института законодательства Республики Казахстан. 2008 г. № 3(11). 90-94.

② Нугманова Э. А. Махметова А. С. Аналитическая справка по конституционному закону Республики Казахстан от 24 января 1996 года №2797 о государственных . Вестник Института законодательства Республики Казахстан. 2008 г. № 3(11). 90-94.

督管理,由当地人民委员会和有关监督管理机构负责。地方人民委员会和有关监督管理机构应当加强对国徽生产、使用和管理的监督管理。

有的规定国徽制作原件的保管。例如,《卢森堡国家象征法》第五条规定,彩色和黑白的国徽、彩色的国旗以及航运旗和航空旗的原版都存放在国家档案馆。《巴拿马国家象征法》第十二条规定,在每个国家机关的主席、巴拿马历史博物馆以及教育部和政府部的高级办公室,都保存用油画技术制作的国徽,作为彩色复制的参考。

(四)国徽的处置销毁

有的国家规定悬挂国徽的更换、销毁。例如,《南非国徽企业标识和品牌指南》规定了国徽的更换过程:(1)属于南非遗产资源局宣布为国家纪念物一部分的国徽,只有在得到该局的许可后才可以拆除。(2)如有可能,应尝试在不干扰旧国徽的情况下放置新国徽。(3)新的国徽应创造性地安装在被宣布为国家纪念物的建筑物中,以掩盖或保留过时的国徽,使其成为建筑物的组成部分。(4)从建筑物上拆除的旧国徽的残余物应保留在地方和国家博物馆,用于历史目的和教育目的。《朝鲜国徽法》第二十五条规定了受损国徽的处置。机关、企业、团体和公民,如有国徽损毁或褪色,应及时恢复原状,或经内阁、地方人民委员会批准处理。

第二节　国徽的教育宣传

从收集到的国徽法和国家象征法律规定的情况来看,相较于国旗、国歌,对于规定国徽宣传教育的内容目前看来仍然较少。缺乏全面的有关国徽的宣传教育以及对国徽的寓意和历史的忽视导致民众对国徽及其所代表国家的冷漠。国徽与国旗、国歌一同构成国家象征的重要类型,也应当是加强爱国主义教育的重要组成部分。可能由于各国主要还是将国徽作为国家机构的象征使用,组织、公民使用的相对较少。

在现有的国家象征法律制度中,主要是规定将国徽纳入国家教育体系之中,从规定模式上看,主要分为三种情况。一是明确国徽作为爱国主义教育的重要组成部分。我国国徽法第十五条规定,国徽应当作为爱国主义教育的重要内容。中小学应当教育学生了解国徽的历史和精神内涵。新闻媒体应当积极宣传国徽知识,引导公民和组织正确使用国徽及其图案。《乌兹别克斯坦国徽法》第四条规定,为了确认特定事项归属乌兹别克斯坦共和国,国徽的图像可用于教育过程以及作为国家奖励的一个元素。二是明确国家机构在国徽教育中的职责。例如,《巴拉圭国旗、国徽法》第十四条规定,教育和文化部承诺采取必要措施,在国家教育系统的所有机构中深入开展国家象征的历史和意义的教学。《巴拿马国家象征法》第五十条规定,每年 11 月 4 日为国家象征日。行政机构应促进和鼓励官方和私立学校及公共机构举行向国家象征及其作者致敬的活动。三是明确教育机构在国徽教育中的职责。例如,《哈萨克斯坦国家象征法》第十三条规定,为了促进公民意识和爱国主义教育,强化对自己的祖国——哈萨克斯坦共和国的热爱,培养对国家象征的尊重,以及对其性质和意义的理解,研究这些象征纳入普通中等和初级职业教育、中等和高等职业教育机构的基础教育计划。在实施普通中等和初等职业教育、中等和高等职业教育计划的教育机构中,在指定的显著位置处长期设置国旗、国徽或其图像和国歌文本。《玻利维亚国家象征法》第二十五条规定,大学、教育单位和其他培训中心应在荣誉位置展示玻利维亚国徽。

在少数一些国家,对国徽的宣传作了规定。例如,《哥伦比亚国旗、国徽和国歌法》第十三条规定,只有在强化民族主义意识或增强爱国主义价值观的情况下,才可以将国家象征作为一种宣传手段。第十四条规定,在服装、物品和活动上使用国家象征时,应当以最大的尊重和礼节来佩戴这些标志。全国所有教育机构都有义务拥有国旗和国徽,并应在主要教室或礼堂中升挂。第十六条规定,教育工作者和家长有义务促进学生对国家象征的崇拜。在巴拿马,在每个国家机构主席的办公室,以及历史博物馆、教育部和内政部的高级办公室,都应展示一幅布面油画《国徽》,另外,在国家标志委员会办公室也应展示一幅《国徽》,作为准确复制的参考。国徽不允许有变体,只有这些图案和黑白、灰色、纹章和线性线条的表现形式,在这些情况下没有任何特殊背景。

通过法律确定国徽的爱国功能具有极其重要的现实意义。这不仅是国家治理的需要,也是社会能够稳定团结的需要;不仅是法律理论的需要,也是法律实践的需求。法律强调了在年青一代中培养对包括国徽在内的国家象征的自豪感、深深的尊重和敬畏的重要性。一些国家在通过爱国主义教育规划等政府规范性文件,要求在公民教育的框架内,对于培养年轻人对国家象征的尊重、对于国家的热爱起着指导作用。同时,很多国家将国旗、国歌、国徽等国家象征一并作为爱国主义教育的重要素材,有其必然性,"国家象征是各组成部分不可分割的统一体,应当考虑它们之间现有联系形成的整个系统。只有这样对待象征的使用,才有可能使学生全面掌握国家政权象征中所蕴含的道德、法律和爱国主义的意义"①。国徽中的图案往往构成要素较多,能够承载更多的价值内涵以

---

① Безруков Андрей Вадимович. К вопросу о функциональном назначении герба. Наука. Общество. Государство. 2019. Т. 7, № 2 (26).

及文化传统;具有丰富内涵的国徽与其他国家象征一并运用有助于培养基于历史传统的爱国主义情感。

第三节　国徽的知识产权

国徽以一定的色彩和图案相组合,能反映出一个国家的政治特色和历史文化传统。国际知识产权组织和很多国家的法律都对国徽等国家象征的知识产权作了规定。《保护工业产权巴黎公约》第六条之三中规定,本联盟各国同意,对未经主管机关许可,而将本联盟国家的国徽、国旗和其他的国家徽记、各该国用以表明监督和保证的官方符号和检验印章,以及从徽章学的观点来看的任何仿制用作商标或商标的组成部分,拒绝注册或使其注册无效,并采取适当措施禁止使用。但已成为现行国际协定予以保护的徽章、旗、其他徽记、缩写和名称除外。有些国家对于国徽的知识产权范围保护得较宽,包括商标权、版权、专利权、设计权等权利,如马来西亚、印度、菲律宾、特立尼达和多巴哥、新西兰等。也有一些国家主要规定国徽不得用于注册商标,如德国、加拿大等。

一、国徽知识产权的立法模式

很多国家对国徽的知识产权进行了专门的保护。有的国家关于国徽法律直接规定了知识产权,有些国家通过版权法、商标法规范。

（一）国家象征法律中直接规定

一些国家在国旗、国徽等国家象征法律中对国家象征的知识产权直接进行了保护性规定,其中典型的立法例如下:《印度标志和名称(禁止不当使用)法》第四条规定,任何政府机构不得允许注册包含国家标志或国名的商标或设计,不得授权包含国家标志或国名的发明予以专利。第三条中规定,未经许可,任何人不得在任何专利、商标或者设计的名义中使用国家标志。第四条中规定,任何政府机构不得允许注册包含国家标志的名称、绘图、照片以及其他图案形式的商标或设计,不得对任何包含国家标志及其名称的发明授予专利。《特立尼达和多巴哥国家标志管理法》第二条规定,国旗和国徽设计的版权永久授予国家,专利和版权法中涉及的注册者所享有的权利归国家所有。

（二）知识产权法律中规定

一些国家在商标法、版权法等中对国旗、国徽等国家象征的知识产权保护作出规定。如中国、俄罗斯等国家的知识产权法禁止国徽用于注册商标等。

二、国徽知识产权的典型案例

（一）使用变形的国徽图案是否有版权案件

1999 年,《德国焦点周刊》(*Focus*)刊载题为"恶劣国家"的文章,谴责立法机关滥用权力制定税收法,用来"大量填补税收缺口"。该文章配有漫画插图:一只表情怪异的鹰爪子里拿着一叠钞票。插图中鹰的图案与路德维希·吉斯在 1953 年创作的"联邦鹰"(被称为"吉斯鹰")非常相似。由于德国总统在公布确认德国国徽时,仅文字描述了国徽形状(主体是联邦鹰),没有图案。德国政府、联邦议院分别制作自己的联邦鹰图案,联邦议院邀请路德维希·吉斯设计的称为"吉斯鹰","吉斯鹰"的图案从 1955 年起直到德国联邦议院大楼重建前,悬挂在西德首都波恩的联邦议院大厅前,后来成为德国议院的象征(新的联邦议院大楼修建后,所使用的标志在"吉斯鹰"基础上作了小部分变化)。

原告是绘画和艺术版税征收协会,其获得路德维希·吉斯继承人授权对吉斯鹰的相关权利。协会认为以焦点周刊侵犯其享有的版权向法院起诉。科隆地区法院接受了协会的观点,科隆高等法院则认为,焦点周刊杂志几乎采用了"吉斯鹰"的所有特征,不能免费使用,但新闻自由比版权保护更为重要,科隆高等法院驳回了诉讼。随后原告将该案上诉至德国宪法法院。

首先,德国宪法法院确认,联邦鹰的其他表现形式包括"吉斯鹰"属于版权法规定的艺术作品,也受到版权法的保护,并且不属于版权法第五条第二款规定的不适用版权法保护范围(出于一般公共利益发布的官方文本不适用版权法保护),因此协会有权进行起诉。

其次,焦点周刊的使用并未侵犯"吉斯鹰"的版权。"吉斯鹰"作为"联邦鹰"的艺术创作形式,是可以免费使用的,根据《德国版权法》第二十四条第一款的规定,基于他人作品的免费使用而创造的独立作品,可以不经原作品创作人同意公开或者利用。但是,新作品必须与旧作品保持一定距离。以讽刺漫画的形式对"吉斯鹰"的使用是反传统的使用,新作品与旧作品存在明显的差距。尽管作出了改变,但其原始图像来源仍然可以识别,这恰恰是漫画的目的。至关重要的是,端庄、有些迟钝的但始终保持良好状态的"吉斯鹰"被转化为贪婪的恶意猛禽,尽管与原作有意向对应,但与"吉斯鹰"几乎没有共同之处。

最后,受保护作品用于新闻用途,并不属于版权享有者的专有权利范围,而是作为在自由使用的背景下表达政治争议的一种手段。版权法制定时已经对涉及的公民基本权利进行考量,在解释版权条款时必须充分考虑公众对信息和新闻自由的利益。新闻自由比商品的版权更为重要。

判决公布后,德国新闻媒体报道称,德国宪法法院在本案中确认,联邦鹰的任何艺术表现形式,包括受版权保护的"吉斯鹰"都可以作为漫画创作的基础。[①]

(二)德国模仿其他国家国徽的商标案件

2012 年 12 月,德国某公司向德国专利商标局申请注册模仿瑞士国徽的商标,被拒绝后其向德国专利商标局申诉。

该公司认为,其申请注册的商标为黑底圆角矩形和白色加号,与瑞士国旗图案有很多不同之处,不应视为模仿瑞士国旗图案;加号的比例也并非瑞士十字架的比例;矩形的面积比十字架的小;矩形角是圆形的,而非瑞士国旗的正方形;且注册的背景颜色与瑞士国旗颜色也不一样;中间的符号既可以理解为叉号也可以理解为加号。

《德国商标和其他标志法》第八条规定,国徽、国旗和其他国家的国徽或国内地方的徽章不得注册商标。德国专利商标局认为,商标法规范的目的是防止公共标志用于商业目的,甚至滥用。判断是否构成模仿国徽图案的商标,需要通过可能的相似性或可能带来的混淆进行判断识别。《保护工业产权巴黎公约》明确"模仿"包含"纹章学意义上的模仿"一词。"在纹章学意义上"的模仿,不是基于国徽的几何描述,国徽的几何描述本质上更为详细。纹章学意义上的模仿,是从更加宏观或者整体角度上考量,不会因为徽章图案以某种方式被固定化或仅使用了一部分而不认为是模仿。

该公司所申请的注册商标包含瑞士联邦国徽的仿制品。这是因为申请的标志具有上述标志的所有纹章特征。瑞士联邦议会关于 1889 年 12 月 12 日联邦国徽的联邦法令第一条规定如下:"联邦的国徽是红色底色,独立的白色十字架,十字架长度是国徽图案宽度的六分之一。"与瑞士国徽颜色不同,行为人申请注册的符号是黑白颜色。然而,该申请具有瑞士国徽的纹章学意义上同样的特征,即红色表面上的白色十字,公众极易将其理解为模仿瑞士国徽的符号。行为人申请注册图案的十字架的长度与宽度之比与瑞士国徽的纹章学描述略有不同。但大多数观众都无法识别出这种小的偏差。行为人申请注册图案用了圆角正方形的事实也无关紧要,因为瑞士国旗法关于国徽的纹章学描述没有明确全部区域的特定形状。[②]

---

① Bundesgerichtshofs:Freie Benutzung des sog. Gies-Adlers in einer Zeitschriften-Karikatur(ZUM 2003,777).

② BPatG:Nachahmung eines Hoheitszeichens-Schweizer Kreuz(GRUR-RR 2013,428).

(三)德国国徽专利权相关案件

专利权包括发明、实用新型、外观设计,关于国旗、国徽专利纠纷案件多发生在外观设计领域。

2000—2001 年,欧元在德国开始过渡使用阶段,一些公司向德国专利商标局申请带有德国国徽联邦鹰的各类外观设计,有杯子、卡片等。德国专利商标局拒绝了这类申请,随后,相关公司起诉至德国专利法院。

相关公司认为,《德国外观设计法》没有禁止注册带有国徽图案的外观设计,因此可以注册申请。德国专利法院认为,国家标志旨在向公民传达塑造和合法化国家的价值观,保护国家标志是法律的基本原则之一。《德国外观设计法》并未明确禁止使用国徽这一事实,并不表示在外观设计法中使用国徽图案不会违反公共秩序。德国专利法院以违反公共秩序为由驳回相关公司的起诉。

鉴于相关判决引发的争议,2003 年德国外观设计法进行了修改,明确规定禁止注册带有国徽图案的外观设计,进一步加强了对国徽及其图案的保护。

第六章　法律责任

第一节　行政法律责任

大多数国家对国徽及其图案的使用进行了严格的监督管理,很多国家对侮辱国徽及其图案的行为规定了法律责任。据笔者统计,22 部国徽法中,5部法律没有规定刑事法律责任(西班牙、瑞典、保加利亚、列支敦士登、吉布提);1 部法律规定了行政法律责任(拉脱维亚);4 部法律笼统规定了承担法律责任(俄罗斯、塔吉克斯坦、乌兹别克斯坦、亚美尼亚);11 部法律笼统规定了刑事法律责任(斐济、摩纳哥、奎亚那、巴林、图瓦卢、汤加、津巴布韦、爱沙尼亚、摩尔多瓦、朝鲜、马耳他);1 部法律规定了行政法律责任、刑事法律责任(中国)。

70 部国家象征法律中 68 部涉及国徽,其中,16 部法律没有规定法律责任(格鲁吉亚、北马其顿、圣马力诺、圣基茨和尼维斯、阿尔巴尼亚、波兰、捷克、罗马尼亚、匈牙利、东帝汶、吉尔吉斯、巴拉圭、危地马拉、巴布亚新几内亚、安哥拉、博茨瓦纳);2 部法律笼统规定了法律责任(白俄罗斯、哈萨克斯坦);5 部法律规定了行政法律责任(巴基斯坦、安道尔、斯洛伐克、巴拿马、委内瑞拉);32 部法律规定了刑事法律责任(黑山、克罗地亚、列支敦士登、摩纳哥、塞尔维亚、斯洛文尼亚、希腊、菲律宾、马来西亚、印尼、巴哈马、多米尼加、基里巴斯、瑙鲁、萨摩亚、瓦努阿图、新西兰、格林纳达、肯尼亚、纳米比亚、塞舌尔、玻利维亚、埃及、新加坡、以色列、巴巴多斯、巴布亚新几内亚、加纳、毛里求斯、坦桑尼亚、特立尼达和多巴哥、哥斯达黎加);11 部法律规定了行政法律责任、刑事法律责任(冰岛、奥地利、蒙古、以色列、巴西、古巴、尼加拉瓜、马拉维、哥伦比亚、尼日利亚、萨尔瓦多);2 部法律规定了民事、行政、刑事法律责任(瑞士、墨西哥)。

从上述统计数据中可以看出,在已经制定涉及国徽的 92 部国家象征法中,21 部法律没有规定法律责任,剩下 71 部法律规定了法律责任。

一、法律责任规定类型

一是直接规定。很多国家在国家象征法律中直接规定刑事责任。例如，《爱沙尼亚国徽法》第二十二条规定：（1）违反使用国徽的程序，可处以最高 100 个单位的罚款；（2）如果同一行为是由法人实施的，最高可处以 640 欧元的罚款；（3）本条规定的轻罪的非司法程序由警察机关进行。

二是转引模式。通常情况下，通过指引性规定的，明确违反本法规定或亵渎国徽的，按照相关法律承担责任。在这种规定的情况下，一般在行政处罚相关法律中规定行政法律责任，在刑法中规定刑事法律责任，如俄罗斯、拉脱维亚、立陶宛、乌兹别克斯坦、亚美尼亚等国家。例如，基于《俄罗斯国徽法》的规定，《俄罗斯刑法》规定了侮辱国徽的刑事法律责任，《俄罗斯行政违法法》规定了侮辱国徽的行政法律责任。

二、承担行政法律责任的行为构成要件

与国旗、国歌的行政法律责任类似，涉及国徽的行政法律责任主要是行政处罚。为了便于将行政法律责任与刑事法律责任相区分，本书将国徽法律责任中涉及自由罚的部分归入刑事法律责任，行政处罚类型主要是金钱罚、资格罚。

按照行政法学的基本原理，违法行为主体必须是行政主体。行为人负有相关的法定义务。行为人具有不履行法定义务的行为。行为人主观上有过错。在涉及国徽的行政法律责任中，行为人实施行为时所持的心理状态，包括故意和过失两种。一般情况下，承担法律责任的前提在主观上是故意。

（一）行为主体

行政法律责任的类型包括：行政机关的行政法律责任；国家行政工作人员的行政法律责任；行政受托人的行政法律责任；相对人的行政法律责任。

很多国家规定违反国徽法承担行政责任的主体是个人，也有一些国家进一步扩大范围，如《朝鲜国徽法》第二十八条规定，行政或刑事责任的主体包括事业单位、企业、组织的负责人员和公民个人。

（二）行为类型

从各国国徽法律规定情况来看，明确承担行政法律责任的主要行为情形包括以下几种类型。

一是侮辱国徽。例如，《塔吉克斯坦国徽法》第五条规定，侮辱国徽者，依照

塔吉克斯坦法律承担责任。

二是将国徽用于商业用途。例如,《芬兰国徽法》第三条规定,将芬兰国徽作为商业徽标,且与本法对芬兰国徽的描述存在重大偏差,将因使用违反规定的商业徽标而被处以罚款。

三是违反生产、使用和管理秩序。在国徽使用管理中,违反生产、使用、管理秩序的也应承担法律责任。例如,《俄罗斯国徽法》第十一条规定,违反本联邦宪法性法律使用国徽,以及侮辱国徽的,依据法律追究责任。《俄罗斯行政违法法》第17.10条规定,违反国旗、国徽或国歌的正式使用程序的行为,应当承担行政责任。公民可被处以2000卢布至3000卢布的罚款,官员可被处以5000卢布至7000卢布的罚款,法人实体处以10万卢布至15万卢布的罚款。《朝鲜国徽法》第二十八条规定,事业单位、企业、组织的负责人员和公民个人违反国徽的生产、使用和管理秩序,造成严重后果的,依法追究行政或者刑事责任。

也有的法律对违法行为的表述比较笼统,如《亚美尼亚国徽法》第九条规定,违反本法规定,按照法律规定的方式承担责任。《巴西国家象征法》第三十五条规定,除在公众场合侮辱国旗外,其他违反本法规定的行为,给予罚款。

三、行政法律责任处罚主体

对于涉及国徽的行政处罚,在大部分国家规定由警察机关实施。例如,《爱沙尼亚国徽法》第二十二条规定:(1)违反使用国徽的程序,可处以最高100个单位的罚款;(2)如果同一行为是由法人实施的,最高可处以640欧元的罚款;(3)本条规定的轻罪的非司法程序由警察机关进行。部分国家规定由当地市政机构实施,如《拉脱维亚国徽法》第十四条规定,本法第十三条所述罪行的行政犯罪程序应由国家警察、市警察、市行政委员会或小组委员会进行。

第二节　刑事法律责任

大多数国徽法律的责任部分均明确了刑事法律责任条款,条款主要由两部分构成:行为和罚则。根据各国国徽法律制度规定情况,将涉及国徽刑事法律责任的行为类型、刑罚类型及实践情况主要概括如下。

一、行为类型

对于涉及国徽行为承担法律责任的情形,有的国家作了详细的规定。从各国情况来看,承担刑事法律责任的行为类型包括以下几种。

一是以侮辱的目的使用国徽。例如,《马耳他国家象征法》第六条规定,任何人通过以下方式公开诋毁都是不合法的:言语、手势、书面材料(无论是否印刷)或图片,或以其他可见方式公开诋毁,或以任何方式亵渎马耳他国旗或马耳他国徽。《瑙鲁国歌、国徽和国旗法》第十条规定,任何人不得为贬低、不尊重和侮辱共和国的目的而使用国徽。有的由刑法进行规定,《西班牙刑法典》第五百四十三条规定:"以言语、文字或行为公然侮辱西班牙及其自治区、国家标志、国徽的,处七个月至十二个月罚金。"①

二是未经批准擅自使用国徽。例如,《印度国徽(禁止不当使用)法》第三条规定,禁止不适当地使用国徽。不管当时生效的其他法律有何规定,只要未经中央政府或其授权的政府官员事先许可,任何人不得以任何方式使用国徽或任何有损形象的模仿品,使人认为它与政府有关或它是中央政府或邦政府的正式文件(视情况而定)。《瑙鲁国歌、国徽和国旗法》第九条规定了国徽的保护:(1)未经部长事先书面批准,任何人不得为任何目的使用国徽。(2)任何人违反第一款的规定,即构成犯罪,一经定罪,可处以不超过10万澳元的罚款或不超过5年的监禁,或同时处以罚款。一些国家的刑法对此也作了规定,《捷克刑法典》第三百四十九条规定了非法制作或者持有国玺或者公章罪。非法为自己或者他人制作、持有或者藏匿国玺、含有国徽标志的国家机关印章、其印记属于公文必备组成部分的印章或者有资格履行其职权之主体的印章的,处1年以下监禁或者剥夺资格。②

三是使用国徽造成误解的。例如,《美国法典》第十八编第一章第三十三节第七百一十三条中规定,公开在广告、海报、宣传单、书籍、手册或者其他出版物,在公开集会、戏剧、电影、电视或者其他产品,或者在任何其他建筑、纪念物、信笺中,使用任何印刷、仿制或临摹的美国国徽、总统或副总统徽章、参议院徽章、众议院徽章或国会徽章,为了传达或者以一种合理算计的方式传达,使用得到美国政府或其他部门、机构或组织的批准或者支持的错误目的,将处以罚款或者不超过6个月的监禁,或者两者并处。《新西兰旗帜、标志和名称保护法》第十三条、第二十四条中规定,任何人违反本法规定,以让人相信得到政府的批准、认同、支持的方式,悬挂、展示或其他方式使用国徽图案,构成犯罪。个人处以5000新加坡元以下罚款;单位处以50000新加坡元以下罚款,持续犯罪的,每天增加5000新加坡元以下罚款。《瑙鲁国歌、国徽和国旗法》第十条规定,任何人不得以任何可能欺骗他人的方式使用任何与国徽相似的设计。

---

① 《西班牙刑法典(截至2015年)》,潘灯译,中国检察出版社2015年版,第243页。

② 《捷克刑法典》,陈志军译,中国人民公安大学出版社2011年版,第203页。

四是以商业目的使用国徽。例如,《印度国徽(禁止不当使用)法》第四条规定,任何人不得将国徽用于任何贸易、商业、名称或行业,或用于任何专利的名称,或用于任何商标或设计,除非在规定的情况和条件下使用。第七条第二款规定,任何违反第四条规定以获取不当利益的人,将因该罪行而被处以监禁,监禁期限不少于 6 个月,可延长至 2 年,并可处以最高至 5000 卢比的罚款。

二、刑罚类型

对于国徽违法行为的罚则通常可以选择适用,通常的罚则类型是罚款、拘禁或者并处。例如,《印度国徽(禁止不当使用)法》第七条第一款规定,任何违反第三条规定的人(未经批准,擅自使用国徽的),可处 2 年以下的监禁,或处以5000 卢比以下的罚款,或同时处以监禁和罚款;如果以前曾被判定犯有本条规定的罪行,再次被判定犯有任何此类罪行,应就第二次和以后的每一次罪行处以不少于 6 个月的监禁,可延长至 2 年,并处以 5000 卢比以下的罚款。有的国家在刑法中对此作了规定,《卢森堡刑法典》第二百三十二条之二第一款规定,擅自使用大公国的纹章、国家和市镇的纹章、国旗、航运旗和航空旗,以及当局和公共机构使用的所有徽章、标志和符号者,将被处以 8 天至 3 个月的监禁和500 法郎至 10000 法郎的罚款,或只处以其中一项处罚。未经授权而使用有关的国徽和标志,主要包括:(1)用于欺诈性目的;(2)用于商业、工业、专业或广告目的,但法律法规规定的或政府授权的情况除外。

有的国家区分不同主体,规定承担不同的法律责任。例如,《拉脱维亚国徽法》第十三条规定:(1)对违反国徽使用规则的公众人物或法人实体的机构负责人处以最高 56 个处罚单位的罚款。(2)对自然人或法人使用国徽时虚报使用者的法律地位,应处以最高 56 个处罚单位的罚款。(3)对公然不尊重国徽的行为,应处以最高 140 个处罚单位的罚款。

有的国家的法律规定起诉必须经过国家机关的批准。例如,《印度国徽(禁止不当使用)法》第八条规定,除非事先得到中央政府或中央政府部门的一般或特别命令授权的任何官员的批准,否则不得对根据本法应受惩罚的任何罪行进行起诉。第九条规定,本法的任何规定都不能使任何人免于根据当时有效的任何其他法律对其提起的任何诉讼或其他程序。《马耳他国家象征法》第七条规定,任何违反本法第三条和第六条规定的行为,一经定罪,将被处以罚款,如果是持续犯罪,每天追加罚款。除非得到总检察长的同意,否则不得对本法规定的罪行提起诉讼。

三、实践情况

国徽是国家历史的体现和现在的反映,是国家文化的代表,是公民表达爱国情感的载体,也是国际舞台上区别于其他国家的标志。随着时间的发展,国徽创造者赋予国徽的含义内容可能会被遗忘,而国徽的图案形象依然存在。在宪法和法律规定中,每个人都有义务尊重国家象征以及国家象征背后的公民情感。一般认为,对国徽的态度也是对国家本身的一种态度,对国徽的故意侮辱就是对国家和公民、历史和文化的侮辱。而在实践中,因侮辱国徽而承担法律责任受到多方关注,是否承担受到多重因素的影响。国徽的使用与管理受到宪法、国徽法、刑法和行政法规范的约束。许多规范的适用存在不确定性,同时对于国徽作为国家象征特殊性的低估或者认识不统一等,给国徽法律责任的适用带来了困难。

在各国司法实践中,相较于涉及国旗、国歌的法律责任,涉及侮辱国徽的司法案件较少。其中一个主要原因是国徽主要悬挂于公共建筑物的高处,一般行为人为了达到侮辱国家的目的,更加倾向于侮辱容易获得的国旗。同时,在法律规定中,侮辱国徽的法律责任普遍较轻。例如,《拉脱维亚国徽法》规定,对违反国徽使用规则、不尊重国徽或亵渎国徽的人,应按照法律规定的程序追究行政责任或刑事责任。《拉脱维亚行政犯罪法》规定,对上述行为处以最高 700 欧元的罚款。近几年来没有涉及侮辱国徽的行为记录。[①]《拉脱维亚刑法》第九十三条规定,撕毁、破坏或以其他方式亵渎拉脱维亚国徽的,处以最高 3 年的监禁或强制性劳动或最高 50 个月最低工资的罚款。2016 年,适用《拉脱维亚行政犯罪法》关于不尊重国家象征的规定,共发现了 11 起犯罪行为,但都与毁损国旗有关,而不是国徽。

在印度,国徽是图案为一块圆形台板上面向四方站着四只狮子;台板四周由象、牛、马、狮分别守卫东西南北四个方位;守兽之间为常转的法轮;纹徽下部用梵文写有"唯有真理得胜"(Satyameva Jayate)的字样。2012 年 5 月 12 日,印度某地在举行庆祝活动时,现场悬挂的国徽图案没有"Satyameva Jayate"一词。庆祝活动已经公布并播出,但现场没有人发现上述遗漏。这意味着这是在缺失"Satyameva Jayate"格言的情况下使用国徽。随后该案件被起诉至当地法院,认为上述缺失行为属于藐视国徽。当地政府官员、庆祝活动的组织者都向法院发出宣誓书,认为由于庆祝活动必须在短时间内安排,不可能进行详细的审查,这

---

① Elīna Gulbe, *Kā lietojams Latvijas valsts ģerbonis*, Latvijas Vēstneša(15. jūnijā, 2021), https://lvportals. lv/skaidrojumi/287554-ka-lietojams-latvijas-valsts-gerbonis-2017.

导致了所抱怨的遗漏。没有不尊重国徽的意图,如果有任何遗漏,也不是故意的。相关人员为上述失误作出了无条件的道歉,并承诺会注意在今后的工作中纠正这一错误。

　　法院对该案件进行了审理,认为安排上述活动的时间很短。因此,出现某些遗漏并不是由于相关人员的故意失误,而是无意的遗漏,不是故意不尊重国徽,他们无条件的道歉可以接受。因此,法院未认定上述人员构成藐视国徽罪。①

---

① Kamal Dey v. R. K Singh & Ors. Calcutta High Court. Oct 30, 2014. https://www.casemine.com/judgement/in/5ac5e3d54a93261a672bffcb.

特殊国家象征的法律制度比较

第一节　国　　玺

国玺(National Seal)是代表国家的印信,也是国家的视觉象征。国玺,是一国最高等级的官方印章,国玺的图案设计中心通常是国徽——国家权威的象征和官方标志。国玺通常用于认证非常重要的文件。每一份印有国玺印记的文件都被赋予权威,这意味着它已获得国家机构的批准。基于国玺的重要性,很多在宪法、国家象征法律中规定国玺制度。

在一些国家,国玺的图案构成,除了包括国徽图案之外,通常还有一些体现了国家的精神、目标或其政治信念之类的词语。也有少数国家的国玺图案是以国徽图案为基础进行修改后确定的。

一、各国宪法规定情况

根据统计,目前有 30 个国家的宪法规定了国玺,宪法关于国玺的表述主要有以下三种类型。

一是明确国玺是国家象征。例如,《蒙古国宪法》第十二条第一款规定,蒙古国的国徽、国纛、国旗、国玺和国歌是本国独立、主权的象征。《捷克宪法》第十四条规定,捷克共和国的国家象征物是大小国徽、国色、国旗、共和国总统旗、国玺和国歌。斯洛伐克等国家的宪法明确国家象征包括国玺。

二是明晰国玺制度由法律规定。例如,《捷克宪法》第十四条规定,捷克共和国的国家象征物及其使用由法律规定。罗马尼亚、斯洛伐克宪法规定,国玺由组织法规定。

三是明确国玺的构成。例如,《斯洛伐克宪法》第九条规定,斯洛伐克共和国的国玺由斯洛伐克共和国的国徽构成,周边环刻有"斯洛伐克共和国"(Slovenske republika)字样。《贝宁宪法》第一条规定,国玺由一个直径为 120 毫米的圆盘构成,呈现为:正面,一个有六颗五角星的独木舟游弋在波浪上,上方伴有两个礼仪手杖支撑的一副弓箭,下方是带着"博爱、正义、劳动"信条的横幅,外面环绕有"贝宁共和国"的铭文。

国玺常由国家元首用以批准法律或者公告。在宪法中规定国玺,赋予国玺以宪法地位,赋予国玺使用的权威地位。

二、国玺具体法律制度

国玺法律制度主要集中在国玺的构成和使用规则制度。很多国家通过法律对国玺使用国徽图案制度作出规定,包括美国、爱沙尼亚、巴拉圭、蒙古、菲律宾、列支敦士登、摩尔多瓦、巴西等国家。例如,《蒙古国宪法》第十二条第六款规定,国玺为正方形,其中部刻有国徽,国徽两侧有蒙古国字样,国玺具有狮形印,由蒙古国总统执掌。第七款规定,国家象征物的使用规则,国歌的词、曲,均由法律规定。《蒙古国家象征法》第十六条规定,根据《蒙古国宪法》第十二条第六款规定,国玺呈正方形,中央为国徽,国徽两侧为蒙古国字样,柄上有狮子。第十七条规定制国玺章:(1)国玺采用手工制作。(2)国玺尺寸为 10.0 厘米 × 10.0 厘米 × 2.0 厘米,狮子图案柄高 8.0 厘米。(3)国玺四个角象征力量,并用蒙文书写了"蒙古"字样。(4)禁止仿制国印。在爱沙尼亚,按照《爱沙尼亚国徽法》规定,国玺呈圆形。圆的直径为 70 毫米,圆的中心显示大国徽。圆圈的上缘有"Eesti Vabariik"(爱沙尼亚共和国)字样。在菲律宾,《实施〈菲律宾国旗和国家纹章法〉细则》规定,国玺呈圆形,内有国徽图案,应带有国家格言。

关于国玺的使用规则。法律通常会明确国玺的使用主体和使用范围。例如,《蒙古国家象征法》第十八条规定:(1)国玺由蒙古国总统持有。(2)国玺使用在以下情形:在蒙古宪法的每一页上;蒙古国法律、大呼拉尔批准的国际协定、大呼拉尔关于与外国建立或终止外交关系的决定的正文首页。第十九条规定,加盖国玺的程序由国家大呼拉尔批准,保存程序由蒙古国总统批准。在菲律宾,根据《实施〈菲律宾国旗和国家纹章法〉细则》规定,国玺加盖或放置在所有由总统签署的委托书上,以及法律规定的或习惯和惯例要求的菲律宾共和国的其他官方文件和文书上。《巴西国家象征法》第二十七条规定,国玺用于认证政府行为以及由官方或公认的教育机构颁发的文凭和证书。在爱沙尼亚,按照《爱沙尼亚国徽法》规定,国玺印章用于:特命全权大使的国书或召回此类大使的信函上,以及此类国书或信函的信封上;批准或废除公约和国际协定的信函上。

关于国玺的保管。国玺通常由国家元首保存。在菲律宾,《实施〈菲律宾国旗和国家纹章法〉细则》规定总统应当保管国玺。①《蒙古国家象征法》第十八条

---

① Implementing Rules and Regulations of Republic Act No. 8491, Official Gazette(Oct. 2,2022), https://www.officialgazette.gov.ph/2002/01/30/implementing-rules-and-regulations-of-republic-act-no-8491/.

规定,国玺由蒙古国总统持有。国玺放在一个红木盒子里,盒子内衬柔软的丝绸面料,盒子外部银色硬件装饰着民族图案。在英国,国玺由国玺掌玺大臣保管,加盖在公告、令状、国王特许状和授权签署和批准条约的文件上。根据《爱沙尼亚国徽法》,国玺保存在国务卿办公室。每次使用国玺都要起草一份报告。

三、美国国玺制度

在一些国家,往往先是确定国徽的图案,然后确定国玺图案时将国徽图案纳入。而美国是先形成国玺图案,然后成为国徽的图案。在美国国玺实践运用中,国玺中的图案寓意深刻、使用较广,逐渐演变成为通常意义上的国徽图案。这与很多国家的情况不同。

1776 年 7 月 4 日,美国第二届大陆会议批准《独立宣言》。同日,大陆会议成员认识到新国家需要在官方文件上加盖正式印章,因此通过决议,决定组成一个委员会,为美利坚合众国引入一种国家印章。这些杰出的创始人利用古典和《圣经》的意象提出了几个初步概念,用于代表新国家的印章。1782 年,经历六年和三个委员会,美国决定采用不那么抽象的印章,并采用反映开国元勋赋予新国家的信仰和价值观的设计。大陆会议秘书查尔斯·汤姆森(Charles Thomson)设计了 1782 年的大印章,以象征美国国家的力量、统一和独立。鹰爪中的橄榄枝和箭矢象征着和平与战争的力量。老鹰总是将目光投向橄榄枝,象征着国家渴望追求和平,但随时准备保卫自己。[①]

1789 年 9 月 15 日,美国国会通过了《一项规定安全保存美国的法律、记录和印章以及用于其他目的的法律》。该法将外交部的名称更改为国务院,因为该机构被安排了某些国内职责。其中包括保管美国国玺。尽管国务院是国玺的保管人,但司法部决定任何特定用途是否违反规定。目前,只有一份经授权的国玺在正式使用中。在美国,国玺图案象征着独立和自治,出现在总统与外国政府首脑的公告、条约和通信等官方文件中,还出现在美国护照和一美元钞票上。

第二节　国　　色

少数国家建立了国家颜色(National Colours)制度。国家颜色,简称国色。

[①]　The Great Seal. 参见美国国务院官方网站,https://diplomacy.state.gov/exhibits/explore-online-exhibits/the-great-seal/。

国色是国家的颜色,是国家象征的一种类型。国色可以出现在各种不同的媒介上,从国旗、国徽到体育运动中使用的颜色都可以使用国色。

一、各国宪法规定

一些国家在宪法中明确规定了国色,主要有捷克、奥地利、尼泊尔 3 个国家的宪法作了上述规定,主要表述的类型分为以下三种。

一是明确国色是国家的象征。《捷克宪法》第十四条规定,捷克共和国的国家象征物是大小国徽、国色、国旗、共和国总统旗、国玺和国歌。

二是明确国色的具体构成。《尼泊尔宪法》第七条中规定,深红色是国色。《奥地利宪法》第八条规定,奥地利共和国的国色是红—白—红。国旗由 3 个平行相等的条块连接组成,自上而下按红、白、红排列。

三是明晰国玺制度由法律规定。《捷克宪法》第十四条规定,捷克共和国的国家象征物及其使用由法律规定。《奥地利宪法》第八条规定,有关的细则,尤其是关于对国色、国徽和国玺的保护,由联邦法律予以规定。

二、国色法律制度

(一)国色的定性

一些国家法律明确国色是国家象征的重要组成部分。《格林纳达国家象征和国歌法》第二条规定,国家象征包括国徽、国旗、国花、国鸟、国色(当国家颜色一并使用时)。《波兰国徽、国色和国歌以及国家印章法》第一条第一款规定,白鹰、白红两色和"波兰绝不灭亡"是波兰共和国象征。第二款规定,崇敬和尊重上述象征,是波兰共和国每个公民和所有国家机关、机构、组织的权利和义务。第三款规定,波兰共和国的标志仍然受到法律的特殊保护,具体规定在单独的条例中。

(二)国色的定义、构成

在很多国家,根据国旗的颜色确定本国的国家颜色,即认为能代表特定国家的颜色。例如,《巴西国家象征法》第二十八条规定,绿色和黄色是国家颜色。第二十九条规定,国家颜色可以不受任何限制地使用,包括与蓝色和白色联合使用。《捷克国家象征法》第三条规定,国家颜色依次为白、红、蓝。《波兰国徽、国色和国歌以及国家印章法》第四条第一款规定,波兰共和国颜色为白色和红色,以两条相同宽度的水平平行带排列,上面的颜色为白色,下面的颜色为红色。第二款规定,当波兰共和国颜色被垂直显示时,从正面看,白色位于平面的左侧。第三款规定,波兰共和国的颜色标本载于附件2。《奥地利国徽法》第三条第一款规定,奥地利共和国的颜色是红—白—红。

(三)国色的使用规则

对于国色的使用,很多国家规定了不同的规则,主要有以下类型。

一是明确使用不受限制。例如,《巴西国家象征法》第二十八条规定,绿色和黄色被认为是国色。第二十九条规定,国家的颜色可以不受任何限制地使用,包括与蓝色和白色有关的颜色。《波兰国徽、国色和国歌以及国家印章法》第五条规定了使用波兰共和国颜色的权利,其中第一款规定,波兰共和国的颜色是波兰共和国国旗的组成部分。第二款规定,每个人都有权使用波兰共和国颜色,特别是为了强调庆祝、节日或其他活动的重要性,同时考虑到本法第一条第二款规定波兰象征的法律保护。《波兰国徽、国色和国歌以及国家印章法》第十六条第一款规定,波兰共和国的象征不得放置在用于贸易的物品上。第二款规定,允许将波兰共和国的象征、颜色以程式化或艺术加工的形式放置在用于贸易的物品上。

二是明确一定使用限制。例如,《巴拉圭国旗、国徽和国玺的使用和设计法令》第九条规定,爱国色(Patriotic Colours)是指任何旨在唤起国旗的红、白、蓝颜色的组合。爱国色彩和国旗的使用是自由的,只要其目的合法,不违背巴拉圭祖国的象征价值。在商业广告中使用国旗,应特别尊重这些条件。第十条规定,爱国色以及国旗不能作为知识产权注册。《多米尼加国家象征法》第四十四条规定,禁止使用国家象征的颜色来区别政治团体、政党或运动,以使这些颜色在组合后与国旗的形状相似。《马拉维旗帜、标志和名称保护法》第二条解释条款中规定,"受保护的颜色"是指国旗的颜色,即黑色、红色和绿色依次排列的颜色,或以任何其他接近于该顺序的排列,以便有可能或有意欺骗的颜色,或部长通过在《公报》上公布的命令将任何颜色或颜色组合添加到第二附表的颜色。

在列支敦士登,《列支敦士登纹章、颜色、印章和徽章法》第四条第一款规定,国色是蓝色和红色。国色在国旗、彩旗、三角旗和王室旗帜中运用。第十九条规定了使用和展示国家颜色和王室颜色,其中第一款规定:(1)王室成员、所有国家和市政当局、私人以及在国外的外交和领事代表机构都有权在旗帜、条幅旗和三角旗上展示和使用蓝色和红色的国家颜色。(2)王室、政府和议会有权在旗帜中使用蓝色和红色的国家颜色。(3)在旗帜、条幅旗和三角旗上使用金红色的王室颜色的权利只属于王室成员。(4)在当地节日和活动中,王室成员、国家和市政当局,以及私人有在旗帜、条幅旗和三角旗中使用金红色王室颜色的权利。

三、历史形成的国家颜色

在一些国家,虽然没有法律明确规定,但是政治、历史的事实形成了国家颜色。例如,在加拿大,由于英国国王乔治五世在 1921 年宣布了加拿大的纹章,红白两色成为加拿大的官方颜色。长期以来,法国旗帜上使用的是红十字,而英格兰的旗帜则是白十字。现在,许多加拿大人也开始重新解释这些颜色的含义,将其视为加拿大某些地区突出的自然特征的代表:冬季雪的白色和秋季枫叶的红色。

第三节　国　　花

国花(National Flower)是代表国家形象的花卉,是一个民族心灵世界的再现。不同的国花所蕴含、象征着迥然相异的文化精神。现代国家通过国花来表现一国文化精神的内涵和外相、品格与气象。

一、基本情况

从发生学的角度看,"花"的象征意义上的升华,经历了从具体的花卉到抽象的个体精神象征,再到国家象征的历程。在我国古代,文人"在'花'的形象之美以外,将更大的关注点聚焦于'花'的精神之美,在'立象以尽意''比德'等审美意识驱动下,对'花'的种种天然特质赋予人格化的体悟和阐释,使'花'之高格成为理想人格的象征、精神风骨的化身"①。在"花"所具有蕴含精神品质的影响下,"花"自然也可以有象征一个国家精神品质的可能性与可行性。因此,进入现代社会以来,很多国家通过正式法律方式确定本国的国花。

据有关学者 2013 年对全世界各国官方植物标志的统计,在 76 个拥有官方植物标志的国家中,64 个国家(84.2%)拥有国花,38 个国家(55.1%)有国树。② 可见,官方确立的国花数量之多。对于国花的评选标准和象征意义,有的学者进行了概括,主要包括以下类型:一是反映本国民族的情感和象征,二是纪念为争取祖国自由而战斗的英雄和志士,三是根据宗教的信仰,四是将经济效

① 王莹:《唐宋"国花"意象与中国文化精神》,载《文学评论》2008 年第 6 期,第 61 页。
② Reuben C. J. Lim, Heok Hui Tan & Hugh T. W. Tan, Official Biological Emblems of the World, Raffles Museum Of Biodiversity Research, National University Singapore, 2013, p. 8.

益作为主要考虑因素。① 有的认为,可能的选择原因排名前三的是美学
(81.9%)、经济(80.3%)和历史或文化(67.7%)。② 国花的选择体现一国的文
化传统、审美观念,包括国花在内的国家植物象征的选择通常是为了在国家植
物中引申出文化、历史或经济意义,进而通过国家植物的引申含义,推动公民的
国家象征意识,加强公民的国家观念。例如,1977 年 1 月 20 日,智利共和国总
统颁布确定红百合为国花的法令,主要是考虑到:(1)红百合被言语和书面传统
认为是智利民族的象征性花朵,因此它甚至在国际领域也有自己的影响力。
(2)国家需要并方便使这一传统成为正式的,并使这种花成为民族团结的又一
表现。因此,特此宣布确定红百合为国花。③

国家正式确立国花主要通过专门决议和法律规定的方式确立。一是通过
国家象征综合性法律的方式确定。例如,《玻利维亚国家象征法》第三十八条规
定坎涂花(Kantuta)的描述。坎涂花是一种钟形的安第斯花,呈现红、黄、绿三种
颜色。二是通过专门决定的方式、公告确认国花。例如,在澳大利亚,20 世纪的
大部分时间里,金合欢被广泛接受为澳大利亚的国花,但直到 1988 年澳大利亚
官方才宣布为国花。1988 年 8 月 19 日,由当时的总督签署公告:根据联邦执
行委员会的建议,特此公告金荆树的花朵——金合欢,无论如何描绘,都将成为
澳大利亚的国家花卉。④

对于国花等国家生物象征区别于国旗、国歌、国徽等主要国家象征的意义,
有的学者进行了概括总结认为,通常法律规定国旗、国徽的构成、使用规则,以
捍卫其神圣性和威望,而国家生物象征开辟了一个新的象征意义的维度,这是
主要国家象征所不具备的。新的象征维度包括:(1)由于国家生物象征具有特
定的地理范围,而且通常比政治边界更早,它们允许国家对其作为地理和政治
实体的内在真实性(inherent authenticity)提出要求。例如,在一个国家范围内都
可以找到的植物才可以被选为国花或国树。(2)一些特殊的类群,已经是该政
治实体历史和本土文化的一部分,可以作为一个官方象征来使用。将该类群的
使用和认可与该政治实体联系起来,以培养自豪感和忠诚感。(3)作为一个有
生机的生物体,国家生物象征的品质、发展和繁荣也映照国家的成功。此外,生

---

① 旷野:《各国国花、国树、国鸟概况》,载《中国花卉园艺》2003 年第 18 期,第 6 页。

② Reuben C. J. Lim, Heok Hui Tan & Hugh T. W. Tan, Official Biological Emblems of the World, Raffles Museum Of Biodiversity Research, National University Singapore, 2013, p. 15.

③ Decreto 62 Declara Al Copihue Flor Nacional, Biblioteca del Congreso Nacional de Chile(20 Enero, 2022), https://www. bcn. cl/leychile/navegar? idNorma = 186604.

④ Commonwealth of Australia Gazette, No. S 259, Australian National Botanic Gardens and Centre for Australian National Biodiversity Research(Oct. 6,2022), https://www. anbg. gov. au/emblems/ac. pyc. gaz. html.

物象征还象征着自然、对物质世界的远离,以及对美学的强调。[①] 笔者认为,国家生物象征的特殊意义发源于早期人类图腾崇拜。在当代由于每个国家都有特殊意义的生物,将其作为国家象征,既延续了古老的图腾崇拜,也丰富了现代国家象征的类型,满足了不同层次的象征需求,符合了传统文化背景下一部分公民对于国家象征的特殊需求。

二、国花法律制度

在明确国花时,需要建立国花保护的法律制度,各国在国家象征法及相关法律中明确的国花保护制度如下。

一是明确国花的具体类型。例如,《玻利维亚国家象征法》第三十九条规定,巴图扈花(patujú)的描述。巴图扈花原产于平原地区,它的花序以长花瓣的形式呈现,呈穗状,有鲜红、黄色和绿色的条纹。《毛里求斯国旗、国徽、国歌和其他国家象征法》第八条规定,毛里求斯国花是钟形胭脂花(Trochetia Boutoniana)。钟形胭脂花是毛里求斯特有的植物,是最稀有的植物之一,又被称为“耳环树”。《格林纳达国家标志和国歌法》第二条解释条款中规定,“国花”是指由部长下令宣布为格林纳达国花的任何花卉。多米尼克于1978年11月3日宣告独立,同年通过《多米尼克国家象征法》,宣布将一种名为“卡里布木”的花作为国花,并与国徽和国旗一起被确立为国家象征。该花抗旱、生命力顽强,犹如多米尼克人坚强无畏、足智多谋的意志品格。

二是法律明确国花的性质和地位。例如,《玻利维亚国家象征法》第四十条规定,坎涂花和巴图扈花代表玻利维亚的身份,作为交织在一起的象征,代表了该国各地区的联合和跨文化性。《毛里求斯国旗、国徽、国歌和其他国家象征法》在第二条定义条款中明确,国家象征包括:国徽、国旗、国歌、国家印章、国花、国鸟和议会批准、总统确认的其他象征。

三是明确国花的使用规则。例如,《玻利维亚国家象征法》第四十一条第一款规定,坎涂花和巴图扈花可以单独或一起用于花束,在公民行为、致敬、纪念活动、游行和其他公共和庄严活动中展示。第二款规定,坎涂花和巴图扈花作为国家象征,在图形艺术、织物、文具和其他方面的表现形式如下:坎涂花的树枝向右倾斜,与巴图扈花的花朵向左倾斜交叉。《毛里求斯国旗、国徽、国歌和其他国家象征法》第十一条规定了侮辱包括国花在内的国家象征的法律责任:(1)任何人不得以任何手段或方式使国家象征或任何其他国家的国家象征受到

---

① Reuben C. J. Lim, Heok Hui Tan & Hugh T. W. Tan, Official Biological Emblems of the World, Raffles Museum Of Biodiversity Research, National University Singapore, 2013, p. 2.

仇恨、嘲弄或玷污。（2）任何人违反第一款的规定，即为犯罪，一经定罪，可处以不超过 100 万卢比的罚款，并处以刑罚。

三、部分国家国花规定情况

在美国，人们认为，玫瑰反映了开创这片土地并将其建设成为一个伟大国家的几代人的艰辛和品格。1985 年，美国参议院通过决议，要求总统宣布玫瑰为国花。美国参议院决议如下："通常被称为玫瑰的花被指定并采用为美利坚合众国的国花，美国总统被授权并要求以公告的形式宣布这一事实。"①

1986 年 11 月 20 日，时任总统罗纳德·里根（Ronald Reagan）在白宫玫瑰园举行的仪式上签署了一份总统令，高度赞扬了玫瑰的优点，明确玫瑰为国花，具体内容如下。

"对化石的研究表明，玫瑰在美国已经存在了很长时间。我们一直在花园里种植玫瑰。我们的第一任总统乔治·华盛顿培育了玫瑰，并且以他母亲的名字命名的品种至今仍在种植。白宫本身拥有一个美丽的玫瑰园。我们在所有五十个州种植玫瑰。我们在艺术、音乐和文学中发现了玫瑰。我们用玫瑰装饰庆祝活动和游行。最重要的是，我们向我们所爱的人献上玫瑰，我们将它们慷慨地放在我们的祭坛、我们的民用圣地和我们尊贵的死者的最后安息之地。

"长期以来，玫瑰在美国人民心中有着特殊的地位。让我们继续珍惜它们，尊重它们所代表的爱和奉献，并将它们赋予我们所爱的一切，就像上帝赋予我们一样。

"参议院通过第 159 号联合决议，已将玫瑰指定为美国的国花，并授权并要求总统发布公告，宣布这一事实。

"因此，现在，我，美利坚合众国总统罗纳德·里根，特此宣布玫瑰为美利坚合众国的国花。"②

四、国树

在　些国家除了确立了正式的国花之外，还明确国树等不同类型的国家植物象征。国树通常是一国具有代表性的树木。

---

① Title 36, Chapter 10, § 187. United States Code.

② The National Flower, National Rose Garden（Oct. 6, 2022）, https://nationalrosegarden. com/the-national-flower/#: ~ ; text = In%201985%2C%20the%20United%20States, the%20White%20House%20Rose%20Garden.

在美国,2004 年橡树被指定为美国的官方国树。橡树因其美丽、丰富的树荫和优质木材而备受珍视,被认为是代表美国国家力量的一个很好的选择。

在加拿大,1996 年枫树被确定为国家象征。枫树在加拿大的历史发展中发挥了重要作用,提供有价值的木制品并维持枫糖业。枫树具有商业、环境和美学重要性,被认为非常适合促进加拿大成为可持续森林管理的世界领导者。

在柬埔寨,皇家法令确立不同类型的国家植物。例如,柬埔寨《关于将动物、植物明确为国家象征的皇家法令》第二条中规定,柬埔寨王国的国家植物如下:(1)树木:糖棕。(2)花朵:隆都花。(3)果实:鸡蛋香蕉(Musa aromatica)。

在哥伦比亚,1985 年通过法律明确"蜡棕榈被采纳为国树"[①]。其中第一条规定,棕榈树的科学名称为"Ceroxylom Quindiuense",通常被称为蜡棕榈,特此宣布它为哥伦比亚的国树和爱国象征。第二条规定,国家政府有权在严格遵守发展计划和方案的前提下,开展相应的预算业务,签订必要的合同,目的是在中央山脉获得不属于国家的土地,以便建立一个或多个国家公园或植物保护区,保护国家象征,保持其自然栖息地。第三条规定,为了犯罪所在地市政府的利益,以罚款形式适用刑事制裁禁止砍伐蜡棕榈。

第四节　国　兽

国兽(National Animals)一般是一国人民所喜爱或者具有珍稀价值的动物,也是国家象征或者标志。国兽表示一个国家所代表的某些精神和品质。相较于国家植物象征,国家动物象征更可能是出于保护的原因而选择的,世界上已有多个国家和地区确定了国兽。在很多国家,国家动物通常是濒临灭绝的动物,受到特别法律的保护。政府往往把国兽作为国家的财产,担心会被偷猎者杀死、偷渡出境。当地的公民只能用传统的狩猎方法为传统目的杀死这些动物。政府可以批准为动物园或科学目的捕杀、拥有国家动物。在捕猎动物之前必须获得许可。

据有关学者 2013 年对全世界各国官方植物标志的统计,在联合国 193 个成员国中,有 56 个国家有国兽(动物标志),其中,47 个国家有国鸟(83.9%)。[②]国兽包括不同类型,如国鸟、哺乳动物等。根据检索,目前仅有尼泊尔宪法中规定了国兽。《尼泊尔宪法》第七条规定,奶牛是国兽,虹雉是国鸟。

---

① LEY 61 DE 1985. Por la cual se adopta la palma de cera (Ceroxylom Quindiuense) como Árbol Nacional, funcionpublica. gov (20 Enero, 2022), https://www. funcionpublica. gov. co/eva/gestornormativo/norma. php? i = 273.

② Reuben C. J. Lim, Heok Hui Tan & Hugh T. W. Tan, Official Biological Emblems of the World, Raffles Museum Of Biodiversity Research, National University Singapore, 2013, p. 8.

一、国兽法律制度

在明确国兽时,通常需要建立国兽保护的法律制度,各国在国家象征法及相关法律中明确的国兽主要制度如下。

一是明确国兽的具体名称。例如,《格林纳达国家象征和国歌法》第二条解释条款中规定,"国鸟"指格林纳达鸽子。《毛里求斯国旗、国徽、国歌和其他国家象征法》第九条规定,毛里求斯国鸟是毛里求斯隼。有的国家明确了不同类型的国兽。例如,柬埔寨《关于将动物、植物明确为国家象征的皇家法令》第二条中规定,柬埔寨王国的国家动物如下:(1)哺乳动物:柬埔寨野牛。(2)鸟类:巨鹮。(3)爬行动物:潮龟。(4)鱼类:巨暹罗鲤。①

二是明确国兽的国家象征地位。《格林纳达国家象征和国歌法》第二条规定,国家象征包括国徽、国旗、国花、国鸟、国色(当国家颜色一并使用时)。《毛里求斯国旗、国徽、国歌和其他国家象征法》在第二条定义条款中明确,国家象征包括:国徽、国旗、国歌、国家印章、国花、国鸟和议会批准、总统确认的其他象征。

三是明确保护措施和监管责任。国家通过法律给予国兽更好的保护措施。例如,柬埔寨《关于将动物、植物明确为国家象征的皇家法令》第三条规定,应对本法上述规定的动植物进行保护和养护,以保证其可持续性,并广泛提高对它们的认识。第四条规定,柬埔寨王国政府首相负责执行本皇家法令。

四是明确侮辱国兽的法律责任。例如,《毛里求斯国旗、国徽、国歌和其他国家象征法》第十一条规定了侮辱包括国鸟在内的国家象征的法律责任:(1)任何人不得以任何手段或方式使国家象征或任何其他国家的国家象征受到仇恨、嘲弄或玷污。(2)任何人违反第一款的规定,即为犯罪,一经定罪,可处以不超过100万卢比的罚款,并处以刑罚。

二、一些国家的国兽保护法律制度

在美国,1782年美国第二次制宪会议将白头鹰选为美国国玺图案的重要组成部分,从此,美国官方的文件、证照等多种场合开始将白头鹰作为美国的官方标志。1940年的《美国白头鹰保护法》给予了法律保护。美国国会强调该法的立法目的和背景包括:(1)鉴于大陆会议在1782年采用了白头鹰作为国家象征;(2)鉴于白头鹰因此成为新政府下的新国家的象征性代表;(3)考虑本民族生活中的传

---

① Royal Decree on Designation of Animals and Plants as National Symbols of the Kingdom of Cambodia, Archive(Oct. 6,2022), https://web. archive. org/web/20070630215053/http://www. forestry. gov. kh/Documents/ROYAL-DECREE-ENG. pdf.

统和习惯,白头鹰不再仅仅是一种具有生物学意义的鸟,而是美国自由理想的象征;(4)鉴于白头鹰现在正面临着灭绝的威胁。因此,禁止任何人在没有内政部长签发许可证的情况下捕获白头鹰,包括其部分(包括羽毛)、巢或蛋。对在任何时候或以任何方式采取捕猎、出售、购买、交换、运输、出口或进口任何白头鹰的人进行刑事处罚。[1] 1962 年,美国修改上述法律,将保护范围扩展到金鹰,法律名称修改为《美国白头鹰和金鹰保护法》。2016 年 5 月 9 日,美国总统签署法案,野牛被命名为"国家哺乳动物"(称为"国家哺乳动物",因为已经有了"国家动物"),从而正式确立美洲野牛为美国国兽。野牛是一种美洲动物,体现了美国的韧性和力量。野牛结合了其他动物的最佳品质,像橡树一样强壮,像白头鹰一样无所畏惧。

在加拿大,1985 年通过《加拿大国家象征法》(*National Symbol of Canada Act*),法律仅两条,明确承认海狸(Castor canadensis)为加拿大主权象征。第二条规定:"兹承认并宣布海狸是加拿大主权的象征,并宣布女王陛下以享有加拿大的权利而可以和理应以任何形式使用海狸的形象。"[2] 加拿大之所以将海狸作为国家象征是因为,在早期的欧洲探险家意识到加拿大不是盛产香料的东方之后,主要的获利吸引力是海狸种群。17 世纪以来,加拿大有很多组织、个人将海狸形象纳入自己的纹章之中。此外,加拿大还有一种国兽,称之为"国马"(National horse)。2002 年 5 月,加拿大马被议会法案承认为加拿大的国家马。加拿大马的起源可以追溯到 17 世纪下半叶,当时,法国国王将马匹引入加拿大,使当地的马群与其他品种隔离开来,逐渐形成了自己的品种——加拿大马。加拿大马以其强大的力量和耐力、韧性、智慧和好脾气而闻名。在 19 世纪后期面临灭绝的威胁,故在 19 世纪 80 年代后期和整个 20 世纪都在努力保护这种独特的加拿大马。[3]

在印度,1963 年 1 月,印度政府在孔雀、大鸨、沙鲁鹤、婆罗门鸢和天鹅等几个竞争者中选择孔雀(Pavo cristatus)作为国鸟。适当考虑各邦的意见后,印度野生动物委员会选择孔雀作为国鸟。该选择是在与各邦政府协商并听取媒体发表的公众意见后作出的。孔雀非常优雅,有着美丽的闪闪发光的颜色。此外,孔雀遍布全国,受到 1972 年《印度野生动物(保护)法》的保护。值得注意的是,缅甸将绿孔雀作为其国鸟。2011 年,印度环境、森林和气候变化部通过发布通知将"老虎"和"孔雀"分别列为"国兽"和"国鸟"。

---

① 1940 Bald Eagle Protection Act, GovInfo(Oct. 6,2022),https://www. govinfo. gov/content/pkg/US-CODE-2010-title16/pdf/USCODE-2010-title16-chap5A-subchapII. pdf.

② National Symbol of Canada Act, Justice Laws Website(Oct. 6,2022),https://lois-laws. justice. gc. ca/eng/acts/N-17/page-1. html.

③ The National Horse, Canada. ca(Oct. 6,2022),https://www. canada. ca/en/canadian-heritage/services/official-symbols-canada. html#a9.

一、亚洲

1. 阿拉伯联合酋长国

国旗法①

https：//elaws. moj. gov. ae/UAE-MOJ_LC-Ar/00_% D8% B9% D9% 84% D9% 85% 20%
D8% A7% D9% 84% D8% AF% D9% 88% D9% 84% D8% A9/UAE-LC-Ar_1971-12-21_00002_
Kait. html？ val = AL1#Anchor13.

2. 阿曼

国旗、国徽和国歌法

https：//qanoon. om/p/2004/l2004053/.

3. 阿塞拜疆

国旗使用法

https：//e-qanun. az/framework/6198.

国徽使用法

https：//e-qanun. az/framework/41948.

国歌使用法

https：//e-qanun. az/framework/41961.

4. 巴基斯坦

名称和标志（防止未经授权使用）法

Pakistan Names and Emblems（Prevention of Unauthorised Use）Act 1957

https：//molaw. gov. pk/SiteImage/Misc/files/Collections/1957. pdf.

5. 巴林

国旗法

http：//site. eastlaws. com/GeneralSearch/Home/ArticlesTDetails？ MasterID = 126924.

国徽法

https：//lloc. gov. bh/HTM/K7206. htm.

6. 朝鲜

国旗法

조선민주주의인민공화국 국기법

http：//www. yeslaw. kr/lims/front/page/fulltext. html？ pAct = view&pPromulgationNo = 172051.

---

① 部分国家的国家象征法律是小语种语言，未列出。

国徽法

조선민주주의인민공화국 국장법

http://www. yeslaw. kr/lims/front/layout. html? pAct = template_contents_view&pGubun = FT_LAW_NK&pUrlGubun = searchNKList#.

7. 东帝汶

国家象征法

LEI NO. 2/007 SOBRE SÍMBOLOS NACIONAIS.

https://wipolex. wipo. int/zh/text/498707.

8. 菲律宾

国旗和国家纹章法

Flag and Heraldic Code of the Philippines.

https://www. officialgazette. gov. ph/1998/02/12/republic-act-no-8491/.

9. 格鲁吉亚

国家象征法

https://matsne. gov. ge/ka/document/view/4485977? publication = 1.

10. 哈萨克斯坦

国家象征法

On State Symbols of the Republic of Kazakhstan

https://online. zakon. kz/Document/? doc_id = 31347277&pos = 5;-151#pos = 5;-151.

11. 韩国

国旗法

대한민국국기법

https://www. law. go. kr/lsSc. do? section = &menuId = 1&subMenuId = 15&tabMenuId = 81&eventGubun = 060101&query = %EA%B5%AD%EA%B8%B0#undefined.

国旗法实施条例

대한민국국기법 시행령

https://www. law. go. kr/%EB%B2%95%EB%A0%B9/%EB%8C%80%ED%95%9C%EB%AF%BC%EA%B5%AD%EA%B5%AD%EA%B8%B0%EB%B2%95%EC%8B%9C%ED%96%89%EB%A0%B9.

国旗升挂、管理和宣扬条例

국기의 게양·관리 및 선양에 관한 규정.

https://www. law. go. kr/%ED%96%89%EC%A0%95%EA%B7%9C%EC%B9%99/%EA%B5%AD%EA%B8%B0%EC%9D%98%EA%B2%8C%EC%96%91C2%B7%EA%B4%80%EB%A6%AC%EB%B0%8F%EC%84%A0%EC%96%91%EC%97%90%EA%B4%80%ED%95%9C%EA%B7%9C%EC%A0%95.

国徽规则

나라문장 규정.

https://law. go. kr/%EB%B2%95%EB%A0%B9/%EB%82%98%EB%9D%BC%EB%AC%B8%EC%9E%A5%EA%B7%9C%EC%A0%95.

关于政府旗的公告

정부기에 관한 공고.

https：//www. law. go. kr/%ED%96%89%EC%A0%95%EA%B7%9C%EC%B9%99/%EC%A0%95%EB%B6%80%EA%B8%B0%EC%97%90%EA%B4%80%ED%95%9C%EA%B3%B5%EA%B3%A0.

12. 吉尔吉斯斯坦

国家象征法

О ГОСУДАРСТВЕННЫХ СИМВОЛАХ КЫРГЫЗСКОЙ РЕСПУБЛИКИ

http：//cbd. minjust. gov. kg/act/view/ru-ru/1490.

13. 卡塔尔

国旗法

Law No. 14 of 2012 Concerning the Qatari Flag.

https：//diplomatic. ac/en/concerning-the-qatari-flag/.

14. 科威特

国旗法

https：//www. alqabas. com/article/224234-%D8%B9%D9%84%D9%85-%D8%A7%D9%84%D9%83%D9%88%D9%8A%D8%AA-%D9%8A%D8%B1%D9%81%D8%B1%D9%81-%D8%B9%D9%84%D9%89-%D9%85%D9%82%D8%B1%D8%A7%D8%AA-%D8%A7%D9%84%D8%A3%D9%85%D9%8A%D8%B1-%D9%88%D9%88%D9%84%D9%8A.

15. 马来西亚

国歌法

National Anthem Act

http：//www. commonlii. org/my/legis/consol _ act/naa19681989229/#：~：text = NATIONAL% 20ANTHEM% 20ACT% 201968% 20An% 20Act% 20relating% 20to，ENACTED% 20by% 20the% 20Seri% 20Paduka% 20Baginda% 20Yang% 20di-Pertuan.

国家标志（控制展示）法

National Emblems（Control of Display）Act 1949（Revised 1977）

http：//www. commonlii. org/my/legis/consol_act/neoda19491977424/.

16. 蒙古

国家象征法

ТӨРИЙН БЭЛГЭ ТЭМДГИЙН ТУХАЙ.

https·//old. legalinfo. mn/law/details/496.

17. 孟加拉国

国歌、国旗和国徽规定

The Bangladesh National Anthem，Flag and Emblem Order

http：//bdlaws. minlaw. gov. bd/act-418. html.

18. 缅甸

国旗法

https：//constitutionaltribunal. gov. mm/lawdatabase/my/law/279.

国歌法

National Anthem Law

http：//www. asianlii. org/mm/legis/laws/nalpadcln102010517/.

19. 日本

国旗国歌法

国旗及び国歌に関する法律

https：//elaws. e-gov. go. jp/document？ lawid = 411AC0000000127.

20. 沙特阿拉伯

国旗法

https：//laws. boe. gov. sa/BoeLaws/Laws/LawDetails/03de5462-eda0-4dd6-9efa-a9a700f1f802/1.

21. 塔吉克斯坦

国旗法

ПОЛОЖЕНИЕ О ГОСУДАРСТВЕННОМ ФЛАГЕ РЕСПУБЛИКИ ТАДЖИКИСТАН.

https：//www. adliya. tj/ru/state_Symbols_of_the_Republic_of_Tajikistan.

国歌法

ПОЛОЖЕНИЕ О НАЦИОНАЛЬНОМ ГИМНЕ РЕСПУБЛИКИ ТАДЖИКИСТАН.

https：//www. adliya. tj/ru/state_Symbols_of_the_Republic_of_Tajikistan.

国徽法

ПОЛОЖЕНИЕ О ГОСУДАРСТВЕННОМ ГЕРБЕ РЕСПУБЛИКИ ТАДЖИКИСТАН

https：//www. adliya. tj/ru/state_Symbols_of_the_Republic_of_Tajikistan.

22. 土耳其

国旗法

Türk Bayrağı Kanunu

https：//www. lexpera. com. tr/mevzuat/kanunlar/turk-bayragi-kanunu-2893.

23. 土库曼斯坦

国徽法

LAW OF TURKMENISTAN of August 15，2003 No. 191-II About the State Emblem of Turkmenistan.

https：//www. global-regulation. com/translation/turkmenistan/5965546/on-the-state-coat-of-arms-of-turkmenistan. html.

24. 乌兹别克斯坦

国旗法

ЎЗБЕКИСТОН РЕСПУБЛИКАСИНИНГ ДАВЛАТ БАЙРОҒИ ТЎҒРИСИДА.

https：//lex. uz/docs/100122.

国歌法

O'ZBEKISTON RESPUBLIKASINING DAVLAT MADHIYASI TO'G'RISIDA.

https：//lex. uz/docs/-38608.

国徽法

O'ZBEKISTON RESPUBLIKASI DAVLAT GERBI TO'G'RISIDA.

https://lex. uz/docs/-17260.

25. 新加坡

国徽、国旗和国歌法

SINGAPORE ARMS AND FLAG AND NATIONAL ANTHEM ACT.

https://sso. agc. gov. sg/SL/296-R1? DocDate = 20200424.

国家标志(控制展示)法

NATIONAL EMBLEMS(CONTROL OF DISPLAY) ACT 1949

https://sso. agc. gov. sg/Act/NECDA1949.

26. 亚美尼亚

国旗法

https://www. arlis. am/documentview. aspx? docid = 49795.

国歌法

https://www. arlis. am/DocumentView. aspx? docID = 29829.

国徽法

https://www. arlis. am/DocumentView. aspx? docid = 50953.

27. 也门

国歌法

https://yemen-nic. info/contents/laws_ye/detail. php? ID = 18865.

28. 以色列

国旗、国徽和国歌法

https://www. nevo. co. il/law_html/law01/067_001. htm#_ftnref2.

29. 印度

防止侵犯国家荣誉法

The Prevention of Insults to National Honour Act.

https://www. mha. gov. in/acts.

国家象征(禁止不当使用)法

The State Emblem of India(Prohibition of Improper Use)Act,2005.

https://www. mha. gov. in/acts.

国歌相关命令

ORDERS RELATING TO THE NATIONAL ANTHEM OF INDIA

https://www. mha. gov. in/document/national-flag-emblem-anthem/orders-relating national-anthem-of-india.

30. 印度尼西亚

国旗、语言、国徽和国歌法

Law No. 24 of 2009 on the National Flag, Language, Emblem and Anthem

https://www. mondaq. com/constitutional-administrative-law/160944/law-no-24-of-2009-on-the-national-flag-language-emblem-and-anthem.

31. 约旦

国旗法

http://site. eastlaws. com/GeneralSearch/Home/ArticlesTDetails? MasterID＝235440&related.

二、欧洲:

1. 爱沙尼亚

国旗法

Estonian Flag Act

https://www. riigiteataja. ee/en/eli/525112020001/consolide.

国徽法

National Coat of Arms Act

https://www. riigiteataja. ee/en/eli/ee/527012014003/consolide/current.

2. 安道尔

国家标志使用法

LLEISOBRE LA UTILITZACIÓ DELS SIGNES D'ESTAT

https://wipolex. wipo. int/ru/text/188125.

3. 奥地利

国徽法

Das Wappen der Republik Österreich

https://www. ris. bka. gv. at/GeltendeFassung. wxe? Abfrage＝Bundesnormen&Gesetzesnummer＝10000782.

4. 白俄罗斯

国家象征法

О государственных символах Республики Беларусь

https://pravo. by/document/? guid＝3871&p2＝2/1050.

5. 保加利亚

国玺和国旗法

ЗАКОН ЗА ДЪРЖАВНИЯ ПЕЧАТ И НАЦИОНАЛНОТО ЗНАМЕ НА РЕПУБЛИКА БЪЛГАРИЯ

https://www. lex. bg/laws/ldoc/2134401024.

国徽法

ЗАКОН ЗА ГЕРБ НА РЕПУБЛИКА БЪЛГАРИЯ

https://www. ciela. net/svobodna-zona-normativi/view/2134146564/zakon-za-gerb-na-republika-balgariya.

6. 冰岛

国旗和国徽法

Lög um þjóðfána Íslendinga og ríkisskjaldarmerkið

https://www. althingi. is/lagas/152b/1944034. html#G9.

7. 波兰

国徽、国色和国歌以及国家印章法

Ustawa o godle, barwach i hymnie Rzeczypospolitej Polskiej oraz o pieczęciach państwowych https://lexlege. pl/ustawa-o-godle-barwach-i-hymnie-rzeczypospolitej-polskiej-oraz-o-pieczeci-ach-panstwowych/.

8. 德国

国旗条例

Anordnung über die deutschen Flaggen

https://www. gesetze-im-internet. de/flaggano_1996/BJNR172900996. html.

联邦政府关于在联邦官方建筑物上展示旗帜的法令

Erlass der Bundesregierung über die Beflaggung der Dienstgebäude des Bundes

https://www. verwaltungsvorschriften-im-internet. de/bsvwvbund_22032005_Z4a1150415. htm.

9. 俄罗斯

国旗法

О Государственном флаге Российской Федерации

http://ivo. garant. ru/#/document/182787/paragraph/4:0.

国歌法

О Государственном гимне Российской Федерации

http://ivo. garant. ru/#/document/182785/paragraph/12204:0.

国徽法

О Государственном гербе Российской Федерации

http://gov. ru/main/symbols/gsrf2_1. html.

10. 芬兰

国旗法

Laki Suomen lipusta

https://www. finlex. fi/fi/laki/ajantasa/1978/19780380.

国徽法

Laki Suomen vaakunasta

https://www. finlex. fi/fi/laki/ajantasa/1978/19780381.

11. 黑山

国家象征和建国纪念日法

Zakon o državnim simbolima i Danu državnosti Crne Gore

https://www. gov. me/dokumenta/b8e6c8c8-f87e-4ddd-91fd-620e5ea87a1d.

12. 捷克

国家象征使用法

Zákon oužívání státních symbolů České republiky a o změně některých zákonů

https://www. zakonyprolidi. cz/cs/2001-352#.

13. 克罗地亚

国家象征法

Zakon o grbu, zastavi i himni Republike Hrvatske te zastavi i lenti predsjednika Republike Hr-vatske

https://zakon. hr/z/1247/Zakon-o-grbu% 2C-zastavi-i-himni-Republike-Hrvatske-te-zastavi-ilenti-predsjednika-Republike-Hrvatske.

14. 拉脱维亚

国旗法

Law on the National Flag of Latvia

https：//likumi. lv/ta/en/id/200642-law-on-the-national-flag-of-latvia.

国歌法

On the National Anthem of Latvia

https：//likumi. lv/ta/en/en/id/47134.

国徽法

On the State Coat of Arms of Latvia

https：//likumi. lv/ta/en/en/id/47133-on-the-state-coat-of-arms-of-latvia.

15. 立陶宛

国旗和其他旗帜法

LAW ON THE NATIONAL FLAG AND OTHER FLAGS.

https：//e-seimas. lrs. lt/portal/legalAct/lt/TAD/54d3e0e02c1411e8a1edec7ada37067a.

16. 列支敦士登

徽章、颜色、旗帜和标志法

über Wappen, Farben, Siegel und Embleme des Fürstentums Liechtenstein

https：//www. gesetze. li/chrono/1982. 58.

17. 卢森堡

国徽法

Loi du 23 juin 1972 sur les emblèmes nationaux.

https：//legilux. public. lu/eli/etat/leg/recueil/emblemes_nationaux/20180901.

18. 罗马尼亚

国徽法

LEGE NUMAR：102 DIN 21/09/92 privind stema tarii si sigiliul statului.

https：//www. cdep. ro/pls/legis/legis_pck. htp_act_text? idt = 13190.

关于公共当局和机构升起罗马尼亚国旗、唱国歌和使用印有罗马尼亚徽章的印章的法律

https：//lege5. ro/Gratuit/heydonjw/legea-nr-75-1994-privind-arborarea-drapelului-romaniei-intonarea-imnului-national-si-folosirea-sigiliilor-cu-stema-romaniei-de-catre-autoritatile-si-institutiile-publice? pid = 22396897#p-22396897.

19. 马耳他

国徽和公共印章法

EMBLEM AND PUBLIC SEAL OF MALTA ACT

https：//legislation. mt/eli/cap/253/20080101/eng.

20. 北马其顿

国徽、国旗和国歌使用法

http：//slvesnik. com. mk/Issues/F7ECE25A8E4841F8BEFF90CF399E158F. pdf.

21. 摩尔多瓦

国旗法

Lege privind Drapelul de Stat al Republicii Moldova.

https：//www. legis. md/cautare/getResults？ doc_id =48702&lang = ro.

22. 摩纳哥

保护国家象征法

https：//www. legimonaco. mc/305//legismclois. nsf/ViewTNC/B24CE3EEB9623C7AC125773

F00383108！OpenDocument.

23. 挪威

国旗法

Lov om Norges Flag

https：//lovdata. no/dokument/NL/lov/1898-12-10-1.

24. 葡萄牙

国旗使用条例

Estabelece as regras sobre o uso da BandeiraNacional

https：//dre. tretas. org/drc/41882/decreto-lei-150-87-de-30-de-marco.

25. 瑞典

国旗法

Lag om Sveriges flagga

https：//www. riksdagen. se/sv/dokument-lagar/dokument/svensk-forfattningssamling/lag-

1982269-om-sveriges-flagga_sfs-1982-269.

国徽法

Lag om Sveriges riksvapen

https：//riksdagen. se/sv/dokument-lagar/dokument/svensk-forfattningssamling/lag-1982268-

om-sveriges-riksvapen_sfs-1982-268.

26. 瑞士

国徽和其他公共标志法

Federal Act on the Protection of the Swiss Coat of Arms and Other Public Signs.

https：//www. fedlex. admin. ch/eli/cc/2015/613/en.

27. 塞尔维亚

国徽、国旗和国歌的展示和使用法

O IZGLEDU I UPOTREBI GRBA，ZASTAVE I HIMNE REPUBLIKE SRBIJE.

http：//demo. paragraf. rs/WebParagrafDemo/？ did =87181.

28. 圣马力诺

国旗国徽法

LEGGE COSTITUZIONALE 22 LUGLIO 2011 N. 1

BANDIERA E STEMMA UFFICIALE DELLA REPUBBLICA DI SAN MARINO.

https：//www. consigliograndeegenerale. sm/on-line/home/archivio-leggi-decreti-e-regolamen-

ti/documento17044527. html.

29. 斯洛伐克

国家象征法

Zákon Národnej rady Slovenskej republiky o štátnych symboloch Slovenskej republiky a ich používaní

https：//www. zakonypreludi. sk/zz/1993-63.

30. 斯洛文尼亚

国徽、国旗和国歌法

Zakon o grbu, zastavi in himni Republike Slovenije ter o slovenski narodni zastavi

http：//www. pisrs. si/Pis. web/pregledPredpisa？ id = ZAKO365.

31. 乌克兰

国歌法

Про Державний Гімн України

https：//zakon. rada. gov. ua/cgi-bin/laws/main. cgi？ nreg = 602-15.

32. 西班牙

国旗和其他旗帜使用法

Ley 39/1981, de 28 de octubre, por la que se regula el uso de la bandera de España y el de otras banderas y enseñas.

https：//www. lamoncloa. gob. es/espana/simbolosdelestado/paginas/legislacion/BanderaLey39-81. aspx.

国徽皇家法令

Real Decreto 2964/1981, de 18 de diciembre, por el que se hace público el modelo oficial del Escudo de España.

https：//www. boe. es/buscar/doc. php？ id = BOE-A-1981-29376.

国歌皇家法令

Real Decreto 1560/1997 por el que se regula el Himno Nacional

https：//juspedia. es/legislacion/constitucional/rd-1560-1997-himno-nacional/.

33. 希腊

国旗、军旗和总统徽章法

Περί της Εθνικής Σημαίας, των Πολεμικών Σημαιών και του Διακριτικού Σήματος του Προέδρου της Δημοκρατίας.

https：//www. anaconda. gr/gnwsiaki-basi/nomos-851-22-12-1978/.

34. 匈牙利

国徽、国旗使用和国家奖励法

Magyarország címerének és zászlajának használatáról, valamint állami kitüntetéseiről

https：//njt. hu/jogszabaly/2011-202-00-00.

35. 意大利

关于意大利共和国和欧盟旗帜使用法

Disposizioni generali sull'uso della bandiera della Repubblica italiana e di quella dell'Unione europea.

https：//presidenza. governo. it/ufficio _ cerimoniale/normativa/legge _ 19980205 _ 22 _ bandiere. pdf.

36. 英国

升挂国旗指南

Flying flags：a plain English guide

https：//www. gov. uk/government/publications/flying-flags-a-plain-english-guide.

三、美洲

1. 阿根廷

国旗使用法

LEY 23. 208 Determina quiénes tienen derecho a usar la Bandera Oficial de la Nación.

https：//www. argentina. gob. ar/normativa/nacional/ley-23208-24855/texto.

2. 巴巴多斯

国徽和国歌（规范）法

National Emblems and National Anthem of Barbados(Regulation) Act.

http：//barbadosparliament-laws. com/en/showdoc/cs/300A.

3. 巴哈马

国旗和国徽（规范）法

Flags and Coat of Arms(Regulation) Act

http：//laws. bahamas. gov. bs/cms/images/LEGISLATION/PRINCIPAL/1973/1973-0020/FlagsandCoatofArmsRegulationAct_1. pdf.

4. 巴拉圭

国旗法

Paraguay Flag Laws

https：//www. fotw. info/flags/py_law. html.

5. 巴拿马

国家象征法

Ley de símbolos de la nación

https：//simbolospatrios. org/panama/ley-de-simbolos-de-la-nacion/.

6. 巴西

国家象征法

LEI No 5. 700 , DE 1° DE SETEMBRO DE 1971. Dispõe sobre a forma e a apresentação dos Símbolos Nacionais , e dá outras providências.

http：//www. planalto. gov. br/ccivil_03/Leis/L5700compilado. htm.

7. 秘鲁

国旗法

LEY 8916 DEL 06 DE JULIO DE 1939 , DETERMINANDO LA FORMA Y LAS OPORTUNIDADES EN QUE DEBERÁN SER IZADAS LA BANDERA NACIONAL Y LASBANDERAS EXTRANJERAS ； SEÑALANDO LAS SANCIONES QUE SE IMPONDRÁN A LOS INFRACTORES DE ESTA LEY ； Y , DEROGANDO LA LEY N° 2475.

https：//www2. congreso. gob. pe/Sicr/CenDocBib/con3_uibd. nsf/ $ $ ViewTemplate% 20for% 20Documentos？ OpenForm&Db = C68642D4F39A44BD0525796700585AD4&View = yyy.

8. 玻利维亚

国家象征法

Simbolos del Estado Plurinacional de Bolivia

https：//bolivia. infoleyes. com/norma/948/simbolos-del-estado-plurinacional-de-bolivia-0241.

9. 多米尼加

国家象征法

Ley No. 210-19 que regula el uso de la Bandera Nacional, el Escudo Nacional y el Himno Nacional, símbolos patrios de la República Dominicana.

https：//mipais. jmarcano. com/dominicana/simbolos/simbolos-ley/.

10. 哥伦比亚

国徽、国旗和国歌法

Ley Sobre el Escudo, la Bandera y el Himno Nacionales.

https：//simbolospatrios. org/colombia/ley-sobre-el-escudo-la-bandera-y-el-himno-nacionales/.

11. 哥斯达黎加

国旗、国徽法

LEY QUE REGULA EL USO DEL PABELLÓN, LA BANDERA Y EL ESCUDO NACIONA-LES

https：//www. tse. go. cr/pdf/normativa/Ley-10178-Ley_que_regula_uso_Pabellon-Bandera-Escudo-Nac. pdf.

12. 格林纳达

国徽和国歌（规范）法

NATIONAL EMBLEMS AND NATIONAL ANTHEM OF GRENADA(REGULATION) ACT

https：//www. laws. gov. gd/index. php？ option = com_ edocman&view = category&id = 892&Itemid = 194.

13. 古巴

国家象征法

LEY DE LOS SÍMBOLOS NACIONALES DE LA REPÚBLICA DE CUBA

http：//juriscuba. com/ley-de-los-simbolos-nacionales-de-la-republica-de-cuba/.

14. 圭亚那

国徽（规范）法

GUYANA COAT OF ARMS(REGULATION) ACT.

https：//mola. gov. gy/sites/default/files/Cap. % 2019. 06% 20Guyana% 20Coat% 20of% 20Arms% 20% 28Regulation% 29% 20Act. pdf.

15. 加拿大

国旗法

National Flag of Canada Act

https：//laws. justice. gc. ca/eng/AnnualStatutes/2012_12/page-1. html.

国旗制作标准法

National Flag of Canada Manufacturing Standards Act

https：//laws. justice. gc. ca/eng/acts/n-9/page-1. html.

国歌法

National Anthem Act

https：//laws. justice. gc. ca/eng/acts/N-2/page-1. html.

16. 美国

美国国旗法典

USA flag code

https：//uscode. house. gov/view. xhtml？ path = /prelim@ title4/chapter1&edition = prelim.

17. 墨西哥

国徽、国旗和国歌法

LEY SOBRE EL ESCUDO, LA BANDERA Y EL HIMNO NACIONALES

http：//www. ordenjuridico. gob. mx/Documentos/Federal/html/wo13243. html.

18. 尼加拉瓜

国家象征特征和使用法

LEY SOBRE CARACTERÍSTICAS Y USO DE LOS SÍMBOLOS PATRIOS

http：//legislacion. asamblea. gob. ni/Normaweb. nsf/xpNorma. xsp？ documentId = B5669331
A748785C062570A100578454&action = openDocument.

19. 萨尔瓦多

国家象征法

LEY DE SIMBOLOS PATRIOS

https：//www. asamblea. gob. sv/sites/default/files/documents/decretos/171117_072904667_
archivo_documento_legislativo. pdf.

20. 圣基茨和尼维斯

国家标志和国歌法

NATIONAL EMBLEMS AND NATIONAL ANTHEM ACT.

https：//aglcskn. info/wp-content/documents/Act17TOC/Ch-01_06-National-Emblems-and-Na-
tional-Anthem-Act. pdf.

21. 特立尼达和多巴哥

国家象征(规范)法

NATIONAL EMBLEMS OF TRINIDAD AND TOBAGO(REGULATION) ACT

https：//www. natt. gov. tt/sites/default/files/pdfs/National% 20Emblems% 20Act. pdf.

22. 危地马拉

国徽、国旗和国歌法

Ley sobre el escudo, bandera, e himno nacional de Guatemala

https：//simbolospatrios. org/guatemala/ley-escudo-bandera-himno-nacional/.

23. 委内瑞拉

国旗、国歌和国徽法

Ley de Bandera Nacional, Himno Nacional y Escudo de Armas de la República Bolivariana de Venezuela.

http://www. lavozdeguaicaipuro. com. ve/2006/03/ley-de-bandera-nacional-himno-nacional. html.

24. 乌拉圭

国家礼仪法

Ley N° 5209 / ESTABLECE EL CEREMONIAL DEL ESTADO

https://www. bacn. gov. py/leyes-paraguayas/4635/ley-n-5209-establece-el-ceremonial-del-estado.

25. 智利

使用和升挂国旗法

LEY 20537 SOBRE EL USO E IZAMIENTO DEL PABELLÓN PATRIO

https://www. bcn. cl/leychile/navegar? idNorma = 1030317.

四、大洋洲

1. 澳大利亚

国旗法

FLAG ACT

https://www. anfa-national. org. au/history-of-our-flag/flag-acts-1953-statute/.

2. 巴布亚新几内亚

国家认同法

National Identity Act

Http://www. paclii. org/pg/legis/consol_act/nia1971197/.

3. 斐济

国旗保护法

National Flag Protection Act

http://www. paclii. org/cgi-bin/sinodisp/fj/legis/num _ act/nfpa2015246/nfpa2015246. html? stem = &synonyms = &query = flag.

国徽法

Coat of Arms Act

http://www. paclii. org/cgi-bin/sinodisp/fj/legis/num _ act/coaa2015122/index. html? stem = &synonyms = &query = arm.

4. 基里巴斯

国家认同法

National Identity Act

http://www. paclii. org/ki/legis/num_act/nia1989197/.

5. 马绍尔群岛

官方旗帜法

Official Flag of the Marshall Islands Act

http://www. paclii. org/cgi-bin/sinodisp/mh/legis/consol _ act/ofotmia1979292/ofotmia1979292. html? stem = &synonyms = &query = flag.

6. 瑙鲁

国歌和国旗保护法

http://www. paclii. org/nr/legis/num_act/nnaeafpa2018423/.

7. 萨摩亚

官方旗帜和国歌法

Official Flag and National Anthem of Samoa Act.

http://www. paclii. org/cgi-bin/sinodisp/ws/legis/consol _ act _ 2019/ofanaosa1994308/ofanaosa1994308. html? stem = &synonyms = &query = flag.

8. 汤加

国歌法

National Anthem of Tonga Act.

https://ago. gov. to/cms/images/LEGISLATION/PRINCIPAL/1973/1973-0025/NationalAnthemofTongaAct_2. pdf.

国徽和国旗法

ROYAL ARMS AND FLAG ACT.

https://ago. gov. to/cms/images/LEGISLATION/PRINCIPAL/1962/1962-0017/TongaRoyalArmsandFlagAct_1. pdf.

9. 图瓦卢

国旗法

TUVALU NATIONAL FLAG ACT.

http://www. tuvalu-legislation. tv/cms/images/LEGISLATION/PRINCIPAL/1995/1995-0004/TuvaluNationalFlagAct_1. pdf.

国徽法

TUVALU COAT OF ARMS ACT

https://www. fakongjian. com/int_doc/laws/20160603/2059/tv014en20160603205914. pdf.

10. 瓦努阿图

国旗和国徽法

State Flag and Armorial Bearings Act

http://www. paclii. org/cgi-bin/sinodisp/vu/legis/consol _ act/sfaaba265/sfaaba265. html? stem = &synonyms = &query = flag.

11. 新西兰

旗帜、标准和名称保护法

Flags, Emblems, and Names Protection Act

http://www. legislation. govt. nz/act/public/1981/0047/latest/DLM51358. html.

五、非洲

1. 埃及

国旗和国歌法

https://qadaya. net/? p = 8787.

2. 埃塞俄比亚

国旗法

THE FEDERAL DEMOCRATIC REPUBLIC OF ETHIOPIA FLAG PROCLAMATION

https://chilot. files. wordpress. com/2011/01/flag. pdf.

国歌法

ETHIOPIAN NATIONAL ANTHEM PROCLAMATION.

https://www. lawethiopia. com/images/federal _ proclamation/proclamations _ by _ number/
673. pdf.

国旗和国歌日法

A PROCLAMATION ON THE AFRICAN UNION FLAG, ANTHEM AND AFRICA DAY

https://chilot. me/wp-content/uploads/2021/06/African-Union-Flag-Anthem-and-Africa-
Day-Proclamation-No. 1209-2020. pdf.

3. 安哥拉

尊重和使用国旗、国徽和国歌法

LEI QUE ESTABELECE A DEFERENCIA EOU SODA BANDEIRA NACIONAL DAINSIG-
NIA NACIONAL EDO HINO NACIONAL

https://www. vicepresidente. gov. ao/wp-content/uploads/2019/02/Lei-14. 18-SIMBOLOS-
NACIONAIS. pdf.

4. 贝宁

国旗法

https://sgg. gouv. bj/doc/loi-90-020/.

5. 博茨瓦纳

国家象征法

Botswana Emblems Act

http://static1. 1. sqspcdn. com/static/f/723732/25889170/1422109688007/ch03-04 + Bot-
swana_Emblems. pdf.

6. 加纳

国旗和国徽保护法

FLAG AND ARMS PROTECTION ACT.

http://elibrary. jsg. gov. gh/fg/laws% 20of% 20ghana/2% 20REP/FLAG% 20AND% 20ARMS%
20PROTECTION% 20ACT,% 201959% 20NO. % 2061. htm.

7. 津巴布韦

国旗法

Flag of Zimbabwe Act

https://zimlii. org/akn/zw/act/ord/1980/16/eng% 402016-12-31.

国歌法

National Anthem Act

https：//www. law. co. zw/download/national-anthem-act/.

纹章、名称、制服和徽章法

Armorial Bearings，Names，Uniforms and Badges Act

https：//zimlii. org/akn/zw/act/1971/12/eng@ 2016-12-31.

8. 肯尼亚

国旗、国徽和国名法

NATIONAL FLAG，EMBLEMS AND NAMES ACT

http：//kenyalaw. org：8181/exist/kenyalex/actview. xql？ actid = CAP. % 2099.

9. 卢旺达

国旗的特征、描述、仪式和尊重法

LAW N° 34/2008 OF 08/08/2008 ON CHARACTERISTICS，DESCRIPTION，CEREMONIAL AND RESPECT OF THE NATIONAL FLAG.

https：//gazettes. africa/archive/rw/2009/rw-government-gazette-dated-2009-04-20-no-16. pdf.

国歌的特征和仪式法

LAW N° 19/2008 OF 14/07/2008 ON CHARACTERISTICS AND CEREMONIES OF THE NATIONAL ANTHEM.

https：//archive. gazettes. africa/archive/rw/2009/rw-government-gazette-dated-2009-04-27-no-17. pdf.

10. 马拉维

受保护的旗帜、标志和名称法

Protected Flag，Emblems and Names Act

https：//malawilii. org/akn/mw/act/1967/10/eng% 402014-12-31.

11. 毛里求斯

国旗、国徽和国歌及其他国家象征法

National Flag，Arms of Mauritius，National Anthem and other National Symbols of Mauritius Act

https：//mauritiusassembly. govmu. org/Documents/Acts/2022/act0522. pdf.

12. 莫桑比克

国歌法

Lei no 13/2002 de 3 de Maio

https：//gazettes. africa/archive/mz/2002/mz-government-gazette-series-i-supplement-no-2-dated-2002-05-03-no-18. pdf.

13. 纳米比亚

国家象征法

National Symbols of the Republic of Namibia Act

https：//namiblii. org/akn/na/act/2018/17/eng% 402018-12-28.

14. 尼日尔

国旗和国徽法

Flags and Coats of Arms Act

http://www. commonlii. org/ng/legis/num_act/facoaa196/.

15. 尼日利亚

国旗和国徽法

https://lfn. lawyersonline. ng/flags-and-coats-of-arms-act/.

16. 塞舌尔

国家象征法

Seychelles National Symbols Act.

http://www. attorneygeneraloffice. gov. sc/index. php/resources/online-publications/laws-of-seychelles.

17. 苏丹

国旗法

https://www. mohamah. net/law/% d9% 86% d8% b5% d9% 88% d8% b5-% d9% 88-% d9% 85% d9% 88% d8% a7% d8% af-% d9% 82% d8% a7% d9% 86% d9% 88% d9% 86-% d8% a7% d9% 84% d8% b9% d9% 84% d9% 85-% d8% a7% d9% 84% d9% 88% d8% b7% d9% 86% d9% 89-% d8% a7% d9% 84% d8% b3% d9% 88% d8% af% d8% a7% d9% 86/.

18. 坦桑尼亚

国旗和国歌法

National Flag and Coat of Arms Act

https://wipolex-res. wipo. int/edocs/lexdocs/laws/en/tz/tz018en. pdf.

19. 突尼斯

国旗法

Tunisian Flag act

https://www. crwflags. com/fotw/flags/tn_law. html.

20. 乌干达

国旗和国徽法

National Flag and Armorial Ensigns Act

https://old. ulii. org/ug/legislation/consolidated-act/254.

21. 赞比亚

国旗和国徽法

National Flag and Armorial Ensigns Act

https://www. parliament. gov. zm/node/688.

国歌法

National Anthem Act

https://zambialii. org/akn/zm/act/1973/40/eng% 401996-12-31.

主要参考文献

一、中文文献

1. 林纯洁主编:《欧美纹章文化研究》,武汉大学出版社 2019 年版。

2.《世界各国宪法》编辑委员会编译:《世界各国宪法》(亚洲卷、欧洲卷、美洲大洋洲卷、非洲卷),中国检察出版社 2012 年版。

3. 韩大元:《1954 年宪法制定过程》,法律出版社 2014 年版。

4. 余凌云:《中国宪法史上的国旗、国歌、国徽》,江苏人民出版社 2016 年版。

5. 本书编写组:《国旗·法律·爱国——国旗知识纵横谈》,中共中央党校出版社 1990 年版。

6.《最新意大利刑法典》,黄风译注,法律出版社 2007 年版。

7.《希腊刑法典》,陈志军译,中国人民公安大学出版社 2010 年版。

8. 蔡墩铭:《刑法精义》(第二版),翰芦图书出版有限公司 2007 年版。

9. 刘晗:《中国比较宪法学的重新定位与方法论重构》,载《中国法学》2022 年第 2 期。

10. [英]斯莱特:《纹章插图百科:探讨纹章的世界历史及其当代应用的权威指南》,王心洁等译,汕头大学出版社 2009 年版。

11. [德]里奥巴·沙夫尼茨勒等:《旗帜巡礼》,高建中译,湖北教育出版社 2010 年版。

12. [德]马丁·莫洛克:《宪法社会学》,程迈译,中国政法大学出版社 2016 年版。

13. [英]罗伯特·G. 弗雷松著绘:《飞翔的旗帜:认国旗看世界》,刘阳译,四川美术出版社 2021 年版。

14. [美]马克·图什内特:《比较宪法:高阶导论》,郑海平译,中国政法大学出版社 2017 年版。

15. [苏联]谢·谢·斯图坚尼金主编:《苏维埃宪法史(文件汇编)》(1917—1957)(第一分册),中国人民大学出版社编译室译,中国人民大学出版社 1958 年版。

16. [法]迪迪埃·法兰克福:《国歌:欧洲民族国家在音乐中的形成》,郭昌京译,上海文化出版社 2019 年版。

17. 俄罗斯联邦总检察院编:《俄罗斯联邦刑法典释义》,黄道秀译,中国政法大学出版社 1999 年版。

二、外文文献

1. Peter Häberle, *Nationalflaggen: Bürgerdemokratische Identitätselemente und internationale Erkennungssymbole*, Duncker & Humblot, 1st edition, 2008.

2. Institut suisse de droit comparé, *Avis De Droit Protection Des Signes Nationaux*, Lausanne, 2007.

3. Frederique Rueda-Despouey,《 L'hymne et le drapeau: des symboles de l' Etat en droit comparé》, in Frédérique de La Moren, Les symboles de la République-Actualité de l' article 2 de la Constitution de 1958, Presses Université Toulouse 1, 2014.

4. Boleslaw Mastai & Marie-Louise d'Otrange, *The Stars and the Stripes: The American Flag as Art and as History from the Birth of the Republic to the Present*, Alfred A. Knopf, 1973.

5. Brian Craig, *Construction and Constitutionality of the Freedom to Display the American Flag Act*, Real Estate Law Journal, Vol. 36, 2007.

6. Ute Krüdewagen, *Political Symbols in Two Constitutional Orders: The Flag Desecration Decisions of the United States Supreme Court and the German Federal Constitutional Court*, Arizona Journal of International and Comparative Law, Vol. 19: 2, 2002.

7. Kevin W. Saunders, *Free Expression and Democracy: A Comparative Analysis*, Cambridge University Press, 2017.

8. Stanley Waterman, *National Anthems and National Symbolism: Singing the Nation*, Handbook of the Changing World Language Map, Springer International Publishing, Vol. 1, 2019.

9. Mary Copland Kennedy & Susan Carol Guerrini, *Patriotism, nationalism, and national identity in music education:' O Canada,' how well do we know thee?* International Journal of Music Education, Vol 31: 1, 2013.

10. Reuben C. J. Lim, Heok Hui Tan & Hugh T. W. Tan, Official Biological Emblems of the World, Raffles Museum Of Biodiversity Research, National University Singapore, 2013.

11. Whitman H. Ridgway, *A Century of Lawmaking for a New Nation: U. S. Congressional Documents and Debates*, 1774-1875, Journals of the Continental

Congress, Vol. 22, 2011.

12. Department of the Prime Minister and Cabinet, Australian Government, *Australian Flags Booklet*, Department of the Prime Minister and Cabinet, 2022.

13. Thomas Hylland Eriksen and Richard Jenkins edited, *Flag, Nation and Symbolism in Europe and America*. Routledge, 2007.

14. Tianxiang He, *Freedom of Speech, and the Insult to the National Anthem*, Hong Kong Law Journal, Vol. 51:1, 2021.

15. Gaëlle Marinthe et al. *Flags on fire: Consequences of a national symbol's desecration for intergroup relations*. Group Processes & Intergroup Relations, Vol. 23: 5, 2020.

16. Julia C. Becker et al. *What Do National Flags Stand for? An Exploration of Associations Across 11 Countries*, Journal of Cross-Cultural Psychology, Vol. 48: 3, 2017.

后　记

国家象征是"国之大者"。1949年,国家象征伴随新中国的成立而诞生。1990年、1991年我国国家象征法律制度才得以基本确立,国旗法、国徽法顺利通过。经过近三十年的发展,进入新时代,我国国家象征法律制度进入新的发展阶段,2017年国歌法得以制定,2020年国旗法、国徽法顺利进行修改。目前,我国国家象征法律制度体系已经较为完善。但在国歌法制定、国旗法和国徽法修改过程中,面临的一个重要问题就是国家象征法比较资料的匮乏,为了做好国家象征法的立法工作,笔者收集整理了世界各国的国家象征法律。

查看每一个国家的国家象征法律,特别是法律所载的国旗、国歌、国徽,犹如打开一幅幅浩瀚的历史画卷,每一个国家的国家象征,都带着历史的沉淀,都承载着民族、国家的荣耀。笔者能够对此进行比较研究,深感荣幸,也感受到极大的压力。通过开展国家象征法律制度比较研究,我们对于国家象征法律制度的整体情况以及部分重要制度有了充分了解,对于我们开展国家象征立法起到重要的启发作用。将相关研究成果汇编起来,也将对国家象征法律制度的实施、完善起到重要的推动作用。

立法任务是极富挑战性的,面对国家象征法律制度众多空白,法工委领导沈春耀、郑淑娜、武增,室领导童卫东、王曙光、陈国刚、蔡人俊,三处陈亦超、周秋生、唐亚及谭喻、黄琴凌、李玉娇、王正斌、梁菲、陈宇博、韩屹青,以及黄宇菲、王历磊、郑全红、张晶、闫然、龙晓杰、陶慧等立法的幕后英雄对三部法律的修改制定付出了大量心血。本书的成稿得益于上述领导、同事的指导帮助。

本书撰写过程中得到博士导师焦洪昌老师、硕士导师刘杨老师的关心指导,还得到李树忠、王人博、余凌云、姚国建、谢立斌、秦奥蕾、朱祥海、朱峥等老师的热心指导帮助,在此一并致谢。就书稿有关问题,还曾专门请教马岭教授、张翔教授、姚国建教授、刘小妹教授,在此特别表示谢意!同时也感谢侯晓光、胡健、张义健、黄星、周玉超、曹舒、辛芳、王勇、商登煜、张瑞彪等亲朋好友给予的帮助!

比较法研究的一项重要障碍是语言问题,庆幸的是大多数国家的国家象征法律已经翻译成英文。感谢叶芳芳博士翻译了俄罗斯国家象征法律以作参考,感谢林淡秋老师在法语资料方面、李瑛宰博士在韩语资料方面给予的帮助,在此一并致谢。此外,部分文献虽然已经收集到,但因语言能力所限不能很好地解读,深感遗憾。

　　本书的出版得到中国民主法制出版社的刘海涛社长、贾萌萌编辑、袁月编辑、董理编辑的支持,在此一并表示感谢!

　　本书对各国国家象征法律制度进行了初步的梳理,但因水平、时间所限,很多理论问题没来得及深入梳理,很多问题学术化研究不够深入,还有一些疏漏、错误之处,期待各位方家批评指正。